KB211474

[원서 **4**판]

모래상자치료 임상지침서

Linda E. Homeyer · Daniel S. Sweeney 공저

정경숙 · 우주영 · 정영선 공역

SANDTRAY THERAPY

A Practical Manual Fourth Edition

학지사

이 학술서는 2024년도 나사렛대학교 교내연구비 지원으로 이루어졌음.

역자 서문

『모래상자치료 임상지침서』(원서 2판)이 세상에 나온 지 어느덧 10여 년이 훌쩍 넘었다. 그 이후 모래상자치료에 대한 많은 연구와 임상 장면에서의 새로운 시도가 있었고, 호메이어(Homeyer)와 스위니(Sweeney)는 4판을 통해 모래상자치료에서의 다양한 연구와 접근을 소개하고 있어서 역자들은 이 책을 기쁜 마음으로 번역하게 되었다.

10여 년이 지난 현재 모래상자치료의 임상 현장은 많은 변화가 있었다. 특히 3~4년 전에 갑작스럽게 닥친 코로나로 전 세계는 팬데믹 시대를 마주하게 되면서 심리치료 영역에도 새로운 시도의 필요성이 대두되었고, 비대면적인 치료적 접근이 가능하도록 적응을 위한 부단한 노력들이 있었다. 대면과 비대면이 병행된 새로운 치료적 방법의 프로젝트들이 제시되기도 하고, 관련 학회의 사례 발표와 그 효과성이 논의되기도 하였다.

이 책을 잘 살펴보면 모래상자치료의 역사로부터 치료 과정의 구체적 접근법이 첫 장부터 새롭게 정리되어 소개되고 있다. 특히 제7장은 다양한 이론적 접근의 역동 특성에 대한 구체적인 안내와 함께 다양한 방법론이 포함되어 있으며, 현 시대상에 걸맞은 유연하고 임상적으로 가능하도록 제시하는 새로운 접근의 시도가 소개되고 있어서 독자들에게도 매우 흥미로운 장이 될 것이다.

지난 10여 년 동안 임상 장면에서 부부, 가족, 집단 등에 대한 모래상자치료 적용의 사례가 늘어났고 그 효과성은 한국모래상자치료학회 등 관련 기관을 통해서도 활발하게 소개되었다. 이 책의 제8~9장에서 구체적으로 치료사례 수퍼비전에 이르기까지 그 발전상을 자세히 소개하고 있어서 임상 장면에 있는 전문가들에게 매우 유익한 장이 되리라 기대된다.

최근 십수 년 전부터 세계적으로 인간의 뇌 과학 측면과 심리적 특성과의 관련성, 변화에 대한 임상연구 등이 활발히 이루어지고, 그 긍정적 관계성과 효과가 드러나며 질적으로 향상되고 있는 추세이다. 이 책에서도 신경생물학적 측면의 이해와 모래상자치료 효과성의 상관 관계를 여실히 보여 주고 제시하고 있어서 독자들에게 매우 매력적으로 다가가며 유용한 정보와 함께 모래상자치료에 대한 애정을 더욱더 갖게 되리라 생각한다.

긴 기다림 속에서 학문적 관심의 끈을 놓지 않고 지난 편에 이어서 이 책을 다시금 세상에 내놓게 한 나사렛대학교 우주영 교수에게 고마움과 학문적 열정에 대한 찬사를 보낸다. 또한 바쁜 일정에도 기꺼이 시간을 할애하고 번역을 함께한 정영선 교수에게도 감사와 사랑을 보낸다.

시공간을 관통하는 모래상자치료 여정에서 언제나 함께하는 내담자와 동료들이 있었기에 지금 이 책이 세상에 번역되어 나올 수 있음을 고백한다. 그들은 언제나 상담자인 나를 성장하도록 이끌어 준 안내자이며 내 인생의 동반자임을 확신하면서 깊은 고마움을 느낀다.

그리고 내담자 자신을 진정으로 사랑하고 주변과 타인을 보다 배려하도록 이끌어 주기 위해 무한히 인내하며 기다려 준 모래상자와 소품들, 특히 수많은 이야기의 신화적 요소에 담겨 있는 우리들의 심혼에게 기꺼이 이 책이 탄생하도록 한 주인공의 자리를 내어 주고 싶다.

2024. 9.

역자 대표 정경숙 씀

서문

나는 호메이어(Homeyer)와 스위니(Sweeney)의 『모래상자치료 임상치침서』의 네 번째 판에 대해 부끄럽지 않은 열정을 가지고 있다. 이 매뉴얼을 업데이트할 필요가 있었다는 사실만 봐도 모래치료로 알려진 치료적 접근법에 대한 정신건강 전문가들의 호기심, 관심, 탐구, 혁신이 급격히 증가했다는 사실을 잘 말해 준다. 이 매뉴얼은 모래상자의 실습에 대한 기초 지식을 제공하거나 재확인하는 데 전념하고 있다. 이 매뉴얼은 정체되거나 결정적인 종착점에 도달하지 않은 이 접근법의 발전적 진화에 대한 지침과 토론을 제공한다. 실제로 모래치료의 연구와 실천은 열정과 경외심으로 가득 찬 강력한 에너지의 재탄생, 현대화, 그리고 모래의 다양한 용도와 잠재적 이점에 대한 보다 명확한 개념화 및 명료화를 경험하고 있다.

모래상자치료사들 사이에서는 모래상자 작업에 대한 임상적·개인적 경험이 깊어지고 임상 모래 작업에서 미묘한 차이가 나타나는 것을 목격하는 등 흥미진진한 일이 벌어지고 있다. 이번 주에 나는 라라 카자(Lara Kasza)와 함께 여성 원형에 대한 영감을 주는 가상 워크숍에 참석했는데, 심오하고 의미 있는 시간이었다. 카자는 Sandstory Ciricles이라는 융의 원형을 모래로 작업하는 방법을 개발했다. 메릴랜드의 디 프레스턴 딜런(Dee Preston Dillon)은 수십 년 동안 다문화 현장 연구를 통해 내러티브 모래치료를 개발해 왔다. 카먼 히메네즈-프라이드 (Carman Jimenez-Pride)와 다른 사람들은 내적 가족 체계 이론과 모래를 통합하고 있다. 상자 작업에서 마샬 라일스(Marshall Lyles)는 모래치료와 시 및 점토 작업을 통합하고 있으며, 앤 베클리-포레스트(Ann Beckley-Forest)와 애니 모나코(Annie

Monaco)는 놀이치료실에서 EMDR을 사용하는 것에 대한 사려 깊은 논문을 발표한 놀이치료사이다(Beckley-Forest & Monaco, 2021). 그 밖에도 책 전체에 걸쳐 다양한 이론과 창의적인 실무자가 언급되어 있다.

또한 코로나 팬데믹 이후 모래치료에 대한 가상 워크숍이 급감하고 가상 치료가 강제적으로 사용되면서 모래치료가 가상 연결 기술을 통해 전환될 수 있다는 것에 회의적이었던 많은 사람이 의아해했다. 그럼에도 불구하고 모래상자치료사들은 내담자를 소개하고 초대하며 목격하는 방법을 찾았고, 정신건강 전문가들은 모래 작업과 관련된 교훈적이고 체험적인 워크숍에 참여했다. 임상가들은 이 어려운 글로벌 팬데믹 위기 속에서 유연하고 확고한 자세를 유지할 수 있는 방법을 찾았다. 거의 모든 현대 치료사가 줌(zoom) 피로와 '멍한 뇌'에 대해 이야기하지만, 한 가지 희망적인 점은 글로벌 관점에서 모래상자 아이디어가 노출되었다는 점이다. 생각의 확산, 열정의 확산, 존중의 확산, 각자의 업무의 심화를 보는 것은 정말 숨이 멎을 정도로 놀라웠다. 또한 최근 모래치료를 제공하는 사람들을 위해 강력한 윤리를 지키고 유지하고자 고안된 세계 모래치료 전문가 협회가 결성되면서, 이 치료 도구에 대한 공유된 목표와 교육이 더욱 체계화되고 영감을 얻었다고 해도 과언이 아니다.

코로나 팬데믹 기간 동안 많은 임상가가 온라인을 통해 아이들과 함께 일하는 새로운 방법을 접했고, 제시카 스톤(Jessica Stone)의 작업은 이 분야에서 독보적인 공헌을 했다. 스톤의 가상 모래놀이는 오늘날 그 어느 때보다 인기가 높으며, 모래에 손을 넣는 것과는 약간 다르지만 아이들을 모래놀이에 초대하는 것만큼이나 매력적이고 치료효과가 있는 것처럼 보이기 때문에 사용에 대한 대부분의 주저함은 사라졌다.

모래치료의 매력은 여러 가지가 있지만, 가장 중요한 요소 중 하나는 광범위한 이론적 토대 내에서 사용할 수 있고, 모래치료사가 다양한 관점과 그에 따른 기술을 사용할 수 있다는 것이다. 놀이치료와 마찬가지로 모래치료는 치료적 요소가 무엇인지에 대한 근본적인 질문과 함께 모래상자에서 자극을 주거나 주지 않는 것의 상대적인 장점에 대한 활발한 대화가 이어진다. 어떤 사람들은 모래상자를 아이가 소품으로 그림을 그리는 빈 종이로 보는 반면, 어떤 사람들은 상자를 만드는 과정을 무의식적인 물질이나 정신을 불러일으키는 초대장으로 본다. 이 이론은 임상가가 모래놀이에서 작업하는 방식을 알려 주며, 지난 10년 동안 다양한 접근법이 등장했다. 다양한 임상적 초점 외에도 임상가가 완성된 결과물을 다루는 방식도 독특하다. 내가 가장 좋아하는 장 중 하나(제10장)에서는 내담자가 모래상자를 완성한 후 임상가가 최적의 반응을 이끌어 내기 위해 취할 수 있는 임상 단계를 제시한다. 제6장에서는 내담자와 함께 상자를 보며 상담하는 방법과 세션 사이에 상담사의 반영적 작업에 대한 다양한 옵션을 제공한다. 이 책은 한 가지 방법을 제안하지는 않지만, 사려 깊고 반영적인(반응적인 것이 아닌) 임상 의사 결정의 중요성을 분명히 전달한다. 놀이치료사들이 고심하고 종종 고민하는 것처럼 양극화된 지시적 접근법과 비지시적 접근법, 모래치료사도 임상가가 연속체를 따라 작업하고, 치료 단계, 관계적 안전, 목표 및 이론에 기반하고 목표를 가장 잘 발전시키는 기술을 기반으로 접근법을 선택하는 것이 더 나은 서비스를 제공한다는 사실에 도달한 것 같다. 이러한 방식으로 이 책은 임상가들이 고정적이고 경직된 프로토콜 대신, 사려 깊고 내담자 중심적이며 목적의식을 가지고 임하도록 도전한다.

내 생각에는 모래치료사들의 순수한 열정은 계속 성장하고 확장될 것이며, 수년 동안 임상가들이 느꼈던 많은 장애물이 마침내 대면 또는 온라인에서 모래상자를 사용하는 실질적인 이점으로 인해 극복될 수 있을 것으로 예상된다. 하지만 때때로 열정은 기본이 옆으로 밀려나면서 불이 붙을 수 있다. 이는 차선책 개발에 대한 열광적인 관심처럼 느껴질 수 있다. 우리는 때때로 브랜딩과 마케팅의 흥미로운 분위기에 대해 경각심을 가져야 한다. 탄탄한 콘셉트를 확보하고, 어떻게 서비스를 제공할지 탐색하여 서비스를 제공하고, 치료 결과를 문서화하고 연구하는 등의 배경 작업을 수행하지 않고 발생하는 흥미로운 분위기를 경계해야 한다. 이 매뉴얼은 현실을 직시하고, 긍정적인 치료 결과를 창출하는 기본 원칙을 이해하도록 상기시켜 준다. 따라서 이 기본 원칙을 이해하고, 이 접근법의 개발에 대해 가능한 한 많은 것을 배워 새롭고 반짝이는 것을 찾기보다는 이전의 공헌을 존중하여 이를 바탕으로 구축해야 한다.

이 매뉴얼은 처음 출간되었을 때에도 훌륭했고, 반복할 때마다 개선되어 변화하는 전문가 분야에 발맞추고, 배우기를 열망하고, 공유하기를 열망하며, 모래치료를 통해 내담자가 어려운 경험을 처리하도록 참여시키고, 초대하고, 이해하고, 돕는 능력을 향상시키고자 하는 열망을 가지고 있다. 더 이상 특정 집단에 국한된 기술이 아닌 모래치료사는 모든 연령대의 개인, 부모와 자녀, 가족, 커플 및 그룹과 함께 일한다. 모래상자 작업은 기본적으로 뇌의 우반구 활동을 촉진하기 때문에 마음챙김 요소와 함께 사람들이 안정감을 느끼고 궁극적으로 감각을 느낄 수 있는 기회를 제공한다. 모래치료에 대한 임상적 이해는 현재 대부분의 치료 실습에서 짜이는 실의 태피스트리(tapestry)로부터 유익을 얻었다. 트라우마 분야, 신경과학, 다미주신경 이론, 감각 작업, 트라우마 후 놀이, 은유, 표현 치료, 스토리텔링, 목격 등은 모래상자치료의 윤리적 실천을 필연적으로 뒷받침하는 풍부한 기여를 제공한다. 이 책은 모래상자치료를 처음 시작하는 사람들에게는 기초적인 가이드를, 이미 임상에서 모래치료를 사용하고 있는 사람들에게는 안심과 현대적 지침을 제공하는 데 초점을 맞추고 있다. 이 귀중하고, 유익하고, 책임감 있고, 현명하고, 세심한 작업에 대해 호메이어와 스위니에게 찬사를 보낸다.

엘리아나 길(Eliana Gil), PhD

길 트라우마 회복 및 교육연구소, LLC 설립자

차례

제1장

소개하기 · 15

제2장

기원과 이론 · 37

제 1 장

소개하기

우리는 치료실에서 수많은 문제와 도전에 직면한다. 몇 가지 예를 들어 보겠다. 학대받은 아동이 치료를 받으러 오면 겁에 질려 위탁부모의 다리 뒤로 숨는 경우가 많다. 그들은 성적인 피해를 당했는데도 말을 하지 않으려 한다. 아마도 화가 난 청소년은 비행 행동 때문에 상담을 받아야 할 수도 있다. 자신을 의뢰된 내담자로 여기고 대화를 거부한다. 별거 직전의 부부가 마지막 수단으로 상담을 요청하는 경우도 있다. 그들은 치료사는 커녕 서로 대화하지 않거나 대화할 수 없다. 또는 말을 듣지 않고 말썽을 부리는 자녀와 무력감과 절망감에 빠진 위기에 처한 한 가족이 상담실을 찾아올 수도 있다. 가족 체계가 무너지고 있다. 치료는 어떤 모습이어야 할까? 우리는 무엇을 해야 할까?

우리 자신의 훈련과 경험은 이 책을 읽는 많은 독자의 경험과 유사하다. 많은 치료사가 이러한 상황에서 내담자들이 현재 경험하고 있는 것뿐만 아니라 그들에게 일어난 일에 대해서도 이야기해야 한다고 제안(주장)한다. 고전적인 상담 질문인 "그렇게 하면 기분이 어떻습니까?"라는 질문은 완전히 부적절할 수 있으며 오히려 방해가 될 수 있다. 물론, 이러한 내담자들은 문제를 처리하고 치유를 시작하기 위해 자신의 고통과 좌절감을 말로 표현해야 한다. 이것이 정말 사실일까?

내담자가 자신의 이야기와 고통을 언어로 표현하지 못할 수도 있을까? 그러나 우리의 경험과 모래상자치료 및 놀이치료에 관한 문헌은 이러한 편협한 입장을 뛰어넘을 수 있다. 우리는 혼란, 불안, 트라우마를 경험한 내담자와 함께 일하는 치료사에게는 비언어적 심리치료 개입이 도움이 될 뿐만 아니라 필수적이라고 제안한다. 이 개입은 표현적이고 투사적인 특성을 가진다. 우리가 가장 좋아하는 것은 모래상자치료이다.

모래상자치료는 미술치료와 유사하게 표현적이고 투사적인 치료로 상당히 유연하고 적응력이 뛰어난 독특한 특성이 있다. 다양한 이론적 및 기술적 심리치료적 접근법을 통합할 수 있다. 비지시적이거나 지시적일 수 있고, 완전히 비언어적이거나 언어적 도움을 받을 수 있으며, 다양한 상담 접근법의 기법을 통합할 수 있다. 따라서 모래상자치료는 진정한 의미의 교차이론적 개입(cross-theoretical intervention)이라고 할 수 있다.

우리는 교차이론(cross-theoretical)이라는 단어를 강조하고 싶다. 우리는 모래상자치료법이 비이론적인 것이 아니라 교차이론적인 것이라고 강력하게 믿고 있다. 모래상자치료의 사용은 항상 이론적 기반이 되어야 한다. 스위니(Sweeney, 2011)는 이론은 항상 중요하지만 기술이 없는 이론은 기본적으로 철학이라고 주장했다. 동시에 기술은 상당히 가치가 있을지 모르지만, 이론이 없는 기술은 무모하고, 해를 끼칠 가능성이 있다. 모래상자치료를 실습하거나 감독할 때, 우리는 스위니가 주장한 내용을 따른다.

모든 치료사는 기법 사용과 관련하여 다음과 같은 몇 가지 질문을 숙고할 것을 권장한다. (a) 해당 기법이 발달적으로 적절한가? [발달 능력이 치료의 핵심 고려 사항임을 전제로 함]; (b) 기법의 근간이 되는 이론은 무엇인가? [기법이 이론에 근거해야 한다는 것을 전제로 함]; (c) 특정 기법을 사용할 때 치료 의도는 무엇인가? [특정 치료 의도를 갖는 것이 임상적으로나 윤리적으로 중요하다는 것을 전제로 함] (2011, p. 236)

이론과 기법 모두 다음 장에서 논의할 것이다.

스토리텔링

내담자가 강압적인 언어적 노출 없이도 종종 상당히 고통스러운 이야기를 공유할 수 있는 과정을 촉진하는 것은 모래상자치료의 가장 큰 특징 중 하나이다. 내담자가 '언어 고고학자(verbal archeologist)'가 아닌 목격자이자 동료인 치료사에게 말하지 못한 이야기를 나눌 수 있는 기회는 내담자를 진정시키고 차분하게 만든다. 이 책에서는 언어적 개입을 전혀 배제하지 않고 다양한 언어적 모래상자치료 개입을 살펴보지만, 이 책의 주요 장점 중 하나는 이야기를 말로만 하는 것이 아닌 비언어적 표현 개입이라는 점을 강조하기 위한 것이다.

모래놀이 과정에 대한 헌터(Hunter, 1998)의 설명에서는 모래상자치료의 마법적인 스토리텔링 특성이 더욱 드러난다.

> 모래놀이는 재미있고 의미가 깊으며, 친밀하게 드러내기도 하고 상징적으로 숨기는 유형의 가시적 절차를 통해 삶의 경험을 처리할 수 있는 기회를 제공한다. 치유의 과정은 해석이나 언어화, 의식적 자각이 필요 없이 모래와 형상을 가지고 놀면서 일어난다. 모래상자(tray)는 놀이치료에 사용되는 반영(reflection)을 제공한다. 모래상자는 언어치료처럼 고통스럽게 목소리를 내기보다는 두려움과 분노, 상처를 드러내면서 흡수한다. (p. 4)

모래상자치료는 치료사가 주도하든 내담자가 주도하든 촉진(facilitation)을 통해 스토리텔링 과정에 전념한다. 치료에서 존중받고 목격된 이야기를 하는 것은 모래상자치료에서 매우 중요할 뿐만 아니라 트라우마 회복의 필수적인 부분이다. 반 데르 콜크(van der Kolk, 2003)는 내담자가 "자신의 트라우마 경험에 대해 말할 수 없는 한, 그들은 단순히 이야기가 없으며, 대신 트라우마는 일어난 일의 구체화(embodiment)로서 표현될 가능성이 높다"고 지적한다(p. 311). 그는 또한 "이야기를 하는 것이 중요하며 이야기가 없으면 기억은 얼어붙게 된다. 그리고 기억이 없으면 상황이 어떻게 달라질 수 있는지 상상할 수 없다"고 더 강조한다(2014, p. 219). 이러한 중요한 신경생물학적 고려 사항과 함께 스토리텔링은 다른 치료적 이점도 있다. 슈날 등(Schnall et al., 2016)은 내담자가 이야기에 몰입할수록 저항과 방어력이 감소하고, 이야기는 종종 내담자의 기억에 더 오래 남으며, 핵심 단어[또는 모래상자 소품]에 대한 언급하는 것만으로도 복잡한 치료 역동을 떠올릴 수 있기 때문에 이야기는 상담자와 내담자 간의 의사소통을 촉진한다.

마지막으로, 우리의 친구이자 동료 치료사인 보니 바데녹(Bonnie Badenoch, 2011)은 신경생물학과 스토리텔링을 연결시키며, 이는 모래상자치료에 직접 적용된다.

> 우리는 스토리텔링을 하는 존재이다. 의미에 대한 경향은 우리의 유전자에 기록되어 있다. 우리의 두뇌는 경험에 의미를 부여하고, 갈등을 해결하고, 미래를 준비하도록 이끌고 있다. 이 활동이 우리가 의식적으로 경험을 언어로 형상화할 때 시작되는 것이 아니라는 것도 분명해졌다. 우리의 역사와 그것이 다음에 할 일에 미치는 영향과 관련된 신경망을 짜는 내적 과정은 의식적 자각 수준 아래에서 항상 진행된다. (p. 83)

발달적 고려점

모래상자치료는 발달 전 기간(lifespan)에 걸쳐 내담자와 함께 사용된다. 개인이든 가족 단위로든 아이들과 함께 일할 때, 우리는 아이들이 어른들과 같은 방식으로 의사소통하지 않는다는 점을 인식해야 한다. 아이는 성인이 대화하는 방식으로 상담할 수 있는 인지적, 언어적 성숙도를 갖추지 못했다. 아이들은 놀이를 통해 의사소통을 한다. 랜드레스(Landreth, 2012)는 다음과 같이 제안했다. "아이의 놀이는 자연스러운 의사소통 매개체로 인식될 때 더 충분히 감상될 수 있다. ……
아이들이 자신의 경험과 감정을 '놀이로 펼치는(play out)' 것은 아이들이 참여할
수 있는 가장 자연스러운 역동적이고 자기 치유적인 과정이다" (p. 9).

　발달심리학에서는 아이들과 의사소통하는 수단으로 말보다는 놀이를 활용하
는 것을 지지한다. 피아제(Piaget, 1999)는 놀이와 아동-성인에게도 적용되는 모
래놀이치료 과정에 대해 다음과 같이 설명했다. "외부 현실의 요구 사항에 자신을
적응시키려는 객관적 사고와 달리, 상상적 놀이는 규칙이나 제한 없이 사물을 아
동의 활동에 종속시키는 상징적 전치이다"(p. 87). 치료, 특히 모래상자치료는 객
관적인 사고와 외부 현실을 뛰어넘어 '상징적 전치(symbolic transposition)'의 이점
을 얻을 수 있다. 피아제(1999)의 언어를 빌리자면, 아이들과 마찬가지로 놀이는
전조작적이다. 아동은 성인의 언어 기반 치료에 참여할 수 있는 발달적 또는 지적
정교함을 갖추지 못했기 때문에 아동기의 본질은 다음과 같은 결론을 내릴 수 있
다. 성인상담의 공식적인 운영과 양립할 수 없다. 아이에게 전통적인 성인 치료
에 참여하도록 요구하는 것은 "우리는 전문가이다. 우리는 여러분이 우리의 의사
소통 수준에 맞춰 오기를 기대한다. 우리는 너의 세계에 들어가고 싶지 않다"라는
메시지를 전달한다.

　예를 들면 다음과 같다. 우리는 둘 다 학회에서 발표한 아동 성학대에 대한 국
제적인 전문가의 말을 들었다. 한 발표에서, 이 전문가는 성학대 피해 아이들에게
치료를 받을 때 그가 가장 먼저 해야 할 일은 가해자(perpetrator)의 그림을 그리는
것이라고 말했다. 이 개입의 믿을 수 없을 만큼 침입적이고 잠재적으로 이차 트라
우마를 유발할 수 있는 본질 외에, '요구(requires)'라는 단어의 사용에 사로잡힌 사
람이 있을까? 성폭력 생존자들은 이미 피해 경험의 맥락에서 권력을 포기하도록
요구받은 적이 있지 않은가? 우리는 모래상자치료사들이 절대 이렇게 모욕적이고,
요구하고, 내재된 권력 차이를 오용하지 않기를 바란다.

　또한 이러한 기본 원칙은 갈등이나 트라우마를 경험한 청소년과 성인에게도 적
용된다. 트라우마의 심각성은 광범위한 스펙트럼에 걸쳐 있으며 다양한 내담자
의 반응도 똑같이 광범위한 스펙트럼을 포괄하기 때문에 일반적으로 정의되어

야 한다. 트라우마는 모든 연령대의 사람에게 매우 기본적이고 원초적이며 감각적인 수준에서 영향을 미치므로 정교함이나 분류, 이성이 작용하기 어렵다. 가해자의 그림을 요구한 것과 마찬가지로, 모든 연령대의 사람에게 정서적 위기에 처한 상황을 말로 표현하도록 요구하는 것은 불공정하고 모욕적일 뿐만 아니라 오히려 트라우마를 재차 유발할 수 있다. 놀이 및 모래놀이치료에 대한 교육을 진행할 때 이러한 점을 설명하는 한 가지 방법은 다음과 같다. 청중에게 일어서서 자신의 가장 창피하고 충격적인 성적 경험을 공유하도록 요청하는 것이다. 긴장된 웃음이 잦아들고 나면 요점을 설명한다. "성추행을 당한 내담자들에게 우리가 '당신에게 무슨 일이 일어났는지 말해 주세요'라고 묻는 것이 바로 이것이지 않을까" (Sweeney, 1997).

모래상자치료, 다양성 및 다문화 이슈

모래상자에 대한 논의에는 다양성과 다문화주의 문제에 대한 몇 가지 의견이 포함되어야 한다. 이 문제를 심도 있게 논의할 지면이 부족하지만, 이 주제를 피하는 것은 모래상자치료사와 내담자 모두에게 부적절하고, 서비스를 제공하지 않을 경우, 모욕적인 일이 될 것이다. 먼저 동료이자 친구인 엘리아나 길(Eliana Gil)과 아테나 드류스(Athena Drewes)가 편집한 『놀이치료의 문화적 문제(Cultural Issues in Play Therapy)』의 1판(2005)과 2판(2021)을 매우 강력하고 적극적으로 추천한다. 그리고 우리는 『다문화 놀이치료(Multicultural Play Therapy)』라는 새로운 책(Ray et al., 2022)을 추천한다. 이 책들의 많은 부분을 모래상자치료에 직접 적용할 수 있다.

표현치료와 다양성이라는 주제를 논의할 때, 사용되는 매체에 많은 초점이 맞춰져 있다. 실제로 모래상자치료에서 사용되는 소품모형은 내담자의 세계를 절대적으로 대표해야 한다. 이에 대해서는 다음 및 제4장에서 설명하겠다. 그러나 이 문제에는 훨씬 더 많은 내용이 포함된다. 우리는 모든 치료사에게 존재하는 특권과 소외, 인식 부족 문제를 고려하고 직면해야 한다. 우리가 인식하지 못하는 영역, 실제로는 인식하지 못한 편견을 탐구하려는 의지가 모든 모래상자치료사에게 핵심이다. 포스트와 틸먼(Post & Tillman, 2015)은 표현 치료사를 위해 이를 잘 요약했다.

> 놀이치료사는 권력과 특권이 내담자 및 가족과의 관계에 영향을 미치는 다양한 방식과 놀이치료 중 치료 과정에 대한 개인적인 자각을 높이기 위해 노력해야 한다. 여기에는 치료사의 역할에 내재된 힘에 대한 자각이 포함된다. (p. 499)

미국 내 다양성이 증가하고 있는 것과는 반대로, 라이언 등(Ryan et al., 2002)은 놀이치료협회(Association for Play Therapy)의 조사에서 놀이치료사의 약 92%가 백인 및 비히스패닉계라는 사실을 발견했다. 이는 지난 20년 동안 변화했을 가능성이 높지만, 그 변화는 미미했고 모래놀이치료의 세계는 상당히 유사하다고 생각한다. 세바요스 등(Ceballos et al., 2012)의 연구에서 놀이치료사들을 대상으로 설문조사를 실시했다. 그 결과, 전문가가 치료하는 아동의 46%가 소수 집단에 속하는 반면, 이들이 받는 수퍼비전은 놀라울 정도로 불균형한 것으로 나타났다. 이들 치료사의 수퍼비전 시간 중 다문화 문제에 초점을 맞춘 시간은 14%에 불과했다. 이는 모래상자치료사도 비슷할 것으로 예상된다. 분명한 것은 다문화와 다양성 문제에 초점을 맞춘 모래상자치료와 수퍼비전이 모두 필요하다.

모래상자치료의 다양성 문제가 인종과 민족을 넘어 확장된다는 점을 인식하는 것도 중요하다. 소외 및 특권 문제를 앞 단락에 비추어 볼 때 백인 특권(white privilege)이 다른 많은 영역으로 확장된다는 점을 잊지 말아야 한다. 소외는 BIPOC(흑인, 원주민, 유색인종) 내담자뿐만 아니라 LGBTQ+ 커뮤니티 구성원, 여성, 트랜스젠더, 성별 비순응자 또는 비이분법적 성향을 가진 사람들(non-binary folk), 이민자, 장애자, 저소득자, 신경발달장애(neurodivergent) 등도 마찬가지이다. 정신건강 문제로 고통받을 수 있는 우리 내담자는 말할 것도 없다. 사실은 자신이 권리를 박탈당했다고 느끼는 많은 사람이 자신도 모르게 이러한 '낯선 이가 된 듯한 느낌(feeling of otherness)'을 경험할 수도 있다는 것이다.

소품에 대해 간단히 이야기해 보자. 소품은 우리 주변 세계의 다양성을 반영해야 한다. 이것은 확실히 우리 인물과 판타지 인물의 색상에 적용된다. 슈퍼히어로 소품이 있다면 수백만 명의 BIPOC 어린이, 청소년, 성인의 영웅인 Black Panther®가 있어야 한다. 종교적인 인물이 있다면 동서양의 신앙 체계를 대표해야 한다. 스멜서(Smelser, 2021)는 몇 가지 유용한 알림을 제공한다.

> 제대로 된 모래치료실(Affirming playroom)에는 성별 고정관념 인물, 성별 비순응 인물, 이중 정체성이나 이중 특성을 가진 인물(예: 인어)을 나타내는 모래상자 인형이 있어야 한다. 이는 다양한 분장용 옷, 장난감 자동차, 슈퍼영웅과 액션 소품, 모든 형태의 성별 표현과 성적 정체성에 도움이 되고 모든 유형의 가족을 만들 수 있는 인형의 집과 인형이다. (p. 99)

소품과 다양성에 관한 또 언급할 가치가 있는 것은 수집품의 포괄성이다. 많은 모래상자치료사는 자신의 소품 수집에 대해 상당한 자부심을 가지고 있다. 그들은 시간과 에너지, 돈을 들여 양질의 소품 수집을 수집하는 데 시간과 에너지와 돈을 투자했다. 하지만 일부 내담자 중에는 모래상자와 전혀 어울리지 않는 문화와 소득 수준으로는 도저히 이해할 수 없을 상황에 처해 있다는 점을 지적해야 한다. 잠재적으로 내담자들에게 부담을 줄 수 있는 경우에는 인상적인 소품 수집의 웅장함에 압도당할 수 있다. 이러한 상황이 분명하다면, 바위, 조개껍질, 깃털과 같은 자연물이 주를 이루는 소품 수집을 제공하는 것이 좋다. 골판지나 공작용 종이로 소품을 만드는 것도 치료에 도움이 된다.

상담 교육자로서 우리는 다양성, 특히 특권과 소외에 대한 논의가 상당히 어려울 수 있다는 것을 잘 알고 있다. 이는 강의실에서도 분명하게 드러난다. 존슨 등(Johnson et al., 2008)이 이에 대해 이야기한다.

> 우리가 인종주의와 특권에 대해 더 깊이 조사하고, 비판적인 독서를 할당하

고, 예리한 질문을 할 때, 학생들, 특히 백인 학생들은 인종차별과 그것이 우리 집단과 개인의 삶에 미치는 영향에 대한 의미 있는 토론에 강력히 저항한다는 것을 발견했다. 인종차별과 다른 형태의 억압에 대해 가르치고자 하는 많은 교수진이 권력을 비판하고 분석하는 교실에서 불안정한 담론이 등장하기 때문에 두려움을 느낀다는 사실도 발견했다. (p. 114)

미래의 치료사들을 위해서라도 이러한 교실에서의 토론은 반드시 이루어져야 한다. 모래상자치료사를 위해 우리는 우리 자신과 내담자를 위해 이러한 논의의 영역을 탐구하고 파고들어야 할 의무가 있다. 그러니 모래상자치료사들은 모래놀이 작업의 기술만큼이나 다문화 인식 개선의 여정에서도 부지런히 노력해야 한다.

계속 진행하기 전에, 치료사가 해야 할 일의 대부분은 "판단을 유보하고, 성찰과 반성을 유도하며, 대화를 피하지 않고 문화를 직접적으로 다루고, 내담자가 자신의 문화를 접근 가능한 것으로 여기고, 풍부한 자원을 포함하도록 돕는 것"(p. 6)이라는 동료 연구자인 길과 드류스(Gil & Drewes, 2021)의 주장을 다시 한번 되새겨 보고자 한다. 개방성과 자각이라는 필수적인 자세 외에도 모래상자치료는 확실히 '풍부한 자원'을 제공한다.

트라우마 개입

트라우마의 심리적 및 신경생물학적 영향에 대해서는 제10장에서 자세히 설명하지만, 여기서는 몇 가지 중요한 사항을 요약해 보겠다. 트라우마의 영향은 변연계가 있는 중뇌에서 가장 두드러지게 나타난다. 주로 전두엽 피질에 위치한 뇌의 실행 기능은 트라우마 피해자의 경우 어느 정도 비활성화되는 경우가 많다. 이는 언어를 담당하는 뇌의 브로카 영역에서도 발생한다. 따라서 사람들이 트라우마를 회상할 때[이는 많은 치료적 접근법에 대한 기대(요구?)], 인지적으로 자료를 처리하는 능력은 감소하고, 언어화 능력은 감소하며, 감정적 자료의 수준은 증가하게 된다. 이 시점에서 내담자가 대화하기를 기대하는 것은 불가능하지는 않더라도 상당히 어려울 수 있다. 이 시기에는 모래상자치료와 같은 표현적 개입이 적절할 수 있다.

또한 트라우마에 대한 매우 근본적이고 감각적인 측면은 모래상자치료와 같은 감각 기반 치료의 필요성을 나타낸다. 아마도 독자들은 외상 후 스트레스 장애의 진단 기준인 DSM-5-TR(미국 정신의학회, 2022)은 대부분 감각을 기반으로 한다고 알고 있다. 재경험, 회피, 부정적 인지 및 기분, 각성의 진단 기준에 주목해야 한다. 트라우마 자체가 감각을 기반으로 한다는 근본적인 인식이 있다. 실제로 많은 트라우마 전문가들은 트라우마 기억이 뇌뿐만 아니라 신체 내부에서도 암호화되어 있다고 지적한다(Badenoch, 2018; Malchiodi, 2020; Porges, 2011; van der Kolk, 2014). 따라서 트라우마에 시달리는 아동, 청소년과 성인을 위한 치료도 감각을 기반으로 해야 한다. '대화'치료 접근법은 이 기준을 충족하지 못하지만 모래상자치료는 충족한다.

이러한 감각적 기반은 모래상자치료의 관계적 토대도 구축한다. 치료사와 내담자가 언어적 표현의 제약을 받지 않을 때, 외상성 자료에 접근하고 처리하는 데 필요한 치료적 배열(alignment)이 향상된다. 관계의 중요성은 트라우마를 신경학적으로 처리하는 데에도 필수적이다. 페리와 페이트(Perry & Pate, 1994)는 이 점을 강조한다.

> 사회적 소속감, 애착, 각성, 정동, 불안 조절 및 생리적 과민 반응과 관련된 뇌의 일부에 접근할 수 있는 것은 바로 '관계'이다. 따라서 긍정적인 변화를 유도하는 치료의 요소는 안전하고 지지적인 관계의 맥락에서 외상성 사건을 다시 경험할 수 있는 관계와 아동의 능력이 될 것이다. (p. 142)

(이 인용문에서 관계라는 단어가 얼마나 자주 사용되는지 주목하라!)

모래상자치료, 놀이, 그리고 치료적 관계

관계에 대한 이러한 초점은 아무리 강조해도 지나치지 않다. 우리는 모래상자의 요소 자체가 놀이를 촉진하고, 이는 다시 관계를 촉진한다고 주장한다. 이것은 그 자체로 근본적인 치료효과가 있다. 실제로 관계는 치료 과정의 핵심요소인 안전감의 발달을 촉진한다. 이와 관련해 포지스(Porges, 2018)는 "안전이 곧 치료"라는 짧지만 치료적 진리를 강조한다(p. ix). 우리는 이것이 모래놀이치료사(우리의 관점에서는 놀이치료사)에게는 수용되는 격언이며, 모래놀이 내담자에게는 놀라운 발견이라고 생각한다.

캐플런과 캐플런(Caplan & Caplan, 1974)은 놀이 과정에 대한 몇 가지 독특한 속성을 제안했다. (a) 놀이는 본질적으로 자발적이며 규칙과 요구 사항으로 가득 찬 세상에서 상쾌하고 휴식으로 가득 차 있다, (b) 놀이는 평가와 판단이 없으므로 실패 없이 실수해도 안전하다, (c) 놀이는 환상과 상상력을 장려하여 경쟁 없이 통제할 수 있다, (d) 놀이는 참여와 관심을 증가시킨다, (e) 놀이는 자기 발달을 장려한다. 이것이 모래상자치료의 고유한 특성이다.

브라운과 본(Brown & Vaughan, 2009)은 이를 확장하여 다음과 같이 지적한다.

■ 놀이는 그 자체로 목적이 없는 것처럼 보일 수도 있다. 통제력을 상실했다고 느끼는 내담자 모두에게 강압적이지 않은 모래놀이 경험은 반가운 변화이며 통제력을 회복할 수 있는 기회이다.

■ 놀이는 자발적이다. 의무적인 내담자에게도 모래상자 경험은 초대적이며 자유를 촉진한다.

■ 놀이에는 본질적인 매력이 있다. 자유와 성장을 촉진하는 활동에는 자석처럼 끌어당기는 힘이 있다. 모래상자치료와 모래상자 재료가 이러한 역할을 한다.

■ 놀이는 시간으로부터의 자유를 수반한다. 치료를 받는 사람들에게 시간에 대한 구속력은 확대될 수 있다. 놀이와 모래상자치료는 고통과 혼돈의 포로에

서 벗어날 수 있는 휴식을 제공한다.

■ 놀이는 자의식을 감소시키는 데 도움이 된다. 모든 내담자는 자신의 성장을 제한하는 어느 정도의 자의식을 가지고 있다. 놀이 · 모래상자 경험은 이러한 부정적인 자기 대화에서 벗어나 긍정적인 자기 자각을 촉진한다.

■ 놀이에는 즉흥적인 잠재력이 있다. 이는 다양한 모래상자치료 응용 분야에서 확인할 수 있다.

■ 놀이는 지속적인 욕구를 발달시킨다. 일의 세계에서, 치료가 분명 일이라는 것을 인식하는 것, 즉 다시 참여하고 싶은 욕구를 촉진하는 활동은 강력한 힘을 발휘한다. 모래상자치료에는 이러한 잠재력이 있다.

모래 및 놀이와 같은 표현 매체를 심리치료 과정과 융합하는 것은 자연스러운 조합이라고 생각한다. 실제로 다음 장에서 자세히 살펴보겠지만, 마가렛 로웬펠드(Margaret Lowenfeld)는 놀이치료실에서 모래상자를 사용했다. '세계기법(World Technique)' 또는 '원더 박스(Wonder Box)'라고 불리는 이 모래상자를 아이들은 다른 많은 장난감과 재료와 함께 사용할 수 있었다. 로웬펠드의 초기 연구 이후 몇 년이 지나서야 이 두 가지가 서로 분리되었다. 따라서 현재의 치료 관행에서는 이러한 과정을 어느 정도 정의하는 것이 중요해졌다.

놀이치료는 특정 유형의 놀이 매체와 함께 전통적인 대화치료를 적용하는 것 이상의 것이 포함된다. 랜드레스(2012)에 따르면 놀이치료의 정의는 이러하다.

아동(또는 모든 연령대의 사람)과 치료사 간의 역동적인 대인관계로 정의된다. 놀이치료 절차에 대한 훈련을 받은 치료사는 엄선된 놀이 자료를 제공하고 아동(또는 모든 연령대의 사람)이 놀이를 통해 자아(감정, 사고, 경험, 행동)를 충분히 표현하고 탐색할 수 있도록 안전한 관계의 발전을 촉진하는 아동의 자연스러운 의사소통 매체이다. (p. 11)

이는 모래상자치료의 세계에도 적용되는 포괄적인 정의이다.

모래상자치료는 항상 역동적인 대인관계를 포함해야 한다. 모래상자치료 과정에 사용되는 이론적 접근법이나 기법에 관계없이 역동적인 대인관계의 형성과 발전은 매우 중요하다. 로웬펠드(Friedman & Mitchell, 2002)는 이와 같이 인용했다.

> 　　치료사와 아동의 관계는 "대부분 아동을 연구하고 아동의 속도에 맞춰 아동과 함께 일하는 동료이자 동등한 친구의 관계여야 한다. 이런 식으로 우리는 아동의 정서적 경험이 치료사 개인보다는 놀잇감과 치료가 이루어지는 공간적 환경과 관련하여 더 많이 재현되는 경향이 있음을 발견했다." (p. 10)

　　칼프(Kalff, 1980)도 관계를 강조하면서 치료자가 "자유롭고 보호받는 공간(free and protected space)"을 만드는 것이 중요하다고 강조하면서, 이러한 공간을 만드는 것은 치료자의 사랑이라고 언급했다. 이에 대해서는 제5장과 제6장에서 자세히 다룰 것이다. 치료(모래상자)절차에 대한 교육도 받아야 한다. 모래상자치료에 관심이 있는 치료사에게는 적절한 훈련과 수퍼비전 경험이 매우 중요하다. 윤리적이고 책임감 있는 심리치료사는 고용되기 전에 모든 치료법에 대한 이론적, 실제적 기초를 다져야 한다. 이는 모래상자치료에서 특히 중요하다. 우리는 최소한의 교육과 경험도 없이 모래상자치료를 사용하는 사람을 만났다. 이는 단순히 실망스러운 일이 아니라 임상적, 윤리적 문제이다. 주의할 점은 이 책을 읽는 것만으로는 충분하지 않다는 것이다.

　　또한, 우리는 모든 모래상자치료사에게 모래상자치료 내담자가 되어 보는 경험을 해 볼 것을 강력히 제안한다(그리고 우리의 수퍼바이지들과 함께 주장). 우리는 이 표현양식의 힘을 분명히 확신하고 있으며, 치료사의 개인적, 직업적 성장 과정은 평생에 걸친 과정이므로 모래상자치료사가 모래상자치료의 내적 및 대인관계를 환기시키는 특성을 스스로 경험하는 것이 적절하다. 우리 둘 다 개인 모래상자에서 개인적인 작업을 해 본 적이 있다(힘든 하루를 보낸 후 나만의 모래상자를 만드는 것만큼 좋은 것은 없다!). 또한 자격을 갖춘 동료들과 함께 모래상자치료의 내담자가 된 경험을 통해 많은 도움을 받았다. 그 밖에 다양한 이론적 접근법을 사용하는 모래상자치료사의 치료를 고려해 보는 것도 좋다. 이렇게 하면 모래상자를 만드는 과정에서 모래상자에 무엇을 만들고 토론하는지에 대해 스스로 검열하는 경향이 줄어든다.

다른 놀이치료 방법과 마찬가지로 모래놀이치료 과정에서도 제4장 후반부에 설명하는 것처럼 엄선된 놀이 재료를 제공하는 것이 중요하다. 모래놀이 재료와 소품을 무작위로 모으는 것은 적절하지 않으며, 의도적이고 신중한 선택이 필요하다. 내담자는 무질서한 수집품으로 인해 혼란스러워할 수 있다. 압도적으로 많은 소품 수집으로 인해 감정에 휩싸이거나 제한된 소품 수집에 갇힐 수 있다. 소품 수집은 모래놀이치료사의 훈련과 발전하는 경험에서 자연스럽게 나온 결과물이어야 한다.

모래놀이치료사는 직접적인 개입을 하더라도 치료 경험을 직접 지시하기보다는 촉진해야 한다. 아동, 개인, 가족은 이미 힘을 잃고 통제 불능 상태에 빠진 상태에서 치료 과정에 들어간다. 치료사가 치료 과정을 전적으로 지휘하기보다는 촉진하면, 내담자는 점점 더 커지는 자제력, 권한 부여, 안전감을 통해 치유를 경험하게 된다. 시겔만(Siegelman, 1990)은 이러한 촉진(facilitate)과정을 잘 설명했다.

> 겁에 질리거나 위축된 환자가 상징적 놀이의 영역으로 첫발을 내딛을 수 있을 만큼 충분히 안정감을 느끼는 순간에 참여자이자 관찰자가 되는 것, 이것이 바로 의미 능력의 탄생을 위한 산파가 되는 것이다. (p. 175)

이러한 촉진은 랜드레스(2012)가 놀이치료의 정의에서 언급하는 안전성(safety)을 만들어 낸다. 이는 앞서 언급한 칼프(1980)의 "자유롭고 보호받는" 공간을 반영한 것이다. 치료 안팎에서 사람들은 안전하다고 느끼지 않는 곳에서는 성장하지 못한다는 것이 우리의 주장이다. 모래상자치료사에게 우선순위가 되는 안전은 변화를 위한 길을 만들어 준다. 앞서 언급한 포지스(2018)의 말을 다시 한번 강조하자면, 안전이 곧 치료라는 것이다.

이러한 안전은 내담자가 자기를 충분히 표현하고 탐색(fully express and explore

the self)할 수 있는 기회를 만들어 준다. 자기 표현과 자기 탐색은 상담과정에서 매우 중요하며 모래상자치료의 기초가 된다. 칼프(1981)는 이러한 자기 탐구를 강조했다. "환자는 모래놀이를 통해 우리가 자기의 표현으로 인식할 수 있는 것까지 침투한다."(p. viii).

마지막으로, 랜드레스 정의의 마지막 요소는 모래상자치료 과정에 특히 적용된다. 놀이는 아동의 자연스러운 의사소통 수단 그 이상이다. 사실, 내담자의 발달 수준에 관계없이 인지적 언어화와 토론이 내담자의 자연스러운 의사소통 매체라고 가정하는 것은 잘못이다. 앞에서 제시한 것처럼, 우리는 위기에 처한 많은 내담자의 자연스러운 의사소통 매체에는 어떤 유형의 표현 매체가 사용된다고 주장할 수 있다.

놀이치료와 모래상자치료가 종종 개별 내담자를 위한 치료법으로 여겨지는 것과 관련하여 한 가지 더 지적할 필요가 있다. 그러나 우리는 커플, 가족, 집단과 함께하는 모래상자치료가 흥미롭고 효과적이라고 주장한다. 이에 대해서는 제8장과 제9장에서 자세히 설명한다.

사실 가족치료와 모래상자치료의 결합은 자연스러운 결합이다. 엘리아나 길(1994)은 "가족치료사와 놀이치료사는 고귀한 특성을 공유한다. 그들은 현존하는 치료사 중 가장 창의적이고 역동적인 치료사이다. 가족치료사는 …… 가족의 참여를 역동적인 방식으로 유도한다. 또는 언어적 의사소통을 유도한다"(p. 34)고 했다.

모래상자치료와 같은 표현매체와 같이 아동을 포함할 수 있는 수단을 적극적이고 의도적으로 제공하지 않는 가족치료는 진정한 가족치료가 아니다. 가족치료에 대한 체계적인 접근법이 자주 언급되고 찬사를 받지만, 치료 과정에서 아동을 배제하면 치료가 체계적으로 이루어지지 않는다. 간단히 말해, 아동을 배제하는 것은 체계적인 치료라고 할 수 없다. 이 분야의 선구자 중 한 명인 네이선 애커먼(Nathan Ackerman, 1970)은 "세대를 뛰어넘는 의미 있는 교류에 아이들을 참여시키지 않으면 가족치료는 불가능하다"(p. 403)고 썼다. 모래놀이치료는 의미 있는 교류가 이루어질 수 있는 다리를 만들어 준다. 모래상자치료의 내용은 가족 동맹, 성격 단계 및 세대 간 패턴에 대한 은유적인 청사진을 제공한다. 미술치료와 마찬가지로 모래상자치료는 거의 방어되지 않은 표현 방식을 통해 치료사에게 언어로는 노출할 수 없는 정보와 가족의 정서적 분위기를 관찰할 수 있는 기회를 제공한다(Kwiatkowska, 1978).

모래상자치료의 정의

소품, 모래, 상자를 치료적으로 사용하는 데는 여러 가지 이론적 접근법이 있다. 앞서 언급한 바와 같이, 모래상자치료를 교차이론적인 것으로 간주되며, 따라서 이 정의에는 특정 이론의 용어는 포함되지 않는다. 일반적으로 통합적인 접근법을 취한다는 점을 고려하여 모래상자치료는 다음과 같이 정의할 수 있는데 이는 내적 및 대인관계 문제를 전개하고 처리하는 표현적이고 투사적인 심리치료 방식이다. 내담자 또는 치료사가 주도하고 숙련된 치료사가 촉진하는 비언어적 의사소통 매체로서 특정 모래상자 재료를 사용함으로써 가능하다. 이는 내담자의 안전과 통제력을 증진하여 감정적으로 복잡한 문제가 매체를 통해 해결할 수 있도록 하는 과정이다.

모래상자치료의 주요 목표는 내담자가 모래상자치료를 치료적 도구 또는 접근법으로 사용하여 비언어적 또는 언어적으로 현재 문제를 다루도록 근본적으로 돕는 것이다. 따라서 이는 의미, 통찰력 또는 인지적 재구성에 대한 초기 초점보다 우선시되지만 배제되는 것은 아니다. 이러한 것들은 중요하지만, 더 깊은 문제를 탐색하고 처리하기 전에 내담자의 삶이 견딜 수 있고 관리가능한 상태가 되어야 한다. 우리의 가장 기본적인 초기 목표는 내담자에게 안전하고 회복적이며 관계적인 경험을 제공하는 것이다. 따라서 우리의 전반적 노력은 내담자의 여정에 함께 하는 동료가 되어 모래상자 과정에서 펼쳐지는 내담자의 고유한 이야기를 존중하고 공감하며 증인이 되어 주는 것이다.

이 매뉴얼에서는 모래상자치료(sandtray therapy)라는 용어를 사용하기로 의도적으로 선택했다는 점에 유의해야 한다. 모래 및 모래상자 재료의 치료적 사용을

> 모래상자치료는 특정 모래상자 재료를 사용하여 내적 및 대인관계 문제를 다루는 표현적이고 투사적인 심리치료 방식이다. 비언어적 의사소통 매체로서, 내담자 또는 치료사가 주도하고 숙련된 치료사가 촉진한다.

모래놀이(sandplay)라는 용어와 구분하는 것이 적절하다. 모래놀이는 특히 스위스의 융 심리학 분석가인 도라 칼프(Dora Kalff, 1980)가 개발한 치료적 모래상자 접근법을 지칭하며, 이 용어는 그녀의 치료법에 대한 접근법에 채택되었다. 모래놀이라는 용어는 모래 및 모래상자 재료의 치료적 사용을 언급할 때 일반적으로 사용되는 경우가 많지만, 칼프의 연구에서 비롯된 융의 접근법을 논의할 때는 모래놀이를 지칭하는 것이 가장 적절하다는 것이 우리의 경험이다. 우리는 모래놀이 접근법을 존중하며, 모래놀이의 많은 이론을 우리 작업에 통합하고 있다는 점을 강조하고 싶다.

　또한 치료에서 모래의 사용이 계속 확대됨에 따라 다양한 의미로 여러 가지 용어로 사용되고 있는 것을 볼 수 있다. 우리는 호메이어와 라일스(Homeyer & Lyles, 2022)와 마찬가지로 공통된 단어와 용어의 사용법을 개발할 것을 제안한다.

- **모래치료(Sand Therapy), 모래치료(sand therapy)**: 상자, 모래, 작은 장난감 · 모형 · 이미지 · 소품 및 재료를 이용한 모든 치료적 개입을 포괄하는 가장 포괄적인 용어이다.

- **세계기법(World Technique)**: 로웬펠드의 독창적인 접근법으로, 항상 대문자로 표기된다.

- **칼프 모래놀이치료(Kalffian Sandplay Therapy)**: 도라 칼프의 방법을 구체적으로 지칭한다. 처음에는 이 용어를 사용하는 것이 출판물에 도움이 될 것이며, 그 다음에는 현재 많은 치료사가 실행하고 있는 보다 간단한 모래놀이를 사용하는 것이 좋다. 해리엇 프리드먼과 리 로저스 미첼(Harriet Friedman & Rie Rogers Mitchell, 2021)도 칼프/융학파 모래놀이치료라는 용어를 사용하여 방법을 명확하게 식별한 다음 모래놀이를 사용한다.

- **모래상자치료(Sandtray Therapy), 모래상자치료(sandtray therapy)**: 모래치료에 대한 칼피안 이외의 모든 접근법을 포함하는 일반적인 용어로, 상자, 모래, 물, 치료 목적의 소품 등 세션에 필요한 모든 전형적인 재료를 총체적으로 사용하는 것을 말하며, 처음에 로웬펠드가 개발했다.

- 모래놀이치료, 모래놀이치료, 모래놀이, 모래놀이(Sandplay Therapy, sandplay therapy, Sandplay, sandplay): 특히 칼프의 융 심리학 접근법을 지칭하기도 한다. 미국 모래놀이치료사협회(STA)의 창립 멤버이자 국제 모래놀이치료협회(ISST)의 공인 회원인 프리드먼은 칼프/융학파 모래놀이 방법을 대문자 'S'로 식별해야 한다고 주장한 바 있다(Boik & Goodwin, 2000에서 인용). 그러나 그 이후로 프리드먼과 미첼은 2008년과 2021년 저서에 명시된 대로 대문자와 소문자 사용하여 전환했다. 「Journal of Sandplay Therapy」는 소문자를 사용한다. STA도 소문자를 사용한다(L. Freedle, 개인 서신, 2021년 2월 18일).
- 모래상자 상담(Sandtray Counseling): 학교와 같이 '치료'라는 용어가 부적절하거나 권장되지 않는 환경에서 모래상자를 의미한다.
- 모래상자 놀이치료(Sandtray Play Therapy): 놀이치료 과정에서 모래상자치료를 사용하는 것을 말한다.
- 모래상자(sand tray): 다양한 크기와 모양의 상자만을 지칭할 때 두 단어를 사용하며, 일반적으로(반드시 파란색일 필요는 없음) 내부가 파란색인 상자를 말한다.
- 모래상자(sandtray): 세션 중 모래상자의 치료적 사용하는 것을 의미한다. 상자 안에 내담자의 작업과 창작물로 구성되며, 완성되었거나 완성될 장면이나 경험, 모래를 의미한다.
- 소품 · 장난감 · 이미지 · 상징물(miniature figures · toys · images · symbols): 모래에서 장면을 만드는 데 사용되는 작은 물건들을 의미한다(pp. 13-14).

앞서 말했듯이 모래놀이치료는 아동, 청소년, 성인, 그리고 개인, 집단, 커플, 가족 모두에게 사용할 수 있다. 다른 치료법과 마찬가지로 모래상자는 목적과 의도를 가지고 사용해야 하며, 전문적이고 합리적인 치료 계획의 일부여야 한다. 우리는 관심 있는 임상가(interested clinicians)가 이 효과적인 매체를 사용하는 과정에서 적절한 교육과 수퍼비전을 받는 경험을 쌓을 것을 조언하고, 격려하며, 요청할 것이다.

시작하기 전

　모래상자치료의 사용은 치료사의 선호도나 다른 내담자의 설명에 따라 발전할 수 있다. 모든 연령대의 내담자는 말을 많이 할 수도 있고 그렇지 않을 수도 있다 (하지만 일부 내담자들은 말을 방어하거나 피하기 위한 방법으로 사용할 수도 있다). 일부 내담자는 다른 창의적인 미술 기법에 끌리는 것과 마찬가지로 모래로 건물을 짓는 것의 시각적이고 창의적인 특성에 끌릴 수 있다. 상담자는 언어적 접근법보다 더 효과적인 의사소통 수단과 깊이 있는 세션 내용을 제공할 수 있는 인식과 감수성이 필요하다. 우리는 종종 이중 모래상자 · 대화치료실(예: 한쪽 구석에는 소품과 상자를 놓을 수 있는 선반, 다른 한쪽에는 덮개를 씌운 의자와 안락의자)에 앉아 성인 내담자가 소품을 경이롭게, 때로는 신기하게 바라보는 것을 관찰해 왔다. 그런 내담자들은 거의 항상 모래상자치료 과정에 빠르고 효과적으로 참여한다. 경험이 풍부한 모래상자치료사는 낯선 개입에 대해 과묵한 내담자를 격려할 수 있어야 한다. 치료 매체와 내담자를 일치시키는 것은 치료 관계를 구축하는 데 도움이 된다.

　우리는 모래상자치료가 적응적이고 유연하며, 모래상자치료의 내면적이고 대인관계적인 성격이 내담자에게 깊은 영향을 미친다고 주장해 왔다. 모래상자치료는 교차이론적이기 때문에 거의 모든 접근법이나 치료 기법을 모래상자치료에 적용할 수 있다. 모래상자치료사, 아니 모든 심리치료사는 이론적 뿌리를 가지고 있어야 한다. 이러한 주장을 했으므로, 우리는 내담자가 기법을 사용하여 치유되는 것이 아니라는 점을 강조할 것이다. 내담자는 과정과 관계를 통해 치유를 경험한다. 앞으로의 장에서 핵심적인 과정과 관계 도구로써 모래상자치료의 역할을 살펴볼 수 있기를 기대한다. 다음 장에서 모래상자치료의 기원에 대해 논의할 다음 장으로 넘어가기 전에, 이 소개를 마무리하며 로저스(Rogers, 2007)의 말을 인용하고자 한다.

신성한 공간(sacred space)을 만들기 위한 매개체로 모래를 사용하는 것은 불교 승려들의 모래 만다라부터 시작하여 우주의 치유력을 불러일으키기 위해 모래로 이미지를 만드는 나바호족(Navahos)의 모래그림, 심리치료에 모래놀이를 사용하는 것에 이르기까지 오랜 역사를 가지고 있다. (p. 69)

J. Earl Rogers

신성한 공간(sacred space)을 만들기 위한 매개체로 모래를 사용하는 것은 불교 승려들의 모래 만다라부터 시작하여 우주의 치유력을 불러일으키기 위해 모래로 이미지를 만드는 나바호족(Navahos)의 모래그림과 심리치료에 모래놀이를 사용하는 것에 이르기까지 모래는 오랜 역사를 가지고 있다. (p. 69)

우리는 모래상자 내담자와 만날 때마다 이 역사를 가지고 간다.

참고문헌

Ackerman, N. (1970). Child participation in family therapy. *Family Process, 9*(4), 403-410.

American Psychiatric Association. (2022). *Diagnostic and statistical manual of mental disorders: DSM-5-TR*. American Psychiatric Association.

Badenoch, B. (2011). *The brain-savvy therapist's workbook*. W.W. Norton.

Badenoch, B. (2018). *The heart of trauma: Healing the embodied brain in the context of relationships*. W.W. Norton.

Boik, B. L., & Goodwin, E. A. (2000). *Sandtray therapy*. Norton.

Brown, S., & Vaughan, C. (2009). *Play: How it shapes the brain, opens the imagination, and invigorates the soul*. Avery Books.

Caplan, F., & Caplan, T. (1974). *The power of play*. Anchor Books.

Ceballos, P. L., Parikh, S., & Post, P. B. (2012). Examining social justice attitudes among play therapists: Implications for multicultural supervision and training. *International Journal of Play Therapy, 21*(4), 232-243.

Friedman, H., & Mitchell, R. R. (2002). *Sandplay: Past, present and future*. Routledge/ Taylor & Francis.

Friedman, H., & Mitchell, R. R. (2021). *Sandplay wisdom*. Routledge.

Gil, E. (1994). *Play in family therapy*. Guilford Press.

Gil, E., & Drewes, A. A. (Eds.). (2005). *Cultural issues in play therapy*. Guilford Press.

Gil, E., & Drewes, A. A. (Eds.). (2021). *Cultural issues in play therapy* (2nd ed.).

Guilford Press.

Homeyer, L., & Lyles, M. (2022). *Advanced sandtray therapy: Digging deeper into clinical practice.* Routledge.

Hunter, L. (1998). *Images of resiliency: Troubled children create healing stories in the language of sandplay.* Behavioral Communications Institute.

Johnson, J., Rich, M., & Castelan Cargile, A. (2008). "Why are you shoving this stuff down our throats?": Preparing intercultural educators to challenge performances of white racism. *Journal of International & Intercultural Communication, 1*(2), 113-135.

Kalff, D. (1980). *Sandplay: A psychotherapeutic approach to the psyche.* Sigo Press.

Kalff, D. (1981). Foreword. In K. Bradway et al. (Eds.), S*andplay studies: Origins, theory and practice.* C.G. Jung Institute.

Kwiatkowska, H. (1978). *Family therapy and evaluation through art.* Charles C. Thomas Publisher.

Landreth, G. (2012). *Play therapy: The art of the relationship* (3rd ed.). Routledge/ Taylor & Francis.

Malchiodi, C. (2020). *Trauma and expressive art therapy: Brain, body, and imagination in the healing process.* Guilford Press.

Perry, B., & Pate, J. (1994). Neurodevelopment and the psychobiological roots of post traumatic stress disorder. In L. Koziol & C. Stout (Eds.), *The neuropsychology of mental disorders: A practical guide*(pp. 129-146). Charles C. Thomas Publisher.

Piaget, J. (1999). *Play, dreams and imitation in childhood.* Routledge/Taylor & Francis.

Porges, S. (2011). The polyvagal theory: Neurophysiological foundations of emotions, attachment, communication, and self-regulation. W.W. Norton.

Porges, S. (2018). Foreword. In B. Badenoch, *The heart of trauma: Healing the embodied brain in the context of relationships* (pp. ix-xii). W.W. Norton. Post, P., & Tillman, K. S. (2015). Cultural issues in play therapy. In D. A. Crenshaw & A. L. Stewart (Eds.), Play therapy: A comprehensive guide to theory and practice (pp. 496-510). Guilford Press.

Ray, D., Ogawa, Y., & Cheng, Y-J. (2022). *Multicultural play therapy: Making the most of cultural opportunities with children.* Routledge/Taylor & Francis.

Rogers, E. (2007). Sandtray: An accessible strategy for the grief process. In E. Rogers (ed.), *The art of grief: The use of expressive arts in a grief support group* (pp. 69–79). Routledge/Taylor & Francis.

Ryan, S. D., Gomory, T., & Lacasse, J. R. (2002). Who are we? Examining the results of the Association for Play Therapy membership survey. *International Journal of Play Therapy, 11*(2), 11–41.

Schnall, E., Eichenbaum, B., & Abramovitz, Y. (2016). Jewish stories in mental health counseling. *Journal of Creativity in Mental Health, 11*(1), 12–26. https://doi-org.georgefox. idm.oclc.org/10.1080/15401383.2015.1130667

Siegelman, E. (1990). *Metaphor and meaning in psychotherapy.* Guilford Press.

Smelser, Q. K. (2021). Exploring gender and sexuality using play therapy. In E. Gil & A. A. Drewes (Eds.), *Cultural issues in play therapy*, (2nd ed, pp. 90–110). Guilford Press.

Sweeney, D. (1997). *Counseling children through the world of play.* Tyndale Publishing House.

Sweeney, D. (2011). Group play therapy. In C. Schaefer (Ed.), *Foundations of play therapy*, (2nd ed, pp. 227–252). John Wiley & Sons.

van der Kolk, B. (2003). The neurobiology of trauma and abuse. *Child & Adolescent Psychiatric Clinics of North America, 12*, 293–317.

van der Kolk, B. (2014). *The body keeps the score: Brain, mind, and body in the healing of trauma.* Viking.

제2장

기원과 이론

아이들이 손으로 이야
기한다.
Margaret Lowenfeld

모 래치료는 마가렛 로웬펠드(Margaret Lowenfeld)의 놀이치료실에서 처음 개발된 이후 급속도로 확장되고 성장했다. 놀이치료 분야가 성장함에 따라 놀이치료의 대상도 아동에서 청소년, 성인, 부부, 가족으로 확대되었다. 놀이치료 분야에서 모래상자치료는 내담자가 정서적, 심리적 고통을 표현하고 해결하는 또 다른 방법을 제시하는 형식으로 놀이를 활용했다. 모래상자와 소품 등의 재료를 사용하여 내담자는 다양한 방법으로 자신을 표현할 수 있다. 이는 말로 표현하기에는 너무 고통스러운 것을 비언어적으로 표현하는 가장 강력한 방법 중 하나이다. 우리는 치료효과뿐만 아니라 고통에 처한 내담자를 위한 안전의 장소로서의 치료효과도 확신한다. 모래상자치료의 기원에 대해 논의한 다음 성인, 어린이, 커플, 가족에게 모래상자치료를 사용할 때 얻을 수 있는 실질적인 이점을 포함한 몇 가지 근거를 나열해 보겠다.

놀이치료에서 모래상자치료 작업을 연결하는 것은 1920년대에 모래상자치료의 창시자인 로웬펠드가 "아이들이 손으로 이야기한다"는 것을 나타내는 인용문(Sussex Academic Press, 2020)과 최근 개리 랜드레스(Garry Landreth)의 "놀이치료사는 눈으로 듣는다"고 말한 인용문이다(Landreth, 2012). 이 두 가지 모두 모든 임상 이론과 접근법에서 모래놀이치료사에게 공감을 불러일으킨다.

놀이치료사는 눈으로
듣는다.
Garry Landreth

기원

로웬펠드(1979a)는 작은 장난감 소품과 모래로 채워진 상자를 모아 아이를 위한 정신건강 치료법인 **세계기법**(The World Technique)을 개발하기 위한 여정을 시작했다. 일반적으로 **모래상자치료**(sandtray therapy)라고 불리는 이 새로운 치료법의 개발은, 항상 우리를 흥미롭게 했다. 1920년대 동유럽에서 러시아-폴란드 전쟁이 발발했을 때 런던의 의사이자 소아과 의사였던 로웬펠드는 발진티푸스 환자들과 전쟁 포로들을 위해 의료 서비스를 제공했다(Lowenfeld, 1993). 이 일과 함께 그녀는 전쟁의 여파로 고통받는 수천 명의 폴란드 학생들을 위한 구호 활동가이기도 했다. 런던으로 돌아온 로웬펠드는 "수용소와 기근 지역에서 익숙해진 표정, 자세, 제스처를 가진 아이들을 관찰했다"(1993, p. 2). 이러한 강렬한 경험을 통해 그녀는 아이들의 정신건강 문제를 증진할 수 있는 방법, 즉 아이들이 자신의 내면을 공유할 수 있는 방법을 발견하게 되었다. 어린 시절 읽었던 책 『**마루놀이**(Floor Games)』(Wells, 1911)를 떠올리며 아동 발달에 대해 잘 알고 있던 소아과 의사로서 1928년 10월 첫 번째 클리닉인 신경 및 정서장애 아동클리닉을 열었을 때 모래상자와 작은 장난감 몇 개가 전부였다고 한다(Lowenfeld, 1993). 로웬펠드는 모래가 담긴 상자를 탁자 위에 놓이고 작은 물건이 들어 있는 서랍이 달린 캐비닛이 놀이방에 들어온 지 3개월도 채 되지 않아 "아이들이 직접 만든 자발적인 새로운 기법이 창조되었다(created by the children themselves)"(1993, p. 280-281)고 말했다. 세계(World)라는 용어는 1929년 6월 사례 노트에 처음 등장했고(Lowenfeld, 1993, p. 280), 이후에도 치료자들의 사례 노트와 사례 토론에서 이 용어를 계속 사용했다. 이는 세계기법(World Technique)이라고 명명되었다.

치료에서의 놀이는 지그문트 프로이트(Sigmund Freud, 1909)의 꼬마 한스(Little Hans) 사례와 헤르민 허그헬무트(Hermine Hug-Hellmuth, 1921)의 후기 연구에서 시작되어 동시에 개발되고 활용되었다. 안나 프로이트(Anna Freud, 1965)가 "놀이기법(play technique)"이라고 지칭했던 정신분석적 형태의 놀이치료는 놀이가 아

> 나는 아이의 손에 자신의 생각과 감정을 직접 표현할 수 있는 도구를 만들고, 그의 창조물을 기록하고 연구를 위해 추상화할 수 있는 도구를 만드는 것을 목표로 삼았다.
>
> Margaret Lowenfeld

동 내담자와의 치료적 동맹을 형성하는 수단이라고 보았던 반면, 멜라니 클라인(Melanie Klein, 1932)은 놀이가 정신분석적 기법인 자유연상을 대체하여 언어화를 대신할 수 있다고 믿었다. 로웬펠드는 영국 의학 저널에 보낸 편지에서 자신의 연구와 클라인의 연구를 언급하며 "놀이치료에는 각각 고유한 역사와 기법을 가진 명확하게 공식화된 두 가지 방법이 있다"고 밝혔다(Lowenfeld & Dukes, 1938, p. 1281). 이 편지에서 로웬펠드는 자신의 놀이치료와 자신이 훈련한 놀이치료사들을 명확하게 표현하고 있다. 오늘날 우리 중 많은 사람이 그러하듯, 놀이치료 관련 간행물에는 놀이치료의 구체적인 사례 개념화나 기법이 명확하지 않아 비교가 어려운 경우가 너무 많다고 아쉬워한다.

모래놀이치료는 스위스 융 분석가인 도라 칼프(Dora Kalff)의 연구에 의해 확장되고 대중화되었다. 칼프(2003)는 로웬펠드의 연구를 알게 되어 1956년 런던에서 그녀와 함께 공부했고, 그녀의 접근법을 다음과 같이 변형하여 적용했다. 세계기법과 명확하게 구분하기 위해 제1장에서 언급했듯이, 모래놀이(sandplay)라는 용어는 융의 접근법을 구별하는 용어이지만 융학파 외부에서는 종종 임상가가 무엇을 하고 있는지 혼동하는 경우가 있다. 자신의 작업을 명확히 하기 위해 많은 사람들이 자신의 작업을 칼프/융학파 모래놀이로 구분한다. 칼프(1971)는 로웬펠드의 중요한 공헌을 인정했다. "그녀는 아동의 세계를 완전히 이해하고 독창적인 직관으로 아동이 모래상자 안에서 자신의 세계를 구축할 수 있는 방법을 창조했다"(p. 32).

광범위한 놀이치료 분야에서 로웬펠드와 칼프가 이 분야의 역사에서 거의 언급되지 않는다는 점은 흥미롭다. 모래놀이치료는 분명 놀이치료 접근법이며, 우리는 모래놀이치료의 선구자들이 놀이치료의 넓은 관점에서 인정받을 자격이 있다.

전통적인 로웬펠드 접근법과 칼프/융학파 모래놀이부터 게슈탈트, 인간중심, 해결중심, 인지행동 및 가족 체계 접근법에 이르기까지 다양한 접근법과 차이가 있다. 이 접근법들(그리고 다른 많은 접근법)은 각각 고유한 치료적 가치를 지니고 있다. 이는 로웬펠드의 관점에서 볼 때 역사적으로도 놀라운 일이 아니다. 로웬펠드는 임상가가 창조된 모든 모래세계에서는 "자신의 견해를 뒷받침하는 구성요소와 구조"를 치료사의 입장에서 "단순히 원하는 보고 싶은 것을 보는 결과"가 아니라 "구성 요소들이 거기에 펼쳐져 있기 때문"(1993, p. 7)이라고 말했다. 이는 에버츠와 호메이어(Eberts & Homeyer, 2015)가 모래 속 하나의 창조물을 게슈탈트와 아들러의 관점 모두에서 다루면서 입증했다. 제7장에서는 모래놀이치료의 다양한 임상적 적용에 대해 설명한다.

우리 둘 다 치료사이자 상담사이자 교육자이다. 잠시 교수의 모자를 쓰고 상담이론에 대해 한 말씀 드리고자 한다. 교육자로서 우리는 이론을 중시할 것이라고 예상할 수 있고, 실제로도 그렇다. 하지만 우리는 이론에 얽매이는 것이 아니라 이론에 기반해야 한다고 주장한다. 상담은 다양한 기법, 즉 기술적으로 절충적인 기법을 사용할 수 있다. 그러나 우리는 이론적으로 절충주의적인 것에 대해 우려를 가지고 있다. 통합놀이치료는 다양한 기법을 사용하기 위한 틀을 제공한다. 이것은 사려 깊고 의도적인 접근법이므로 보다 '절충적인' 접근법을 원하는 임상가에게 유용하다. 사실 기술이 없는 이론은 철학에 불과하다. 그 반대도 마찬가지로 중요한 문제이다. 이론이 없는 기술은 무모하고 심지어 위험할 수도 있다 (Sweeney, 2011). 따라서 관심 있는 독자는 개인적으로나 이론적으로 공감할 수 있는 접근법 내에서 모래상자치료에 대한 지속적인 훈련과 지도감독을 받을 것을 강력히 권장한다.

왜 모래상자치료를 사용하는가: 이론적 근거

숙련된 모래상자치료사들이 증명하듯이, 모래상자치료는 내담자와 상담사 모두에게 많은 이점이 있다. 모래상자치료는 상처받은 내담자에게 다가갈 수 있는 중요한 매개체를 제공한다. 따라서 우리는 모래상자치료의 주요 근거와 이점을 요약해 보겠다.

1. 모래상자치료는 비언어적인 감정 문제를 표현할 수 있게 해 준다. 놀이는 어린 시

절의 언어일 뿐만 아니라 말로 표현할 수 없거나 표현하기를 꺼리는 모든 연령대의 내담자를 위한 언어이기 때문에 모래상자는 안전하고 새로운 형태의 표현을 제공한다. 놀이가 언어라면 소품은 단어라고 할 수 있다(Haim Ginott의 유명한 말을 각색한 표현). 모래상자에서 소품과 함께 하는 놀이는 또 다른 소통의 방법을 제공한다. 빈 캔버스가 화가의 표현을 위한 공간을 제공하듯, 상자는 내담자의 감정 표현을 위한 공간을 제공한다. 구체적이든 추상적이든, 현실적이든 환상적이든 표현할 수 있는 대상과 재료가 제공되므로 내담자에게는 창의력이나 예술적 능력이 필요하지 않다.

자기 주도적인 모래상자치료 과정을 통해 내담자는 온전히 자기 자신이 될 수 있다. 배려와 수용, 조율된 치료적 관계를 포함하는 모래상자치료 과정을 통해 아동, 성인, 가족은 자신의 개성을 온전히 표현할 수 있다. 이를 통해 상처받은 내담자는 언어적 표현으로는 불가능한 새로운 가능성을 고려할 수 있으며, 이를 통해 자기의 표현을 의미있게 발전시킬 수 있다. 따라서 모래상자치료는 정신의 상징이며, 완전한 자기 표현과 자기 탐색의 장이다.

2. **모래상자치료는 독특한 운동 감각적 특성을 가지고 있다.** 우리는 이미 모래와 소품의 감각적 특성과 고통이나 위기에 처한 내담자를 위한 감각적 경험의 필요성에 대해 생각해 보았다. 모래상자치료는 이러한 감각적 경험을 제공하고 내담자뿐만 아니라 우리 모두의 욕구를 충족시킨다. 아주 기본적인 애착 욕구의 연장선인 이 근본적인 필수 요소는 관계와 경험을 통해 충족된다. 모래상자치료는 내담자에게 이 두 가지 요소를 모두 제공한다.

모래를 만지고 조작하는 촉각적 경험은 그 자체로 치료적 경험이다. 말을 하지 않고 손가락으로 모래를 만지는 것 외에는 아무것도 하지 않는 내담자가 종종 있다. 이런 과정을 통해 내담자는 종종 깊은 문제에 대해 이야기할 수 있게 된다. 마치 모래에 대한 감각적 경험이 혀의 긴장을 풀어 주는 것과 같다. 이러한 현상이 실제로 발생한다는 신경학적 근거가 있으며, 이에 대한 자세한 내용은 제10장에서 설명한다. 이것이 세션의 의도나 목표는 아닐 수 있지만, 분명 치료의 부산물이다. 모래를 만지고 소품을 배치하는 작업은 특히 이전에 감각에 대한 불쾌한 경험이 있는 내담자에게 안전하고 운동 감각적으로 만족감을 줄 수 있다. 모래를 통해 손을 움직일 때 발생하는 촉각 감각은 불안을 감소시키고 내담자의 하부 뇌를 조절하는 데 도움이 될 수 있다. 홍분된 하부 뇌는 촉각 자극을 통해 진정될 수 있으며, 변연계에서 진정작용을 하는 것으로 해석된다(Badenoch, 2008).

3. 모래상자치료는 내담자에게 필요한 치료적 거리를 조성하는 역할을 한다. 정서적 위기에 처한 내담자는 종종 자신의 고통을 말로 표현하지 못하지만 모래상자치료와 같은 매체를 통해 표현을 찾을 수 있다. 트라우마에 시달리는 내담자가 고통을 직접 말로 표현하는 것보다 모래상자치료 소품을 통해 '말'하는 것이 더 쉬울 수 있기 때문이다. 매체의 일관성과 내담자가 치료 과정을 주도할 수 있도록 허용하는 치료사의 일관성은 내담자로 하여금 필요한 정도의 치료적 거리를 설정할 수 있는 장소로 만든다. 모래상자치료를 받는 아이, 성인, 가족은 모래상자와 소품에 자신의 이야기를 투사함으로써 상징화와 승화를 통해 정서적 해방을 경험할 수 있다. 실제, 상상 또는 환상의 이야기 중 일부가 상자 안에 만들어진다. 그런 다음 내담자는 상자 안에 있는 것에 대해 이야기할 수 있다. 이 과정을 통해 내담자는 감정적 거리를 좁히고, 모래상자에 표현된 것에 대한 감각을 발달시키고 의미를 부여할 수 있다.

4. 모래상자치료가 제공하는 치료적 거리는 정화작용이 일어날 수 있는 안전한 장소를 만들어 준다. 트라우마를 경험한 내담자는 억압된 문제를 드러내고 되살릴 수 있는 치료적 환경, 즉 애착을 형성할 수 있는 장소가 필요하다. 돌보는 타인(치료사 또는 공동 내담자)이 있는 경우, 이러한 공동 조절 경험은 의미 형성에 도움이 된다. 내담자는 불일치와 교정적 정서 체험을 할 수 있다. 트라우마 치료에서 중요한 요소인 정화작용을 통해 표현이 촉진되는 것을 발견한다.

5. 모래상자치료는 트라우마에 시달리는 내담자에게 효과적인 개입이다. 모래상자 치료의 표현적, 투사적 특성을 통해 내담자에게 필요한 안전이 제공될 뿐만 아니라 트라우마의 신경생물학적 효과는 비언어적 개입의 필요성을 강조한 다. 트라우마의 감각적 특성은 모래상자와 같은 감각적 개입을 통해 가장 잘 해결될 수 있다. 인지 처리와 언어화에 대한 신경생물학적 억제는 표현적 개 입의 필요성을 지적한다. 이에 대해서는 제10장에서 자세히 설명한다.

6. 가족과 함께하는 모래상자치료는 진정으로 포용적인 경험이다. 가족치료에 대한 성인 대화치료 접근법은 가족 내 아동의 발달 수준을 인식하고 존중하지 못 하기 때문에 배타적이다. 가족과 함께하는 모래놀이치료는 이러한 장애물 을 극복한다. 모래상자치료는 모든 가족 구성원에게 공평한 경쟁의 장을 만 들어 각자가 자신을 표현할 수 있는 기회를 제공한다. 키스와 휘태커(Keith & Whitaker, 1981)는 놀이치료 개입을 가족치료 과정의 필수적인 부분으로 포함 시키면서 "근본적인 가족치료는 이러한 비언어적 수준에서 이루어진다"(p. 249)고 결론을 내린다. 엘리아나 길(Eliana Gil)은 가족치료사와 놀이치료사는 고귀한 특성을 공유한다고 말한다. "그들은 현존하는 치료사 중 가장 창의적 이고 역동적인 치료사이다. 가족치료사는 …… 언어적 의사소통을 강화하거 나 대체함으로써 역동적인 방식으로 가족의 참여를 유도한다"(1994, p. 34).

　예를 들어, 아동에게 말로 가족의 의사소통 패턴을 자세히 설명하도록 요 청하는 것은 매우 위협적이고 발달적으로 불가능할 수 있다. 이것은 고립감 이나 무력감을 느끼는 가족 구성원에게도 똑같이 위협이 될 수 있다. 간단히 말해서, 특히 외부인에게 '더러운 세탁물을 환기시키는 것'은 금기시한다. 가 족 구성원들은 문제에 대해 '이야기해서는 안 되는' 존재다. 하지만 모래상자 치료 소품은 그럴 수 있다! 아이들이 가족 세션에서 하기에는 부담스러울 수 있는 전형적인 가족 조각 활동을 모래상자에서 재현할 수 있다. 인형극과 마 찬가지로 모래상자 놀이는 "비현실적이고 위협적이지 않은 분위기를 조성하 여 동일시 과정을 돕고, 캐릭터를 통해 정서적 측면과 대인관계를 투사하도록 장려할 수 있다"(Bow, 1993, p. 28). 제9장에서는 모래상자치료로 부부 및 가족과 함께 일하는 방법에 대해 구체적으로 설명한다.

7. **모래상자치료는 자연스럽게 경계와 제한을 제공하여 내담자에게 안전감을 준다.** 경계와 제한은 치료 관계를 정의한다. 스위니(Sweeney, 1997)는 경계가 없는 관계는 관계가 아니라고 제안했다. 오히려 그것은 사람들이 참여에 대한 구체적인 규칙이 없기 때문에 이루어질 수 없는 구조화되지 않은 연결 시도이다. 제한이 없는 세상은 안전한 세상이 아니며, 아이들은 안전하다고 느끼지 않는 곳에서는 성장하지 않는다(p. 103).

모래상자치료사의 의도적인 치료 과정과 엄선된 재료의 사용은 내담자에게 성장에 필요한 안전감을 만들어 주는 경계를 제공한다. 모래상자의 크기, 소품의 크기와 선택, 치료실 환경, 치료사의 안내와 지시는 모두 내담자에게 경계와 제한을 제공한다. 이러한 제한은 필수적이고 의도적인 것이지만 표현의 자유를 촉진하기도 한다. 모래놀이치료의 이러한 내재적 제한은 다음과 같은 이점을 가져다준다. 치료 과정에 초점을 맞추고, 경계가 가져다주는 안전성을 증진할 뿐만 아니라 내담자가 해결해야 할 치료 문제에 집중할 수 있도록 도와준다.

8. **모래상자치료는 치료적 은유의 출현을 위한 독특한 환경을 제공한다.** 은유와 심리치료에 관한 문헌은 점점 더 많아지고 있으며, 그중 대부분은 언어적 은유에 초점을 맞추고 있다. 시겔만(Siegelman)은 은유가 추상적인 것과 구체적인 것을 특별한 방식으로 결합하여 우리가 알고 있고 감각적인 것에서 미지의 상징적인 것으로 나아갈 수 있게 해 준다고 제안했다. 이러한 은유는 강한 느낌을 발전시키고 생성하는 방식으로 결합하여 통찰력의 통합으로 이어진다(1990, p. ix).

은유는 실제로 치료적으로 강력할 수 있다. 치료에서 가장 강력한 은유는 내담자가 직접 생성한 은유, 즉 새로운 은유라고 할 수 있다. 모래놀이치료는 이를 위한 완벽한 환경을 조성한다. 모래와 소품은 내담자가 자신만의 새로운 치료적 은유를 개발하는 데 이상적이다. 내담자들은 종종 다음과 같이 표현한다. 하나 이상의 소품이 처음에 자신에게 어떤 의미인지, 왜 선택했는지는 모르지만 "그냥 거기에 있어야 한다"고 말한다. 내담자가 논리적이고 순차적이며 문자 그대로의 좌뇌적 장면을 만들려는 욕구에서 벗어나면 우뇌에 해당하는 상징, 이미지, 감정을 사용하게 된다. 내담자가 직관적인 상태를 유지하고 우뇌적인 행동으로 반응하는 것을 선택하면 의미 있는 상징과 새로운 은유가 모래상자에 형성된다.

치료적 은유가 등장하면 자연스럽게 해석에 대한 충동이 뒤따른다. 무엇보다 중요한 것은 내담자의 의미라는 인식하에 해석에 집중하지 말라는 칼프(1980)의 경고를 되새기고자 한다. 우리는 모래상자 작품에 대한 해석이 치유 과정에 필수적인 것이 아니며, 우리가 해석할 때 내담자의 것이 아니라 우리 자신의 마음과 삶의 경험을 가지고 해석해야 한다는 것을 상기해야 한다. 내담자의 경험 표현을 해석할 때 해석의 공유는 치료사의 호기심이 아니라 내담자의 요구를 충족시키기 위한 것임을 명심해야 한다. 치료사의 임상 이론과 접근법은 은유가 세션 내에서 어떻게 사용되는지에도 영향을 미친다. 세션 내에서 은유가 사용되는 방식에도 영향을 미치며 치료의 일관성을 위해 항상 가장 중요하다.

9. **모래상자치료는 내담자의 저항을 극복하는 데 효과적이다.** 아동 및 가족과 함께 일할 때 비자발적 내담자가 빈번하고 일반적이라는 점을 기억하는 것이 중요하다. 아동과 청소년은 일반적으로 스스로 의뢰하지 않으며, 모든 가족 구성원이 치료에 참여하는 데 열성적인 것은 아니다. 모래상자치료는 위협적이지 않고 흥미를 유발하는 특성으로 인해 비자발적 내담자의 참여를 유도하고 사로잡을 수 있으며 과묵한 가족 구성원을 끌어들일 수 있다. 놀이는 아동에게 자연스러운 의사소통의 매개체이기 때문에 성인의 강압에 의해 치료를 받는 아동 내담자는 일반적으로 놀이라는 친숙한 활동을 통해 자신을 표현할

수 있기 때문에 치료에 잘 따라오게 된다.

저항이 심한 성인이나 가족 구성원에게 모래상자치료는 언어적 갈등에 대한 두려움에서 벗어날 수 있는 의사소통 수단을 제공한다. 예를 들어, 부부의 경우 한 파트너가 덜 열정적이거나 심지어 참여를 꺼리는 경우가 드물지 않다. 이와 관련하여 각 가족 구성원이 모래상자 장면을 만드는 데 기여하는 수준은 가족에 대한 자신의 투자 또는 안전감의 수준을 반영할 수 있다. 이와 관련하여 모래상자치료에 참여함으로써 저항은 극복할 수 있지만, 더 완전히 파악할 수도 있다.

10. **모래상자치료는 언어적 기술에 어려움을 겪는 내담자에게 필요하고 효과적인 의사소통 매체를 제공한다.** 아동에게 비언어적 치료 매체를 제공하는 것이 발달적으로 중요할 뿐만 아니라, 다양한 이유로 언어 능력이 부족한 모든 연령대의 내담자가 있다. 언어 발달이 지연되거나 결핍된 내담자, 사회적 또는 관계적 어려움을 겪는 내담자, 신경발달장애(neurodivergent)가 있는 내담자, 생리학적 차이점이 있는 내담자 등이 언어 능력에 어려움을 겪는 사람들이다.

영어가 제2언어인 내담자 등이 여기에 포함된다. 이중 언어를 사용하는 많은 내담자는 상담 시 자신의 모국어로 자신을 표현하는 것을 선호한다. 모래상자치료는 공통의 상징적인 언어로 깊고 개인적인 문제를 표현할 수 있게 해 준다. 간절히 원하는 것이 있지만 이를 부모에게 전달할 수 없는 유아처럼, 누구나 자신의 욕구를 효과적으로 전달할 수 없을 때 높은 수준의 좌절감을 느낄 수 있다. 유아가 자신의 욕구나 필요를 전달하지 못해 떼를 쓰면 부모와 자녀 사이의 관계에 심각한 문제가 생긴다. 같은 방식으로 여러 유형의 가족 구성원이 자신의 욕구와 필요를 말로 표현할 수 없을 때 가족 간에도 다양한 유형의 관계 문제가 발생한다. 모래상자치료 과정은 필요와 욕구를 말로 표현하지 않아도 되는 환경이 조성된다. 원인에 관계없이 효과적인 언어 능력이 부족한 내담자는 모래상자에서 안식처를 찾는다. 그곳에서는 언어적 예민함이 아니라 표현 매체의 자유에 달려 있기 때문이다.

11. 반대로 모래상자치료는 방어 수단으로 사용되는 언어화를 차단한다. 언어적으로
    는 명석한 것처럼 보이지만 발달적으로 인지적 수준에서 효과적으로 의사
    소통을 할 수 없는 유사성숙(pseudo-mature) 아동에게 모래상자치료는 의
    사소통을 위한 수단을 제공한다. 주지화, 합리화 또는 스토리텔링을 방어
    수단으로 사용하는 언어적으로 정교한 성인의 경우, 모래상자치료는 이러
    한 방어 수단을 우회할 수 있다. 이것은 중요한 역동 관계이다.

    언어적으로 잘 방어하는 구성원이 포함된 가족 체계에는 효과적인 의사
    소통과 관계를 형성하지 못하는 구성원도 한 명 이상 포함될 수 있으므로 주
    의해야 한다. 모래상자치료의 비언어적이고 표현적인 특성은 이러한 역동
    관계를 파악하고 이를 해결할 수 있는 방법을 제공한다.

12. 모래상자치료는 아동, 청소년, 성인, 부부, 가족 또는 집단 내담자가 통제력을 경
    험할 수 있는 장소를 만들어 준다. 위기와 트라우마의 주요 결과 중 하나는 관
    련된 사람들의 통제력 상실이다. 정서적, 심리적, 심지어 생리적 통제력의
    상실은 가장 고통스러운 결과 중 하나가 될 수 있다. 위기에 처한 개인과 가
    족 모두 통제력을 상실했다는 좌절감과 두려움을 느낀다. 이러한 내담자들
    에게 중요한 목표는 내담자들에게 다시 힘을 실어 주는 것이어야 한다.

    모래상자치료의 자기 주도적 과정은 통제력을 되찾을 수 있는 장을 만들
    어 준다. 자기 효능감을 달성하고, 확장하고, 되찾으려는 내담자에게 모래
    상자치료는 안전한 경계를 설정하고 이를 위한 자유를 허용한다. 책임을 회
    피하려는 내담자의 경우, 모래상자는 내담자가 모래상자에서 창조하는 과
    정에 대한 책임과 통제권을 내담자에게 부여한다. 치료의 목표가 내담자가
    더 큰 내적 통제력을 갖도록 돕는 것이라면 모래상자치료는 이를 위한 효과
    적인 수단이다. 트라우마, 관련 요소 또는 기타 고통스러운 사건을 상징하
    는 소품을 선택하면 내담자에게 그것을 구체화하는 방법을 제공하고 정서

적, 심리적 안정감, 통제력 및 힘을 제공할 수 있다.

13. 전이의 문제는 모래상자치료를 통해 효과적으로 해결될 수 있다. 표현 매체의 존재는 전이의 대체 대상을 만들어 낸다. 로웬펠드(1979b)는 다음과 같이 제안했다. 모래 속 세계에서는 내담자와 치료사 사이가 아니라 내담자와 모래상자 사이에서 전이가 일어난다. 모래놀이 전문가인 와인립(Weinrib, 1983)는 모래상자가 종종 독립적인 대상이 되어 내담자가 치료사의 이미지가 아닌 상자의 이미지를 가져갈 수 있다고 지적했다. 그러나 전이에 대한 이론적 견해와 관계없이 모래상자치료는 다음과 같은 이점을 제공한다. 즉, 전이 문제를 필요에 따라 안전하게 다룰 수 있는 수단을 제공한다. 상자와 소품이 전이의 대상이 될 수도 있고, 전이 문제를 안전하게 해결하는 방법이 될 수도 있다.

14. 모래상자치료를 통해 더 깊은 내적 문제에 더 철저하고 더 빠르게 접근할 수 있다. 내담자가 근본적인 정서적 문제와 무의식적(또는 인식하지 못하는) 갈등에 접근할 수 있도록 돕는 것은 모든 상담자에게 도전이다. 다른 형태의 치료가 교착 상태에 빠졌거나 고착된 것처럼 보일 때 모래상자치료는 분명 장점이 있다. 주의할 점은 내담자가 더 빨리 더 깊이 들어갈 때 치료사는 준비가 되어 있어야 한다는 것이다. 내담자와 치료자를 놀라게 할 수 있는 새로운 통찰력을 기대할 수 있다.

15. 모래상자치료사와 내담자가 더 넓은 문화적 인식을 표현하고 참여할 수 있는 기회를 제공한다. 정신건강 분야는 지난 수십 년 동안 다양성과 다문화주의 문제에 더 많은 관심을 기울여 왔다. 표현 치료의 세계는 언어적 상호작용에만 국한되지 않기 때문에 이 중요한 논의를 촉진할 수 있는 독특한 기회를 제공한다. 다양한 모래상자 재료는 이러한 대화를 더욱 촉진할 수 있다. 이에 대해서는 제5장에서 자세히 설명하겠다.

물론 포괄적인 목록은 아니지만, 모래상자치료의 특성과 근거를 살펴보면 깊고 복잡한 내적 문제에 안전하게 접근할 수 있는 분위기를 조성할 수 있다. 대부분의 내담자는 어느 정도의 변화하고자 하는 동기를 가지고 있다. 또한 내담자는 이미 상처를 입은 자아, 자기 존중감(self-esteem) 또는 자기 관점(self-view)에 대한 도전에 직면할 때 잘 방어하는 경우가 많다. 모래상자치료는 방어력을 낮추고, 각 내담자의 고유성과 경험을 존중하며, 더 많은 수준의 공개를 촉진하는 역할을 한다. 이를 통해 대인관계 및 개인 내적 대안을 고려할 수 있는 능력이 향상된다.

보니 바데녹(Bonnie Badenoch, 2008)은 모래상자치료와 뇌에 대한 더 넓은 관점을 논의했다. 바데녹은 모래상자를 사용하면 우뇌 변연계가 깨어나고 조절되어 우뇌의 수직적 통합을 촉진한다고 말했다. 새로운 신경 경로가 개발되어 기능 장애를 일으키는 고통스러운 기억을 효과적으로 재구성한다. 바데녹은 모래를 만지면 뇌가 활성화된다고 말한다. 감각은 촉각 입력을 감지하는 전전두엽 피질로 전달된다. 바데녹에 따르면 상담사와 내담자는 우뇌 공명을 통해 모래상자를 만드는 동안 서로 조율된 상태를 유지한다. 또한 "내담자가 고통스러운 경험을 회상하고 공감과 친절을 느낄 때 새로운 시냅스가 그 정보를 뇌 전체에 전달하고 혈류가 더 진정되는 경로로 바뀐다"(p. 12). 일단 상자 또는 세계가 만들어지면 그 내용에 대해 말로 토론하면 좌뇌와 우뇌가 통합된다. 좌뇌에서 일어나는 이야기를 우뇌의 이미지와 감정에 말로 표현하면 뇌량(좌반구와 우반구 사이의 연결 조직)이 강화되고 성장하여 모래상자의 감정적 내용을 더 잘 조절할 수 있다. 바데녹은 모래를 사용하지 않더라도 언어적 대화를 통해 소품을 상징으로 사용하는 것 역시 이러한 양방향 통합을 자극하여 조절 경험을 발달시킨다고 말한다(p. 227). "신체에 기반을 둔 모래놀이는 변연계와 대뇌피질을 통해 전개되며, 상징이 말로 전개되면서 양쪽 반구에 걸쳐 나타난다"(p. 220).

맺음말

정신건강 전문가들이 사용하는 기법은 무수히 많다. 하지만 상처받은 사람들은 기술을 통해 치유되지 않는다. 사람들은 누군가를 만날 때, 그리고 자기 자신을 만날 때 정서적 치유를 경험한다. 이는 내면의 과정이자 관계의 과정이며 마음의 과정이다. 그것은 느낌이다. 솔로몬 왕은 "네 마음을 부지런히 지키라 생명의 근원이 거기에 있느니라"(잠언 4:23)라고 말했다. 인지적 문제에 초점을 맞추는 언어로 하는 치료는 마음의 중요성을 고려하지 않는다. 모래상자치료는 이러한 내면의 핵심을 추구하고 유지하기 때문에 또 다른 교차 이론적 치료 방식 그 이상이라고 주장한다. 모래상자치료사 스페어(Spare)는 이렇게 썼다.

> 임상 실습의 모든 측면과 마찬가지로 모래상자치료의 의미 있는 사용은 우리 자신의 인간 마음의 기능이며, 우리 자신의 중심과 마음 및 욕구 사이의 끊임없는 상호작용의 기능이다. 우리는 심리치료에 특별한 혜택을 누리고 있다(1981, p. 208).

참고문헌

Badenoch, B. (2008). *Being a brain-wise therapist: A practical guide to interpersonal neurobiology*. Norton & Company.

Bow, J. N. (1993). Overcoming resistance. In C. Schaefer (Ed.), *The therapeutic powers of play* (pp. 17-40). Jason Aronson.

Eberts, S., & Homeyer, L. (2015). Processing sandtray from Gestalt and Adlerian perspectives. *International Journal of Play Therapy, 24*(3), 134-150.

Freud, A. (1965). *The psycho-analytic treatment of children*. International Universities Press.

Freud, S. (1909). *Analysis of a phobia in a fi ve-year-old boy*. Hogarth Press.

Gil, E. (1994). *Play as family therapy*. Guilford.

Hug-Hellmuth, H. (1921). On the technique of child-analysis. *International Journal of Psychoanalysis, 2*, 287-305.

Kalff, D. (1971). *Sandplay: Mirror of a child's psyche*. C. G. Jung Institute.

Kalff, D. (1980). *Sandplay, a psychotherapeutic approach to the psyche*. Sigo Press.

Kalff, D. (2003). *Sandplay, a psychotherapeutic approach to the psyche*. Temenos Press.

Keith, D., & Whitaker, C. (1981). Play therapy: A paradigm for work with families. *Journal of Marital and Family Therapy, 7*(3), 243-354.

Klein, M. (1932). *The psycho-analysis of children*. Hogarth Press.

Landreth, G. (2012). *Play therapy: The art of the relationship*. Routledge.

Lowenfeld, M., & Dukes, E. (1938). Play therapy and child guidance: Correspondence sections. *The British Medical Journal*. Des. 17, 2, 1281.

Lowenfeld, M. (1979a). Understanding children's sandplay: Lowenfeld's World Technique. Allen & Urwin.

Lowenfeld, M. (1979b). *The world technique*. Allen & Unwin.

Lowenfeld, M. (1993). *Understanding children's sandplay: The world technique*. Rowe Ltd. (Originally published as The World Technique, George Allen & Unwin, 1979.)

Siegelman, E. (1990). *Metaphor and meaning in psychotherapy*. Guilford Press.

Spare, G. (1981). Are there any rules (musings of a peripatetic sandplayer). In K. Bradway, et al. *Sandplay studies: Origins, theory and practice* (pp. 195-209). C. G. Jung Institute.

Sussex Academic Press. (2020). *A short biography of Margaret Lowenfeld and Margaret Lowenfeld Trust*. www.sussex-academic.com/sa/titles/psychology/LowenfeldBiography.html

Sweeney, D. (2011). Group play therapy. In C. Schaefer (Ed.), *Foundations of play therapy*, (2nd ed, pp. 227-252). John Wiley & Sons.

Sweeney, D. (1997). *Counseling children through the world of play*. Tyndale House Publishers.

Weinrib, E. (1983). *Images of self: The sandplay therapy process*. Sigo Press.

Wells, H. G. (1911). *Floor games*. Arno Press. (Originally published in England. First U.S. edition, 1912, Boston, MA.)

제**3**장

모래와 모래상자

이 장과 다음 장에서는 모래상자치료에 필요한 재료인 모래와 모래상자(제3장), 소품과 치료 공간 설정(제4장)에 대해 설명한다. 모래를 부분적으로 채운 직사각형 상자는 매우 간단해 보인다. 하지만 이러한 필수 요소와 그 안에 내재된 철학적 의미, 내담자에 대한 중요성, 치료 과정에 대해 살펴보는 것이 중요하다. 또한 모래상자 경험을 위한 물의 가용성과 사용에 대해서도 언급할 것이다. 또한 상자 내부를 파란색으로 코팅하는 것에 대해서도 설명한다.

모래

모래는 몰입적이고 효과적인 치료 방식의 기본 매개체이다. 모래는 지구상에서 가장 단순하고 흔한 기본 원소 화합물 중 하나이다. 모래상자치료의 기초로 모래를 선택한 것은 우연이 아니라 오히려 자연스러운 현상이다. 구약성경은 "주 하나님이 땅의 흙으로 사람을 지으시고 생기를 그 코에 불어넣으셨다"(창세기 제2장 7절)고 말한다. 우리는 이 지구와 근본적으로 연결되어 있다. 이것은 우연이 아니라 오히려 섭리적으로 설계된 것이다. 우리가 모래와 연결될 때 우리는 내면의 영과 외부의 피조물과의 연결을 느낄 수밖에 없다(Sweeney, 1999).

　모래는 또한 역사를 상기시켜 준다. 한 알의 모래는 수천 마일을 여행하고 같은 수의 세월을 거쳐 현재의 자리에 도착했을 것이다. 지질학은 우리에게 다음과 같은 사실을 상기시켜 준다.

> 알갱이는 그것이 침식된 암석을 만든 힘, 그것을 모암에서 침식하여 휴식처로 옮긴 지구 표면 환경, 그리고 그것이 묻힌 지각의 내부 변형에 의해 생성되었다.
> (Siever, 1988, p. 1)

　사람들도 거의 같은 경험을 했다. 일부는 출신 가족, 일부는 기타 사회 문화적 환경적 요인, 일부는 기술ㆍ정보화 시대의 몰입, 그리고 일부는 위기와 트라우마에서 비롯되기도 한다. 모래알의 '내부 변형(internal deformation)'은 많은 내담자가 우리에게 가져오는 정신 내적 고통을 은유적으로 표현한다. 모래는 역사의 산물이며 우리도 마찬가지이다(Sweeney, 1999).

　많은 요인이 관련되어 있지만, 모래상자치료가 큰 영향을 미칠 수 있는 것은 바로 이러한 모래의 핵심, 본질, 기본 요소 때문이다. 뿌리 깊은 정서적 혼란의 치료적 연결과 처리는 단순히 모래를 사용함으로써만 도움이 되는 것이 아니다. 길을 만드는 것은 바로 모래이다. 모래놀이치료사인 루이스 아이코프(Louise Eichoff)는 "모래를 팽개치고, 던지고, 성형하고, 반죽하고, 파고, 다듬을 수 있으며, 그 위에 구체적인 상징을 놓을 수 있기 때문에 총체적인 감정을 표현할 수 있는 수단"이라고 제안했다(1952, p. 235). 모래는 치료 매체 그 이상이다. 그것은 우리가 누구인지의 핵심을 표현하는 수단이다. 실제로 칼프(Kalff, 1981)는 이렇게 간결하게 말했다. "모래에서 노는 행위는 내담자가 자신의 전체성에 가까이 다가갈 수 있게 해 준다".

　모래와 놀이는 자연스럽게 서로 연관되어 있다. 아이들과 어른들은 바닷가에서 모래놀이를 즐기고 모래성을 만드는 것을 좋아하는데, 이는 창의적인 능력뿐만 아니라 자신을 표현할 수 있다는 증거이기도 하다. 동양과 아메리카 원주민 문화에서 모래는 종종 의식적으로 사용된다. 서양 문화에서는 모래사람(sandman)이 아이들을 잠들 수 있도록 도와준다는 이야기를 듣는다. 마크 트웨인(Mark Twain)이 "모래가 배 속에 있다"고 말한 것처럼 모래는 근성이나 용기와 동일시되어 왔다. 모래는 모래시계에서 시간의 흐름을 표시하는 데 사용된다. 모래는 그 자체로 고유한 정신을 가지고 있으며, 따라서 기본적인 성질을 가지고 있다.

로웬펠드(Lowenfeld)와 동시대의 초기 개발자와 연구자들은 실제로 모래를 사용했을 수도 있고 사용하지 않았을 수도 있다. 에릭 에릭슨(Erik Erikson, 1938)과 같이 모래나 모래상자 없이 테이블 위에 정해진 공간만 사용한 사람도 있었다. 로널드 알비온(Ronald Albion)은 둥근 상자를 사용했고, 캠프(L. Kamp)와 케슬러(E. Kessler)는 끝이 둥글고 모래가 없는 테이블을 사용했다(Bradway et al., 1990, p. 11-12 인용). 샬롯 뷜러(Charlotte Bühler, 1951a, 1951b)는 로웬펠드의 기법에 대한 최초의 연구를 수행했다. 그녀는 모래상자, 바닥 공간 또는 테이블을 포함한 다양한 옵션을 사용했다. 그녀는 영국과 노르웨이 아동은 모래상자를 사용할 수 있었기 때문에 그 선택권을 제공했고, 반대로 네덜란드 아동은 바닥이나 테이블 공간만 사용할 수 있었다고 밝혔다.

로라 보위어(Laura Bowyer, 1970)는 모래를 사용하지 않은 마가렛 반 와릭(Margaret van Wylick, 1935)의 연구, 에다 볼가와 리셀롯 피셔(Edda Bolgar & Liselotte Fischer, 1940)의 연구를 포함하여 이전의 선행 연구를 검토했다. 보위어는 모래 사용에 대해 연구한 결과 "모래라는 매체가 피험자가 모래를 붓고, 묻고, 치면서 다양한 감정을 경험하고 표현할 수 있는 기회를 제공함으로써…… 경험과 해석이 모두 깊어지고 풍부해졌다"는 사실을 발견했다(Mitchell & Friedman, 1994, p. 69).

현재 중동에서 복무한 미국 참전용사들과 함께 일하고 있는 한 모래상자치료사는 모래를 사용하지 않는다. 그녀는 이러한 내담자들에게 모래는 치료적으로 역효과라고 말한다. 또 다른 모래상자치료사는 최근 한 내담자와의 마지막 세션에 대해 다음과 같이 말했다.

> 나는 그녀가 모래에서 작업하는 것이 매우 만족스러워 보였고, 모래에 '기대거
> 나' 모래를 '밀어 넣는' 모습을 여러 번 목격했다. 이러한 나의 간단한 관찰을 통
> 해 그녀는 모래에서 작업하는 것이 어떤 느낌인지, 그리고 "특히 오늘 같은 날에
> 는 모래가 필요했다"고 이야기했다. 그녀는 또한 이전 세션과 달리 모래상자에
> 어떤 물건도 넣지 않고 모래만 가지고 작업을 끝내고 싶다고 말했다. (익명, 개인
> 적 대화, 날짜 미기록)

호메이어(Homeyer)의 8세 남아 내담자는 각 세션을 시작하기 위해 자신만의 의
식을 개발했다. 놀이방에 도착하자마자 그는 팔뚝과 손을 모래 위에 놓고 천천히
움직이면서 즐거운 소리를 내며 "너무 시원하다"고 말했다. 이후 잠시 촉각 놀이
를 하고 나면 나머지 세션을 할 준비가 되었다.

모래의 종류와 대안

모래상자에 사용할 수 있는 모래의 종류는 다양하다. 우리는 일반적으로 저렴
한 놀이용 모래를 사용하는데, 이는 많은 주택 및 빌딩 아울렛 매장이나 목재 야
적장에서 구입할 수 있다. 일반적으로 50파운드 봉지에 들어 있는 이 모래는 보통
멸균 처리되어 있고 자갈이 없는 경우가 많으며, 날카롭고 각이 져서 거친 느낌을
줄 수 있다. 그러나 이러한 놀이용 모래 용기 중 일부는 모래의 굵기가 일정하지
않거나 자갈이 있을 수 있으므로 필요한 경우 체를 사용하여 모래를 체로 걸러 낼
준비를 하면 된다. 해변의 모래를 사용할 수 있지만 오염 물질이 없다고 보장할
수는 없다. 해변 모래를 사용하는 경우 깨끗한 물로 여러 번 세척하여 남아 있는
해양 생물을 제거해야 한다. 해변 모래와 강과 사막의 자연 퇴적물에서 나온 모래
는 바람과 물에 의해 둥글게 다듬어졌다. 이 모래는 "더 부드러워" 보이며 다양한
입자 크기를 갖는다(Jerry Bergosh, Homeyer, & Lyles, 2022에서 인용).
어떤 모래는 먼지가 없는 반면, 어떤 모래는 그렇지 않다. 천식이나 알레르기가

있는 내담자와 함께 작업하는 경우 이 점이 중요하다. 일부 내담자의 모래에 대한 다른 촉각 반응에 대한 인식도 고려해야 한다. 신경발달장애 내담자는 모래를 대신할 수 있는 대체재가 필요할 수 있다. 로버트 제이슨 그랜트(Robert Jason Grant)는 일부 신경발달장애 아동이 모래상자에 있는 재료를 더 잘 먹을 수 있다고 지적했다(Homeyer & Lyles, 2022). 그는 마른 오트밀, 쌀, 씨앗, 콩을 사용할 것을 권장한다. 일부 문화권에서는 음식물 사용을 불필요한 낭비라고 생각하기도 한다. 기타 모래 및 음식물이 아닌 재료로는 짚, 파쇄된 종이, 색종이 조각, 구슬, 심지어 면도 크림 거품 등이 있다(Homeyer & Lyles, 2022). 그러나 이러한 재료 중 일부는 물을 넣으면 엉망이 될 수 있다는 한계가 있다. 모래의 질감은 치료사가 결정하지만, 작은 자갈이 포함될 수 있는 너무 거칠지 않은 모래나 고운 모래를 권장한다.

곱게 갈아서 가루에 가까운 모래를 추천한다. 한 모래 판매업체는 '강바닥' 모래를 판매한다. '부드러운 입자와 바삭바삭한 질감'으로 묘사되는 이 모래는 일반적으로 사용하는 모래보다 훨씬 거칠다. 하지만 저자에게는 강바닥 모래를 매우 선호하는 학생이 있었고, 다른 학생들은 강바닥 모래를 기피했다. 요점은 여러 가지 옵션이 있고 자신에게 맞는 옵션을 선택하는 것은 좋지만, 일부 내담자가 기피하는 옵션일 수도 있다는 것이다.

독자들이 다양한 질감의 모래를 탐색해 볼 것을 제안한다. 몇 개를 찾아서 그 안에서 놀아 보면 된다. 손만 사용하고 그 안에 소품을 넣어 본다. 다양한 모래와의 상호작용에 대한 자신의 본능적인 반응을 충분히 자각할 수 있도록 하라. 여러분의 긍정적 또는 부정적 반응이 내담자의 반응을 반영하지 않을 수도 있다는 점을 기억하라. 다음으로 물을 추가하여 모래를 적신다. 이제 여러분의 본능적인 반응은 무엇인가. 이 장의 뒷부분에서 모래상자에 물을 채우는 것에 대해 설명할 것이다. 지금 바로 경험해 보라. 질척하고 흠뻑 젖은 모래에 어떻게 반응하나, 자신의 반응에 주의를 기울이면 내담자와의 관계를 유지하는 데 더 잘 대비할 수 있다.

일부 치료사는 내담자에게 색깔 모래를 대안으로 제공하기도 한다. 우리는 유색 모래가 담긴 보조 모래상자를 구비하고 있으며, 많은 내담자가 모래의 질감과 다양한 색상의 변화를 즐기고 있다. 자연적으로 발생하는 흰색과 적갈색 모래, 유리를 갈아 만든 흰색 '모래', 석류석을 갈아 만든 붉은 보라색 모래 등이 있다. 이러한 모래는 특히 모래놀이 및 놀이치료사에게 판매된다. 다른 인위적으로 색을 입힌 모래는 '아트 모래'라는 이름으로 예술품이나 공예품 가게에서 찾을 수 있다. 한 초등학생은 최근 학교 카운슬러에게 월트디즈니 영화 〈인사이드 아웃(Inside Out)〉에 나오는 감정의 색으로 모래를 만들면 "다른 아이들이 자신의 감정을 표현하는 데 도움이 될 것"이라고 말했다. 염색된 모래를 사용하는 경우 물에 녹지 않는지 확인하라. 그렇지 않으면 내담자, 모래상자, 소품에 염료가 많이 옮겨질 수 있다.

그러나 이러한 모든 옵션에서 가장 먼저 고려해야 할 사항은 일부 내담자는 모래가 자연스러운 베이지색이나 밝은 갈색이어야 한다고 생각하여 유색 모래에 거부감을 느낀다는 점이다. 또한, 모래상자에 담긴 모래에 '접지(grounded)'되는 것의 고유한 중요성을 고려하면 자연적으로 발생하는 '진짜' 모래가 철학적으로 가장 적합한 '모래'가 될 것이다. 우리는 이 치료 방식에 모래를 사용하는 것을 분명히 지지하지만, 상자에 다른 재료를 사용해야 하는 상황도 있다. 치료사는 임상적 문제뿐만 아니라 다음과 같은 사항을 염두에 두고 자신의 치료환경에서 가장 효과적인 것이 무엇인지 신중하게 고려할 것을 권장한다.

임상적 문제뿐만 아니라 직업적, 사업적 문제도 염두에 두어야 한다. 일부 치료사들은 카펫이 깔린 방에서 모래상자치료 세션을 진행하면서 흘린 모래를 청소하는 것이 상당히 어렵다는 것을 알게 된다. 세션 사이에 빠르게 청소할 수 있는 휴대용 진공청소기가 있으면 도움이 된다. 그런 다음 더 큰 진공청소기로 정기적으로 청소하면 불가피하게 흘린 모래를 처리할 수 있다. 또 다른 고려 사항은 임상 병원과 같이 멸균과 위생이 주요 관심사인 환경에서도 고려할 수 있다. 멸균이 가능한 작은 유리나 플라스틱 구슬이 대안이 될 수 있다. 이 모든 것이 다양한 감각적 경험을 제공한다. 또한 수업과 워크숍에서 모래상자치료에서 Kinetic Sand®를 사용하는 것에 대한 질문을 받기도 한다. 우리는 Kinetic Sand®의 운동감각적 특성을 좋아하지만, 모래상자치료에 사용하는 것이 아니라 점토나 Play-doh®와 같은 맥락에서 사용할 것이다.

하지만 모래(또는 대체 재료)가 치료 과정의 핵심이라고 생각한다. 소품을 평평한 표면에 놓으면 치료효과를 최소화할 수 있다. 앞서 언급했듯이 모래를 조작하는 것만으로도 치료적 가치가 있다. 모래를 조작하고 모래에 소품을 배치하는 감각적 경험은 본질적으로 정신 내적 문제를 처리하는 데 기본이 된다.

모래상자에 대해 논의하기 전에 모래상자에 넣을 모래의 양에 대해 간단히 언급하자면, 모래놀이치료사 와인립(Weinrib, 2012)은 표준 크기의 상자(깊이 3인치)에 모래를 절반 정도 채우는 것이 좋다고 제안한다. 이 1.5인치 깊이는 일부 모래놀이치료사에게 적합하다. 나는 1.5인치 이상은 상자 바닥에 접근하기가 너무 어렵다고 생각하기 때문에 1~1.25인치의 모래를 선호한다. 다른 사람들은 소품을 묻기 쉽도록 더 많은 모래를 선호한다. 이를 위해 근처 다른 그릇에 여분의 모래를 준비해 두라. 소품을 묻기 쉽게 하기 위해 모래가 더 필요한 내담자는 모래를 추가할 수 있다. 세션이 끝나면 치료사는 모래를 다시 제거할 수 있다.

모래 청소하기

모래를 청소하는 방법에 대한 질문을 자주 받는다. 특히 감기와 독감 시즌에는 더욱 그렇다. 그리고 지금은 (희망적으로) 코로나 이후의 세상에서 모래상자치료사들이 다시 모래놀이장에서 일하고 있기 때문에 더욱 그렇다. 우리 중 많은 사람이 쥬라기 모래와 같은 양질의 모래에 투자한다(부록 B 참조). 대형 마트에서 판매하는 훨씬 실용적이고 저렴한 일반 놀이 모래를 사용하더라도, 매 세션마다 내담자에게 안전한지 확인하고 싶을 것이다. 예방이 첫 번째 방어선이다. 내담자와 치료사 모두가 세션 전후에 손을 씻거나 항균·항바이러스 젤을 사용하도록 하면 오염을 크게 줄일 수 있다.

샌드맨이라고도 하며 Jurassic Sands의 창립자인 제리 버고쉬(Jerry Bergosh)가 이 정보를 제공한다(2021). 소독은 세균의 99. 9%를 죽인다(바이러스는 제외). 오닐(O'Neill, 2021)은 예를 들어 표백제를 매우 희석하면 살균제로 사용할 수 있고, 더 강하게 혼합하면 살균제와 소독제로 사용할 수 있다고 설명한다.

버고쉬는 모래에 사용할 수 있는 제품으로는 Lysol®, Clorox®, 과산화수소 기반 스프레이 등이 있다고 말한다. 미스트를 많이 뿌려주면 어느 정도 도움이 될 것이다. 또 다른 방법은 모래상자를 햇볕에 두는 것이다.

> 햇볕을 이용해 세균을 죽이세요. 모래함(sandbox)이 있다면 태양 광선이 가장 강한 오전 10시부터 오후 2시까지 뚜껑을 열어 두세요. 햇볕에 타는 것과 같은 자외선이 세균을 죽이는 데도 효과적이에요! (Bergosh, 2021)

그는 또한 모래를 소독하기 위해 다음과 같이 제안한다.

> 더 많은 작업이 필요한 모래를 소독하는 대안적이고 더 효과적인 방법은 양동이와 표백제 방법이다. 이 방법은 실외에서 하는 것이 좋다. 장갑과 긴소매 셔츠를 착용하길 권한다.

- 5갤런 양동이에 물을 반 정도 채우고 표백제 1 대 물 10의 비율로 표백제를 넣는다(물 1갤런당 표백제 1.5컵).
- 그런 다음 세척할 모래를 물과 표백제가 담긴 양동이에 붓고 잘 스며들게 잠시 저어 준다.
- 모래를 15분간 담가 둔다(모래 결정은 표백제 물을 흡수하지 못하므로 걱정하지 마세요).
- 이제 양동이 바닥에 정원용 호스를 꽂고 물을 천천히 틀어 표백제 물을 헹군다. 약 3~5분 동안 물이 양동이의 측면을 따라 흐르도록 한다.
- 통 안의 모래가 완전히 헹궈지면 여분의 물을 붓고 젖은 모래를 놀이 상자에 다시 넣거나 시트나 방수포에 모래를 펼쳐 물기를 빼고 말린다. 모래박스·모래상자에 바로 넣을 경우 덮개를 열어 두어야 건조될 수 있다 (2021).

다음 단계인 살균을 위해 버고쉬는 자신이 선호하는 방법인 오븐에 모래를 굽는 방법을 알려 준다.

> 깨끗한 로스팅 팬은 각각 15~20파운드의 모래를 담을 수 있고 오븐에 3개의 선반을 사용하면 많은 양의 모래를 처리할 수 있기 때문에 가장 효과적이다. 따라야 할 단계는 다음과 같다.

- 팬에 모래를 채우고 오후 5시경 화씨 200도 정도 오븐에 넣는다.
- 잠자리에 들 때까지(또는 적어도 오후 9시까지) 화씨 200도 정도에서 굽는다.
- 모래를 오븐에서 밤새 식힌다.

다음날 아침에도 모래는 여전히 따뜻할 수 있으니 조심해서 다루어야 한다(2021)!

모래 살균과정에서 약간의 냄새가 날 수 있다. 이는 예상되는 현상이며 살균과정의 일부분이다. 이 방법은 실제 모래를 사용하는 방법이라는 점을 유념한다.

컬러 염색된 모래는 이러한 분사 및 세척 방법을 견디지 못할 가능성이 높다. 이러한 방법을 시도하고 싶다면 소량의 컬러 염색 모래를 테스트해 보라. 실제 모래는 표백제 및 기타 세제에 영향을 받지 않고 견딜 수 있다.

모래상자

상자는 단순히 모래를 담는 그릇이 아니다. 그것은 정신의 그릇(container of the psyche)이다. 융(Jung, 1977)은 **테메노스**(temenos)의 개념에 대해 이야기했다. 테메노스는 신전이나 제단을 둘러싼 신성한 공간을 의미하는 그리스어이다. 융은 이 단어를 사용하여 **영혼의 형성**(soul-making)이 일어나는 인간 내면의 깊은 내적 공간을 묘사한다. 테메노스는 신성한 것과 불경스러운 것 사이의 경계를 말한다. 융에게는 치료 경험 자체가 테메노스 중 하나였다. 이것은 모래상자치료 과정뿐만 아니라 모래상자 자체에도 해당된다. 모래상자는 정신을 담는 그릇이며, 성스러운 것과 속된 것을 구분하는 테메노스와 관련이 있다.

따라서 상자의 선택이나 구성은 소품을 선택하는 것만큼이나 신중하고 의도적이어야 한다. 여러 가지 가능성이 있지만 몇 가지 일반적인 지침과 우리가 일반적으로 사용하는 것에 대해 이야기하겠다.

로웬펠드(1991)의 상자는 가로 27인치, 세로 18인치, 깊이 $1\frac{3}{4}$인치 크기였다. 나무로 만들었고 아연으로 안감 처리되어 있어 방수가 되었다. 오늘날 '표준'은 가로 30인치, 세로 20인치, 깊이 3인치의 직사각형 상자로, 칼프의 크기와 비슷하다([그림 3-1] 참조). 이러한 상자는 직접 제작하거나 구매할 수 있다(부록 B 자료 참조). 일반적으로 나무나 플라스틱으로 만들어진다. 상자는 방수 기능이 있는 것이 좋으며, 보통 페인트나 방수 마감 처리를 한다.

정사각형, 원형, 팔각형 등 다른 모양의 상자를 사용하는 것도 물론 가능하지만, 마찬가지로 중요한 것은 전체 크기이다. 소품 수집이 너무 커서 압도적이지 않아야 하는 것처럼 모래상자도 심리적으로나 실용적으로 관리하기 쉬운 크기여야 한다. 여기서 가장 중요한 문제는 눈이나 머리를 움직여 작품의 모든 부분을 관찰할 필요 없이 한 눈에 볼 수 있고 시각적으로 검사할 수 있는 모래상자가 치

그림 3-1   표준 모래상자

료적으로 더 효과적이라는 것이다. 이는 내담자와 치료사 모두에게 중요하다. 시각적으로뿐만 아니라 물리적으로도 많은 것을 담고 있다. 그러면 모래 속 창조물 전체를 하나의 장면, 즉 게슈탈트로 받아들일 수 있는데, "게슈탈트는 여러 부분으로 이루어져 있지만 그 부분의 조합보다 더 많거나 다른 어떤 것으로 정의된다"(Merriam-Webster, 2002). 이는 내담자가 부분으로부터 더 큰 전체로 통합되고 이동할 수 있는 가능성을 제공한다. 크기에 대한 예외는 집단 또는 가족 작업에 훨씬 더 큰 상자를 사용하는 경우이다. 이에 대해서는 이후 장에서 다루겠다.

일부 치료사는 만다라(mandala: '원'을 의미하는 산스크리트어)를 만드는 데 적합하기 때문에 둥근상자를 선호하기도 한다. 만다라는 일부 영적 환경에서 중요한 의미를 갖는다. 융은 만다라를 무의식적 자기의 표현으로 보았다. 만다라를 만들면 무의식적인 자기를 창조하고, 그 창조가 내담자를 더 큰 전체성(wholeness)을

그림 3-2 모래상자용 식물받침

향해 나아가도록 돕는다는 것이다. 따라서 상자의 모양은 치료사의 이론적 성향이나 개인적 선호도와 관련이 있을 수 있다. 원형 상자는 전문 업체에서 구입할 수 있다(부록 B 참조). 또한 다양한 크기의 식물 받침대도 다양한 옵션을 제공할 수 있다([그림 3-2] 참조).

모래상자의 다른 옵션으로는 교실 단체 경험과 같이 많은 인원이 함께 사용할 수 있는 작은 식당용 테이크아웃 용기가 있다([그림 3-3] 참조). 또한, 개별 상자가 필요한 유사한 대규모 집단 체험 활동에는 더 작은 식물 접시를 사용한다.

그림 3-3   모래상자용 포장용기

많은 내담자는 용기(container)의 크기와 구조에 따른 추가적인 경계를 필요로 한다. 내담자가 세계나 그림 장면을 만들 때 치료사와 내담자 모두 정신의 전개를 포괄적인 관점에서 바라보고 고려할 수 있다(경계와 봉쇄 욕구가 높은 내담자는 상자 안에 울타리나 다른 용기를 사용하기도 하는데, 이에 대해서는 나중에 자세히 설명한다). 또한 기록 보관, 내담자와의 상담 및 처리를 위해 모래상자에 완성된 장면을 사진으로 촬영하는 것이 좋으므로 상자가 너무 크면 사진 기록의 질이 떨어진다.

상자의 크기와 모양에 대해 마지막으로 몇 가지 의견을 제시하겠다. 우리는 여러 가지 이유로 표준 크기와 모양이 일반적으로 유리하다는 것을 발견했다. 상자가 너무 작으면 너무 좁아서 내담자가 자신을 충분히 표현하는 데 제약이 있을 수 있다. 상자가 너무 크면 너무 넓어서 내담자와 정신에 부담을 줄 수 있다.

직사각형 모양은 내담자가 종종 문제를 분리하고 구획화해야 한다는 점을 고려하여 모래상자 장면을 섹션으로 나누기에 용이하다. 반면, 원형 상자는 이러한 구획화를 용이하게 하거나 필요한 경우 '숨길' 수 있는 모서리가 없다. 반대로 원형 상자는 만다라를 형성하거나 자기의 중심을 잡는 데 도움이 될 수 있다. 제작된 모래상자는 일부 임상 상황에서는 너무 비싸고 번거로울 수 있다.

치료사가 재료를 제공하는 것도 중요하지만, 치료사가 저렴한(때로는 이동이 가능한) 임상 환경을 유지하는 것도 그에 못지않게 중요하다. 우리가 사용한 대체 모래상자는 투명한 플라스틱 스웨터 상자로 파란색 뚜껑이 있어 덮개 역할을 할 수 있고 상자 아래로 밀어 넣어 파란색 상자 바닥을 만들 수 있다.

모래상자의 배치도 고려해야 할 사항이다. 일반적으로 모래상자는 대부분의 사람들에게 편안한 수준인 일반적인 테이블 높이보다 높지 않은 것이 좋다. 높이는 내담자의 신장을 확실히 반영하고 수용해야 한다. 어린아이부터 성인까지 다양한 연령대를 고려해야 한다. 우리는 바퀴가 달린 카트에 상자를 배치하는 것을 선호한다. 이동식 카트는 재료 보관의 유연성 외에도 내담자가 숙고할 때 상자 주위를 걸을 수 있는 기회를 제공한다.

장면을 구상하고 소품을 배치할 수 있다. 상자 주변에 몇 인치의 공간이 있는 표면에 상자를 놓는 것도 도움이 된다. 일부 내담자는 상자 외부에 소품을 놓거나 상자 외부에서 내부로 장면을 연결하는 것을 좋아한다. 이는 내담자가 아직 해결하지 못했거나 해결하고 싶지 않은 치료적 문제를 반영하거나, 내담자가 자신의 삶에서 원치 않는 사람이나 상황에 대해 만들어 내는 경계를 나타낼 수 있다.

마지막으로 스위니(Sweeney)는 상자 측면 상단에 2~3인치의 선반이 있는 상자를 사용했다. 이렇게 하면 내담자가 모래 위에 있는 선반에 그림을 놓을 수 있다. 저자(Homeyer)는 내담자가 상자 안쪽을 따라 몇 가지 이미지를 정렬하도록 한 적이 있는데, 상자에 선반이 있었다면 이러한 항목이 상자 내에서 생성된 장면 위에 놓이면서도 여전히 작품의 일부로 남았을 것이라고 생각한다. 현재 이러한 상자를 제작하는 모래상자 제작사 Ron's Sandtrays가 있다(부록의 참고자료 참조).

젖은 혹은 마른 모래 및 모래상자

젖은 모래상자와 마른 모래상자 두 개를 준비해 두는 것이 좋다. 모래를 성형하고 모양을 만들어야 하는 내담자는 물을 사용할 경우 분명한 이점이 있다. 일부 내담자는 단순히 젖은 모래에서 작업하는 것을 선호한다. 그러나 상자를 하나만 사용할 수 있고 물을 과도하게 사용하면 상자가 너무 젖어 그날의 다른 내담자가 사용할 수 없게 될 수 있다. 내담자가 물을 많이 사용하는 경우 모래가 마르는 데 하루나 이틀이 걸릴 수 있다. 그럴 때는 빠른 건조에 대한 힌트를 제공한다. "상자에 큰 산이나 피라미드 모양으로 쌓으면 표면적이 넓어지고 모래는 보통 밤새 충분히 건조됩니다. 포화도가 높은 모래를 말릴 때는 작은 선풍기(저속으로!)를 사용하세요."

특히 아이들은 바닷물 체험을 하고 싶어 할 수 있다. 이런 경우에는 깊은 플라스틱 용기가 효과적이다. 세션이 끝나면 고인 물을 부어 버릴 수 있다.

중학생들이 가르쳐 준 또 다른 방법은 모래 속에 용기를 넣고 물을 채우는 것이다. 용기는 버섯을 담았던 파란색 플라스틱 폼 상자부터 작고 투명한 조미료 컵까지 다양하다. 이렇게 하면 상자 안에 물을 담을 수 있는 창의적인 방법으로, 다른 용기와 물의 양을 모두 제공한다.

물은 모래처럼 독특한 감각과 운동성을 지니고 있어 정신의 깊은 곳까지 영향을 미친다. 물은 정화와 재생, 홍수와 죽음 등 다양한 은유를 상징할 수 있다. 물은 모래의 농도와 변형가능성(malleability)을 올린다. 로웬펠드(1967)는 이에 대해 다음과 같이 언급했다.

> 모래와 물은 터널 만들기, 묻히거나 익사하기, 육지와 바다 풍경 등 다양한 환상을 표현하는 데 적합하다. 젖은 상태에서는 모래를 성형할 수 있고, 마른 상태에서는 촉감이 좋아서 다양한 촉각 실험을 수분을 서서히 첨가하여 만들 수 있다. 젖은 모래는 다시 말려서 젖은 상태로 되돌릴 수도 있고, 물을 더 넣으면 '슬러시'가 되고, 마른 땅이 완전히 사라지면 물이 될 수도 있다. (pp. 47-48)

젖은 모래상자와 마른 모래상자의 듀오를 구성하는 한 가지 방법은 이동식 카트에 두 상자를 모두 싣고 마른 모래상자를 맨 위에 올려놓는 것이다. 두 번째 상자인 젖은 모래상자는 위에서 언급한 투명 보관함처럼 플라스틱 상자에 넣을 수 있다. 내담자가 젖은 모래상자를 사용하고자 할 때, 카트 상단의 마른 모래상자 안쪽이나 상단에 넣고, 사용하지 않을 때는 하단 선반에 보관할 수 있다.

상자가 하나뿐인 경우 내담자는 스프레이 물병을 사용할 수 있도록 하는 것도 한 가지 타협안이다. 내담자는 최소한의 수분을 사용하여 모래를 조각할 수 있고 모래가 물에 젖지 않는다. 물병에 담긴 물의 양을 관리하면 내담자는 작업에 필요한 만큼만 사용할 수 있도록 하는 동시에 나중에 다른 내담자들의 필요를 충족시킬 수 있다.

파란색

상자의 바닥은 물을 상징하는 파란색으로, 측면은 하늘을 상징하는 파란색으로 하는 것이 보편적으로 받아들여지고 있다. 이스라엘의 미술치료사이자 모래놀이치료사인 레노어 슈타인하르트(Lenore Steinhardt, 1997)는 상자의 파란색 내부를 보고 더 깊이 생각해 보라고 말한다. 진한 파란색은 깊이 있는 작업에 도움이 되지만, 슈타인하르트는 너무 어두운 색조를 사용하면 슬픔에 대한 반응을 불러일으킬 수 있다고 경고한다. 마찬가지로 상자 측면의 스카이라인에 너무 밝은 파란색 음영을 사용하면 상자 안에 더 이상 작품이 들어가지 않는 효과가 있을 수 있다. 모튼 워커(Morton Walker)에 따르면(Steinhardt, 1997) 파란색은 몸 전체를 진정시키는 신경전달물질을 유발하고, 혈압을 낮추어 위협적인 물질을 처리할 수 있는 능력을 제공하며, 맥박이 느려지고 호흡이 깊어져 도피 또는 공포 반응을 제거한다(p. 52). 슈타인하르트는 마른 모래상자에는 중간 정도의 세룰리안 블루를, 젖은 모래상자에는 더 진한 코발트 블루를 사용한다(1997, p. 461). 저자는 기본 모래상자를 바닥은 진한 파란색으로, 측면은 하늘색으로 맞춤 페인트칠했다. 일부 내담자는 세계를 만들 때 그 차이를 알아차리고 감사하는 것 같다. 한 동료는 한 내담자가 모래상자를 처음 사용하면서 모래를 움직일 때 파란색이 더 깊어지는 것을 발견하고 "와, 물이야! 그리고 하늘도! 정말 멋져요!"라며 기뻐했다고 말했다.

모래상자치료의 가상 적용

원격 의료를 수용하면서 가상 모래상자치료는 이미 사용 가능했다. 제시카 스톤(Jessica Stone)과 크리스토퍼 유잉(Christopher Ewing)은 이미 2011년에 가상 모래상자치료®(Virtual Sandtray Therapy: VSA)를 개발했다. 놀이치료사이자 모래놀이치료사인 Stone은 이 책에서 설명하는 전통적인 모래상자치료를 가상으로 재현하고자 했다.

> 전통적인 모래놀이를 만드는 데는 의도적인 과정이 있고, 가상 모래놀이를 만드는 데도 의도적인 과정이 있다. 파고, 쌓고, 묻고, 옮기는 등의 작업은 한순간의 클릭이 아니라 하나의 과정이다. VSA를 사용하면 행동의 의도, 이동하는 모래층의 운동 감각적 경험, 모델[소품] 배치, 의도된 방향 등을 하나하나 경험하고 느낄 수 있으며, 쉽게 열중하여 창작 과정에 몰입할 수 있다. (Stone, Homeyer & Lyles, 2022에서 인용)

다른 형태의 가상 모래상자 작업도 장려되고 있다. 하지만 우리가 보기에 일부는 인쇄·전자 이미지를 특정 공간에 배치하는 예술 경험으로 더 적절하게 식별될 수 있다. 다른 것들은 콜라주에 더 가깝다. 그렇다고 해서 치료적 용도나 효능이 줄어드는 것은 아니다. 다만 모래놀이치료 경험을 복제하지 말 것을 제안하는 것이다. 하지만 가상현실은 가상 세계 내에서 모래상자 경험을 재현할 수 있다고 믿는다.

맺음말

모래상자치료에 사용할 모래와 모래상자를 선택할 때는 여러 가지 결정 사항과 치료적, 실용적 고려 사항이 있다. 모래는 색상과 질감이 모두 다양하다. 이러한 각각의 요소는 내담자에게 다양한 영향을 미치고 다양한 반응을 불러일으킨다. 물의 양(있는 경우)은 내담자에게 표현할 수 있는 옵션을 제공한다. 상자는 그 자체로 내담자의 작품을 담는 치료적 그릇이자 신성한 장소인 테메노스이다. 다양한 상자와 모래를 제공하면 내담자와 상담사의 임상 의도에 따라 선택의 폭이 넓어진다. 한 가지 선택지를 제공하든 여러 가지 선택지를 제공하든, 사려 깊고 정보에 입각한 의사 결정 과정을 통해 모래상자치료의 임상적 활용도를 높일 수 있다.

참고문헌

Bergosh, J. (2021). *How to clean your Jurassic Sand?* Jurassic Sands. www.jurassicsand.com/ pages/faq

Bolgar, H., & Fischer, L. K. (1940). The toy test: A psychodiagnostics method. *Psychological Bulletin, 37,* 517-518.

보위어, L. (1970). *The Lowenfeld world technique: Studies in personality.* Pergamon Press.

Bradway, K., Signell, K. A., Spare, G. H., Stewart, C. T., Stewart, L. H., & Thompson, C. (1990). *Sandplay studies: Origins, theory, and practice.* C. G. Jung Institute.

Bühler, C. (1951a). The world test, a projective technique. *Journal of Child Psychiatry, 2,* 4-23.

Bühler, C. (1951b). The world test, a projective technique. *Journal of Child Psychiatry, 2,* 69-81.

Eichoff, L. (1952). Dreams in sand. *Journal of Mental Science, 98,* 235-243.

Homburger, E. (1938). Dramatic productions test. In H. Murray (Ed.), *Explorations in*

Personality (pp. 554-582). Oxford University Press.

Homeyer, L., & Lyles, M. (2022). *Advanced sandtray therapy: Digging deeper into clinical practice*. Routledge.

Jung, C. G. (1977). *Symbols of transformation*. Princeton University Press.

Kalff, D. (1981). Foreword. In K. Bradway et al. *Sandplay studies: Origins, theory and practice*. C. G. Jung Institute.

Lowenfeld, M. (1967). *On normal emotional and intellectual development of children*. Lecture presented at St. Edmund's College.

Lowenfeld, M. (1991). *Play in childhood*. Mac Keith Press.

Merriam-Webster (2002). *Webster's New International Dictionary*. Merriam-Webster.

Mitchell, R. R., & Friedman, H. S. (1994). *Sandplay therapy: Past, present and future*. Routledge.

O'Neill, M. (2021, January 26). *Sanitize vs. disinfect: What's the difference?* Health. www.health.com/condition/infectious-diseases/coronavirus/sanitize-vs-disinfect

Siever, R. (1988). *Sand*. W. H. Freeman & Co.

Steinhardt, L. (1997). Beyond blue: The implications of blue as the color of the inner surface of the sandtray in sandplay. *The Arts in Psychotherapy, 24*(5), 455-469.

Sweeney, D. (1999). Introduction. In L. Carey, *Sandplay with children and families*. Jason Aronson, Inc.

van Wylick, M. (1935). *Die welt des kindes in seiner Dnrstellung*. Gerold.

Weinrib, E. (2012). *Images of the self: The sandplay therapy process*. Temenos Press.

제**4**장

소품

소품은 내담자의 의사소통을 위한 단어, 상징, 은유이다. 내담자는 소품을 사용하여 말로 표현하기에는 너무 벅찬 감정, 생각, 신념, 욕구를 표현할 수 있다. 일반적으로 모래놀이치료를 통해 내담자를 치료할 때, 소품은 말로 표현할 수 없는 것을 표현하는 상징과 은유이다.

소품은 삶의 경험에 대한 인식을 사려 깊고 인지적으로 표현하는 데에도 사용될 수 있다. 치료사의 임상 이론적 접근법에 따라 현재의 생활 사건을 재현하거나 가족 지위 또는 가계도를 표시하는 등의 방법으로도 사용할 수 있다. 이 그림은 다양한 대처 기술을 배우거나 심리 교육적 경험을 위한 조작물로도 사용될 수 있다.

보니 바데녹(Bonnie Badenoch, 2008)은 각 내담자가 "모래와 자신이 선택한 상징으로 대인관계 시스템을 생성하는 능력…… 인지적인 방식이 아닌 본능적인 방식으로 위로와 해방에 대한 새로운 표현을 만들어 내는 능력"을 가지고 있다는 관점을 가지고 있다(p. 236). 이는 이론가의 관점에 따라 소품, 즉 상징을 보는 것이 다양한 의미와 용도를 가질 수 있음을 상기시켜 주는 것이다.

놀이치료에서 장난감은 아동의 말이고 놀이는 아동의 언어라고 믿는다(Ginott, 1960). 놀이치료의 한 형태인 모래상자치료도 이와 유사하다. 내담자는 소품과 모

> 내담자는 "대인관계 시스템을 생성하는 능력을 가지고 있다. 모래와 자신이 선택한 상징으로…… 인지적인 방식이 아닌 본능적인 방식으로 편안함과 해방감의 새로운 표현을 만들어 내는 능력"을 가지고 있다.
>
> Bonnie Badenoch

래 속 창조물을 사용하여 의사소통을 할 수 있다. 따라서 내담자에게 다양하고 폭넓은 어휘를 제공하는 것이 중요하다. 내담자가 필요로 하는 모든 단어를 제공하는 것은 무리일 수 있지만(대화치료 내담자가 사전에 있는 대부분의 단어를 거의 사용하지 않는 것처럼), 모래상자치료사는 다양한 기본 범주에서 몇 가지 선택지를 제공해야 한다. 지젤라 슈바흐 드 도메니코(Gisela Schubach De Domenico, 1995)는 다음과 같이 주장했다.

> 우주, 지구, 광물, 식물, 동물, 인간 왕국 등 생명의 이미지가 잘 활용하면 좋은 선택이 될 수 있다. 여러분은 미술관을 만드는 것이 아니라는 사실을 기억하라. 박탈감의 세계를 만드는 것도 아니다. 그러므로 당신이 혐오스러운 것, 자석처럼 끌리는 것, 지루한 것, 무미건조한 것, 끔찍한 것, 선한 것, 악한 것, 조화로운 것, 부조리한 것 등을 포함시켜야 한다. (p. 45)

초기 전문 문헌에서는 내담자가 심리치료 세션에서 사용할 수 있도록 약 300개의 소품을 사용할 것을 제안한다(Buhler, 1951a, 1951b). 라이스-메뉴힌(Ryce-Menuhin, 1992)은 자신이 약 1,000개의 소품을 보유하고 있으며, 이 정도면 선택의 폭이 넓다고 말한다. 수집을 시작하면 어디에서나 소품을 보고 찾을 수 있다는 것을 알게 된다. 모든 회의, 모든 여행, 거의 모든 외출에서 소품을 추가구입하여 돌아오게 된다. 바닷가 여행에서 가져온 조개껍데기, 샌프란시스코 차이나타운 여행에서 가져온 고물과 용, 동화 속 나라, 디즈니월드에서 가져온 성, 산책 중 발견한 특이한 바위, 지역 할인 장난감 가게의 해적선 등 다양한 소품을 수집할 수 있다. 이 소품 수집은 중독성이 있다(물론 의학적으로 말하는 것은 아니다!).

모래상자치료사가 보유해야 할 소품의 정확한 개수는 정해져 있지 않다. 우리처럼 '중독'에 빠지면 소품 수집이 너무 커지기 쉽다. 소품 수집이 너무 제한되어 있으면 문자 그대로의 상징적 어휘가 제한되고 내담자에게 정서적으로 위축감을 줄 수 있다. 반면에 소품 수집이 너무 많으면 정리가 되지 않아 내담자에게 정서적으로 혼란을 줄 수 있다. 소품 수집의 적정 아이템 수에 관한 연구는 없으며, 이는 개인의 취향에 따라 달라질 수 있다. 하지만 모래상자치료사 개개인의 필요에 맞게 신중하게 선별한 소품 수집을 추천한다. 그리고 '더 많이 갖고 싶다'는 강박적인 충동은 자제하라.

선택 가이드라인

　다음은 소품 선택에 관한 몇 가지 가이드라인이다. 어떤 것은 단순히 상식적이거나 자신의 임상 이론을 반영한 것이고, 어떤 것은 재정적 고려에 따른 것이다. 동료들의 소품 수집을 보거나, 학회 프레젠테이션의 일부인 사진을 관찰하거나, 모래상자 판매업체의 브로슈어와 온라인 제품을 보면 초기 생각과 아이디어를 확장할 수 있다. 많은 온라인 제품과 마찬가지로 소셜 미디어도 흥미롭고 거의 경외심을 불러일으키는 옵션을 많이 제공할 수 있다. 무엇을 구현하고 소품 수집에 통합할지 의도적으로 결정하라. 기존 소품 수집에 무엇이 적합한지, 무엇이 추가되어야 하는지, 무엇이 과잉인지 생각해 보라. 추가 기능은 임상 업무, 내담자, 물리적 공간에 적합해야 한다.

　다음은 소품 선택에 관한 몇 가지 제안 사항이다.

a. 작음
b. 규모 없음
c. 문화적, 지역적으로 민감함
d. 천연 소재

1. 일반적으로 소품은 말 그대로 작은 사이즈이어야 한다.
2. 그러나 크기가 가장 중요한 것은 아니다(귀중한 자료가 되긴 하지만). 치료용 모래상자 작업의 경우 아이템의 크기가 서로 맞지 않는 것이 용이하다. 두려움이 얼마나 압도적인지 표현하고 싶은 내담자는 12인치 높이의 티라노사우루스 공룡을 모래상자에 넣을 수 있다. 또는 반대로, 직장에서 자신이 얼마나 작고 무시당하고 있는지를 표현하고 싶은 내담자는 소품 수집에서 가장 작은 사람 형상을 사용할 수 있다.
3. 사실 우리는 사이즈가 작지 않은 소품 몇 가지를 특별히 추천한다. 실제보다 큰 거미, 실물 크기에 가까운 쥐, 대형(12~14인치) 뱀과 같은 포식성 동물과

소품을 함께 전시하는 것이 좋다. 내담자가 학대로 인해 트라우마를 겪을 경우, 처음에는 대형 포식성 생물을 통해 피해자를 표현하는 경우가 많다. 피해자와 가해자 사이의 힘의 차이가 큰 생물로 적절하게 표현된다.

4. 소품은 내담자의 세계를 대표할 수 있어야 한다. 다음은 생각을 자극하는 몇 가지 제안 사항이다.

   1) 사람, 가족 집단부터 직업까지 다양성(인종 및 민족 정체성, 성적 지향, 성 정체성 등)을 반영해야 하며, 특히 내담자를 대표할 수 있는 인물이어야 한다.

   2) 국가의 지역을 반영하여 식물을 선택할 수 있다. 텍사스와 남서부 지역에서는 선인장부터 야자수까지 다양한 식물이 있을 수 있다. 태평양 북서부에는 상록수가 더 많을 수 있다.

   3) 주택도 단독주택부터 아파트 건물까지 다양하다. 예를 들어, 샌안토니오 근처 저자(Homeyer)의 지역에서는 알라모 산을 모티브로 한 건물이 있다. 또한 다른 예배당과 함께 스페인 선교부도 있다. 스위니(Sweeney)는 파괴되기 전의 세계무역센터 쌍둥이 빌딩을 모티브로 삼고 있는데, 이는 내담자들에게 다양한 트라우마 경험을 나타낼 수 있다.

5. 소품 아이템은 다양한 재료로 만들어진다. 플라스틱은 확실히(일반적으로) 더 튼튼하고 저렴하다. 이러한 이유로 처음에는 대부분의 소품이 플라스틱일 수 있다. 하지만 우리는 천연 소재가 치료적으로 중요하다고 생각한다. 우리는 자연과 지구의 사물로부터 매우 분리되어 있는 경향이 있다. 나무와 같은 천연 재료(모양, 조각 또는 원래의 재질)로 만든 물건을 보고, 만지고, 경험하는 것은 매우 중요하다. 광물, 바위 등과 같은 자연 재료로 만들어진 물건을 보고, 만지고, 경험하는 것은 내담자가 다시 연결하는 데 도움이 될 수 있다. 이러한 촉각 자극은 상자로부터 조립하는 과정에서 새로운 신경 경로를 활성화할 수 있다. 내담자는 조립 과정 내내 소품을 들고 있는 것이 관찰되었다. 소품은 일반적으로 천연 소재로 만든 소품, 세라믹 소재로 만든 무거운 소품, 조각품과 같은 질감이 있는 소품 등으로 이루어진다.

   주석합금(pewter)으로 만든 소품은 사람, 마법사, 공주, 성, 기사, 악마괴물 등 그 종류에 관계없이 무게와 질감이 있다. 어떤 내담자는 조각된 나무처럼 도색되지 않은 자연스러운 소품을 선호하고, 어떤 내담자는 준보석에 끌린다고 한다. 주석합금이나 다른 금색 또는 은색 아이템을 구입할 여유가 없나요? 주석합금, 은색 또는 금색 페인트로 페인팅한 아이템으로 이 문제를 해결할 수 있다. 무게와 질감 등 아이템의 느낌은 다르지만 시각적인 이점은 여전히 존재한다. 종종 내담자는 주석합금(또는 은색 또는 금색)을 모두 사용하여 '다른 세계'를 표현하고자 할 것이다. 페인트는 많은 비용을 들이지 않고도 이 옵션을 제공할 수 있는 방법이다.

카테고리

카테고리는 모래놀이치료사가 다양한 소품을 선택하고 균형 잡힌 소품 수집을 구축하는 데 도움이 된다. 처음에 대부분의 치료사는 각 범주에 맞는 소품 몇 개를 선택하여 소품 수집을 시작한다. 선택한 항목은 해당 카테고리를 최대화해 가능한 한 광범위해야 한다. 그런 다음 치료사는 시간이 지남에 따라 전체 소품 수집에 추가할 수 있다.

내담자가 특정 소품과 아이템에 끌리는 것처럼 모래놀이치료사도 특정 유형이나 카테고리에 끌릴 수 있다. 따라서 소품 세트에 균형 잡힌 방식으로 추가하는 것이 중요하다. 우리는 언젠가(출처 불명) 소품 수집을 보는 것만으로도 수집가에 대해 많은 것을 알 수 있다는 기사를 읽은 적이 있다. 이는 상자에 담긴 작품을 통해 내담자에 대해 알 수 있는 것과 유사하다. 잠시 생각해 보자. 물론 '말을 걸어오는' 소품을 구입하되 다른 소품도 추가하면 유용하고 균형 잡힌 세트가 완성된다. 그런데 특별히 자신에게 강하게 말을 걸거나 귀중한 소품을 구입했다면 모래상자 치료 선택에 추가하지 않는 것이 좋다. 개인상자 보관함에 보관하는 것이 더 좋다(둘 다 가지고 있자!). '좋아하는' 소품이 파손되거나 도난당하거나 어떤 식으로든 훼손되면 치료 과정을 방해할 수 있는 방식으로 대응하게 된다. 새로 선택한 소품이 저자(Homeyer)의 책상이나 컴퓨터에 잠시 놓여 있다가 임상 소품 수집에 포함되는 경우가 종종 있다.

스타터(Starter) 키트는 다양한 구입처에서 구할 수 있다. 그러나 포함된 품목이 모든 카테고리를 대표하지 않거나 각 카테고리의 옵션이 많지 않을 수 있으므로 부족한 부분을 채우도록 계획하라. 스타터 키트는 다양한 크기로 제공되며 일반적으로 소품은 플라스틱으로 되어 있다. 이 키트를 사용하면 빠르게 시작한 다음 가능한 대로 확장하고 추가할 수 있다.

카테고리는 소품 수집의 배열을 설정할 때에도 유용한데, 이에 대해서는 나중에 자세히 설명한다.

사람

다양한 사람들이 특히 유용하다.

- 가족 집단—성인, 청소년, 어린이, 유아, 노인이 포함된다. 양부모·혼혈·한 부모 가정과 대가족의 수를 고려할 때 두 명 이상의 가족이 필요하다. 다양한 인종의 인물이 가장 중요하며, 최소한 내담자 층을 반영해야 한다. 기어가는 모습, 앉는 모습, 잠자는 모습, 높은 의자에 앉은 모습, 유모차에 탄 모습 등 다양한 아기의 모습을 담는 것이 중요하다. 또한 10대 청소년이 전화로 통화하는 것도 부모와 같은 내담자들에게 효과적으로 이용되고 있다. 노인은 찾기가 더 어려울 수 있지만 찾아볼 만한 가치가 있다.
- 신부, 신랑, 결혼한 사람, 유명인—많은 관계가 깨지고 결혼이 이혼으로 끝나는 경우가 많기 때문에 인물들이 연결되지 않은 것이 도움이 된다. 소품은 함께

또는 따로 배치할 수 있다. 별거 및 이혼 문제를 겪고 있는 내담자에게 특히 유용하다. 또한 다양한 파트너와 가족을 반영하는 소품을 준비하라. 스위니는 실수로 떨어뜨려서 머리가 깨진 도자기 이성 커플 소품을 가지고 있다. 그는 이 도자기를 보관하기로 결정했고, 얼마나 많은 개인과 커플이 이 도자기에 공감하는지 놀라워한다!

- **직업**−다양한 직업을 위해 옷을 입은 다양한 인간 소품이다. 기계공, 의사, 간호사, 구조대원, 경찰관, 소방관, 신부, 성직자, 선원, 군인 등이 될 수 있다. 내담자는 종종 의사, 응급 의료 기술자(EMT), 구급대원 등의 '도우미'를 사용하여 구조가 필요하거나 원하는 사람을 나타낸다. 판사는 이혼이나 양육권 관련 상황에 처한 내담자에게 유용하다. 위탁 보호 아동은 '판사'가 자신의 삶을 통제한다는 것을 알고 있다. 가능한 한 다양한 인종과 민족으로 구성하는 것이 가장 중요하다(찾기가 어려울 수 있지만 가능). 저자(Homeyer)의 학생은 최근 전문직 종사자는 모두 영국인이고 상인은 소수민족이라고 지적했다. 우리는 쉽게 구할 수 있는 것을 구입하지만, 다른 옵션을 찾고 그러한 출처를 공유하는 것은 현장에서 더 효과적이고 민감하게 서비스를 제공하는 데 계속 도움이 된다.

- **취미**−잔디 깎는 기계를 밀고 있는 남성과 정원을 가꾸는 여성의 두 가지 소품은 9~11세 어린이들이 많이 사용하는 것으로 나타났다. 소총을 든 사냥꾼과 같이 다른 취미 활동에 참여하는 사람들도 발견할 수 있다.

- **스포츠**−농구, 미식축구, 축구, 스키어, 테니스 선수, 자전거 타는 사람 등 스포츠를 즐기는 남녀 인물. 다시 말하지만, 초기 꼭 필요한 구비세트에는 해당 지역과 관련된 세트가 있을 수 있다. 예를 들어, 댈러스에서는 카우보이(미식축구 선수)가 필수일 수 있다(49ers 팬인 스위니는 동의하지 않는다!)! 내담자 중에 연습에 어린이와 청소년이 있다면 농구와 축구 소품이 필요할 수 있다.

- **인생의 단계별 소품**−졸업생, 성인식 · 성년식, 첫 영성체, 임신, 부모(아기 · 아이를 안고 있는 성인 소품), 정장 드레스(무도회 · 결혼식 들러리 · 성인식 등).

- **역사적 인물**−왕, 왕비, 기사, 원시인과 원시인, 군사 영웅, 군인, 카우보이와 인디언, 우주 비행사, 해적, 기사 및 기타 중세 인물 등 다양한 인물 집단이 펼

처진다. 스위니는 증오, 악, 편견을 상징하는 역사적 독재자의 소품을 가지고
있다.

동물

■**선사 시대**−공룡은 특히 아이들과 함께 작업할 때 필수이다.

■**동물원 · 야생**−코끼리, 기린, 호랑이, 사자, 곰(갈색, 북극곰, 코알라), 펭귄, 버
팔로, 무스, 고릴라, 하마, 원숭이, 악어, 악어, 뱀(모든 종류, 코일, 언코일) 등
동물원이나 야생에서 볼 수 있는 모든 동물이 이 집단에 포함된다.

■**농장 · 가축**−소, 말, 양, 염소, 닭, 오리, 개, 고양이 등. 말을 많이 가지고 있다.
특히 사춘기 이전의 소녀들은 말을 많이 사용하는 것 같다.

■**새**−앵무새, 독수리, 황새, 공작새, 펭귄, 홍학, 부엉이, 갈매기, 새 둥지.
■**곤충**−거미, 파리, 바퀴벌레, 애벌레, 각종 '소름 끼치는 벌레', 나비, 누에고치.

■**해양 생물**-고래, 돌고래, 상어, 문어, 다양한 작은 물고기, 조개, 랍스터.

건물

■**주택**-단독 주택, 아파트 건물, 단순하고 화려한 주택, 오두막, 통나무집, 흙벽 흙집, 불타거나 손상된 주택.
■**비즈니스 · 민간**-학교, 소방서, 사무실 건물, 차고, 감옥 · 교도소, 주유소, 등 대, 병원.
■**종교**-교회, 탑, 사원, 모스크.
■**역사**-성, 요새, 천막, 세계 무역 센터 쌍둥이 타워.
■**기타**-군용 텐트, 헛간 등.

교통수단

■**자동차**-일반 승용차, 미니밴, SUV, 경찰차, 스포츠카, 골동품 자동차, 리무 진, 경주용 자동차, 택시.
■**트럭**-군용 트럭, 농장 트럭, 응급 · 구조 차량, 구급차, 덤프트럭, 불도저, 버 스(스쿨 · 그레이하운드 등), 소방차.
■**비행 차량**-여객기, 군용기, 헬리콥터, 제트기, 우주 왕복선, 우주 로켓, 우주선.

■ 해상—어선, 요트, 카누, 고무 뗏목, 원양 여객선, 군용 상륙정, 잠수함, 노 젓는 보트.

■ 기타—오토바이, 자전거, 기차 차량, 덮개 달린 마차, 신데렐라 스타일 마차.

식물

■ 나무—잎이 있는 나무, 잎이 없는 나무, 단풍이 든 나무, 야자수, 소나무, 크리스마스트리.

■ 기타—덤불, 울타리, 선인장, 꽃.

울타리 · 문 · 간판

■ 울타리, 울타리, 더 많은 울타리!—내담자들은 울타리 출입을 많이 하는 경향이 있으므로 충분히 준비하라. 상자의 둘레를 완전히 울타리로 감쌀 수 있을 정도의 양을 준비해 두었다가 조금 남기는 것이 좋다. 울타리는 군인이나 군용 트럭, 농장이나 동물원 동물과 같은 다른 아이템과 세트로 제공되는 경우도 있다. Snow Village®나 The Dickens Village®와 같은 소품이나 조명이 달린 집을 판매하는 곳에서도 찾을 수 있다. 나무 울타리, 모조 돌 울타리, 화려하

게 장식된 쇠울타리 등을 찾을 수 있다. 실제 가시나무 등도 훌륭한 울타리와 장벽이 될 수 있다. 흰색 피켓 울타리, 두 개의 두께와 두 개의 높이로 쌓은 돌 울타리 등 다양한 유형의 울타리는 내담자에게 무언가를 전달한다는 점을 기억하라.

- **문**—단순한 울타리, 화려한 쇠울타리, 아치, 동양식 문(예: 일본의 신성한 문—토리이).
- **바리케이드**—건설 바리케이드, 군사 바리케이드, 교통 바리케이드.
- **표지판**—교통 표지판(정지, 양보, 방향, 학교 건널목, 교통 콘 등), 공항 표지판, 도로 표지판.
- **기타**—철로

자연물

- **조개**—크고, 작고, 완전하고, 깨지고, 예쁘고, 못생기고, 따개비가 있는 조개.
- **초목**—말린 씨앗, 말린 꽃, 흥미로운 모양의 나뭇가지와 잔가지, 가시덤불.
- **암석**—다채롭고 흥미로운 모양의 화석, 광물(황철석, 정석, 석영, 수정 등).

판타지

- **마법**—마법사, 마녀, 가마솥, 소원 우물, 요정 대모, 정령, 착한 마녀·나쁜 마녀, 오즈의 마법사, 반지의 제왕 등 다양한 영화 캐릭터.
- **마법 생물**—용, 유니콘, 페가수스(날개 달린 말), 켄타우로스, 악마괴물, 스핑크스.

- **괴물**—프랑켄슈타인의 괴물, 메두사, 늑대인간, 사이클롭스, 뱀파이어, 머리 둘 달린 짐승, 반인반수 동물.
- **민속**—백설공주, 산타클로스·성탄절, 인어공주, 기타 문화권(특히 여러분이 상담할 수 있는 문화권) 및 그 민속과 캐릭터를 포함한다. 실제 소품을 찾을 수 없는 경우 인쇄된 이미지로 소품을 만들 수 있다.
- **만화 및 만화책 소품**—디즈니® 클래식 만화(미키와 미니 마우스, 구피, 도널드 덕), 슈렉, 바트심슨, 베티 붐 등의 소품.
- **영화 캐릭터**—오즈의 마법사, 신데렐라, 디즈니 알라딘, 인어공주, 포카혼타스, 겨울왕국, 스타워즈 소품에 등장하는 주요 캐릭터. 캐릭터뿐만 아니라 다른 아이템도 선택할 수 있다. 알라딘의 플라잉 카펫, 오즈의 마법사에 나오는 루비 레드 슬리퍼 등 캐릭터뿐만 아니라 다양한 상품을 선택할 수 있다. 패스트푸드 레스토랑의 어린이 식사 메뉴에서 최신 영화 소품을 종종 볼 수 있다. 일부 식당에서는 어린이 메뉴를 먹지 않을 경우 금주의 장난감을 구매할 수 있다(스위니는 대부분의 Marvel® 히어로와 히로인을 보유하고 있으며, 특히 블랙 팬서가 BIPOC(백인을 제외한 유색인종) 내담자에게 중요하다고 언급).
- **기타**—귀신(ghosts), 유령(phantoms), 땅의 요정(gnomes), 난쟁이, 거인, 해골

영적·신비적

- **서양·동양 종교**—목사, 사제, 랍비, 이맘·물라, 십자가·십자가 상, 다윗의 별, 요람·성탄 장면, 천사, 성경, 토라.
- **기타 종교 단체**—부처님, 죽은 자의 날 해골, 공자.

- 신비로운−마술 또는 수정 구슬, 수정, 금, 거울, 성배, 피라미드, 석상, 올림픽 선수.
- 기타−금성, 나일강 여신, 칼리, 시바, 크리슈나, 이시스.

조경 및 기타 액세서리

- 하늘, 천체−태양, 달, 별, 구름, 비, 무지개, 지구본. 샌안토니오의 히스패닉 마켓에서 주운 얼굴이 있는 도자기 태양은 인기가 많다. 세트에 추가하자마자 모든 내담자가 사용하는 것 같다! 6~8인치 플라스틱 막대 위에 다른 천체 모양을 부착하여 모래상자 장면의 '하늘'에 있다는 암시를 주는 것도 보았다.
- 지형−동굴, 터널, 산, 호수, 화산, 불(불꽃 세트, 모닥불, 요리 불). 철도 관련 소품 상점 점토와 도자기로 만든 수공예품과 마찬가지로 훌륭한 소스가 될 수 있다. 내담자들은 모래에 작은 원형·타원형 거울을 놓아 '호수'를 만들기도 하고, 작은 용기를 모래 속에 넣고 물을 채워 '호수'를 만들기도 한다.
- 기념물−자유의 여신상, 에펠탑, 피라미드와 거대한 스핑크스, 큰 시계탑, 개선문, 타지마할, 스톤헨지 또는 내담자나 지역에 특화된 기념물.
- 기타−소원 우물, 보물상자, 보물('보석', 금화, 진주, 유리구슬, 구슬), 관, 묘비,

다리, 깃발, 대포, 눈사람.

가정용품

- 가구—특정 방의 전형적인 가구: 침실, 욕실, 거실, 방, 주방, 텔레비전 세트, 흔들의자, 유모차.
- 도구—사다리, 수레, 삽, 포크, 갈퀴.
- 용기—그릇, 컵, 화분. 내담자는 악령, 가해자, 어려운 감정 등 다양한 것을 담을 수 있는 많은 용기가 필요한 경우가 많다.
- 기타—접시, 식기, 맥주 및 와인병, 음식, 쓰레기통, 파티 용품(장식 케이크, 풍선, 선물 상자), 음식, 과일, 식기, 우편함, 통, 전화기(휴대폰 및 유선전화), 풍차, 벤치, 컴퓨터.

기타 품목

- 의료용품—만성 질환이나 의료적 위기를 경험한 적이 있는 내담자에게는 매우 중요한 물품이 될 수 있다. 플레이모빌®은 소품수술실 장면을 멋지게 만들어서 사용했다. 또한 바늘이 없는 일반 크기의 주사기와 실제 알약 캡슐도

사용했다(약물을 제거하고 설탕과 같은 불활성 물질로 대체하는 것이 중요하다. 내담자가 충동적으로 입에 넣을 경우를 대비해야 한다!). 또한 손 소독제와 마스크도 준비하길 바란다.

■ **약물 · 알코올**—약물에 중독된 경험이 있거나 현재 중독성 있는 상황에 처해 있는 사람들에게는 중요할 수 있다. 대부분의 취미용품점에는 소품 와인병과 맥주 캔이 있다. 비행기에서 구입할 수 있는 작은 술병을 사용하는 동료를 알고 있다. 또한 플라스틱 마리화나 잎, 물 담뱃대, 담배 등도 있다.

소품 배치

소품을 보관하고 전시하는 것은 모두 중요한 문제이다. 사용 가능한 공간, 공간의 사용 방법, 모래상자를 어떻게 사용할 계획인지에 따라 다양한 옵션이 있다. 소품을 보관하는 방법은 소품이 내담자에게 제공되는 방식에 따라 달라진다. 다음에 몇 가지 예가 나와 있다.

보관 또는 제시 방식에 관계없이 소품은 카테고리별로 정리해야 한다. 카테고리는 항상 같은 위치에 있어야 한다. 선반을 사용하는 경우 한 카테고리의 품목은 세션마다 항상 같은 선반의 같은 섹션에 있어야 한다. 또는 소품이 상자나 바구니에 들어 있는 경우에는 매번 같은 카테고리의 품목이 같은 위치에 놓이도록 배치해야 한다.

여기에는 몇 가지 이유가 있다. 가장 큰 이유는 일관성에 대한 지속적인 치료적 필요성이다. 일관성은 예측 가능성을 높여 안전을 증진한다. 카테고리를 같은 위치에 두면 내담자가 한 세션에서 다른 세션으로 넘어갈 때마다 사용하고자 하는 항목을 쉽게 찾을 수 있다. 상담실에서의 일관성은 삶이 매우 혼란스러운 내담자에게 특히 중요하다. 분류를 하는 또 다른 이유는 심리적으로 취약한 내담자에게 도움이 되기 위해서이다. 예를 들어 모래상자치료를 받는 내담자가 작은 토끼를 원할 경우, 그 토끼가 위풍당당한 공룡의 발치에 놓여 있으면 정서적으로 취약한 내담자가 손을 뻗기 어려울 수 있다.

또한 카테고리별로 일관성 있게 배열하면 상담사는 내담자와 소품의 상호작용에 대한 상담사의 철학적 관점과 일치하는 순서로 카테고리를 배열할 수 있다. 예를 들어, 소품은 주요 주제별 용도에 따라 배열되어야 한다고 생각한다. 따라서 소품은 주제별 연속체에 배치된다. 영적이고 신비로운 아이템은 맨 위 선반에 배치한다. 그 선반에는 긍정적 또는 '선한' 아이템을 왼쪽에 먼저 배치하고, 중립적인 아이템을 가운데에 배치하며, '악한' 또는 부정적인 아이템을 마지막에 배치하거나 오른쪽에 배치한다.

사람들은 다음 선반에 있다. 다시 말하지만, 아이템이 일반적으로 사용되는 방식에 따라 선반을 가로질러 배치한다. 의사, 구조대원, 경찰관, 소방관 등 더 강력하거나 공격적인 사람들은 맨 오른쪽에 배치한다. 취미가 사냥이라면 오른쪽에 배치된다. 반면에 정원 가꾸기는 중립적이며 중앙에 가깝다.

가정용품은 그다음이 될 것이다. 우리는 이것을 논리적 순서, 사람, 그리고 그들이 사용할 수 있는 것으로 본다. 선반의 크기에 따라 인형 집 가구부터 잡화까지 모든 품목이 한 선반에 있을 수 있다. 대부분의 품목은 중립적이기 때문에 어디에나 놓아도 좋다. 맥주와 와인병은 오른쪽에 배치한다.

다음은 건물이 될 수 있다. 왼쪽에는 집, 오른쪽에는 감옥과 요새, 그 사이에 다른 구조물을 배치한다. 그다음은 초목이다. 다양한 종류의 나무가 충분하다면 봄부터 겨울까지 계절별로 배열하라.

그다음에는 조경 및 기타 액세서리를 배치한 다음 자연물을 배치한다.

동물이 그 뒤를 따른다. 이것은 종종 가장 많은 항목이 있는 카테고리이다. 사자, 호랑이, 공룡 등 공격적인 동물은 왼쪽에 배치하고, 가축이나 길들여진 동물은 오른쪽에 배치한다. 공격적이지 않은 야생 동물과 같은 다른 모든 동물은 가운데에 배치한다. 그다음에는 울타리와 표지판이 있고 이어서 자동차, 판타지, 만화, 영화가 있다. 지금쯤이면 아이디어를 얻었을 것이다. 어떤 내담자는 처음부터 강력하고 공격적인 아이템을 모두 사용하길 원한다. 다른 내담자는 처음에는 안전하고 중립적인 아이템만 원한다. 이 연속체 형식을 사용하면 내담자가 원하는 아이템을 쉽게 찾을 수 있다. 물론 아이템의 수와 사용 가능한 공간에 따라 달라질 수 있다.

　　오른쪽에서 왼쪽으로 읽는 문화권에서는 이 순서가 뒤바뀔 수도 있다. 우리의 눈은 읽을 때와 같은 패턴으로 시각적으로 스캔하는 경향이 있다. 이는 우리에게 생각할 거리를 제공한다.

　　이러한 분류의 또 다른 장점은 모래놀이치료사가 어떤 카테고리에 너무 많은 물건이 있는지 또는 너무 적은 물건이 있는지 확인할 수 있는 기회를 제공한다는 점이다.

　　소품을 사용할 때마다 보관하면 일관된 배치로 설치 시간과 정리 시간도 단축된다. 상담사가 품목을 분류하고 다시 분류할 필요가 없다. 얼마나 빨리 그렇게 할 수 있는지 놀랍다.

오픈형 선반 배치

　　우리는 오픈형 진열대가 최적이라고 생각한다([그림 4-1] 참조). 이 배치는 모든 소품을 공개적으로 진열할 수 있고 내담자는 어떤 것이 있는지 쉽게 볼 수 있다. 또한 장난감 같은 물건으로 벽을 가득 채우면 어린이가 안심할 수 있다. 따라서 "이곳은 아이들을 위한 공간이다"라는 메시지를 명확하게 전달한다. 어른들은 종종 호기심 어린 반응을 보이며 아이템에 매료되는데, 이러한 아이템 중 상당수는 내담자의 현재 상황을 상징하거나 어린 시절의 추억을 떠올리게 한다. 또한 소품은 에너지, 창의성, 자발성을 전달하기도 한다. 드 도메니코(1995)는 다음과 같이 말했다.

　　　　개방형 디스플레이가 각 사람에게 선천적으로 존재하는 창의적이고 세상을 향한 에너지의 자극을 불러일으킨다고 말한다. 아름답게 가꾸어진 모래상자 디스플레이는 치료사가 각 개인의 창조적이고 자기 치유적인 에너지를 이 치유의 장소에서 환영하고 존중한다는 것을 표현하는 것이다. (p. 73)

그림 4-1   오픈 선반 수집품

  선반 진열을 하는 또 다른 이유는 정서적으로 취약한 내담자 때문이다. 이런 내
담자는 서랍이나 바구니를 뒤적거릴 가능성이 적다. 우리는 소품이나 그 배열이
내담자의 작업에 방해가 되어서는 안 된다고 굳게 믿는다.

  오픈형 진열장은 모든 소품을 선반 위에 올려놓는 것이 아니라서 세워서 깔끔
하고 청결하게 유지하는 데 시간이 걸린다. 하지만 시간과 노력을 들일 만한 가치
가 있다고 생각한다. 선반은 필연적으로 모래가 쌓일 수밖에 없다. 압축 공기 먼
지 청소기를 비스듬히 세워 두면 쉽고 빠르게 청소할 수 있다.

  여러 임상가가 다양한 내담자와 목적을 위해 치료실로 사용하는 환경의 개방형
진열장에는 어떤 형태의 문이 필요할 수 있다. 플렉시글라스 도어가 효과적인데
이는 물품이 잘 보이면서도 안전하고 보안이 유지된다. 또는 나무 문(또는 불투명

커튼)은 다른 사람들이 방을 사용하는 목적에 따라 주의를 분산시키지 않으면서 모래상자치료 경험을 위해 소품 수집에 쉽게 접근할 수 있도록 한다. 언어 또는 다른 형태의 개입이 계획된 내담자의 경우 소품 수집으로 인한 산만함을 피할 수 있다. 예를 들어, 학교 카운슬러는 세션 사이에 소품을 눈에 띄지 않게 치워야 하는 경우가 많다. 그래서 우리는 문이 달린 수납장을 사용했다. 문을 열어 두면 선반을 열어 놓을 수 있다. 하지만 수납장은 내부가 어두울 수 있다는 것을 알게 되었고, 문을 열었을 때 조명을 부착하여 이 문제를 해결했다(저렴한 고정클립 램프가 효과적임). 실제로 일부 내담자는 이러한 조명이 특별한 경험에 '진입'하는 느낌을 강조한다고 생각한다.

한 동료는 방의 한쪽 끝을 따라 바닥에서 천장까지 12인치 깊이의 선반을 설치했다. 선반에는 멋진 소품 수집이 가득하다. 선반은 벽과 천장과 마찬가지로 흰색이다. 덕분에 소품이 시각적으로 돋보인다. 책장은 방의 칸막이 역할도 하며 더 많은 것을 보관할 수 있다. 두 개의 모래상자와 두 개의 덮개를 씌운 의자가 모래상자치료 공간을 완성한다. 그 어느 때보다 아늑하고 따뜻하다. 하지만 상단 선반에 접근하는 것이 어려울 수 있으므로 발판이 도움이 된다.

우리가 본 또 다른 오픈 선반 변형은 상담실에 부착된 옷장이다. 옷장의 세 벽면 모두 위에서부터 아래까지 좁은 선반이 늘어서 있다. 내담자는 옷장과 모래상자 사이를 이동하기만 하면 된다. 모래상자는 롤링 카트에 담겨 상담이 끝날 때마다 옷장에 보관된다. 여러 명의 임상가가 여러 용도로 사용하는 치료실에 매우 좋은 배치이다.

바구니 또는 상자

일부 상담사들은 오픈형 선반을 배치할 공간이 없다. 따라서 많은 상담사가 바구니나 상자를 사용하며, 일반적으로 카테고리별로 하나씩 사용한다. 또 다른 방법은 제한된 선반 공간에 깨지기 쉬운 소품만 진열하고 나머지 소품은 다른 용기에 넣는 것이다.

바구니 · 상자는 일반적으로 잘 작동하지만, 내담자가 원하는 소품이 있는지 확인하기 위해 동물로 가득 찬 바구니 · 상자를 뒤지는 데 시간이 더 많이 소요될 수 있다. 이 시스템을 사용하는 치료사들로부터 다양한 보고가 있다. 일부 치료사들은 모래상자를 만드는 데 시간이 조금 더 필요하더라도 내담자가 소품을 자유롭게 활용한다고 말한다. 다른 사람들은 바구니 · 상자 안의 물건이 선반에 있는 물건만큼 많이 사용되지 않는다고 생각한다. 세션에 바구니 · 상자를 배치할 때는 앞서 설명한 대로 일관되게 같은 순서로 배치하는 것이 중요하다.

이런 방식으로 배치하여 내담자가 필요한 것을 더 쉽게 찾을 수 있도록 하는 것이 중요하다. 어떤 배열을 선택하든 모래상자치료를 사용하는 개별 임상가의 철학적 관점으로 돌아간다. 최적의 치료 경험을 제공하기 위해 내담자와 소품 및 모래상자의 상호작용에 대한 나의 믿음은 무엇인가? 로웬펠드는 감각 자극의 양과 종류를 조절할 수 있다는 믿음에 따라 서랍이 있는 캐비닛을 선호했다(Thompson, 1990, p. 13). 칼프는 선반을 선호했다(Thompson, 1990, p. 13). 클레어 톰슨(Clare Thompson)은 상자를 만들 때 선반이 내담자의 뒤쪽에 오도록 방을 배치하여 "압도당할 위험"을 통제한다(1990, p. 13). 독자의 결정에 따라 선반과 서랍, 상자, 바구니 또는 기타 용기를 조합할 수도 있다. 또는 소품 수집의 전체 소품 수를 제한할 수도 있다. 어떤 방법을 선택하든 의도적이고 사려 깊고 정보에 입각한 결정의 결과여야 한다(Homeyer & Sweeney, 2017).

휴대용 세트, 상자 사용

일부 내담자에게는 휴대용 소품 세트가 필요하다. 일부 학교의 카운슬러는 학교를 옮겨 다니고, 일부 카운슬러는 가정 내 치료를 제공하며, 대학 상담센터인턴 학생들은 모래상자를 사용할 수 있는 유연성이 필요할 수 있다. 우리는 낚시 도구와 같은 태클 박스(tackle boxes)를 사용하는 것이 매우 적절하다는 것을 발견했다.

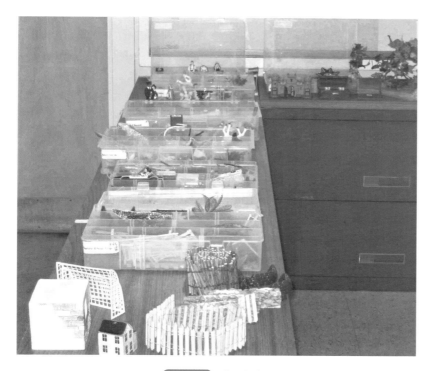

그림 4-2 박스 수집품

다양한 크기로 제공되며 하나 이상의 카테고리를 태클 박스에 넣을 수 있다. 태클 박스는 이동식 수직 칸막이가 있어 더 크거나 작은 구획을 만들 수 있는 유연성을 갖추고 있다(그림 4-2) 참조).

　세션을 시작할 때 카테고리를 표준 방식으로 쉽게 정렬할 수 있다. 뚜껑은 쉽게 뜯을 수 있어 좁은 공간에서도 무리 없이 설치할 수 있다. 소품 중 일부를 세워서 테이블이나 바닥에 놓아두는 것도 좋다. 이렇게 하면 내담자가 더 쉽게 볼 수 있다. 눈을 즐겁게 하고 시선을 사로잡는 소품 제시가 중요하다고 생각한다. 이는 내담자를 위해 준비된 공간이며 기대에 부응하는 작업을 존중한다는 것을 내담자에게 전달한다.

　휴대용 모래상자 키트는 바퀴가 달린 여행 가방에 쉽게 넣을 수 있어 자동차나 비행기로 가져갈 수 있다. 또한 상자를 바퀴 달린 카트 선반에 모래상자를 얹은 채로 잘 쌓아 두면 건물이나 병원에서 쉽게 이동할 수 있다. 상자를 닫으면 깔끔하게 고정된다.

소품의 출처

앞서 언급했듯이 소품은 어디를 가든 쉽게 구할 수 있다! 그러나 종종 간과되는 대표적인 출처는 자녀가 더 이상 사용하지 않는 작은 장난감을 가지고 있는 친구, 차고 판매 및 벼룩시장이다. 학교에서 근무하는 경우, 교사와 교직원에게 필요한 장난감이 무엇인지 알려 주고 기부를 요청한다. 다른 출처는 다음과 같다.

- 공예품 및 취미 용품점
- 기념품 및 기념품 가게
- 모형 철도 상점
- 케이크 장식 공급업체
- 장난감 가게
- 자연 센터
- 선물 가게
- 수족관 용품점
- 온라인, 가상 매장
- 놀이치료 및 모래놀이 컨퍼런스의 판매업체

일반적인 소품과 좀 더 특이하거나 구하기 어려운 소품을 전문으로 취급하는 일부 특정 공급업체는 부록 A에 나와 있다.

이니셜 세트

작은 소품의 초기 세트나 기본 세트를 모으는 것은 어렵고 비용이 많이 드는 작업처럼 보일 수 있다. 하지만 소품을 처음 모으는 사람에게는 기본적이면서도 폭넓은 소품 수집을 구성할 수 있는 첫 번째 세트를 추천한다. 그런 다음 계속해서 추가할 수 있다. 다음은 쉽고 빠르게 시작할 수 있는 몇 가지 힌트이다.

- 장난감 세트: 일부 장난감 가게에서는 여러 카테고리의 다양한 아이템이 들어 있는 세트 상품을 판매한다. 예를 들어, 최근에 45개의 아이템이 들어 있는 자동차 세트를 구입했다. 여기에는 다양한 종류의 자동차와 트럭, 헬리콥터 두 대, 오토바이, 바리케이드, 도로 표지판, 교통 콘, 소방관, 경찰관 등이 포함되어 있다. 아울렛 몰에 있는 장난감 가게에서 구입했는데 매우 저렴했다. 농장 세트(동물, 타리, 헛간, 농장 일꾼, 트랙터와 마차, 나무), 동물원 세트(홍학, 울타리, 우리[감옥으로 자주 사용됨], 동물원 직원, 나무, 식물, 연못, 건물 등 많은 동물)도 마찬가지다. 분명 여러 카테고리의 소품 수집을 시작하기에 좋은 방법이다!
- 장난감 가방: 작은 군인 가방에는 탱크, 지프, 군용 비행기, 왜건 등이 포함되어 있다. 이제 여성 군인도 등장한다. 우주비행사, 로켓, 셔틀, 국기 등이 들어 있는 또 다른 가방도 자주 볼 수 있다. 이 소품 가방에는 여러 카테고리의 아이템이 포함되어 있다.

　그리고 처음에는 적절한 인원수(아기와 가족을 더 추가하면 됨)로 구성됐다. 쇼핑을 하러 갔다가 벌레, 작은 뱀, 개구리, 도마뱀을 각각 5마리씩 몇 달러에 구입했다. 공룡, 말, 동물원 동물, 돌고래, 물고기 등이 담긴 자루도 쉽게 찾을 수 있다. 그리고 작은 자루 하나에 보통 초기 세트에 충분한 아이템이 들어 있다. 이런 가방은 일반적으로 마트나 장난감 가게의 장난감 코너에서 쉽게 찾을 수 있다. 가방은 보통 꽤 저렴하다. 다음 아이템도 비슷한 곳에서 흔히 볼 수 있다.

- 다리는 매우 중요하다! 마트의 수족관 코너가 가장 쉽게 찾을 수 있는 곳이다. 좀 더 정교한 (그리고 더 비싼) 다리는 모형 철도 상점에서 찾을 수 있다. 모형 철도 상점은 나무, 바위, 동굴, 터널 등 다양한 조경 아이템도 구하기 좋다. 집과 다양한 건물도 쉽게 구할 수 있다.

좀 더 독특한 아이템을 구하려면 파티용품점이나 예술 및 공예품점의 케이크 장식 코너에 가 보는 게 좋다. 이런 곳에서는 다음과 같은 아이템을 찾을 수 있다.

- 아기, 유아용 의자, 유모차
- 신부, 신랑, 도우미, 장례식 진행자
- 졸업생, 성인식 · 성년식 소품
- 풍선 소품부케, 선물 상자
- 와인 및 술병

계절별 데코레이션 아이템으로 다음을 쉽게 구할 수 있다.

- 할로윈: 마녀, 유령, 가마솥, 묘비, 관
- 크리스마스: 천사, 성탄절 세트 · 낙타, 양, 모닥불, 작은 구조물, 천사, 마리아와 아이, 요셉, 목자, 동방박사 등 상당히 정교하고 광범위할 수 있다.
- 또한 크리스마스에는 작은 집, 나무, 다양한 울타리(피켓 울타리, 돌 울타리, 쇠 울타리 등)를 쉽게 찾을 수 있다. 대문이 있는 다양한 울타리를 찾을 수 있다. 그렇지 않으면 대문을 찾기가 어려울 수 있다.
- 유대인의 축제, 하누카에는 메노라 촛대, 드레이델, 다윗의 별이 제공된다.

또한 해당 지역의 임상 및 지리적 인구도 고려해야 한다. 고유한 환경에서 서비스를 제공하게 될 내담자를 생각해 본다.

- 대학교: 졸업생 소품, 소품책, 술병 등 추가
- 현역 또는 퇴역 군인: 군인 소품 추가(장군 등 독특한 소품 몇 개 찾기 포함) 군인 남성, 여군, 텐트, 차량 등 추가
- 청소년: 마약병, 주사기, 자동차, 졸업생 소품 추가
- 중학교: 말, 모든 종류의 소름 끼치는 동물들
- 호스피스 · 노인: 기타 영적인 물건, 다리(건널목), 묘비, 특정 시대의 자동차, 만화 및 영화 캐릭터 등 어린 시절을 연상시키는 소품, 관심사가 있었을 법한 소품 등이 있다. 또한 시간의 흐름을 상징하는 인물, 유산을 남긴 인물, 미스터리한 인물 등도 좋다.

이와 같은 아이디어를 얻을 수 있다. 따라서 초기 세트를 구성할 때 이러한 점을 고려하여 다양한 유형의 단어와 상징뿐만 아니라 서비스를 제공하는 임상 인구에 특화된 단어와 상징을 포함하도록 한다.

맺음말

소품 수집은 모래상자치료사들이 가장 좋아하는 취미이자 열정이다. 소품은 선택의 폭이 정말 넓다! 내담자들이 제시하는 다양한 문제 때문에 우리는 내담자들이 사용할 수 있는 더 많은 '말'을 찾게 된다. 많은 인물이 우리에게 개인적으로 '말'을 건네고 우리는 그 말에 공감을 표한다. 이 장이 여러분이 수집을 즐기는 데 방해가 되지 않기를 바란다! 다만, 이 장에서 안내하는 기본적인 사항을 숙지하고 사려 깊게 수집하길 바란다. 소품 수집을 전시하는 가장 좋은 방법은 여러 가지 요인에 따라 달라질 수 있다. 다시 한번 강조하지만, 신중하게 생각하길 바란다. 무엇보다도 소품 수집을 구축하는 모험을 즐기고, 소품 수집을 볼 때 만족감과 기쁨을 느껴야 한다.

기본 모래상자 소품 세트 쇼핑 목록
(약 300개 품목)

☐ 사람
___ 가족, 2인 이상(인종 및 인구 및 인구의 민족성 제공)
___ 아기, 4명(가능한 다른 포즈)
___ 기타 장애인(휠체어, 지팡이)
___ 신부, 신랑; 파트너
___ 직업(경찰, 소방관, 건설 노동자 등)
___ 군인, 16세 이상 여성
___ 우주비행사 또는 기사

☐ 동물
___ 공룡, 4마리
___ 야생: 사자, 기린, 얼룩말, 코끼리, 6~8
___ 가축: 소, 말, 양, 6~8 (10대 초반 어린이와 함께 일하는 경우, 6~8마리의 말)
___ 곤충, 거미, 뱀
___ 바다 동물

☐ 식물
___ 나무, 4~6
___ 식물, 꽃

☐ 건물
___ 집, 2
___ 학교(특히 아이들과 함께 일하는 경우 아이들과 함께)
___ 등대
___ 성 또는 요새
___ 감옥

☐ 차량
___ 자동차, 4
___ 트럭, 2
___ 비행기, 1
___ 보트, 1
___ 헬리콥터, 1
___ 경찰차, 구급차, 기타
___ 구조 차량

☐ 울타리 및 표지판
___ 울타리, 약 36인치
___ 교통 표지판, 3~4
___ 바리케이드, 3~4

☐ 내담자별 항목(직접 목록 만들기, 위 섹션 참조)

___ _____

___ _____

☐ 자연물
___ 조개, 6~10
___ 초목, 나뭇가지
___ 바위, 5~6 일반 및 광택
___ 황철석
___ 수정

☐ 환타지
___ 마법사
___ 요정 대모
___ 용, 2
___ 괴물, 4~6
___ 만화 인물, 4
___ 우주 외계인, 2~4

☐ 영적/신비적
___ 천사들
___ 십자가
___ 부처님
___ 마돈나
___ 다윗의 별, 메노라
___ 종교의 상징, 섬기는 사람을 반영하기 위한
___ 작은 거울
___ 수정구슬

☐ 조경 및 기타 액세서리
___ 소원 우물
___ 다리, 2~3개
___ 보물 상자
___ 보물, 금화
___ 대포
___ 깃발, 다양한 종류 4개

☐ 가정 용품
___ 가구
___ 도구
___ 쓰레기통
___ 우편함
___ 풍차
___ 음식
___ 휴대폰, 컴퓨터

___ _____

___ _____

참고문헌

Badenoch, B. (2008). *Being a brain-wise therapist*. Norton & Company.

Bühler, C. (1951a). The world test, a projective technique. *Journal of Child Psychiatry, 2*, 4–23.

Bühler, C. (1951b). The world test, a projective technique. *Journal of Child Psychiatry, 2*, 69–81.

De Domenico, G. (1995). *Sandtray world play: A comprehensive guide to the use of the sandtray in psychotherapeutic and transformational settings*. Vision Quest Images.

Ginott, H. G. (1960). A rationale for selecting toys in play therapy. *Journal of Consulting Psychology, 24*(3), 243–246. https://doi.org/10.1037/h0043980

Homeyer, L., & Sweeney, D. (2017). Sandtray therapy: A variety of approaches. In B. Turner (Ed.), *The Routledge international handbook of sandplay therapy* (pp. 328-338). Routledge.

Ryce-Menuhin, J. (1992). *Jungian Sandplay: The wonderful therapy*. Routledge.

Thompson, C. (1990). Variations on a theme by Lowenfeld: Sandplay in focus. In K. Bradway (Ed.), *Sandplay studies: Origins, theory and practice* (pp. 5–20). C.G. Jung Institute.

제5장

모래상자치료 세션 프로토콜

6단계 프로토콜은 치료 세션을 진행하기 위한 기본적인 틀을 제공한다. 각 단계를 실행하는 방법은 전적으로 치료사의 임상 이론과 내담자와의 작업 방식에 따라 달라진다. 이 지침은 적절하게 조정할 수 있는 가이드라인이다. 예를 들어, 때때로 세션 시간이 부족하여 모래상자를 만들고 난 후 처리를 진행할 수 없거나 상당히 짧아지는 경우가 있다. 내담자가 모래를 사용하여 자기 조절을 해야 하는데 제시어에 반응하여 장면 만들기를 시작하지 않아 2단계를 넘기지 못할 수도 있다. 프로토콜을 진행하는 것보다 내담자에게 집중하고, 그 순간 필요한 것이 무엇인지 감지하는 것이 더 중요하다.

현재 치료 모델 내에서 치료사는 시간을 내어 자신만의 모래상자치료 과정을 위한 각 단계를 신중하고 의도적으로 개발하여 내담자와 함께 실행하고 만들기 전에 시간을 할애하는 것이 좋다. 이 프로토콜은 대부분의 임상 이론에 쉽게 적용할 수 있다.

세션 진행을 위한 6단계 프로토콜

1단계: 치료실 및 치료사 준비하기

상담실 준비하기

모래상자치료 세션을 진행하는 물리적 공간은 매우 다양하다. 다음은 일반적인 지침이며, 나중에 적합한 공간에 대한 몇 가지 고려 사항이다.

- 모래상자와 소품이 제자리에 있는지 치료실 안을 눈으로 확인한다.
- 기타 필요한 물품이 있는지 확인한다.
    - □ 내담자가 모래에 물을 추가할 수 있는 스프레이 물병
    - □ 모래에 손을 대지 않고 모래를 옮길 수 있는 국자 또는 큰 숟가락
    - □ 치료사가 세션 시작 전에 모래를 준비할 수 있도록 내담자가 필요에 따라 사용할 수 있는 다듬기(smoothing) 도구
    - □ 내담자가 선반에서 소품을 모아 모래상자로 옮길 수 있는 바구니
    - □ 추가 도구: 하늘걸이(sky-hook), 배경 등
    - □ 모래에서 소품을 꺼내는 데 도움이 되는 체
- 모래상자를 확인하여 이전 세션에서 묻힌 소품이 없는지 확인하라. 이러한 사항은 간과하기 쉬우며, 내담자가 직접 작품을 만드는 과정에서 방해가 될 수 있다. 다른 치료사와 작업실 및 재료를 공유하는 경우 특히 중요하다. 체로 모래를 걸러 내면 놓친 소품을 찾아내는 데 도움이 된다.
- 모래는 평평하고 대체로 매끄러워야 하며, 내담자에게 시작할 수 있는 중립 지점을 제공해야 한다. 완벽하게 매끄럽게 만들지 않으면 일부 내담자는 표면이 흐트러지는 것을 원하지 않을 수 있다.

6단계 프로토콜
1. 치료실 및 치료사 준비하기
2. 제시어, 내담자 소개
3. 모래상자에서 창조하기
4. 상자 만든 후 처리
5. 모래상자 정리
6. 세션 기록

그림 5-1 전형적인 모래상자치료실

두 개의 모래상자를 사용하는 경우는 다음과 같다.

■ 젖은 상자에 모래가 충분히 젖어 있는지 확인한다. 매일 또는 필요에 따라 물을 추가하여 고르게 촉촉하게 유지하여 습식 작업을 준비한다.

■ 또는 내담자가 물을 더 추가하도록 허용하는 경우 물통에 적절한 양의 물이 있는지 확인한다. 다시 말하지만, 모래상자치료실을 공유하는 경우 특히 관리가 중요하다.

■ 마른 모래상자에 물을 사용하지 못하도록 내담자와 제한을 설정할 준비를 한다.

■ 그러나 마른 모래상자에 물을 사용할 수 있도록 허용해야 하는 경우, 그 근거를 마련하고 그 순간에 요청을 처리할 수 있도록 미리 결정한다.

모래상자를 하나만 사용하는 경우는 다음과 같다.

■ 다음 세션에서 내담자가 사용할 수 있도록 최소한의 물만 준비한다. 일부 치

료사는 스프레이 병이나 다른 작은 용기에 제한된 양의 물을 제공한다. 이렇게 하면 내담자가 고의 또는 실수로 물을 과도하게 사용할 가능성을 줄일 수 있다. 이는 본인이나 동료가 같은 날에 모래상자를 자주 사용하는 경우 중요하다.

치료사의 의자는 모래상자와 소품 수집에서 약간 거리를 두어 방해가 되지 않는 곳에 배치하되, 내담자가 모래놀이를 하는 모습을 쉽게 볼 수 있을 정도로 충분히 가까이 배치한다. 내담자는 치료사가 모래상자에서 창의적인 과정을 충분히 관찰하고 있지만 내담자와 재료 사이의 역동성을 방해하지 않는다는 느낌을 받아야 한다. 내담자가 모래상자와 소품 사이를 쉽게 이동할 수 있도록 방의 다른 가구들을 배치한다. 상자와 소품 사이에 길이 명확하게 있어야 한다. 내담자가 다음과 같은 경우 치료에 비효과적이다. 다른 소품을 선택할 때 테이블, 의자 또는 기타 물건이 움직임을 방해하여 좌절감을 느끼게 된다. 내담자가 상자 주위를 완전히 걸을 수 있으면 여러 관점에서 상자 전체에 더 쉽게 접근할 수 있으므로 도움이 된다.

치료사 준비하기

치료실 공간을 물리적으로 준비하는 동시에 치료사 스스로도 준비해야 한다. 모래상자치료사(Person-of-the-Sandtray-Therapist: POST)(Homeyer & Lyles, 2022)를 이해하려면 내담자에게 도움을 제공하고, 촉진하고, 함께할 수 있도록 스스로를 준비하는 것이 포함된다. POST는 곧 치료작업에서 일어날 성스러운 일을 마음속으로 인식하고 자신의 조절, 호흡, 심박수를 완전히 인식한다. POST는 집중하고 내담자가 모래상자치료실에 들어올 준비를 한다. 내담자, 그들의 문제, 강점, 치료 과정에서의 위치를 파악한다. 세션에서 내담자의 작업에 대한 POST의 기대가 있다. 내담자가 치료실에 들어오기 전부터 공간에 들어오는 것을 환영한다.

일부 치료사들은 매일 아침 모래치료실에서 스스로 모래놀이를 하며 자기 관리를 하는 방식으로 POST 작업을 진행하기도 한다. 이는 자기 표현과 자기 성찰을 위한 공간을 제공한다. 다른 치료사들은 하루 일과를 시작하기 전에 상자를 만들며 하루를 마무리하는 것으로 POST 작업을 한다. 이들은 모래상자에서 만들면서 하루의 작업, 내담자의 작업, 작업에 대한 내담자의 반응을 되돌아본다. 많은 치료사가 일기를 쓰듯이 모래상자에 남겨 두면 효과적인 사후 관리가 된다.

2단계: 모래상자와 소품 도입하기

치료 과정에는 모래상자를 도입하는 두 가지 시점이 있다. 첫 번째는 내담자에게 전체 모래상자치료 경험이 제공될 때이다. 두 번째와 그 이후의 시점은 내담자에게 구체적인 제시어 또는 지시를 내릴 때이다.

내담자에게 처음 경험을 소개할 때는 치료사가 모래상자로 걸어가 손으로 모래를 움직여 파란색 바닥을 보여 주고 연못이나 개울을 표현하는 데 어떻게 사용될 수 있는지 설명할 수 있다. 일부 내담자는 가장 먼저 모래 만지기를 원할 수 있으므로 치료사의 임상적 판단에 따라 결정해야 한다. 그러나 모든 문제는 후속 상자에서 처리할 수 있으므로 '잘못된 판정(wrong call)'이라도 모래를 만드는 데 문제가 없다고 단언할 수 있다. 파란색 면이 하늘을 나타낼 수 있다고 언급하는 것도 도움이 된다. 그러면 내담자에게 물병의 위치와 물의 사용 방법을 보여 줄 수 있다. 가능하다면 모래상자 위에 소품을 매달거나 걸 수 있는 소품(sky-hook, backdrops)과 아이템도 함께 설명하는 것이 도움이 될 수 있다. 마지막으로, 소품에 대해 몇 가지 주요 카테고리를 언급하면서 토론할 수 있다. 여기에는 내담자가 원하는 만큼 많이 또는 적게 사용할 수 있음을 알려 주고 소품을 모아 모래상자로 옮길 작은 바구니를 알려 주는 것도 포함될 수 있다. 이 작업을 수행하는 방법은 내담자의 연령, 신경학적 다양성, 치료사의 작업 방식에 따라 달라진다.

내담자에게 제시하는 제시어 또는 구체적인 지침은 특정 세션에서 모래상자를 사용하는 목적에 따라 달라진다. 제시어에 대해 생각하는 한 가지 방법은 비지시적 또는 지시적 접근법을 사용하는 것이다. 세션이 시작되기 전에 어떤 방법을 사용할지 결정한다. 이를 통해 제시어를 명확하고 간결하게 표현할 수 있다.

비지시적 제시어

　내담자에게 구체적인 지시를 최소화하거나 아예 제공하지 않을 수 있다. 이렇게 하면 내담자가 소품 및 모래와의 상호작용을 기반으로 장면을 만들 수 있다. 이는 자극적이고 강력하며 의미 있는 치료적 개입이 될 수 있다. 이 경우 치료사는 다음과 같이 경험을 소개할 수 있다.

> 　잠시 시간을 내어 소품들을 살펴본 다음 특별히 관심이 가는 소품 몇 개를 선택하세요. 그것을 모래 위에 올려놓으세요. (모래상자를 가리킨다) 그런 다음 원하는 만큼 추가하여 모래 위에 세계(또는 장면이나 이야기)를 만들어 보세요. 나는 완성될 때까지 여기 조용히 앉아 있을게요. 충분히 시간을 사용하고 끝나면 알려 주세요.

　나이가 많은 어린이와 청소년에게는 다음과 같은 제시어를 사용할 수 있다.

> 　모래 위에 장면을 만들어 보세요. 원하는 장면은 무엇이든 만들 수 있어요.

　어린이나 청소년이 혼란스러워하거나 무엇을 해야 할지 잘 모르겠다는 표정을 지으면 이렇게 말하며 계속할 수 있다.

> 　동영상을 보고 있을 때 '일시 정지' 버튼을 누를 수 있는 방법 아시죠? 그러면 동영상을 멈추고 한 장면만 볼 수 있습니다. 모래 위의 이 장면은 비디오의 한 장면이 아니라 여러분이 직접 생각해 낸 장면이 될 수 있어요. 소품을 보고 모래위에 마음에 드는 것을 올려 두고 거기서부터 시작하세요.

　일반적으로 이 정도면 내담자가 시작하기에 충분하다. 일부 내담자는 제시어가 완료되기 전에 시작하기도 한다.
　일부 임상가는 다음과 같은 특정 단어를 사용하는 것을 선호한다.

- 세계 창조하기
- 당신의 세계를 창조하기
- 장면 창조하기
- 세계를 만들기
- 자신의 세계를 만들기 또는
- 장면 만들기

경험을 소개할 때는 자신에게 적합하고 특정 내담자에게 가장 편안하게 느껴지는 방법을 사용하라. 내담자에게 안내하는 데 사용되는 단어는 다양한 방식으로 영향을 미칠 수 있다.

지시적 제시어

다른 내담자는 이러한 구조화되지 않은 경험에 압도당할 수 있다. 또는 치료사의 임상 이론이 본질적으로 더 지시적일 수 있다. 이러한 경우 구체적인 과제를 제시하는 것이 더 생산적일 수 있다. 또한, 치료사는 이 경험을 내담자의 현재 진행 중인 치료 문제와 연결하고 싶을 수도 있다. 예를 들어, 룸메이트 문제를 겪고 있는 대학생 내담자에게는 다음과 같은 제시어를 제공할 수 있다.

> 수업이 끝나고 집에 돌아와서 룸메이트가 또다시 집 규칙을 어긴 것을 발견했을 때의 기분을 모래 위에 장면으로 만들어 보세요.

비지시적 임상 이론에서는 지시적 제시어를 선택할 수도 있다. 예를 들어, 인간 중심 치료사는 어떤 문제에 대해 내담자와 대화할 때 물어볼 수 있다.

> "모래상자에 그런 기분을 표현해서 만들어 주세요."

아들러 치료사는 상자에 초기 기억을 불러 달라고 요청할 수 있다.

당신이 기억할 수 있는 가장 이른 어린 시절의 기억 세 가지를 상자에 만들어 주세요.

가족 체계 치료사는 상자에 가계도를 넣으라고 요청할 수 있다.

가족 세대에 대한 통찰력이 있으면 중요한 정보를 얻을 수 있어요. 따라서 여기(상자에 한 줄을 긋고)에 조부모님을, 여기(상자에 두 번째 줄을 긋고)에 부모님을, 마지막으로 여기(다른 한 줄을 긋고)에 자신과 형제자매를 놓으세요. 선택한 소품은 사람이나 이들을 대표하거나 상징하는 다른 물건이 될 수 있어요.

지시 작업을 하는 방법은 정말 다양하다. 모래상자치료의 또 다른 흥미로운 측면이다!

3단계: 모래상자에서 만들기

내담자가 모래상자에서 장면을 완성할 수 있도록 시간을 준다. 전체 세션에서 시간을 모니터링하는 것은 치료사의 책임이다. 일부 치료사는 세션 시작 시 내담자에게 아래와 같은 구조화를 제공한다.

20분 동안 모래상자에 장면을 만들 수 있으니 이에 대해 이야기하고 함께 논의할 시간을 갖도록 하겠습니다. 제가 시간을 지켜볼 테니 따로 생각할 필요는 없어요. 만들기가 완료될 때까지 5분이 남으면 알려 드리겠습니다.

내담자가 모래상자를 만드는 동안 치료사는 모래상자를 만들거나 완성된 작품을 만드는 이 시간을 존중한다. 이 '존중'은 치료사의 작업 방식과 임상 이론에 따라 다시 달라진다. 아들러 모래상자치료사는 평등한 관계를 형성하는 1단계에서 다음과 같이 공동 제작을 할 수 있다. 내담자와 함께 모래상자를 만든다. 모래상자에서 심리 교육적 작업을 수행하면 치료사와 내담자 간에 지속적인 상호작용이 이루어질 수 있다.

모래상자치료사의 역할

우리는 모든 유형의 상담 세션에서 '담아내기' 또는 '버텨주기'의 중요성에 대해 이야기한다. 내담자가 작업(언어적 또는 비언어적)을 수행하는 치료환경을 개발, 유지, 수용하는 것은 모든 형태의 심리치료에서 매우 중요하다. 융 심리학자들은 이를 "자유롭고 보호받는 공간"이라고 한다. 대인관계 신경생물학은 공명과 조율을 통한 안전의 발달에 대해 알려 준다. 인내의 창(The window of tolerance)의 허용 범위는 가장 최적의 범위와 '가장 경계되는 지점'에 대해 알려 준다. 치료 작업을 수행하는 동안 연결을 유지하는 과정에 대한 많은 개념이 있다. 내담자는 정서적, 심리적, 영적, 신체적으로 안전감을 느껴야 한다.

감정적으로 치료사는 내담자와 상자에 '들어가고' 감정적으로 참여하며, 창조행위에 적응하여, 심오하고 말 없는 친밀감을 형성한다. 이러한 감정은 모든 치료 작업에 필수적이다. 내담자와 함께 그들의 세계를 창조하는 침묵의 능력은, 그 자체로, 그토록 많은 내담자가 고통받는 고립감을 복구하는 데 도움이 될 수 있다 (Weinrib, 1983, p. 30).

따라서 내담자가 상자에서 구축하고 창조하는 동안 치료자는 완전히 현존해야 한다. 치료사는 내담자의 말을 경청하고 관찰하며 공감적, 인지적으로 참여하여 창조 작업을 공유한다. 현재 우리가 알고 있는 이러한 공명과 조율은 신경생물학적으로 근거가 있다(Badenoch, 2008). 특히 치료 관계에서 언어에 의존해 온 내담자는 임상가에게 말하지 않고 온전히 집중하는 것은 힘든 일임이 분명하다. 이 글의 독자 중 비언어적 상담 방식(모래놀이치료, 놀이치료, 미술치료, 표현예술 등)을 경험해 보지 않은 분들은 말을 하지 않는 것이 새롭고 어쩌면 어려운 경험일 수 있다. **과정을 신뢰하라.** 이것은 매우 중요하다. 자유롭고 보호받는 공간을 유지하면서 내담자와 공감하려는 의지와 함께 조율하고 온전히 현재에 집중하는 법을 배우려면 모래상자를 만드는 동안 내담자의 과정을 관찰하는 데 약간의 시간과 연

감정적인 의미에서 치료사는 내담자와 함께 모래상자의 창조 작업에 공감적으로 참여한다.

Estelle Weinrib

습이 필요할 수 있다. 하지만 이것은 필수이다!

물론, 언어 표현을 최소한으로 유지하라고 제안하자마자 우리는 예외도 생각하기 시작한다. 가장 큰 예외는 어린아이와 함께 모래상자를 사용하는 경우이다. 어린아이들의 경우 모래상자치료 과정은 놀이치료와 유사할 수 있다. 치료사는 놀이치료에서와 같이 아동의 놀이를 언어로 추적하는 것이 적절할 것이다. 어린아이들은 소품을 장난감으로 사용하는 경향이 더 강하며, 일반적인 놀이치료 세션에서와 같이 움직임과 소리로 가득 찬 활동적이고 역동적인 놀이의 순서를 개발하는 경향이 있다. 우리는 이것이 괜찮다고 생각한다. 이는 아동의 발달 수준을 고려하여 모래상자 접근법을 적절히 수정하는 것이다(자세한 내용은 제11장에서 참조).

내담자가 모래를 만드는 동안 조용히 하라는 제한의 다른 예외는 치료 목적과 관련이 있다. 과묵하고 위축된 내담자가 긴장을 풀고 이완하도록 돕는 것이 목표이고, 그 결과 내담자가 말을 하기 시작하면 기꺼이 대화를 통해 내담자를 지원한다. 그러나 치료사가 지나치게 말을 많이 하는 내담자가 집중할 수 있도록 돕기 위해 모래상자치료를 선택했다면, 모래상자를 만들면서 치료사와 토론을 시도하는 내담자에게 다음과 같이 반응할 수 있다.

> 모래상자를 완성하고 나서 이야기를 나누면 좋겠어요.

이 말은 짧고 요점만 말하며, 본질적으로 언어적 반응을 유도하지 않는다. 다시 말하지만, 치료사는 모래상자치료의 의도와 목적을 알고 있어야 한다. 이는 치료사가 세션의 시작 단계에서 적절한 반응과 상호작용을 파악하는 데 도움이 된다.

과정과 완성된 모래상자

완성된 모래상자는 많은 초보 모래상자치료사가 시간과 에너지를 집중하는 곳이다. 동시에 상자를 만드는 동안 내담자의 과정을 관찰하는 것도 마찬가지로 중요하다. 전통적인 대화치료에서 치료사는 내담자의 비언어적 의사소통에 주의를 기울이도록 훈련받는다. 이는 모래상자 작업에서도 여전히 유용하지만, 모래상자에서 장면을 만드는 작업을 수행하는 내담자의 접근법과 수행 과정에 주의를 기울여야 한다는 점이 다르다.

이 과정을 이해하려면 다음과 같은 역동 관계가 포함된다.

- 내담자가 모래상자 만들기를 쉽게 생각하는가, 아니면 어렵게 생각하는가?
- 내담자가 모래상자의 소품과 구조를 선택할 때 단호한가 아니면 주저하는가?
- 내담자가 전체 상자 만들기 경험에 완전히 참여할 수 있는지 또는 참여할 수 없는지?
- 상자 경험이 목적이 있는 것처럼 보이는가, 아니면 목적이 없는 것처럼 보이는가(무작위)?
- 내담자가 먼저 계획을 가지고 시작하는가, 아니면 상자 제작이 진행되면서 후에 전개되는 것처럼 보이는가?

> **치료 과정 이해**
> - 쉬움/어려움
> - 결단력/주저함
> - 참여 가능/불가능
> - 목적성/비목적성
> - 미리 계획함/진행되는 대로 구성함

내담자를 이해하고 그들의 특정 문제가 어떻게 표현되기 시작하는지, 또한 내담자가 경험에 접근하는 방식은 치료사에게 관찰해야 할 다른 역동 관계를 제공할 수도 있다.

모래상자를 만드는 동안 관찰해야 할 또 다른 영역은 내담자가 다음과 상호작용하는 방식이다.

- 모래
  - 표면을 매끄럽게 하고 다시 매끄럽게 하는 데 많은 시간이 소요되는가?
  - 모래가 이리저리 움직이고 여기저기 쌓여 상자의 파란색 바닥이 드러나는가?
  - 축축한 모래에 터널이나 기타 구조물을 만들고 있는가?
  - 모래를 전혀 만지지 않도록 주의하고 있는가?
- 소품

□특정 소품 또는 전체 카테고리가 무시되고 있지는 않은가?

□특정 소품이 다른 소품보다 오래 남아 있지는 않는가?

□어떤 소품은 조심스럽게, 심지어 경건하게 다루어졌는가?

□어떤 소품은 쓰다듬어지고, 만져지고, 어루만져 주는가?

많은 치료사는 세션 중에 미묘하게 몇 가지 메모를 하는 것을 편안하게 생각한다. 이러한 메모는 다음에 있을 수 있는 작업이나 처리 시간 동안 참조할 수 있다. 어떤 사람들은 메모가 내담자에게 영향을 미친다고 생각한다. 모래상자치료사는 메모 작성에 대해 신중을 기할 것을 권장한다.

4단계: 모래상자 작업 후 과정

이 단계는 많은 초보 모래상자치료사가 가장 힘들어하는 단계이며, 이 과정에서 내부적으로 비명을 지르기도 한다. "이제 어떻게 해야 하지?!" 이 부분에서는 내담자가 만든 모래상자를 처리하는 데 익숙해지는 단계에서 사용하거나 시도해 볼 수 있는 몇 가지 생각과 행동을 제공한다. 이 중 일부는 여러분과 여러분의 작업 방식에 맞는 것도 있고 그렇지 않은 것도 있을 것이다. 이 방법을 처음 접하는 치료사라면 일단 시도해 보고 업무에 통합할 수 있는 방법을 찾아보도록 한다. 자신에게 맞지 않는 방법도 모래상자치료에 대한 지식과 작업에 도움이 될 수 있으며, 나중에 모래상자치료 여정에서 도움이 될 수 있다.

여러분은 이미 공간과 자신을 준비했고 제시어를 제공했다. 모래상자에서 창조물을 관찰했다. 경험에 연결하며 모래에서 펼쳐지는 장면을 보면서 임상적 직감을 했을 가능성이 높다. 때로는 모래상자에서 내담자의 문제가 구체화되는 것을 쉽게 볼 수 있다. 어떤 때는 전혀 알 수 없을 때도 있다.

내담자가 모래 위에 장면을 만들게 하는 목적이 이 단계에 영향을 미친다. 임상 이론에 따라 일부 치료사는 내담자의 내적 치유 과정을 활성화하는 구조화되지 않은 창작 과정을 그 자체로 허용하는 것을 선호한다. 이러한 치료사들은 모래상자에서 창작하는 과정에 대해 논의하거나 구두로 설명하지 않는다. 다른 치료사들은 모래상자의 장면을 상담의 발판으로 삼아 내담자와 언어로 작업을 시작한다. 어떤 치료사는 내담자가 모래상자 안에서 소품을 움직이거나 이야기가 계속되는 동안 소품을 추가하거나 제거하도록 한다. 이러한 상징 작업을 통해 치료사는 "상담 과정을 진전시키는 데 도움이 되는 정보와 교감을 얻을 수 있다"(Pearson & Wilson, 2001, p. 7). 치료사는 내담자가 모래상자의 의미를 더 깊이 이해할 수 있도록 돕고, 모래상자의 특정 부분에 초점을 확장하기도 한다. 여기에는 내담자가 소품을 재배치, 제거, 추가하도록 격려하고, 소품이 서로 대화하도록 하며, 장면을 탐색하고 확장하는 것이 포함될 수 있다.

내담자는 지시된 경험이든 지시되지 않은 경험이든 상관없이 스스로 통찰력을 얻게 된다. 치료사는 내담자에게 상징, 은유, 의미를 해석하고 싶은 유혹을 받을 수 있다. 저항하라! 치료사는 특정 내담자에게 어떤 의미가 있는지에 대한 통찰력을 가질 수 있지만, 내담자가 부여하는 의미가 가장 중요하다. 치료사가 능숙하게 질문을 던지고 내담자가 모래놀이 장면에서 자신의 의사소통을 탐색할 수 있도록 돕는 것이 진정한 도전이다.

모래상자 장면을 이해하는 치료사

이 단계의 첫 번째 부분은 모래놀이치료사에게 초점을 맞춘다. 이 부분은 내담자가 완료되었다고 선언하고 치료사의 처리(또는 다른 작업)가 시작되는 것 사이의 다리 또는 연결고리 역할을 한다. 이 단계에서 치료사에게 도움이 되는 것은 아래에 설명되어 있지만 실제로는 매우 빠르게 이루어진다. 내담자가 장면을 끝낸 것인지, 빨리 체인지하거나 이 과정을 건너뛰지 말고 잘 알아차려라.

완성된 모래상자를 시각적으로 관찰하기

치료사는 모래상자에서 장면이 계속 전개되는 것을 관찰했지만, 잠시 멈춰서 완성된 모래상자를 전체적으로 살펴보는 것이 유익하다. 앞서 언급했듯이 고전적인 모래상자의 크기가 큰 이유 중 하나는 전체 장면을 하나의 소품 또는 게슈탈트로 시각적으로 인식할 수 있기 때문이다. 이는 또한 내담자가 자신의 작품에 어떤 가치를 부여하는지 전달할 수 있다. 이는 영광스럽고 존중하는 태도이다. 또한 내담자가 정신적, 감정적으로 창작 모드에서 치료 과정 모드로 전환할 수 있도록 잠시 멈추는 시간을 제공한다. 이 시간은 내담자에게 "다양한 측면에서 볼 때 어떤 느낌이 들거나 느껴지나요?"라고 물어볼 수 있는 시간이다. 이는 모래상자에 대해 이야기하는 좌뇌 작업으로 이어지는 데 도움이 된다.

일부 치료사는 내담자와 함께 모래상자 주위를 걸어 다니며 모든 측면에서 모래상자를 살펴보는 것을 좋아한다. 모래상자에 바퀴가 달린 경우, 치료사와 내담자가 앉은 채로 모래상자를 완전히 돌릴 수 있다. 이 360° 보기는 말 그대로 다양한 관점, 즉 다른 관점을 제공할 수 있다. 이 과정에서 소품이 넘어질 수 있으므로 상자를 천천히 돌려야 한다!

모래상자를 정서적으로 관찰하기

정서적인 내용은 무엇인가? 모래상자를 만들면 치료사에게 어떤 감정이 떠오르는가? 따뜻하고 위로가 되는가? 평화로운가? 분노? 갈등? 차가움? 모래상자치료사를 수퍼비전한 경험에 따르면, 우리는 치료접근법에 관계없이 자신의 정서 반응을 스스로 인식하거나 신뢰하는 치료사가 너무 적다는 사실을 발견했다.

여기서 주의해야 할 점이 있다. 우리 자신의 정서적 반응을 모니터링하고 사용하는 것은 유익하지만, 내담자는 치료사의 정서적 상태에 금방 공명한다는 사실도 똑같이 인식해야 한다. 치료사 당신이 기분이 좋지 않다면, 치료를 제공하는 방식에 영향을 미칠 뿐만 아니라, 내담자도 치료사의 기분이 좋지 않다는 것을 알아차리고 자신이 뭔가 잘못했다고 생각하거나 자신도 기분이 좋지 않다고 느끼기 시작한다! 조율과 공명에 대한 우리의 이해는 신경생물학적 연구를 통해 계속해서 정보를 얻고 있다. 이를 통해 내담자의 불협화음을 해소하거나 개선할 수 있다.

상자 구성 평가하기

분석적으로 훈련된 모래상자치료사는 모래상자의 구조적 조직을 해석하는 데 많은 시간을 할애할 수 있다. 이 책을 읽는 임상가에게 모래상자를 그런 식으로 사용하도록 가르치거나 알려 주려는 의도는 없다. 대신 치료 기법으로써 모래상자를 사용하는 데 초점을 맞추고 있다. 그렇긴 하지만, 개인적인 경험을 통해 소품 배열의 특정 측면에 대한 인식이 생겼으며, 모래상자 안의 모래는 내담자와의 작업에 도움이 될 수 있다. 모래상자에 소품을 배치하는 다음의 '고전적인' 방법은 샬롯 뷜러 (Charlotte Bühler)의 연구를 변형한 것이다(뷜러의 작업에 대한 자세한 설명은 제11장 참조). 초기 연구와 지속적인 연구를 바탕으로, 우리는 이러한 가능성이 초보 모래 상자치료사에게 내담자의 문제에 대한 임상적 직관을 제공한다는 것을 발견했다. 이는 모래상자 만들기에 대한 대화를 시작할 수 있는 시작 발판 역할을 한다. 이 용어들은 모래치료 문헌에 자주 등장하고 세션 문서에 자주 사용되는 용어이기도 하다. 따라서 다른 모래상자치료사들과 함께 사용할 수 있는 공통 언어를 제공한다.

■ 텅 빈 세계

모래상자에 사용되는 아이템이 50개 미만이고 카테고리가 5개 미만인 경우 텅 빈 세계로 간주한다. 빈 세상은 내담자가 자신의 세상을 불행하고 공허한 곳으로 보는 것을 반영할 수도 있고, 내담자가 거부감을 느끼거나, 탈출을 원하거나, 우울 증상으로 인해 창의력을 발휘할 수 없다는 것을 반영할 수도 있다. 뷜러(1951)는 텅 빈 세계를 만드는 사람들이 감정적으로 차단(상자에 항목이 너무 많아서 디테일이 풍부한 장면이 나오지 않음)되거나 감정적으로 집착(몇 가지 카테고리만 사용)할 수 있다고 지적했다.

모래상자에 사람이 없는 경우에도 모래상자는 비어 있는 것으로 간주된다. 이 경우 사람은 남성, 여성, 어린이, 직업인 등으로 정의된다. 뷜러(1951)는 다음 과 같은 연구 결과를 발표했다. 어른들이 모래상자에 어린이만 넣는 것은 "극도의 불안과 퇴행"을 반영하는 것이다(p. 73). 뷜러의 연구에 따르면 군인은

프로세스 이해
1. 텅 빈 세계
2. 왜곡된 세계
3. 공격적인 세계

사람으로 간주되지 않는다. 군인은 놀이에서 침략을 상징하기 위해 자주 사용되기 때문에 모래상자 내담자는 군인을 '사람이 아닌 사람'으로 사용할 수 있다. 하지만 내담자가 군인의 일원인 경우와 같이 항상 예외가 있다. 사람이 없는 세계는 내담자의 탈출 욕구를 반영하거나 사람들에 대한 적대적인 감정을 표현할 수 있다. 실제로 학대를 당한 아동은 현실 세계의 사람들이 자신에게 상처를 주었기 때문에 그 세계에서 벗어나고 싶어서 사람 없는 세계를 만들 수 있다. 당연히 이러한 아이들은 정서적, 심리적, 영적, 육체적, 성적으로 상처를 준 사람들에 대해 엄청난 분노와 적대감을 가지고 있다.

일부 내담자는 동물을 먼저 사용하고 나중에 모래상자에 사람을 넣기도 한다. 동물과 다른 소품은 심리적 거리감을 제공하는 데, 이는 놀이치료와 모래상자치료의 주요 장점 중 하나이다. 우리는 가능성에 유의해야 한다.

■ 왜곡된 세계

왜곡된 세계에는 세 가지 하위 유형의 조직이 있다. 폐쇄 · 울타리형, 무질서형, 경직형의 세 가지 하위 유형이 있다. 폐쇄 · 울타리형 구성은 내담자가 울타리 또는 기타 항목을 사용하여 모래상자에서 장면을 분할할 때 사용된다. 내담자는 이 구성을 자주 사용하므로 내담자가 선택할 수 있는 다양한 울타리 또는 차단재 소품을 갖추는 것이 중요하다. 불안이 심한 내담자는 상자에 울타리나 가림막을 먼저 설치하는데, 이는 보호에 대한 필요성이 비정상적으로 높다는 신호이다(Bühler, 1951). 대부분의 소품과 아이템이 울타리 안에 있으면 막힌 것으로 확인되고 소품이 울타리 영역의 경계선 밖에 있으면 울타리가 쳐진 것으로 더 정확하게 식별된다. 닫힌 영역은 소품 아이템이 울타리 안에 있는 것이다.

폐쇄형은 내담자가 인물을 밀폐된 공간에 두는 등 다음 중 하나 이상을 표현할 수 있다.

☐ 보호가 필요함(울타리 안에 있는 자신 및/또는 타인에 대한 보호)

□자기–격리, 다른 사람으로부터 자신을 차단(불안감 관리)

□폐쇄된 구역 내의 인물과 동일시하는 경우

□위험의 상징을 가두거나 감금하기

울타리 조성, 상자를 구획하여 나누는 것은 내담자의 것일 수 있다.

□자신의 내적 충동을 두려워함(많은 영역에서 외부 통제가 필요함)

□구획화 필요성(불안 관리)

□위험을 차단하기

경직된 장면을 '줄의 세계' 또는 '도식적 배열'이라고 부르기도 한다. 소품들의 배열은 일반적으로 일렬 또는 명확한 기하학적 형태로 경직되어 비현실적으로 보인다. 이는 내담자의 혼란스러운 세상에 대한 반응으로 질서에 대한 극단적인 욕구로 이해될 수 있다. 내담자가 완벽주의나 자제력에 대한 욕구가 높을 수도 있다. 내담자가 정서적으로 경직되어 있거나 억압되어 있을 수도 있다. 뷜러(1951)는 이것이 강박증을 반영하는 "가장 심각한 징후"라고 지적한다. "가장 깊은 불안은 일렬로 배열되거나 혼란스러운 구조로 표현된다"(Bühler, 1951, p. 74).

그러나 여기서 주의할 점은 원이나 정사각형 배열도 만다라가 될 수 있으며, 딱딱한 기하학적 모양으로 해석해서는 안 된다는 것이다. 만다라는 중심과 온전함의 한 형태로 간주되며 치료 과정에서 긍정적인 신호로 간주된다. 모양의 질과 내용을 이해하는 것은 필수적이다.

왜곡된 세계의 세 번째 하위 유형은 무질서한 것으로, 일관성이 없거나 혼란스러운 것으로 분류되기도 한다. 왜곡된 배열은 지저분하고 충동적인 방식으로 배치된다. 이 상자는 분명히 혼란스러워 보이며 그렇게 지적될 수 있다. 상자를 구성하는 과정을 지켜보면서 내담자는 처음에는 신중하고 계획적인 방식으로 시작하지만 계속하는 데 필요한 자아 통제력을 잃고 혼돈으로 악화될 수 있다.

이러한 유형의 세계는 내담자가 다음을 나타낼 수 있다.

☐ 내담자 자신의 내적 혼란을 보여 준다.
☐ 자신의 세계가 혼돈에 빠졌음을 반영하거나
☐ 자제력을 유지할 수 없음을 나타낸다.

무질서함의 다른 지표로는 소품이 이상하게 배치되어 있거나 비정상적인 소품이 있다. 예를 들어, 동네와 같이 중립적이거나 긍정적인 장면에 호랑이가 배치된 경우이다. 또는 물 한가운데에 집이 있는 경우(최근 홍수가 발생하지 않았다면)가 그렇다.

■ 공격적인 세계

마지막으로 공격적인 세계도 쉽게 식별할 수 있다. 방어적, 대립적 또는 적대적인 방식으로 인물을 배치하는 것이다. 군인이나 다른 캐릭터가 공격적으로 늘어선 전투 장면, 자동차, 버스, 보트 또는 비행기 추락, 야생 동물의 공격(다른 동물, 사람 및/또는 차량 공격) 등의 형태를 취할 수 있다. 일부 장면은 운동 경기와 같이 사회적으로 용인될 수 있는 장면으로 보일 수 있다. 동물이나 벌레가 사람이나 천사, 아기를 공격하는 장면과 같이 노골적으로 공격적인 장면도 있다.

'공격적인 세계'의 의미는 바로 공격성이다. 공격적인 세상을 만드는 일부 내담자는 자신의 세계에서 어떤 방식으로든 행동할 수 있기 때문에 놀라지 않아도 된다. 하지만 어떤 내담자는 우리를 놀라게 할 수도 있다. 분노를 내면화하면서 모래상자라는 안전한 공간을 이용해 분노를 표출하는 내담자도 있다. 이러한 내담자는 가정 폭력의 경우처럼 개인적이고 실제적인 환경에서 행동하는 것을 두려워하는 진짜 이유가 있을 수 있다.

뷜러(1951)는 공격적인 세계가 자신의 모든 연구 결과 중 덜 심각한 임상적 지표일 수 있다고 지적한다. 그녀의 연구에 따르면 내담자의 첫 번째 상자에 공격적 세계가 만들어지면 "더 뚜렷한 공격성"을 나타낼 수 있으며, 한 상자 내에서 여러 가지 다른 사고가 발생하면 더 깊은 분노가 나타날 수 있다(p. 72).

모래상자의 주제 파악하기

모래상자의 장면이나 세계가 위에서 제시한 것 중 하나라면 주제를 파악하기가 더 쉬울 수 있다. 하지만 그렇게 간단하지 않은 경우도 종종 있다. (일례로 모래상자치료가 그렇게 간단하지 않다는 것을 알고 있다.) 여러분이 다시 찾고 있는 것은 임상 이론의 영향을 받을 것이다. 아들러주의자라면 사회적 관심과 소속감의 수준, 성격의 우선순위에 대한 통찰력 등을 찾을 수 있다. 인간중심적인 사람들은 통제나 일치성의 소재를 찾을 수 있다. 게슈탈트 치료사는 양극성이나 경계 붕괴를 볼 수 있다.

상자의 이러한 묘사는 상자의 구성을 관찰하면서 펼쳐지고 발전할 수 있다. 또한 소품을 통해 표현된 상징성을 탐구할 수도 있다. 내담자가 상자를 만드는 동안에도 이를 알아챘을 수 있다. 임상적 직관이 있다면 내담자가 상자의 이야기를 들려주면서 이를 파악할 수 있도록 한다.

어떤 내담자는 "저 사자는 무서운 우리 아빠를 닮았어요. 항상 으르렁거려요"와 같이 자연스럽게 이야기를 꺼낸다. 반면에 어떤 내담자는 상자에 대해 이야기할 때 사자 소품을 완전히 무시할 수도 있다. 따라서 나중에 대화나 치료 시간 후반에 사자를 가리키며 "이것에 대해 더 얘기해 주세요"라고 물어볼 수 있다. 내담자는 상자에 반복적으로 사용하는 자기상(self-figure)을 가지고 있을 수 있다. 예를 들어, 한 남자 중학생은 수업 시간에 조절이 안 될 때 자신을 상징하는 소품으로 태즈메이니아 악마 소품을 사용했다. 한 성인 여성은 결혼 생활에서 느낀 감정을 상징하기 위해 어린 소녀 인형을 선택했다.

때로는 특정 주제보다는 모래상자의 은유를 파악하는 것이 더 도움이 될 수 있다. 예를 들어, 12세 소녀가 첫사랑의 강렬함을 표현할 때, 그녀는 울타리(여러 세션 동안 조심스럽게 인물을 둘러싸고 있던)를 마치 울타리 안에서 폭발하는 에너지로 인해 날아가는 것처럼 눕게 만들었다. 그녀는 이 장면을 '사랑의 에너지'로 표현하는 것이 주제에 대한 라벨을 붙이는 것보다 훨씬 더 내용을 잘 전달할 수 있다고 생각했다. 또 다른 예는 성인 여성, 아내, 네 아이의 엄마가 '고요하고 안전한 곳'이라는 비지시적인 상자를 만들어 건물, 나무, 교회, 다리가 있는 작은 호수가 깔끔하게 정돈되어 있지만 사람은 없는 오래전의 목가적인 마을 장면을 연출했다. 실제로 그녀는 그런 환상을 원했다. 이것은 그녀가 갈망하던 '안전하고 고요하며 먼' 경험에 대한 은유였다.

임상가가 위의 단계를 완료하면 장면에 대해 이야기하도록 초대할 수 있다. 우리가 특히 좋아하는 오프닝 질문은 다음과 같다. "이 장면·세계에 어떤 제목을 붙이시겠습니까?" 예를 들어, 존 앨런(John Allan, 2007)은 한 어린이가 소품을 그린 후, 아이에게 상자에 대해 이야기하도록 권유하면서 먼저 가능한 제목을 물어본다. 바데녹(Badenoch, 2008)은 우뇌의 작업인 만들기에서 좌뇌의 작업인 대화로 보다 부드럽게 이동할 수 있는 방법으로 상자에 담긴 느낌에 관한 질문을 사용할 것을 제안한다. 그녀는 이를 "오른쪽이 왼쪽에게 자신을 내어 줄 수 있도록 고속도로를 열어 주는 것"이라고 부른다(p. 224). 어떤 것을 선택하든, 우리는 '초대'라는 측면을 좋아한다. 힘을 실어 주고 그러면서도 내담자의 작업을 이해하기 위한 목적으로 대화가 필요하다는 점을 명확히 드러내는 것이 좋다. 일반적으로 가장 조용한 내담자라도 작품에 제목을 붙이거나 한 가지 느낌을 말하기도 한다.

이 창작 후 단계에서 치료사와 내담자 간 대화는 다음 장에서 자세히 설명할 것이다.

5단계: 모래상자 정리

이 단계는 내담자와의 세션에 포함될 수도 있고 포함되지 않을 수도 있다. 모래상자 장면과 후속 대화(있는 경우)가 완료되면 다음 내담자를 위해 치료실을 세션 전 정리 단계로 되돌려 놓아야 한다.

세션이 끝나면 다시 선택해야 할 사항이 있다. 일부 치료사는 내담자와 공동으로 소품을 있던 자리로 돌려보내는 작업을 하기도 한다. 트라우마 작업을 하는 동안 모래상자 장면이 너무 조절이 안되어서 가려졌을 가능성이 있다. 이 경우 치료사는 치료실을 나가기 전에 내담자가 다시 조절하는 데 어려움을 겪지 않도록 덮은 상태로 둘 수 있다. 내담자가 이제 준비가 되어 있고 능력이 있다면, 모래상자의 고유한 내용에 대해 내담자에게 힘을 실어 주기 위한 의도적인 경험으로 내담자와 함께 모래상자를 해체할 수도 있다.

일반적으로 대부분의 모래상자치료사는 모래상자 장면의 정리시점은 내담자가 방을 나간 후에 해야 한다고 생각한다. 모래상자를 그대로 두는 것은 내담자의 작업을 존중하는 것이다. 놀이가 언어이고 장난감이 단어인 놀이치료에서와 마찬가지로 모래상자치료에서 소품들은 단어이다. 더 깊은 수준에서는 내담자의 정서적 삶과 내면의 자아를 표현하는 것이다. 우리는 내담자의 감정 표현을 "정리"해야 한다고 말하며 받아들일 수 없다는 의미로 전달하고 싶지 않다. 어린이와 청소년(성인도 마찬가지!)은 스스로 정리하는 법을 배워야 하지만, 우리는 모래상자를 정리하는 것이 이와 관련이 있다고 생각하지 않는다. 그것은 또한 은유적이고 상징적인 작업, 즉 내담자의 내면이야기를 해체하는 것이기도 하다. 우리는 이 내러티브를 존중하는 것이 모래상자 작품을 그대로 두는 것과 같다고 생각한다. 에스텔 와인립(Estelle Weinrib, 1983)은 내담자가 있는 자리에서 "모래상자를 파괴"하는 것은 창작물의 가치를 떨어뜨릴 뿐만 아니라 단절과 같은 결과를 초래한다고 말한다. 즉, 내담자와 창작물, 내담자와 치료사 사이의 연결을 끊는다고 말한다(p. 14).

내담자가 떠난 후 모래상자를 해체하면 내담자가 그 장면의 이미지를 마음속에 간직할 수 있다. 많은 내담자는 다음 세션까지 모래상자의 이미지와 은유에 대해 스스로 처리하고 생각하는 작업을 계속한다. 어떤 내담자는 몇 주 동안 모래상자의 의미나 모래상자의 특정 이미지에 대해 계속 고민하기도 한다. 이것은 분명히 치료 시간의 강력한 연장이다. 저자(Homeyer)에게는 모래상자 세션이 끝난 지 몇

내담자 앞에서 소품을 치우는 것은 완성된 작품의 가치를 떨어뜨리고, 내담자와 내면의 자아, 치료자와의 무언의 연결을 끊는 행위이다.

Estelle Weinrib

주 후에 세션에 와서 "저 말(horse) 기억하세요? 나는 그게 무슨 뜻인지 알아요!" 그녀는 스스로 상징적인 의미를 이야기했다. 이 세션이 끝난 지 몇 달이 지난 후에도 이 내담자는 자신의 감정이나 상황의 의미를 표현하기 위해 일종의 은유적 속어로 '말' 또는 다른 소품을 언급했다. 얼마나 강력한가.

치료사는 상자를 해체하고 소품들을 다시 제자리에 돌려놓으면서 상자에 담긴 내담자의 이야기를 떠올릴 수 있다. 내담자가 부여한 상징에 조용히 작별 인사를 하고 그 상징이 다른 내담자를 위한 또 다른 상징이 될 수 있도록 자유를 준다. 이 것은 POST 자기 관리의 일부이다.

세션에 아직 시간이 남아 있고 여러분이나 내담자가 다른 상자를 하고 싶다면 두 사람 모두 장면을 해체하고 소품을 선반이나 상자의 제자리로 돌려보낼 수 있다. 내담자의 작업을 존중하기 위해 다음과 같이 하는 것이 좋다. 내담자가 첫 번째 소품을 제거하도록 허용한다. 그런 다음 치료사는 "원하신다면 제가 도와드릴 수 있습니다"라고 제안하고 그 과정을 신속하게 진행하도록 도울 수 있다. 이렇게 하면 장면을 만든 사람이 작품의 해체를 시작할 수 있다. 저자에게는 모래상자를 잘 다루는 사춘기 이전의 아이가 있었는데, 그는 한 번에 여러 장면을 만드는 것을 좋아했다. 하지만 그는 불안감 때문에 상자에서 소품들을 제거할 시간이 없었다. 그는 모든 소품을 한쪽 끝으로 쓸어 넘겼다. 그 결과 세션이 끝날 무렵에는 소품이 산더미처럼 쌓여 있었고, 그가 만들 수 있는 공간은 점점 더 좁아졌지만, 그에게는 효과가 있었다.

치료사의 관점과 목적에 따라 세션의 나머지 부분이 어떻게 사용되는지가 다시 결정된다. 예를 들어, 치료사는 먼저 내담자에게 비지시적으로 장면을 만들게 한 다음 지시된 장면을 만들게 할 수 있다. 이는 편안함을 느끼고 자료와 다시 연결될 시간이 필요한 내담자에게 도움이 될 수 있다. 반면에 어떤 내담자는 지시적인 제시어와 함께 치료 과정을 시작할 때 더 잘한다. 불안해하는 내담자나 '달래야 하는' 내담자일 수 있다. 매체와 구조화된 방식으로 상호작용하면 소품에 다시 익숙해질 수 있는 기회가 주어진다. 또 다른 옵션은 치료사가 내담자에게 지시형 또는 비지시형 중 어떤 유형의 작업을 하고 싶은지 말하도록 요청하는 것이다.

젖은 모래 관리하기

상자 덮개를 덮지 않은 젖은 모래는 보통 하룻밤 사이에 충분히 건조된다. 상당한 양의 물을 사용한 경우에는 그렇지 않다. 하루가 끝날 때 매우 젖은 모래를 말리려면 추가적인 주의가 필요하다. 모래를 상자 중앙에 쌓아 두면 건조할 수 있는 표면적이 넓어진다. 작은 선풍기로 공기 흐름을 증가시키면 축축한 모래를 말리는 데 도움이 되며, 밤새 말려야 할 수도 있다. 매우 젖거나 축축한 모래로 가득 찬 상자를 내담자가 보게 되면 실망감을 줄 수 있으며, 모래 작업에도 악영향을 미칠 수 있다.

6단계: 모래상자치료 세션 문서화하기

문서화는 윤리적, 법적 요건이다. 하지만 이보다 더 중요한 것은 임상 세션을 기록하는 시간을 통해 내담자와의 작업을 되돌아볼 수 있다는 점이다. 이 시간 동안 우리는 다음과 같은 단계를 통해 내담자와의 작업을 정리한다.

1. 세션의 세부 사항을 문서화한다.
2. 임상 이론적 접근을 통해 내담자를 개념화한다.
3. 치료의 진행 상황을 평가한다.

흔히 문서화는 반드시 해야 하는 지루한 서류작업으로 여겨지는 경우가 많다. 우리는 여러분의 생각을 바꿔 보려고 한다. 이 시간은 다시 한번 내담자와 함께하고, 함께 보낸 시간을 음미하는 것이다. 이는 세션의 역동성과 에너지에 대해 생각하며 내담자의 신경생물학적 활동과 다시 한번 공명하는 시간이다. 임상 이론적 관점에서 내담자에 대한 전체론적 관점을 개발하라. 또한 과정과 진행 상황을 이해하라.

세부 사항을 문서화

정신건강 치료 세션을 문서화하는 데는 여러 가지 형식이 있다. 이 중 어느 것이든 모래놀이치료 세션에 적용할 수 있다. 기관에 따라 특정 소프트웨어와 절차를 사용해야 할 수도 있다. 집단 및 개인 진료소에서는 다양한 전자 건강 기록(Electronic Health Record: EHR) 시스템 중 하나를 사용할 수 있다. 일부 기관에서는 여전히 종이 기록을 선호한다. 부록 A에서 가능한 형식의 샘플을 제공한다. 일반적으로 양식에는 빠르게 동그라미를 치거나 간략하게 메모할 수 있는 정보가 포함되어 있음을 알 수 있다. 이 양식은 서술 형식을 작성하기 위한 지침으로도 사용할 수 있다. 이러한 영역은 표준 EHR 메모 형식에 삽입할 수도 있다. EHR은 사용자 지정 양식에 대한 옵션도 제공한다. 예시도 부록 A에 나와 있다.

세션의 세부 내용은 다음과 같다.

■ 내담자 및 내담자 접근법 소개

먼저 표준 상자, 모래(대체 모래, 유색 모래) 및 기타 재료를 사용하는 데 불편함이 있었는지 기록한다. 그런 다음 사용된 제시어를 기록한다. 내담자가 설명이 필요했거나 시작 방법을 물어본 적이 있는지 기록한다. 마지막으로, 내담자가 상자를 만드는 데 어떻게 접근했는지 파악한다. 이는 치료의 진행 상황을 평가하는 데 도움이 된다. 접근법의 변화는 내담자의 변화를 나타낸다. 이를 기록해 두면 시간이 지나면서 검토할 때 도움이 된다.

□ 시작하기 쉬움 또는 어려움: 연구에 따르면 비임상 대상자는 모래상자를 더 쉽게 만들 수 있는 것으로 나타났다.

□ 만들기로 결심 또는 주저함: 문제 해결 능력, 집중할 수 있는 능력에 대해 알려 준다.

□ 참여 가능 또는 참여 불가능: 주의 산만 또는 방어 수준

□ 내적 또는 외적 주도성: 내담자가 무엇을 만들 것인지에 대한 아이디어를 가지고 있는지, 아니면 소품을 보고 아이디어를 발전시키는지 여부

□ 언어적 또는 비언어적 방식(치료사의 접근법에 따라 달라짐)

□ 시간 사용: 위의 역동 관계에 영향을 받아 만들기 단계가 얼마나 오래 걸렸는지 여부

□ 상자의 공간 사용: 전체 또는 일부

□ 물의 사용: 사용했다면 방법(모래를 형성하기 위해, 씻기 위해, 물에 빠지기 위해 등)을 체크한다.

□ 소품을 선택했다가 제거했거나 명백하게 피한 경우

■ 객관적 또는 사실적 정보

□ 모래상자의 구성

- 한 장면-여러 장면
- 비어 있음-과도함
- 딱딱함-사실적
- 개방형-폐쇄형 · 울타리형
- 정돈된-혼란스러운(무질서)
- 동적-정적
- 사람이 없는-사람 · 동물

□ 모래상자를 만드는 과정에서 중요한 언어적 표현을 기록한다. 학대에 대한 폭로와 같이 매우 중요한 진술이나 아들러 치료사의 "내 소속감을 위협했다"와 같이 임상 이론적 이해에 대한 진술이 이에 해당한다. 어떤 내용을 포함할지, 그리고 '중요성'을 평가하는 방법은 치료사가 결정한다.

□ 제목을 요청한 경우 및/또는 내담자가 제공한 경우 제목을 기재한다.

□ 모래상자에 대한 논의의 요약을 작성한다.

■ 임상 평가

위의 정보를 기록한 후에는 내담자에 대해 알게 된 내용을 치료 과정 단계에서 일어난 일과 통합하기 시작한다. 여기에는 주제를 식별하고, 임상 이론의 역동, 신경생물학적 구성 요소, 언어 처리의 내용을 기록하는 것이 포함된다. 이 모든 것을 몇 문장의 짧은 글로 정리하면 내담자 및 내담자의 진행 상황에 대한 사례개념화가 된다. 예를 들어 아들러식 모래상자치료사는 다음과 같이 쓸 수 있다.

안나(Anna)는 가족과 슬픔을 다루는 일과 '열심히 일하는 것'(herder, 우월성)이 되는 일에서 자신의 성격 우선순위(pleaser, 사랑받고 싶어 하는 갈망)를 탐색했다. 그녀는 종교적 신념이라는 삶의 과제와 그것이 뉴올리언스 대가족의 소속감에 어떤 영향을 미쳤는지 파악했다. 안나는 결정적 4가지 crucial C's(Conner, Capable, Count, Courage)를 모두 표시했다. 현재 2단계에서 작업 중이다. 그녀는 가족 안에서 양치기와 같은 역할을 할 때는 자신을 우월한 사람으로 생각하는데, 슬픔작업을 할 때는 자신의 우선순위는 비위 맞추는 사람이라는 것을 탐색했다.

게슈탈트 모래놀이치료사는 동일한 세션을 개념화할 수 있다.

안나는 가톨릭 가정에서 자란 후 성공회로 개종하는 과정에서 극과 극을 오가며 살았다. 그녀는 할아버지의 죽음에 대한 슬픔과 '햇빛'이 되는 양극단에 있음을 인정했다. 안나는 슬픔에 대한 반응 속에서 스스로를 조절할 수 있었다.

■ 사진 문서

일반적으로 완성된 모래상자 장면의 사진을 촬영하여 내담자 파일에 보관한다. 물론 이 작업은 내담자의 허락이 있을 때만 이루어져야 하며, 사전 동의서에 포함되어야 한다. 이러한 사진은 일정기간 동안 내담자의 진행 상황을 검토하고자 하는 치료사에게 매우 유용할 수 있다. 또한 내담자와 치료사는 이 사진 연대기를 검토하여 진행 상황을 평가하고 종결을 위한 평가를 할 수 있다.

모래상자치료를 마무리하고 종결하는 데 유용한 방법 중 하나는 치료사의 컴퓨터나 노트북에서 모래상자의 '슬라이드 쇼'를 보여 주는 것이다. 이는 여정을 정리하는 마지막 단계에서 치료 과제를 달성하는 강력한 방법이다.

즉석(폴라로이드™) 사진은 덜 일반적으로 사용되며, 빠르게 찍은 다음 세션 진행 양식의 종이에 붙인다. 디지털 시대에는 더 선명하고 깨끗한 이미지를 사용할 수 있으며, 인쇄하여 첨부하거나 세션 진행 양식에 이미지를 삽입할 수 있다. 또는 내담자의 EHR에 업로드할 수도 있다.

주의사항: 내담자(특히 아동내담자)에게 그림을 보여 줄 경우, 모래상자치료사는 모래상자 장면의 내용을 주의 깊게 살펴봐야 한다. 내담자의 비밀을 보호하는 것은 항상 중요하다.

즉석 필름이나 35mm 카메라를 사용하는 방법도 8트랙 테이프의 자리를 대신하고 있다. 스마트폰이나 디지털 카메라로 촬영한 디지털 사진이 모래상자를 기록하는 더 좋은 방법일 가능성이 높다. 사이버 해킹에 대한 인식, 클라우드 저장, 「미국의료정보보호법(Health Insurance Portability and Accountability Act: HIPAA)」 규정 준수, 기타 기밀성 침해 가능성에 대한 우려는 여전히 임상적, 윤리적 문제로 남아있다.

내담자의 상자 사진을 찍어 두는 것의 또 다른 이점은 다음 세션에서 계속 사용할 수 있다는 것이다. 하나의 상자에 처리해야 할 자료가 너무 많아서 한두 번의 추가 세션이 필요할 수도 있다. 치료사와 내담자 모두가 볼 수 있는 사진을 갖는 것은 매우 중요하다.

또한 내담자가 자신의 관점에서 장면을 사진으로 찍도록 하는 것은 매우 유익하고 내담자에게 힘을 실어 줄 수 있다. 내담자의 관점은 또 다른 의미의 시각을 더할 수 있다. 우리는 모래상자의 두 가지 유형의 사진을 찍었다. 원근법과 치료사가 머리 위에서 내려다 본 사진 두 가지를 촬영했다.

특히 아이들이 모래상자를 들고 사진을 찍는 것을 좋아한다는 사실을 발견했다. 이 사진의 사본은 내담자와의 종결 시에도 사용할 수 있다. 종결 활동으로 상담 시간을 담은 소품이나 글을 책으로 만드는 아이들은 대개 책에 한두 장의 소품을 추가하는 것을 좋아한다. 또한 이 책은 치료 관계 종료 후 실질적인 과도기적 물건이 될 수 있다.

다른 치료사들은 비용을 절감하기 위해 (그리고 필요한 재능이 있다면!) 세션 양식의 지정된 사각형에 모래상자의 주요 소품을 간단히 스케치하기도 한다. 이 정도면 요점을 파악하기에 충분한 경우가 많다. 하지만 이 방법으로는 철저한 검토가 불가능하다. 치료 과정에는 여러 가지 측면이 있으며, 사소해 보였던 모래상자가 나중에 검토할 때 치료 흐름의 시작이나 반복되는 상징으로 발견될 수도 있다.

그럼에도 불구하고 다른 치료사들은 모래상자에서 가능한 의사소통의 양을 깊이 존중하여 사진에 담지 않는 것을 선호한다. 나중에 파일을 볼 수 있는 다른 사람들로부터 내담자의 기밀을 유지하는 것이 우려되기 때문이다. 사진은 이러한 임상가에게 세션 내용을 그대로 옮긴 것과 같으므로 지나치게 방해가 될 수 있다. 세션에 대한 문서화는 언어상담 회기와 동일해야 한다고 생각한다.

　다른 치료 방식과 마찬가지로 모래상자치료 세션을 동영상으로 촬영하는 것이 교육 및 지속적인 수퍼비전 과정에서 도움이 될 수 있다. 이는 적절한 동의를 받은 경우에만 이루어져야 하며, 수퍼비전 혜택과 내담자에게 '자유롭고 보호받는 공간'을 제공해야 한다는 점을 염두에 두어야 한다.

　독자가 자신의 환경과 접근법에 맞는 양식을 개발할 것을 권장한다. 이 책에 수록된 양식 중 어떤 것이든 자유롭게 수정하여 사용하기 바란다.

고려해야 할 문제

연령: 모래상자치료는 어떤 연령대의 내담자에게 적합할까

　다양한 연령대의 내담자가 모래상자치료의 혜택을 받을 수 있다. 발달에 대한 고려 사항과 모래상자 사용에 미치는 영향을 고려해야 한다. 더 자세한 내용은 제11장을 참조하라.

- 3~6세의 유아는 소품과 모래상자를 활동적이고 역동적인 놀이 경험으로 사용할 수 있다. 사실 소품형태의 놀이치료처럼 보일 수도 있습니다. 이러한 경우 치료사는 보다 전통적인 놀이치료 환경에서와 같이 언어적 추적 반응으로 전환할 수 있다. 이 연령대의 역동적인 놀이 때문에 일부 치료사들은 어린아이들과 모래놀이치료보다는 전통적인 놀이치료를 선호하는 이유이기도 하다.
- 고학년 아동은 트라우마 경험으로 인해 놀이가 심각하게 퇴행하지 않는 한 모래상자에서 장면을 만들려는 놀이 충동을 충분히 지연시킬 수 있다. 그러나 일부 고학년 아동은 모래상자에서 자신이 만든 장면에 대해 이야기하는 동안 또는 이야기한 후에도 처음에 만든 장면을 계속 가지고 놀거나 변형하

기도 한다.

- 청소년들은 비언어적으로 사용할 수 있다는 점 때문에 모래상자에 매력을 느끼는 경우가 많다. 청소년들은 종종 감정에 대해 이야기하고 자신을 괴롭히는 것을 표현하는 데 어려움을 겪는다. 모래상자치료는 청소년의 참여를 유도하고 보다 생산적인 언어적 상호작용으로 이어질 수 있는 비언어적 의사소통 방식을 제공할 수 있다.

　　청소년과 함께 모래놀이치료를 할 때 참고할 사항이다. 많은 청소년이 아이들과 함께 놀이치료를 하는 치료사에 대해 잘 알고 있다. 미성숙해 보이고 싶지 않기 때문에 '모래에서 작업ㆍ놀기' 제안에 대한 그들의 반응은 다음과 같을 수 있다. "어린애들이나 하는 그런 놀이치료에는 참여하고 싶지 않아요." 청소년의 거부감에 대한 반응은 다음과 같을 수 있다. "당연히 너랑은 놀이치료 안 할 거야. 넌 어린아이보다는 어른에 훨씬 더 가까워. 나는 너에게 놀이치료를 요청함으로써 너를 모욕하지 않을 거야. 하지만 내가 어른들과 하는 다른 종류의 상담이 있어. 그것을 모래상자 상담ㆍ치료라고 하는데, 네가 그것을 시도하기에 충분히 성숙하다고 생각해." 청소년에게 선을 긋는 것처럼 보일 수 있지만, 이는 사실이며 거의 매번 청소년의 참여를 이끌어 내는 것으로 나타났다. 모래상자 상담 경험이 10대 내담자에게 도움이 될 것이라는 치료사 자신의 진정성과 믿음은 10대 내담자뿐만 아니라 모든 연령대의 내담자를 참여시키는 데 필수적이다.

- 모든 연령대의 성인이 모래상자 재료를 성공적으로 사용할 수 있다. 성인은 때때로 (청소년과 마찬가지로) 모래상자 작업이 너무 유치해서 사용하기 어렵다고 생각하여 저항할 수 있다. 이러한 우려는 개인치료보다 부부 및 가족치료에서 더 자주 발생하는데, 이는 성인이 상대방의 반응을 염려하기 때문이다. 모래상자치료 경험은 실제로 파트너와 성인 가족 구성원을 상담 과정에 참여시킬 수 있는 소중한 기회를 만들어 준다. "조금 이상하게 보이거나, 유치하게 보일 수도 있다는 것을 압니다. 하지만 저는 당신이 단지 시간을 내어 이곳에 왔다는 사실만으로도 상황이 변화하는 데 투자하고 있다는 것도 알고

있어요. 당신이 파트너와 가족에 대해 얼마나 관심을 가지고 있는지도 알 수 있어요. 나는 당신이 그 투자(관심)를 다른 방식으로 전환할 수 있는지 궁금합니다." 이 말은 사람들을 조종하여 참여하도록 유도한다는 인상을 줄 수 있지만, 그런 의도가 아니라 변화에 대한 사람들의 열망을 직접적으로 표현한 것이다. 그리고 그것은 효과가 있다!

타이밍: 모래상자치료를 사용하기에 좋은 시기는 언제인가

일부 치료사는 모래상자치료를 내담자와의 유일한 또는 주된 개입으로 사용한다. 일부 치료사나 내담자에게는 이것이 적절한 선택일 수 있지만, 치료 과정에서 특히 모래상자 개입이 적합한 시기가 있을 수 있다. 이는 치료적 효과를 항상 고려하는 일반적인 권장사항이다.

■ 상담 시작

상담 과정을 꺼리거나 저항하는 내담자에게 특히 유용하다. 이것은 독특하고 예상치 못한 경험이며 치료적 동맹을 발전시키는 방법이다.

■ 분위기 전환

오랜 기간 상담 치료를 받아 온 내담자는 활력을 되찾거나 다시 집중할 수 있다. 위탁 보호 중인 청소년은 수년간의 상담을 경험했을 수 있다. 모래상자 작업은 절실히 필요한 변화를 제공할 수 있다. 또한 일반적인 대화치료로는 접근하기 어려운 감정과 문제를 표현할 수 있는 수단으로 활용될 수 있다.

■ 치료의 진행 상황을 평가할 수 있는 기회

내담자의 모래상자 사진을 순서대로 보면 시간 경과에 따른 진행 상황을 파악하고 변화를 평가할 수 있다. 이를 통해 임상가의 주요 개입 방식에 대한 평가를 추가로 검증할 수 있다. 또한, 저자는 전통적인 놀이치료를 하고 있는 한 아동과 주기적으로 모래상자치료 세션을 사용한다. 주기적인 모래상자 작업은 아동의 진행 상황을 평가할 수 있는 추가적인 방법을 제공한다. 또한,

보호자와 아동의 관계 개선 또는 양육 기술 향상을 평가하기 위해 보호자-아동 모래상자 세션을 가질 수도 있다.

특성: 어떤 유형의 내담자가 모래상자치료의 도움을 받는가

제2장의 이론적 근거에 대한 논의에서 이에 대해 다루었지만, 모래상자치료의 혜택을 받을 수 있는 내담자 집단을 다시 살펴보는 것이 중요하다. 와인립(1983)은 몇 가지 범주를 제시한다.

■ **불안하고 긴장된 내담자**

모래와의 촉각적 상호작용은 긴장과 불안을 감소시킨다. 내담자는 단순히 모래 위로 손을 움직이거나 손가락 사이로 모래가 흐르게 할 수 있다. 우리는 한 손으로 모래를 움직일 때 더 자유롭게 이야기할 수 있는 청소년과 청년들을 많이 경험했다. 내담자의 자기 조절 능력과 하부 뇌의 진정 작용을 경험함으로써 내담자는 세션에서 언어적 상호작용을 시작할 수 있는 능력과 불안을 관리하는 능력을 경험하는 두 가지 측면에서 이점을 얻을 수 있다. 내담자는 다음과 같이 순간적으로 조절되는 것을 경험할 수 있다. 소품을 만지는 것 또한 긍정적인 촉각 경험을 제공할 수 있다. 물건의 질감, 특히 천연 재료로 만들어진 물건의 질감은 신경학적으로 내담자가 자신의 감정과 다시 연결될 수 있는 방법으로 작용한다(자세한 내용은 제10장에서 설명).

■ **과잉 행동이 심한 내담자**

모래상자에 장면을 만들면 내담자가 집중하는 데 도움이 될 수 있다. 모래상자에 소품을 선택하고 모래상자에 놓는 것은 내담자가 자신의 문제를 외현화하고 객관화할 수 있는 공간을 제공한다. 일부 미술기법과 마찬가지로, 내담자와 내담자의 작품을 모두 '담는' 모래상자 안에 만들어진 작품이 치료의 초점이 될 수 있다. 여러 소품과의 차분한 촉각적 상호작용은 내담자 행동의 열광적인 측면을 줄일 수 있다. 상자와 소품 선반 사이를 앞뒤로 움직이며 신체적으로 움직일 수 있는 기회를 제공하는 것도 도움이 된다. 상자를 넘어 상자가 놓일 수 있는 테이블이나 모래상자의 테두리 또는 난간(있는 경우)으로 작업을 확장할 수 있는 기회를 제공하는 것도 도움이 된다.

■ 지나치게 말을 많이 하는 내담자

일부 내담자는 방어 기제나 회피 또는 저항 수단으로 지나치게 말을 많이 한다. 선택적인 비언어적 경험은 다른 방법론을 제공하므로 치료 과정에서 말을 많이 하는 형태의 방해를 피할 수 있다. 때때로 내담자는 자신의 진짜 문제나 감정에 도달하는 방법을 몰라서 지나치게 말을 많이 하기도 한다. 모래상자치료는 이러한 접근을 촉진할 수 있다. 모래상자 속 장면을 통해 말없이도 의사소통이 이루어지기 때문에 내담자는 '적절한 단어'를 찾을 필요가 없다.

또한 미술치료와 마찬가지로 내담자의 문제를 구체적인 형태로 외현화함으로써 치료 문제에 형태와 실체를 부여한다. 일부 내담자에게는 이런 일이 일어나지 않을 수도 있다. 모래상자의 한계 안에 갇혀 있는 내담자는 마찬가지로 적절하게 자제하는 능력을 키울 수 있다. 모래상자의 측면은 내담자의 장면 주변에 물리적으로 경계를 설정하여 내담자가 필요한 경계를 내면화할 수 있도록 도와준다. 모래상자에 사용되는 용기(컵, 냄비, 상자, 바구니 등)의 소품도 이러한 용도로 사용할 수 있다.

■ 합리화 및/또는 주지화를 하는 내담자

합리화 및 주지화는 과도한 언어화와 본질적으로 같은 목적, 즉 치료 과정에 대한 저항에 해당한다. 이러한 방어기제는 내담자가 오랫동안 사용해 온 방어 기제이기 때문에 내담자와 치료사 모두 이를 넘어서는 것이 불가능해 보이는 경우가 많다. 과도한 언어 표현을 하는 내담자와 마찬가지로 모래상자에서 작업하면 저항을 넘어서는 데 도움이 된다. 또한 합리화 및/또는 지적인 내담자는 종종 자신의 감정과 접촉하는 데 어려움을 겪는다. 모래상자치료는 내담자 문제의 정서적 측면 인식을 향상시키는 효과가 있다. 따라서 이러한 가능성을 고려하여 현명하게 사용해야 한다.

일부 내담자는 상자에서 자신의 창작물에 대해 이야기하면서 특히 감정 수준에서 의도한 것보다 더 많은 것이 드러난 것을 발견하기도 한다. 자신의 감정에 익숙하지 않은 내담자에게는 고통스러운 깨달음이 될 수 있다. 아동 미술치료사인 에이트 크레이머(Edith Kramer, 1972)는 아이들이 자신의 작품에서 자신을 '배신'한다고 썼다. 마찬가지로 모든 연령대의 사람들이 예상하거나 의도한 것보다 자신에 대해 더 많은 것을 모래상자에 '표현'할 수 있다. 모래상자를 사용하는 치료사는 이러한 가능성을 인지하고 있어야 한다.

■ 말로 표현하는 데 어려움이 있는 내담자

분명 비언어적 경험은 말하기 어려운 내담자에게는 큰 도움이 된다. 언어 장애가 있거나 어휘력이나 말하기 능력에 한계가 있는 내담자가 이러한 어려움을 겪을 수 있다. 이러한 유형의 내담자에게 모래상자는 놀랍도록 자유로운 경험이 될 수 있다. 치료사의 관점과 의도에 따라 언어 표현에 어려움을 겪는 내담자가 후속 언어 처리나 이야기 없이 모래상자에서 작업하도록 허용할 수도 있다. 일부 모래상자치료사는 내담자가 세션 사이에 모래상자 작업에 대한 일기를 쓰게 한다. 여기에는 조성된 장면에 대한 내담자의 이야기와 조성 과정 중 내담자의 자기 인식이 포함될 수 있다. 이러한 저널링(Journaling) 작업은 대학원생들과 함께하는 모래상자치료 수업에서 사용된다(내담자와 모래상자치료사 모두 작업할 때). 그 결과 얻은 통찰력은 매우 가치 있고 교육적, 경험적 경험을 확장한다.

학교 상담사들은 모래에서 비언어적으로 작업할 수 있는 기회를 제공한 후 나중에 이야기할지 여부를 선택할 수 있도록 했을 때 학생들이 긍정적으로 변화했다고 보고한다. 보고에 따르면, 모래에서 한 일에 대해 이야기하지 않기로 선택한 많은 사람이 치료효과를 봤다고 한다. 휘트(Wheat, 1995)는 학급 교사가 모래상자를 사용한 사례를 보고한다. 각 학생은 매주 정기적으로 모래상자에서 작업할 시간을 배정받는다. 교사는 때때로 그 과정을 관찰하지만 교사와 학생 사이에 언어적 상호작용은 일어나지 않는다. 한 교사는 "이런 형태의 조용하고 명상적인 자기표현이 교실에서 일어나는 다른 '시끄러운' 활동과 균형을 이룬다는 것을 알게 되었습니다"(p. 83)라고 말했다. 휘트는 또한 "치료적 모래놀이를 실행하는 것은 아이들이 자신의 감정을 다루고 내면의 평화를 얻을 수 있도록 돕는 중요한 단계 중 하나"라고 말한다(p. 83).

맺음말

6단계 치료절차는 모래놀이치료 세션을 관리할 수 있는 기본적 틀을 제공한다. 각 단계에는 많은 차이와 가능성이 있다. 치료사의 임상 이론과 접근법에 따라 많은 부분이 달라진다. 치료 과정에서 자신의 역할을 자각하기 위해서는 모래상자치료사에 대한 인식도 필수적이다.

참고문헌

Allan, J. (2007, July). *Jungian Play Therapy*. Paper presented at the Play Therapy Summer Institute, Center for Play Therapy, University of North Texas, Denton, Texas.

Badenoch, B. (2008). *Being a brain-wise therapist: A practical guide to interpersonal neurobiology*. Norton & Company.

Bühler, C. (1951). The world test, a projective technique. *Journal of Child Psychiatry, 2*, 69-81.

Kramer, E. (1972). *Art as therapy with children*. Schocken Books.

Pearson, M., & Wilson, H. (2001). *Sandplay & symbol work: Emotional healing & personal development with children, adolescents and adults*. Australian Council for Educational Research Ltd.

Weinrib, E. (1983). *Images of self: The sandplay therapy process*. Sigo Press.

Wheat, R. (1995). Help children work through emotional diffi culties-sandtrays are great! *Young Children, 51*, 82-83.

제6장

모래상자치료 세션 과정

모래상자 속 장면을 말로써 처리하거나 대화를 나누는 것은 내담자와 치료사 모두에게 집중적으로 강력한 경험이 될 수 있다. 먼저 중요한 점을 상기할 필요가 있다. 내담자의 모래상자 창작물을 처리하는 것은 전체 모래상자치료 경험을 존중하는 마음으로 다루어야 한다는 점이다. 융(Jung, 1977)의 **테메노스(temenos) 개념**, 즉 영혼의 형성이 일어나는 내담자 내면의 신성한 내적 공간에 대해 이야기했던 것을 기억할 것이다. 모래상자 창조가 이 테메노스에 포함되는 것처럼, 치료 과정도 이 신성한 변환과정과 일관성을 유지해야 한다. 우리는 다음과 같은 일을 해서는 안 된다. 통찰력을 얻거나 정보를 얻기 위한 일을 추진한다고 해서 창조에 대한 경외심을 외면해서는 안 된다. 그러한 통찰은 여러분의 임상 이론과 접근법에 중요할 수 있다. 그러나 우리는 부드럽고 신중하게 움직이는 법을 배웠다. 바데녹(Badenoch, 2008)는 내담자가 뇌 기능의 한 영역에서 다른 영역으로 이동할 수 있도록 신중하게 도와야 한다고 말한다.

이렇게 말했듯이, 임상가는 실제로 내담자와의 이전 상호작용, 모래상자의 장면 내용 및 임상 이론의 영향을 바탕으로 내담자의 세계에 대한 통찰력을 가질 수 있다. 내담자의 문제, 연령, 임상가의 이론에 관계없이 모래상자에 있는 작은 소품과 상징의 의미나 해석은 놀랍도록 유사할 수 있다. 모래 속의 상징은 아무리 '비정통주의자'라 할지라도 호기심을 자극하는 경향이 있지만, 지나친 해석이나 심지어는 전혀 다른 해석을 하지 않도록 다시 한번 주의해야 한다. 존 앨런(John Allan, 1988)은 현명하게 조언한다. "모래놀이의 핵심은 해석해야 한다는 것이 아니라 정중하게 목격해야 한다는 것이다"(p. 221).

내담자와 함께 모래상자치료 방법에는 여러 가지가 있다. 앞서 언급했듯이, 특정 내담자와 함께 모래상자치료를 사용하는 의도와 목적에 따라 만들어진 상자의 치료 방향을 결정할 수 있다. 우리가 사용한 몇 가지 다른 접근법에 대해 논의하겠다. 사실, 이 글에 모든 것이 포함되어 있지는 않다. 하지만 독자들에게 새롭거나 추가적인 가능성을 제시하고 이미 하고 있는 작업에 적용하는 데 호기심을 불러일으킬 수 있기를 바란다. 치료 과정에서 사용할 수 있는 추가적인 모래상자 제시어를 부록 B에 포함했다.

모래상자치료 방법은 치료사의 임상 이론적 방향에 따라 달라질 수 있다. 이것은 우리가 모래상자치료에서 가장 좋아하는 측면 중 하나이다. 그것은 진정으로 교차 이론적이다. 아들러 치료사에게 모래상자 작업은 뛰어난 생활양식 분석 도구이며(Sweeney et al., 2003), 이야기 치료사에게는 내담자가 자신의 이야기를 할 수 있도록 돕는 효과적인 도구이고, 게슈탈트 치료사에게는 인식에 초점을 맞춘다. 그리고 지금 여기(Armstrong, 2008; Timm & Garza, 2017) 융 심리학자에게는 정신으로 들어가는 문이고, 인지 치료사에게는 인지 왜곡을 탐색하고 논박하는 도구이며, 체계적 가족 치료사에게 모래상자는 원가족 문제와 의사소통 역동을 탐색하는 도구이다(Sweeney & Rocha, 2000). 이는 분명히 계속 이어질 수 있는 가능성을 간략하게 살펴본 것일 뿐이다.

누가 치료 과정 경험을 주도할 것인가

모래상자를 치료하는 방법을 고려하기 전에 누가 이 언어적 대화 과정을 주도

모래놀이의 핵심은 해석이 아니라 정중하게 목격해야 한다는 것이다.

John Allan

하는지에 대해 논의할 필요가 있다. 미첼과 프리드먼(Mitchell & Friedman, 1994)은 다음과 같이 지적한다.

> 칼프(Kalff)는 치료 과정은 자기(Self)에 의해 주도되며, 이러한 과정은 대부분 무의식적이라고 주장한다. 따라서 치료사는 자기(Self)가 스스로 새롭게 (renewal) 시작할 수 있도록 환경을 구성하고 지원하는 것이 치료사의 주요 초점이다. (p. 78)

이는 암만(Ammann, 1991)이 주장한 바와 같이, "모래놀이를 하는 동안 피분석가가 분명히 행동의 중심에 있다. 이 행동의 핵심은 피분석가의 총체적 활동이다. 그는 모래상자에 있는 자신의 신체(body), 정신(psyche), 영혼(sprits)에 전적으로 관여한다"(p. 121). 비칼프주의(Non-Kalffian) 모래상자치료사들은 "속도를 늦추는 과정이나 확충 작업"을 가능하게 하도록 특별히 선택된 질문과 반영적 진술을 통해 내담자의 과정을 인위적으로 연출할 것을 제안한다(Boik & Goodwin, 2000, p. 160).

앞서 모래상자치료는 항상 촉진적인 과정이며 지시하거나 지시하지 않을 수 있다고 설명했다. 구조화된 작업일지라도 내담자가 상담자로부터 안전감과 권한을 부여받았다는 느낌을 받기를 바란다. 이는 내담자가 **여행가이드**(tour guide)가 되어 모래상자를 만드는 여정을 함께 할 때 특히 중요하다.

이를 확장하기 위해 내담자에게 우리를 그들 자신의 세계로 안내해 달라고 요청할 때, 치료사가 유도하는 질문이나 설명은 이 여행, 즉 이러한 여정에서 뒷자리를 차지한다. 카이사르와 로버트(Caesar & Roberts, 1991)는 이 과정에 대해 이야기한다. 치료사의 역할은 내담자와 함께 여행을 떠나는 **관광객**(tourists)의 역할이고, 내담자는 가이드의 역할이라고 설명한다. 이것이 바로 공감의 그림이다. 우리는 내담자가 우리의 세계로 들어오도록 강요하는 것이 아니라 내담자의 세계로 안내하는 관광객이다.

실제로 우리는 내담자 세션과 모래상자교육에서 이 표현을 자주 사용하는데, 내담자가 여행가이드가 되어 우리를 내담자의 모래상자 작품 속으로 안내하는 것이다. 이는 내담자가 자신의 작품을 통해 다른 가족이나 집단 구성원을 안내하는 가족 및 집단모래상자에서 특히 중요하다. 내담자에게 세계나 장면을 만들어 달라고 요청할 때, 모래 속에서 그들의 세계를 탐험하기 시작할 때 내담자가 여행가이드가 되는 것은 당연하다.

은유 사용

우리는 상자의 은유나 이야기 안에서 대화나 토론을 유지하는 것이 필수적이라고 주장한다. 통찰력, 의미, 사고 오류의 식별을 위해 탐구를 피하는 것은 아니지만, 처음에는 테메노스의 장을 제공하고 상징과 은유의 안전성을 증진하는 것이 우선이다. 우리는 모래상자 내담자가 문제에 접근하고 해결하는 데 필요한 치료적, 은유적 거리를 제공하는 데 우선순위를 둔다. 이것이 모래상자치료의 특별한 강점이다.

■ 내담자는 은유적인 모래상자 장면의 안전성을 통해 어려운 문제를 소개할 수 있을 것이다. 그러나 이러한 의사소통 방식의 혜택을 받은 내담자는 모래상자 장면을 단순하게 꾸미고 처리하면서 정서적, 심리적 안전성의 부족으로 인해 동일한 주제를 언어로 소개하지 못할 수도 있다.

■ 내담자가 의식하지 못한 채 치료 재료를 소개할 수 있다. 모래상자를 만드는 동안에만 '숨겨진' 재료가 드러날 수 있다. 치료사가 이를 강요해서는 안 된다는 점에 유의한다. 내담자가 자료를 의식적으로 인식할 준비가 되었을 때를 파악하는 데는 기술이 필요하다. 타이밍은 내담자가 충분한 조절을 계속 유지할 수 있도록 하는 데 매우 중요하다. 신경과학은 교감신경계 상태의 내담자를 돕는 동시에 부교감신경계를 적절히 터치하여 치료 작업을 수행하는 것의 중요성에 대한 통찰력을 제공한다. 내담자와 공명하고 공동 조절을 제공하는 임상가의 능력이 매우 중요하다.

- 인본주의 임상 이론에서는 내담자보다는 모래상자와 그 내용이 논의의 초점이 된다. 내담자에게 초점을 맞추지 않으면 내담자는 자신의 고민을 더 자유롭게 이야기할 수 있다. 내담자의 증상, 진단, 병리에 초점을 맞추지 않을 때 우리는 내담자를 있는 그대로 볼 수 있는데, 더 중요한 것은 내담자가 자신을 볼 수 있다는 것이다.
- 모래상자를 만든 사람이 모래상자에서 무엇을 만들었는지에 대한 통찰은 인지행동 및 해결책 중심의 임상 이론에서 논의의 초점이 되는 경우가 많다. 예를 들어 아들러 치료사는 모래상자 체험을 통해 내담자가 자신의 성격 우선순위에 대한 통찰력을 개발하도록 돕거나 치료의 방향 전환 및 재교육 단계에서 변화를 구현하기 위한 전략을 개발할 수 있다. 해결중심 접근의 임상가는 모래상자를 사용하여 스케일링을 할 수 있다.

실제로 칼프(Kalff, 2003)는 이렇게 제안한다. "우리는 자유롭고 보호된 공간에서 상징의 경험을 다루기 때문에 치료사의 통찰을 아동에게 말로 전달할 필요가 없다"(p. 9). 치료사가 너무 지시적이거나 대립적인 태도를 취하면 투사적이고 표현적인 매체를 사용하는 목적이 무색해진다. 미술치료사 문(Moon, 2015)은 다음과 같이 제안했다.

> 해석적 사건의 궁극적인 결말로 보이는 예술작품에 특정한 진단적 또는 심리적 라벨을 붙이는 것은 내가 이미지 살해(imagicide)라고 묘사하는 것으로 이어진다(Moon, 1990, 1995, 2009). 이미지 살해는 이미지에 다음과 같은 라벨을 붙임으로써 이미지를 의도적으로 죽이는 행위이다. 한 가지로 분류하여 제한하는 것이다. 미술치료사가 상상 살인을 저지르게 되는 동기가 무엇인지 궁금할 수 있다. 미술치료사가 다른 사람들(고용주나 동료)로부터 이미지와 예술작품의 '진정한 의미'를 분석하고 설명하는 '권위자'로 인식되고 싶은 욕구 때문에 이미지 살인이 일어날 수 있을까?" (p. 70)

모래상자치료사가 모래상자와 그 내용에 대한 자신의 견해나 해석을 강요하여 내담자의 해석을 빼앗는 행위는 이 강력한 단어에 해당한다.

동시에, 우리는 내담자의 해석이 치료사의 해석보다 더 중요한 것은 틀림없지만, 모래상자 창작의 깊이와 의미를 완전히 파악하지 못할 수도 있다는 사실을 인정해야 한다. 헌터(Hunter, 1998)는 이를 적절하게 상기시켜 준다.

> 해석은 결코 완벽할 수 없다. 우리는 모래상자에 담긴 모든 것을 이해하지 못할 수도 있다. 그러나 아동이 행동과 이미지에서 말로 대부분의 번역을 해야 하는 언어적 대안보다는 의사소통이 더 명확하다. (p. 29).

이는 모든 연령대의 내담자에게 적용되며 모래상자치료의 깊이를 강조한다.

치료 과정에서 내담자와 대화

의미 확대, 더 큰 의미 반영, 그리고 메타커뮤니케이션은 모두 다양한 임상 이론적 접근법을 사용하는 놀이치료사들이 사용하는 개념이다. 이들 각각은 모래놀이를 처리하는 데 유용할 수 있다. 의미 확대는 비지시적 놀이치료기법으로, 모래상자의 내용이나 은유를 활용한다. 이는 내담자의 의미를 바꾸지 않고 놀이에 대한 더 깊은 이해를 위해 의미를 확장하거나 확대한다. 레이(Ray, 2011)는 더 큰 의미를 반영하는 것이 가장 진보된 아동 중심 기술이라고 말한다. 이 기술을 통해 치료사는 모래상자에서 관찰된 내담자의 패턴을 반영할 수 있다. 모래상자 속 장면을 내담자의 현실 세계와 연결하기 위해 메타커뮤니케이션(Kottman & Meany-Walen, 2018)을 정밀하게 사용한다. 이는 메시지가 수락되거나 거부될 수 있도록 내담자에게 잠정적으로 제공된다. 이러한 상호작용은 종종 통찰력을 촉진하고 치료를 진전시킨다. 이러한 기법과 기술은 모든 연령대의 내담자가 훌륭한 지각 능력이 있지만 종종 해석 능력이 부족할 수 있다는 철학적 관점에 기반한다. 잠정적인 해석에 대해 이야기할 때 주의할 점은 다음과 같다. 치료에는 치료사와 내담자의 고유한 힘의 차이(그리고 아마도 성인과 아동의 힘의 차이도 포함될 수 있음)가 내재되어 있기 때문에, 치료가 목표에 도달했는지 여부에 관계없이 내담자가 이 잠재적 재구성을 받아들일 위험이 항상 존재한다는 점에 유의한다. 이는 의심할 여지없이 우리가 해석을 제공할 때 발생한다!

예를 들어, 어린이는 많은 정보를 받아들이지만 그 정보를 자신의 발달적 관점에서만 해석할 수 있다. 그 결과 자신과 세상에 대한 잘못된 믿음을 내면화하게 된다. 성인도 마찬가지로 정보를 받아들일 때 이전에 형성된 잘못된 신념을 통해 정보를 받아들인다. 아동이든 성인이든 내담자는 일반적으로 도움 없이는 잘못된 신념에 대한 인식을 발전시키지 못한다. 이러한 반응을 활용하는 것이 치료사의 역할이다.

첫 번째 단계는 내담자의 세계로 들어가는 것이다. 여기에는 내담자의 지각에서 내담자의 세계를 이해하는 것이 수반된다. 모래상자치료는 내담자가 자신의 세계를 바라보는 관점으로 우리를 안내한다. 모래상자치료사는 이렇게 이해한 지각을 다시 내담자에게 말로 반영한다. 이러한 이해를 바탕으로 내담자의 지각에 치료사의 내담자 문제의 역동에 대한 지식을 더하여 모래상자치료사는 의미를 확장하여 의미를 만드는 과정을 진행할 수 있다. 이는 많은 내담자가 혼자서는 할 수 없다고 생각하는 일을 촉진한다.

이는 내담자가 자신의 잘못된 믿음이나 왜곡된 사고에 도전하도록 도울 수 있는 문을 열어 준다. 새로운 오해나 왜곡의 출현을 피하기 위해 이전에 가지고 있던 잘못된 믿음이나 왜곡이 강화되는 것을 방지한다. 대신, 치료사가 이러한 반성적 기법과 기술을 사용하여 통찰력을 제공함으로써 잘못된 믿음에 도전하거나 인지적 왜곡에 이의를 제기하는 것이 촉진된다.

다음은 한 가지 예이다. 피해를 당한 내담자는 이러한 트라우마 경험으로 인한 정신 내적 또는 대인관계 손상을 최소화할 수 있다. 아마도 치료를 시작하기 전에 자신의 이야기를 믿은 사람은 거의 없을 것이다. 그들의 이야기가 드러나고 모래상자치료사는 소품에 대한 반응으로 시작하여 이에 대해 언급할 수 있다.

- ■ "'이 소품'이 이런 경험을 했다는 것은 정말 끔찍한 일이다."
- ■ "'이 소품'이 무슨 일이 있었는지 이야기했을 때 아무도 믿지 않았을 것 같다."
- ■ "'이 소품'에게는 너무 끔찍해서 아무에게도 말하지 않은 것 같다."
- ■ "'이 소품'에게 이런 일이 일어나지 말았어야 했다."
- ■ "아무도 이렇게 외로움을 느껴서는 안 된다."
- ■ "누구도 '이 소품'이 겪은 일을 당할 자격이 없다."

은유에서의 예외

　모래상자의 은유에 머무르는 것의 예외는 내담자가 모래상자 장면의 요소와 자신의 삶의 상황을 연결하기 시작하는 경우이다. 이러한 언어적 연결을 하는 내담자는 일반적으로 그렇게 할 준비가 되어 있다. 우리는 내담자가 준비가 되면 그렇게 할 것이라고 믿는다. 상담사가 내담자에게 조급하게 연결을 강요하는 것은 내담자가 성장과 치유를 향해 나아가는 데 방해가 될 수 있다. 치료의 목적이 치료사가 아닌 내담자의 필요를 충족시키는 데 있다는 것에 이의를 제기하는 사람은 거의 없을 것이다. 우리는 이것이 임상 이론과 관계없이 최선의 방법이라고 믿는다. 예를 들어, 아들러의 메타커뮤니케이션은 놀이와 삶의 상황을 연결하는 것이다. 내담자가 이러한 연결을 듣고 인정할 준비가 되어 있는지 항상 주의를 기울인다.

　내담자를 너무 조급하게 밀어붙이지 않도록 주의하는 것 외에도 또 다른 역동 관계를 기억하는 것이 도움이 된다. 내담자는 본질적으로 치료사를 기쁘게 하기를 원하고, 아이들은 본질적으로 어른을 기쁘게 하기를 원한다는 사실을 인지해야 한다. 따라서 내담자는 참을성이 없는 치료사나 아젠다가 있는 치료사가 준비되기 전에 문제를 말로 표현할 수 있다. 모래상자치료사를 위한 간단한 팁 과정을 신뢰한다!

세션 과정

　내담자가 아동, 청소년, 성인이든 관계없이 개별 내담자와의 모래상자치료는 일반적으로 거의 동일하게 진행된다. 물론 적절한 발달적 사항을 고려해야 한다.

어디서부터 시작해야 할까

　한 가지 접근법은 전체적인 관점에서 시작하여 보다 구체적인 초점을 향해 나아가는 것이다. 전체 장면에 대해 이야기하는 것으로 시작하여 다양한 하위 섹션이나 부분으로 이동한 다음 개별 소품과 상자에 있는 다른 품목으로 마무리하는 것이다.

　내담자가 장면을 만드는 동안 서서 움직이며 여전히 서 있는 경우, 내담자에게 앉으라고 제안한다. 이렇게 하면 내담자가 편안해지기를 바라는 마음을 전달한다. 또한 장면에 대해 논의하는 데 시간을 할애하고 싶다는 의사를 전달할 수도 있다. 내담자에게 모래상자의 한쪽 또는 서로 마주보고 앉을 위치를 결정하도록 권유한다. 우리는 장면이 만들어진 쪽, 같은 쪽에 앉는 것을 선호한다. 모든 내담자가 그렇지는 않지만 대부분의 내담자는 장면의 앞면과 뒷면을 쉽게 식별할 수 있도록 제작한다. 그렇다고 해서 섣불리 판단하지 않도록 한다! 불분명한 경우 내담자가 직접 확인하도록 한다. 자리에 앉은 후에는 모래상자를 돌려 모든 각도에서 볼 수 있도록 한다. 모래상자를 움직일 수 없다면 그 주위를 천천히 걷는다. 내담자들은 모래상자를 여러 각도에서 볼 수 있는 기회가 있을 때 뭔가 다른 것을 본다는 말을 자주 한다. 또한 과정을 시작하기 전에 내담자가 원하는 것을 변경하도록 권유한다. 그림의 위치를 바꾸거나 그림을 제거하거나 추가할 수 있다. 다른 사람들은 작업한 결과에 만족한다. 그러나 재정렬을 권유하는 것은 일부 내담자에게 원래의 작품이 정확하지 않거나 적절하지 않다는 것을 전달할 수 있다는 점에 유의한다.

　어떤 내담자는 이야기하면서 모래상자에 있는 물건을 만지거나 집어 들고 싶어

할 것이다. 다른 내담자는 손가락으로 모래를 만지기도 한다. 이러한 모래와의 촉각 접촉은 치료 목적이 있으며 다음과 같은 내담자에게 필요할 수 있다는 점을 기억하라. 즉, 모래상자의 내용에 대해 이야기하는 동안 스스로를 진정(조절)시켜야 하는 내담자에게 필요할 수 있다. 또한 마치 그 장면 위에 보이지 않는 강력한 힘의 장(force-field)이 있는 것처럼 완성된 모래상자의 신성한 공간을 유지해야 한다. 당신은 가리키는 것은 할 수 있지만 건드리지는 않는다. 물론 내담자는 자신의 세계이기 때문에 원하는 것은 무엇이든 할 수 있다.

사례 예시 1

내담자는 40세 여성으로, [그림 6−1]에서 보는 바와 같이 모래상자를 처음 사용했다. 그녀는 모래상자를 도입하기 전에 저자(Homeyer)인 나와 약 40회기 동안 치료를 받았다. 이전 세션에서 몇 가지 미술기법이 사용되었다. 내담자는 혼자 살면서 고립되어 있었고, 자주 자살 충동을 느꼈다. 그녀의 치료는 어린 시절의 성적 학대, 어머니의 죽음(10대 때), 최근 아버지의 죽음(약 2년 전), 성 정체성 문제에 초점을 맞추었다. 대가족이 없는 외동딸인 그녀는 사실상 혼자였다. 그녀는 어린 시절의 몇 년 동안을 기억하지 못한다.

"제목이 뭐죠?"

이 질문은 시작하기 쉬운 질문이다. 내담자가 자신의 장면이나 세계에 부여하는 바로 그 제목은 내담자가 자신을 바라보고 세상과 상호작용하는 방식에 대한 귀중한 통찰력을 제공할 수 있다. 이전 장에서 언급했듯이, 아무리 과묵한 내담자라도 대개는 제목을 생각해 낼 수 있다. '나의 인생'처럼 짧을 수도 있다. 또는 더 길 수도 있다. '나의 인생: 현재 나의 삶과 앞으로의 바람'과 같은 문장이 될 수도 있다.

이 질문을 어떻게 표현하는지가 중요하다. "사진의 제목을 정하시겠습니까?"와 같이 폐쇄적인 질문을 하면 내담자가 "아니요!"라고 대답할 수 있다. 그 대답을 기꺼이 받아들이지 않는다면 좀 더 적절하게 표현한다. 융 심리학의 아동 치료사인 존 알렌(John Allan)은 종종 내담자에게 공유하도록 '초대'하라고 제안했다. 저자

(Homeyer)는 초대를 하는 것이 주는 힘을 좋아한다. 하지만 내담자가 언제든 거절할 수 있다는 점도 주의해야 한다.

"그것에 대해 말해 보세요" 또는 "당신의 세계를 둘러보세요"

이것은 내담자가 글로벌 관점에서 전체 모래상자에 대해 이야기하도록 하는 초대이다. 내담자가 약간의 망설임이나 저항으로 응답한다면 격려를 해 주어야 할 수도 있다. "무슨 뜻인지 모르겠어, 그냥 그림일 뿐이야"라는 반응이 나오면 "그냥 이야기를 지어내면 되겠네"라고 대답할 수 있다. 또는 "당신이 여행가이드이고 내가 방문객이라고 생각해 보세요"라고 대답할 수도 있다. 은유적 의미는 여전히 이야기 속에서 드러날 것이다. 내담자가 최대한 자유롭게 이야기할 수 있도록 허용하고, 촉진적인 반응과 경청하는 기술을 사용하여 내담자가 주의를 기울이며 이해하고 있음을 알린다. 내담자의 이야기가 끝나면 내담자에게 들은 내용을 짧게 요약하여 응답한다.

이 예에서는 내담자가 상자에 대한 전반적인 설명을 할 때 각 섹션을 간략하게 소개했다. 다양한 하위 장면에 대한 논의는 논리적인 다음 단계이다. "이 **장면에서**

그림 6-1 나의 인생

〈표 6-1〉 세션대화: 1부

내담자:	모래상자치료사:
이건 제 삶에 관한 이야기에요. 여기(오른쪽 위 장면을 가리키며)가 지금의 제 모습이에요. 이게 바로 행복한 저예요. (팔을 들고 있는 도널드 덕 소품을 가리키며)	
	당신은 여기서 행복하군요.
네, 그리고 …… 저는 항상 말을 좋아해서 말을 넣었어요. 강은 이쪽과 제 미래를 구분합니다.	음……
군인들은 육군 예비군으로 돌아가고 싶은 나의 희망을 상징합니다.	알겠어요.
	세 가지 장면이 있습니다. 이쪽은 지금 일어나고 있는 일에 대해 기분이 좋은 당신의 현재 모습입니다. (해당 장면을 가리키며) 강
로켓 우주선은…… 음, 저는 항상 탐험하고 싶었고…… 다른 곳으로 가고 싶었습니다.	건너편에는 당신의 미래인 두 장면이 있습니다. 이 장면(군인들을 가리키며)은 예비군으로 돌아가고자 하는 당신의 목표에 관한 것입니다. 다른 하나는 더 먼 미래에 관한 것입니다. 그렇죠?
맞아요.	

무슨 일이 일어나고 있는지 더 말해 주세요"라고 요청한다.

이렇게 하면 내담자는 각 장면에 대해 더 자세히 설명할 수 있는 기회를 갖게 된다. 이는 또한 치료사가 이 과정에 관심을 갖고 투자하고 있음을 전달한다. 하위 장면을 설명하고 묘사하는 동안 내담자는 일부 소품의 의미에 대한 자신의 해석을 제시하기 시작할 수 있지만 그렇지 않은 경우도 있다. 따라서 명확히 하거나 추가 정보를 얻기 위해 질문을 하는 것이 적절하다.

이 과정을 서두를 필요는 없다. 양질의 상호작용이 일어나고 있다면 계속 진행되도록 내버려두면 된다. 상자의 한 부분에 대해 세션의 나머지 시간 동안 심도 있게 논의하는 것은 드문 일이 아니다. 모든 장면에 대한 논의가 끝나면 다음 단계로 넘어가서 구체적인 소품 또는 내담자가 변경하고 싶은 부분에 대해 질문한다. 또는 치료사가 더 깊은 치료 경험을 촉진하기 위해 변경할 수 있는 사항을 제안할 수도 있다.

　내담자는 일반적으로 특정 소품이나 물건을 장면에 배치한 이유를 설명할 수 있다. 위에서 언급했듯이 저자의 내담자는 만화 캐릭터를 자신으로 선택한 이유에 대해 이야기했다. 자신을 만화 같다고 생각해서가 아니라(긍정적인 자아상을 가지려면 아직 갈 길이 멀지만) 승리자의 자세 때문이었다. 그녀는 처음에 자신의 장면에 소원 우물을 배치한 이유에 대해 "단지 그 모양이 마음에 들었기 때문"이라고 말했다. 그 장면에 대해 이야기하고 나서야 그녀는 상담에서 자신의 어두운 과거를 어떻게 다루고 있는지를 표현한 것이 "마음에 와닿았다"고 말했다. 이는 내담자들이 흔히 겪는 경험이다. 처음에는 어떤 소품이 그 장면에 있어야 한다는 것을 '그냥' 알고 있다. 나중에 장면에 대해 이야기하면서 그 소품의 특별한 의미에 대해 스스로도 놀라게 된다. 세션 후반에 장면의 내용에 대해 대부분 이야기한 후 나는 강에 대해 물었다. 처음에 나는 상자의 구성이 강을 사이에 두고 두 개의 반으로 나뉘고 각 반에는 두 개의 장면이 있다고 생각했다. 실제로는 다섯 개의 장면이 있다. 강도 하나의 장면이다. 그녀는 강에 대해 이야기하지 않았기 때문에 나는 그녀에게 다음과 같은 질문을 했다.

저기…… (강에 있는 상어를 가리키며) 그것에 대해 말해 봐요.

〈표 6-2〉 세션대화: 2부

내담자:	모래상자치료사:
티피는 내 집이에요. 제가 정말 갖고 싶었던 집이 없어서 저걸 골랐어요. 그리고 이건 나야. (팔을 든 도널드 덕)	
	그녀가 서 있는 자세에 대해 말해 주세요. (도널드를 선택했지만 내담자가 여성으로 식별되므로 '그녀'를 사용했습니다.)

승리의 자세 같네요.	
	그녀는 자신에 대해 꽤 기분이 좋군요. 그녀는 자신이 이긴 것 같다고 느낍니다! (제가 그녀를 바라보며 약간 수줍은 듯 미소를 짓습니다.)
네, 기분 좋네요! (양털 같은 미소가 활짝 웃는 미소로 바뀝니다.)	
우리가 여기서 하는 것과 비슷해요. (그녀의 얼굴이 냉정해집니다.) 양동이를 아래로 내리면 시커멓고 기름지고 냄새나는 것들이 가득 차서 다시 올라오죠. 그걸 다 부어버리고 다 사라질 때까지 이야기하죠. 그런 다음 양동이를 다시 내려놓고 더 마시는 거죠.	이걸 말해봐요. (소원 우물을 가리키며) (와우―감동받았어요! 저는 그녀가 시원하고 신선하며 소생하는 물에 대해 이야기할 거라고 생각했는데요. 대신, 그녀의 이미지는 자신의 과거 삶의 사건과 그녀의 '인식 밖'의 일을 다루는 것이었습니다. 소원 우물은 우리가 함께 일한 나머지 기간 동안 강력한 은유로 남았죠.)
	여기서 정말 열심히 일하셨어요. 어려운 일도 마다하지 않았고요.
네, 알아요. (그녀는 수줍은 미소를 지었습니다.)	
	그래서 지금 이렇게 된 거죠. (도널드의 승리의 자세를 가리키며) 말해 봐요. …… (다른 장면으로 넘어갑니다.)

〈표 6-3〉 세션대화: 3부

내담자:	모래상자치료사:
이것(강을 가리키며)이 미래로 가는 데 방해가 되고 있어요.	
그래! 상어가 당신을 죽일 수 있어요!	…… 그리고 상어는? (너무 조용해서 거의 들리지 않습니다.) 도착하기도 전에. (의미 확대 반응)

모래상자 그대로 두기

모래상자 이미지의 지속적인 힘은 앞서 언급했다. 이것이 바로 내담자가 방을 나가기 전에 장면을 해체하지 않는 주된 이유이며, 내담자의 머릿속에 장면을 유지하기 위한 것이다. 와인립(1983)은 이 모래상자 이미지의 중요성을 다음과 같이 강조한다.

> 내담자가 의식적으로 모래상자 이미지를 머릿속에 가지고 있다고 말하는 경우는 드물지 않습니다. 그들은 자신이 만든 그림의 일부에 집중하여 다시 경험하거나 변경하거나, 상상 속의 새로운 그림을 만들어 다음 기회에 현실에서 만들기도 합니다. (p. 52)

앞에서 소개한 내담자는 상자를 만들고 몇 주 후에 흥분한 채로 찾아왔다. "제가 알아냈어요!" 그녀가 말했다. 그녀는 울타리가 쳐진 공간에 말(horse)이 있는 이유를 깨달았다고 말했다. 그녀는 자유로워야 할 말이 주인의 편의를 위해 갇혀 있는 것이 아니라는 사실을 깨달았다고 말했다(이전에는 그 부분에 대해 이렇게 설명했었죠). 이제 그녀는 자신이 강하고 아름다운 동물, 즉 자유롭고 야생적이어야 하는 말이라는 것을 깨달았다. 남성에 의해 부려지며 태우고 그들의 통제하에 있으며, 그들의 편의를 위해 사용되었다. 그녀 역시 남성의 편의(와 강력한 쾌락)를 위해 부려지고(침해당하고), 남성의 통제(강간과 성추행)를 받으며, 창조된 모습 그대로의 자유를 누리지 못했다. 이 통찰은 마침내 그녀에게 화를 낼 수 있는 자유를 주었고, 그녀는 자신에게서 빼앗긴 것에 대해 슬퍼하기 시작했다. 그 세션이 있기 전까지 그녀는 성적 학대와 성폭행이 그녀에게 한 일의 깊이를 완전히 표현할 수 없었다. 말의 은유는 그녀의 고통과 상실을 담고 있었다. 이 날이 내가 모래상자치료의 힘에 반한 날이다.

또 다른 옵션: 과정에 초점 두기

내담자가 상자에 제목을 붙이는 것에서 치료사가 개별 소품에 대해 구체적으로 질문하는 방식으로 전환할 수도 있다. 앞의 예에서 내담자는 매우 체계적인 세계를 가지고 있었다. 그녀가 자신의 세계를 완성했을 때, 분명한 연관성을 가진 특정 장면이 있다는 것이 분명해졌다. 전체적인 접근법은 이러한 유형의 상자에 매우 적합하다.

다른 내담자, 또는 다른 시기의 앞의 내담자는 더 무질서하고 혼란스럽거나 공허한 세계를 구축할 수도 있다. 이러한 모래상자는 전체적인 접근법으로는 쉽게 논의할 수 없다. 다음과 같은 접근법이 더 적절할 수 있다.

과정 초점

1. 내담자에게 상자의 제목을 지정하도록 안내하라.
2. 내담자에게 전체 장면을 설명하도록 안내한다.

   다시 말하지만, 가능한 한 자유로운 이야기를 허용한다. 내담자가 상자에 대한 자신의 이해를 전달할 수 있는 기회를 제공한다. 치료사에게는 혼란스럽거나 텅 빈 장면처럼 보이는 것이 내담자에게는 완전히 다른 의미로 다가올 수 있다.

3. 내담자에게 특정 소품에 대해 이야기하도록 안내하라.

   내담자에게 어떤 소품에 대해 먼저 물어볼지 어떻게 결정하는가? 이것이 핵심적인 질문이다! 앞 장에서 설명한 대로, 치료사는 잠시 시간을 내어 상자에 있는 완성된 장면에 반응한다. 상자에 대한 내담자의 반응을 시작점으로 삼는다.

   1) 어떤 이유에서인지 눈에 띄는 소품이 있는가? 다른 것보다 더 큰가? 더 작은가? 다른 것보다 근접해 있는가? 특이한가? 여기서부터 시작하는 것이 좋다.
   2) 상자에 대해 어떤 반응을 보이는가? 특정 소품이 어떤 감정을 불러일으키

과정 초점

1. 상자 제목 지정하기
2. 전체 상자를 설명하기
3. 구체적인 소품에 대해 이야기하기

나? 이것부터 시작하는 것도 도움이 될 수 있다. (우리 자신의 정서적 반응은 매우 도움이 될 수 있지만, 치료사 자신의 개인적인 정서 상태가 우리 자신의 반응과 해석을 왜곡할 수 있다는 점에 유의한다.)

3) 내담자로부터 어떤 소품 인물이 자신을 대표할 수 있는지 알아내는 것이 도움이 되는 경우가 많지만, 이 질문은 신중하게 하는 것이 좋다. 내담자에게 다음과 같이 묻지 않는 것이 좋다. "여기가 어디예요?" 이는 분명히 내담자가 상자에 자신을 넣었다고 가정하는 것인데, 이는 불공정한 가정일 수 있다. 내담자가 진정한 자기 표현이 아닌 치료사를 만족시키기 위한 그림을 선택하게 될 수 있다. 내담자가 상자에 대해 처음 설명할 때 이 문제를 언급하지 않았다면 간단히 문의하는 것이 더 안전하다. "이 장면에 당신이 등장할 수 있을까요?"

  (1) 임상적으로 적절하고 시기적절하다고 생각되면, 치료사는 "만약 당신이 이 장면에 있었다면, 당신을 표현할 수 있는 소품이 이미 장면에 있거나 아직 선반에 있는 것은 아닌지 궁금합니다"라고 질문할 수 있다.

  (2) 내담자가 이에 대한 정보를 제공하지 않는 경우, 치료사는 어떤 소품이 내담자를 대표한다고 생각해 볼 수 있다. 내담자가 우리의 선택으로 인해 제한을 받거나 낙인찍힌다고 느끼지 않기를 바라기 때문에 이 작업은 매우 신중하게 이루어져야 한다.

4) 내담자에게 상자에 등장하는 다른 인물이 있는지 알아보는 것도 도움이 될 수 있다. 내담자의 파트너, 자녀, 친구, 가해자 등이 자동으로 장면에 포함될 것이라고 가정해서는 안 된다.

5) 어떤 소품이 가장 힘이 있는가? 가장 클 수도 있고 가장 작을 수도 있다. 내담자는 자신만의 다른 통찰력을 가지고 있을 수 있다는 점을 기억하라.

4. 내담자에게 소품이 의미하는 것을 말하도록 안내하라.

  이 장면에 대해 소품은 뭐라고 말할까? 장면에서 그들의 역할은 무엇인가? 다른 소품과의 관계는 무엇인가? 내담자에게는 빈 의자 기법이나 인형극 치료와 유사하게 소품 사이에 대화를 시작하는 것도 도움이 될 수 있다.

5. 소품의 직관적 특성 또는 의미를 말하도록 안내하라.

　소품이 나타내는 상징의 일반적인 의미를 이해하는 것은 치료사에게 가능한 질문의 또 다른 원천을 제공하거나 내담자의 상자에 대한 토론으로 '도약'할 수 있는 장소를 제공한다.

6. 내담자와 소품 및 미디어와의 상호작용하라.

　내담자가 모래상자에서 장면을 만드는 동안 어떤 점을 발견했는가? 결국 사용된 소품을 포함하는 것을 꺼려 하는가? 소품을 만지거나 쓰다듬고, 내려놓기 힘들어 하나? 특정 소품 또는 카테고리를 기피하나?

7. 내담자에게 작업을 진행하도록 권유하라.

　앞서 언급했듯이 어린이(및 일부 성인)는 모래상자에서 장면을 만드는 대신 모래상자에서 놀이를 하는 경우가 많다고 언급했다. 이 과정은 매우 치료적으로 유익할 수 있다. 내담자로부터 "다음에 무슨 일이 일어날지 궁금해요?"라는 말을 들을 수 있다. 또는 "이것(소품)이 이것(다른 소품)과 대화하는 것 같은데 무슨 이야기를 하고 있는 걸까요?"라는 질문을 할 수도 있다.

　두 가지 중요한 참고 사항이 있다. (a) 일부 치료사와 책에서는 장난감과 소품의 상징적 의미를 강조하지만, 이러한 의미를 작품에 강요하는 것은 적절하지 않다. 내담자가 공룡 소품을 여러 개 사용했다는 사실은 최근에 할리우드 영화를 봤다는 것 외에는 다른 의미가 없을 수 있다. (b) 모래상자 안에 있는 미니어처를 만지지 말라. 이는 불필요한 방해 행위이다.

　상자를 보고 서로 이야기 나누는 동안 소품을 가리킬 경우 손가락이 닿지 않도록 주의한다. 다음은 모래상자치료 과정 단계를 통해 내담자와 연결할 수 있는 몇 가지 방법이다. 내담자가 모래상자 장면의 의미를 공유할 수 있는 구조를 제공한다. 또한 치료사에게는 내담자가 더 깊은 의미를 탐색할 수 있도록 도울 수 있는 방법을 제공한다.

사례 예시 2

이 내담자는 13세 남자아이로, 자신의 성적 피해에 대해 자신의 집에 있는 어린 위탁 소녀를 성적으로 학대하여 치료에 의뢰되었다. 그의 부모는 위탁부모였으며, 이러한 상황과 가정 및 학교에서의 행동장애 증가로 인해 저자(Sweeney)에게 치료를 의뢰했다.

사진 속 모래상자에 대해 설명하기 전에, 개별 모래상자가 만들어지기 전에 이 내담자와 관련된 어머니와 아들의 세션에 대해 간략하게 설명하는 것이 도움이 될 수 있다. 나는 가족 전체(아버지, 어머니, 두 아들)를 만나고 싶다고 요청했지만 내담자의 어머니만 (한 번만) 동의했다. 그녀는 본질적으로 아들이 치료받고 나아지기를 원했고, 치료사가 지역 아동 복지 기관에 가족이 다시 위탁 가정이 될 수 있는 '안전'하다는 것을 '인증'하기를 원했다. (말할 필요도 없이, 위탁 딸은 이미 위탁 취소되었다). 여담이지만, 아동을 다시 위탁해도 안전하다는 '인증'은 제공되지 않았다. 내 관점에서의 목표는 안전하고 관계적이며 회복적인 경험을 제공하는 것이었고, 증상 완화가 뒤따를 것이라는 기대가 있었다. 실제로 그렇게 되었지만, 나는 안전이나 위험에 대한 법의학적 평가를 제공할 의향이 없었다.

어머니와 아들이 도착했을 때 나는 두 사람이 함께 상자를 만들자고 제안했다. 상자를 만드는 과정에서 아들이 거미, 뱀, 도마뱀을 상자에 넣거나 허락을 구하는 일이 반복적으로 발생했다. 그때마다 어머니는 안 된다고 말하거나 아들이 놓아둔 상자에서 물건을 치우곤 했다. 어머니는 상자에 신랑과 신부를 놓았고, 아들은 그것이 자신과 아버지를 상징하는지 물었다. 어머니가 그렇다고 대답하자 아들은 곧바로 상자에 탱크를 놓고 신랑과 신부를 '쏴 버렸다'. 이 장면은 여러 번 반복되었다.

이 행위의 은유적 의미는 분명해 보였다. 어머니는 아들이 '해결'되기를 원했고, 가족 간의 역동성에 대해 이야기하고 싶지 않았다. 아들이 "소름 끼치는 것들"(어머니의 표현대로)을 배치한 것은 아들이 자신의 삶에서 추악한 문제들을 처리해야 할 필요성을 은유한 것이며, 어머니가 이러한 것들을 제거한 것은 이러한 어려운 문제에 직면하지 않으려는 그녀의 그림이었다. 이는 상담 전, 상담 중, 상담 후에

그림 6-2 땅의 울림

어머니가 했던 언어적 메시지와 일치했다.

[그림 6-2]의 상자는 이 내담자가 치료의 초기 단계에서 만든 많은 모래상자 작품 중 대표적인 것이다. 여기에는 누구도 이길 수 없는 전투가 포함된다. 이는 의심할 여지없이 내담자가 자신의 상황에 대한 정서적 인식을 반영한 것으로, 실제로는 탈출구가 없다고 느꼈던 큰 갈등의 장소였다. 치료가 계속되면서 전투에서 승리가 나타나고 탈출을 위한 준비가 이루어졌다.

이 내담자의 모래상자 장면에서 매우 선명한 투영이 나타났는데, 이는 이 상자에 반영되어 있다. 이 경우 뱀과 악어라는 두 개의 큰 그림이 있는 것을 알 수 있다. 제4장에서 언급했듯이 모래상자에 불균형적으로 큰 그림을 몇 개 넣는 것이 도움이 될 수 있다. 내담자가 모래상자에서 피해 문제를 탐색할 때, 큰 포식성 생물은 정서적으로(그리고 신체적으로) 압도적인 피해 경험을 효과적으로 은유할 수 있다. 이 내담자는 동네 청소년 두 명에게 성추행을 당한 적이 있었는데, 초기의 대부분의 상자에는 커다란 포식성 동물 두 마리가 그려져 있었다. 치료 과정 후반에 그는 심지어 내가 접수정보에서 이름을 알고 있다는 사실을 모른 채 가해자와 같은 이름을 가진 두 생물체의 이름을 지었다.

"이 장면의 제목은 무엇일까요?"

그가 상자에 붙여 준 제목은 '대지의 럼블'이었다. 이 설명적인 제목은 내담자가 경험한 트라우마에 대한 인식과 감정적 여파를 말해 준다. 그 장면은 지진의 울림을 묘사한다(확실히 통제할 수 없는 경험이었죠). 또한 청소년 갱단의 싸움인 럼블의 갈등도 있다. 이는 본질적으로 내담자가 이웃 청소년들에게 피해를 당했을 때 경험한 것이다.

"여기서 무슨 일이 벌어지고 있는 걸까요?"

내담자는 이 장면을 '미래에서 온 사람들이 중세 시대에서 싸우는 것'이라고 묘사했다. 사진을 보면 현대의 병사와 중세의 기사가 모두 전투에 참여하고 있는 것을 알 수 있다. 현대 무기를 사용하는 현대 병사가 우세해 보이는 상황임에도 불구하고 승자는 없다. 내담자는 자신이 가진 자원이 많았음에도 불구하고 희생당했다는 것을 표현하고 있다. 이는 그가 통제할 수 없는 충격적인 경험이었다.

"당신이 이 장면에 있나요?"

내담자는 뱀과 싸우는 기사가 자신을 상징한다고 말했다. 이 투쟁에서 승리자가 없었다는 것을 상기하면서 내담자는 패배한 전투에서 교전할 수 있는 큰 남근 포식성 생물을 선택했다는 점에 주목한다.

"여기서 가장 강력한 힘을 가진 것은 무엇일까요?"

나는 내담자의 선택을 제한하지 않기 위해 '누구' 대신 '무엇'이라는 단어를 사용하기로 했다. 이 내담자는 악어가 가장 힘이 세다고 답했다. 흥미롭게도 그는 두 포식자 중 하나를 선택했다. 두 포식자 중 하나를 선택했지만 자신이 관여한 포식자는 선택하지 않았다. 내담자는 세션에서 자신의 문제를 비언어적 방식으로 처리할 수 있는 기회를 통해 힘을 얻었다고 느낀다. 하지만 그 의미에 대해 더 깊은 토론에 직접 참여할 준비나 의지가 없다고 느낀다.

다음 상자인 [그림 6-3]은 전투 주제의 연속을 보여 주지만 몇 가지 주목할 만한 차이점이 있다. 두 명의 침입자가 탱크에 탑승한 모습으로 묘사되어 있지만 잘 방어된 요새로 진격하고 있다. 모래상자치료의 주요 장점 중 하나는 놀이의 은유를 통해 내담자가 '관리할 수 없었던' 것을 '관리'할 수 있다는 것이다. 혼돈과 트라우마의 한가운데에 있을 때, 통제력의 결여는 특히 정서적으로 큰 영향을 미친다. 투사적이고 표현적인 매체에 참여할 수 있는 능력은 내담자가 행동 및 정서적 증상을 촉발하는 삶의 경험에서 잃어버린 통제력을 일부 되찾아 치료를 의뢰할 수 있게 해 준다.

"이 장면의 제목은 무엇인가요?"

내담자는 이 상자의 제목을 '요새 방어'라고 지었다. 이전 그림보다 눈에 띄게

그림 6-3 요새 방어

작아지긴 했지만 두 명의 침입자가 존재한다. 이 장면에서 가해자의 힘은 힘이 적고 내담자는 더 큰 방어력을 가지고 있다.

　"여기서 무슨 일이 벌어지고 있는 거죠?"
　내담자는 두 대의 탱크가 어떻게 요새를 공격하려 했는지 설명하기 시작했다. 하지만 요새는 너무 견고하게 방어되어 쓰러져 패배할 수 없었다고 설명했다. 현장에 있느냐고 물었더니, 그는 요새 건물 안에 있었고 이번에는 다치지 않을 것이라고 말했다. 요새 옆에 주차된 헬리콥터가 탈출 수단을 상징적으로 나타낸다는 점이 흥미롭다.
　내담자는 이 상자에서 여러 가지를 표현하고 있다. 앞에서 언급했듯이 그는 학대받는 현실에서 관리할 수 없었던 모래상자의 환상 속에서 '관리'를 시도하고 있다. 그는 또한 자신의 충격적인 경험을 구성할 수 있는 통찰력과 대처 기술의 발달을 보여 주고 있다. 치료 과정이 이러한 방향으로 진행됨에 따라 학교와 가정에서 어머니가 지적한 많은 부정적인 외현화 행동이 가라앉기 시작했다.

또 다른 옵션: 재배치

　모래상자를 만든 후 내담자는 모래상자에서 만든 것을 재배치하거나 변경할 수 있다.
　이는 내담자의 삶에서 필요한 전반적인 변화나 재배치 또는 특정 상황을 처리하여 이 상황에서 안전과 통제를 촉진해야 할 필요성을 반영할 수 있다.
　이러한 재배치는 내담자가 스스로 시작하거나 치료사가 제안하는 방식으로 이루어질 수 있다. 내담자는 소품을 추가하거나 제거할 수 있으며, 이는 창작 과정의 일부로서 당연히 허용된다. 사실, 이것은 창작 과정이 아직 완료되지 않았음을 나타낸다. 내담자가 모래상자 만들기를 완료했다고 표시한 경우에도 변경할 수 있다. 우리는 내담자가 치료 시간이 끝날 때까지 상자를 수정하는 것을 경험했다. 이는 내담자가 보고 말로 논의한 내용을 다시 개념화하고, 다시 생각하고, 다시 상상하면서 내면화된 변화를 반영할 수도 있다. 이것은 내담자가 창조한 것이므로 원하는 만큼 자유롭게 변경할 수 있다는 점을 기억한다!

모래상자치료사는 내담자에게 변경이나 재배치도 선택 사항이라고 제안할 수 있다. 실제로 이는 구조화된 모래상자 개입의 일부가 될 수 있다(제7장 참조). 그러나 내담자가 지각된 비판에 대해 과민하게 반응할 수 있다는 점을 염두에 두는 것이 중요하다(일부 치료사처럼 완벽주의자일 수도 있다……). 어떤 상자에 문제가 있을 수 있다는 암시는 내담자에게 피해를 줄 수 있다. 따라서 내담자에게 자신이 만든 세계가 있는 그대로 받아들여질 수 있다는 것을 전달하는 것이 중요하다. 이는 내담자가 선택할 수 있는 하나의 옵션일 뿐이다. 임상적 직관이나 치료 계획에 따라 내담자에게 이를 제안하는 것은 본질적으로 치료사에게 달려 있다.

내담자가 모래조각 작품을 재배열하기로 선택할 때 고려해야 할 다른 사항도 있다. 첫째, 내담자와 '첫 번째' 모래상자와 '재배열된' 모래상자의 차이점에 대해 대화하는 것이 적절할 수 있다. 두 작품 모두 중요한 의미를 지니고 있으며, 내담자가 재배치하기로 한 선택(및 재배치 과정)도 똑같이 중요한 의미를 지니고 있다는 점을 인식해야 한다. 둘째, 재정렬을 권유하기 전에 내담자가 처음 창작물을 충분히 경험할 수 있는 기회를 빼앗아서는 안 된다. 초기 창작물에 대한 내담자의 정서적 투자에 민감하게 반응하거나 치료 과정에 방해가 되지 않는 한, 재배치 전과 후의 모래상자 사진을 찍어 두는 것이 좋다. 당장은 너무 혼란스러워 보이지만 변경 사항을 메모해 두었다가 세션이 끝난 후 원래의 모래상자를 다시 만들어 본다. 이는 문서화 목적으로 유용하다. 원본 자료와 재배치한 자료의 사진을 찍어 두면 도움이 될 수 있다.

모래상자 과정을 위한 제시어 제공

모래상자 창작물을 치료 과정으로 이끌기 위한 치료사 주도 제시어의 사용에 대해 앞에서 설명했다. 이전 장과 다음 장에서는 창작 과정을 시작하고 내담자가 만든 작품을 치료적으로 이끌 수 있는 다양한 제시어에 대해 설명한다. 앞서 언급했듯이 부록 B에서 더 구체적인 제시어를 제공한다.

상자를 만들 때 제시어가 거의 필요하지 않은 내담자와 치료사의 도움을 거의 받지 않고도 자신의 이야기를 하고 자기 발견에 참여할 수 있는 내담자가 있다. 이는 항상 양쪽 모두에게 보람 있는 일이다! 그러나 모래상자치료사는 촉진자가 될 준비가 되어 있어야 하며, 여기에는 종종 제시어를 제공하고, 내담자에게 영감을 주고 동기를 부여하는 것도 포함된다. 여기서는 몇 가지 예를 들어 보겠다.

- 당신이 만든 이 세상에서 안전하다고 느끼기 위해 무엇을 더하거나 뺄 수 있을까?
- 우리는 이 상자에서 수치심에 대해 이야기했다. 자기 용서에 대해서는 다루지 않은 것 같다. 상자에 이걸 추가하거나 새 상자를 만든다면 어떤 소품을 사용하여 용서를 바라볼 수 있을까?
- 상자의 이쪽은 균형이 잡혀 있지만, 이쪽은 그렇지 않다. 이쪽에 균형을 맞출 수 있다면 무엇을 추가하거나 제거할 수 있을까?
- 자신을 표현하기 위해 이(소품)를 가리키며 이것(소품)이 얼마나 무력한지 혹은 어떻게 느껴지는지에 대해 이야기했다. 이 소품 옆에(또는 둘러싸고) 더 강한 느낌을 주기 위해 몇 가지 그림을 추가할 수 있다면 어떤 그림이 있을까?
- 상자에서 외로움이라는 주제가 느껴진다. 불가능해 보이더라도 여러분(또는 소품)이 덜 외롭다고 느끼도록(또는 더 지지받는다고 느끼도록) 어떤 변화를 줄 수 있을까?

진행 상황 및 준비 상태 평가 종료

모래상자치료의 진행 상황 평가는 치료사가 모래상자 과정을 추가로 입력한다는 점을 제외하면 다른 치료 방식과 본질적으로 유사하다. 이는 증상의 호전을 넘어 정신 내적 갈등의 해결까지 살펴보는 것이 중요하다.

모래상자치료 과정에는 종종 분명한 발달적 진전이 있다. 앨런(1988)은 아동과 함께 하는 모래상자치료 과정의 일반적인 단계를 설명하며, 이는 모든 내담자의 진행 상황을 평가하는 데 도움이 된다고 믿는다. 첫 번째 단계는 혼돈으로, 내담자는 모래 속에 소품을 의도적으로 선택하지 않고 버리는 경우가 많다. 모래에서 드러나는 혼돈은 내담자의 삶의 혼돈과 정서적 혼란을 반영할 수 있다. 대부분의 결혼 및 가족 치료사들은 상담 과정에서 가족과 커플이 문제를 '쏟아붓는' 것에 대해 잘 알고 있다(종종 상담이 끝날 무렵에!).

다음으로 설명하는 단계는 투쟁으로, 이 단계에서는 명백하거나 은밀한 갈등, 종종 '전투' 장면이 있을 수 있다. 이 창작 과정의 초반에는 싸움을 벌이는 양쪽(또는 그 이상)이 서로를 전멸시키는 장면이 자주 등장한다. 다시 말해, 세계는 승산이 없는 상황을 묘사한다. 한 쪽이 이긴 것처럼 보이지만(예를 들어, 자기 주장이 강하고 순응적인 파트너에 대한 지배적인 파트너), 실제로는 이기는 상황이 아니라 지는 상황이다. 모래상자치료의 초기 단계에서 이러한 싸움이나 사고에서 살아남는 사람은 아무도 없다는 것을 우리는 종종 발견했다. 이는 아동과 성인 내담자 모두에게 해당된다.

긍정적인 진전이 있고 관계와 소통을 구축하는 과정을 거치면 모래상자치료는 앨런이 해결 단계라고 설명하는 세 번째 단계로 넘어가는데, 이 단계에서는 삶이 '정상으로 돌아가는' 것처럼 보이거나 적어도 더 견딜 수 있고 사람이 살 수 있는 수준으로 회복되는 것처럼 보인다. 상자에는 더 많은 질서와 균형이 있으며, 소품은 의도적으로 선택되고 신중하게 배치된다. 내담자는 상자에 담긴 자신의 모습을 보며 종종 도움이 되고 평등한 역할을 맡게 된다. 이는 일반적으로 외부의 긍정적인 보고가 확인되면 치료를 종료하는 것이 적절하다는 신호이다.

치료 경과를 평가할 때 모래상자치료 내적 문제와 세션 외적 문제를 모두 평가하는 것은 필수적이다. 세션에서 모래상자 구성 및 처리와 관련하여 고려해야 할 몇 가지 질문은 다음과 같다.

- 모래상자가 의존성을 줄이고 자율성을 더 많이 반영하는가?
- 치료에서 언어 표현의 양과 질이 증가했는가? (이런 일이 자주 발생하지만 반드시 일어날 필요는 없다.)
- 내담자의 언어 사용량이 증가했는가?
- 내담자가 더 큰 통찰력과 내적 자기 평가 감각을 개발하고 있다는 증거가 있는가?
- 소품이 더 높은 수준의 목적의식, 숙고, 질서를 가지고 배치되었는가?
- 내담자가 모래상자에서 자기, 타인, 주제, 은유를 더 쉽게 식별할 수 있는가?
- 모래상자 과정에 대한 내담자의 정서적 반응이 더 예측 가능하고 일치하는가?
- 내담자의 모래상자에 대한 치료자의 정서적 반응이 합리적이고 내담자와 일치하는가?
- 모래에 묻힌 물건이 없거나 최소한으로 사용되는가?
- 장벽(예: 울타리, 벽 등)이 적절하게 사용되었는가?(경직되거나 확산된 경계가 아닌 건강한 경계를 반영하는가)
- 장벽이 적절하게 사용되었는가?

진행 상황을 평가할 때는 모래상자치료실 내부와 외부 모두에서 지표를 확인해야 한다. 치료실과 가정, 직장, 학교에서의 독립성 수준이 높아지는 것을 기대해야 한다. 또한 내담자의 삶에서 보다 전체적이고 일반화된 변화를 기대해야 한다. 스위니(1997)는 모래놀이치료에도 적용될 수 있고 치료 환경을 넘어 일반화될 수 있는 내담자의 삶에서 나타나는 몇 가지 변화를 제안했다.

- 문제 해결 능력 증가
- 언어 표현력 증가 (치료사의 목표가 되어서는 안되지만)
- 실험과 탐험에 대한 의지 증가
- 자존감 및 자신감 증가와 그에 따른 수치심 및 자기 비하 감소
- 불안과 우울감 감소

■사물을 정리하고 질서를 잡는 능력 증가 및 그에 따른 감소

■혼란스러운 사고 및 행동

■감정 표현 능력 및 타인의 감정 표현을 용인하는 능력 증가

■공격성 감소

■대결에 대한 두려움 감소 및 그에 따른 협상 의지 증가

■양육을 주고받으려는 의지 증가

■좌절에 대한 내성 증가

■도움을 구하려는 의지 증가

■의사결정 능력 향상

■이야기, 예술 작품 등 창의적 표현의 변화 (p. 146)

이전 장에서 언급했듯이, 치료가 진행되는 동안 완성된 상자의 그림을 검토하면서 내담자의 진행 상황을 검토하는 것은 유익할 수 있다. 이 작업은 치료사의 태블릿이나 노트북을 통해 할 수 있다. 주제와 은유에 대해 논의하고 치료 경험 전반에 걸쳐 이러한 주제와 은유의 변화를 논의할 수 있다. 이 검토 과정에서 내담자가 자주 보여 주는 통찰력은 놀랍다. 이는 종결에 대한 준비 상태를 평가하고 내담자와 치료 과정을 마무리하는 방법이 될 수 있다.

맺음말

자기 주도적 표현을 위한 환경을 조성하고 지지적인 중인이 될 수 있는 기회를 제공한다는 점에서 모래상자가 자유롭고 보호받는 공간에 초점을 맞추는 것을 전적으로 지지한다. 브래드웨이와 맥카드(Bradway & McCoard, 1997)가 이를 잘 요약하고 있다.

모래놀이는 실제로 내담자의 자기 치유를 기반으로 한다. 상처, 자유롭고 보

호받는 장소. 공감하는 목격자가 주어지면 자기 치유 과정이 시작될 수 있다. 치유는 그 과정에 대한 이론적 해석이 아니라 그 과정을 경험하는 것이다. (p. 49)

따라서 모래상자치료사는 모래상자 창작물을 처리할 때 질문보다는 성찰적인 태도를 취하는 것이 좋다. 표현적 개입의 뚜렷한 장점은 내담자가 비언어적 개입을 통해 자신을 표현할 수 있다는 것이므로 본질적으로 인지적 반응을 요구하는 질문을 통해 내담자를 다시 언어화하도록 유도하지 않는 것이 중요하다. 따라서 질문을 반영적 진술로 바꿀 수 있다면 모래상자치료의 근본적인 목적과 근거 중 하나를 유지할 수 있다. 그러나 말처럼 쉽지는 않다!

모래놀이는 실제로 내담자의 자기 치유에 기반한다. 내담자. 상처. 자유롭고 보호받는 장소. 공감하는 목격자가 주어지면 자기 치유 과정이 시작될 수 있다. 치유는 과정에 대한 이론적 해석이 아니라 그 과정을 경험하는 것이다.

Kay Bradway & Barbara McCoard

참고문헌

Allan, J. (1988). *Inscapes of the child's world: Jungian counseling in schools and clinics*. Spring Publications, Inc.

Ammann, R. (1991). *Healing and transformation in sandplay: Creative processes become visible*. Open Court Publishing.

Armstrong, S. A. (2008). *Sandtray therapy: A humanistic approach*. Ludic Press.

Badenoch, B. (2008). *Being a brain-wise therapist*. W. W. Norton.

Boik, B. L., & Goodwin, E. A. (2000). *Sandplay therapy: A step-by-step manual for psychotherapists of diverse orientations*. Norton.

Bradway, K., & McCoard, B. (1997). *Sandplay: Silent workshop of the psyche*. Routledge/Taylor & Francis.

Caesar, P. L., & Roberts, M. (1991). A conversational journey with clients and helpers: Therapist as tourist, not tour guide. *Journal of Strategic & Systemic Therapies, 10*(3-4), 38-51.

Hunter, L. (1998). *Images of resiliency: Troubled children create healing stories in the language of sandplay*. Behavioral Communications Institute.

Jung, C. G. (1977). *Symbols of transformation*. Princeton University Press.

Kalff, D. (2003). *Sandplay: A psychotherapeutic approach to the psyche*. Temenos

Press.

Kottman, T., & Meany-Walen, K. K. (2018). *Doing play therapy*. Guilford.

Mitchell, R. R., & Friedman, H. S. (1994). *Sandplay: Past, present and future*. Routledge/Taylor & Francis.

Moon, B. (2015). *Ethical issues in art therapy*(3rd ed.). Charles C. Thomas Publisher.

Ray, D. (2011). *Advanced play therapy*. Routledge.

Sweeney, D. (1997). *Counseling children through the world of play*. Tyndale House Publishers.

Sweeney, D., Minnix, G., & Homeyer, L. (2003). Using the sandtray for lifestyle analysis. *Journal of Individual Psychology, 59*(4), 376–387.

Sweeney, D., & Rocha, S. (2000). Using play therapy to assess family dynamics. In R. Watts (Ed.), *Techniques in marriage and family counseling, Volume 1*(pp. 33–47). American Counseling Association.

Timm, N., & Garza, Y. (2017). Beyond the miniatures: Using Gestalt theory in sandtray processing. *Gestalt Review, 21*(1), 44–55.

Weinrib, E. (1983). *Images of self: The sandplay therapy process*. Sigo Press.

제 7 장

다양한 접근법 및 기법과 모래상자치료를 통합하기

<big>앞</big> 서 언급한 모래상자치료의 흥미로운 측면 중 하나는 이론과 기술을 넘나든다는 점이다. 대부분 언어에 기반을 둔 심리치료적 접근법의 거의 모든 개입을 모래상자치료에 적용할 수 있다는 것이 우리의 경험이다. 몇 년 전에 저술한 다른 책(Homeyer & Sweeney, 2017)에서도 이에 대해 요약한 바 있다.

> 모래상자치료는 매우 적응적이고 유연하다는 면에서 독특하면서도 인상적인 특성을 지닌 표현적 기법이다. 모래상자치료는 다양한 이론적, 기술적 심리 치료 접근법을 통합할 수 있다. 모래상자치료는 지시적이거나 비지시적일 수 있고, 완전히 비언어적이거나 혹은 언어적 도움을 받을 수 있다. 또한 다양한 상담 접근법의 기법을 통합할 수도 있다. 따라서 모래상자치료는 진정한 의미의 교차 이론적 개입이다. (p. 328)

모래상자치료의 주요 이점은 표현적이고 투사적인 특성으로 인한 심리 내적 및 대인관계적 안전함에 있다. "안전함이 곧 치료"(Porges, 2018, p. ix)라는 점을 기억하라. 새로운 기법과 기존 기법을 모두 모래상자 과정에 적용할 수 있는 큰 잠재

종종 손은 지성이 헛되이 씨름한 수수께끼를 푸는 방법을 알고 있다.

Carl Jung

력이 있다. 칼 융(Carl Jung, 1960)은 모래상자치료에 반영해야 할 분명한 지침을 제시한다. "종종 손은 지성이 헛되이 씨름한 수수께끼를 푸는 방법을 알고 있다" (p. 72). 실제로 모래상자치료의 표현적, 투사적 요소에서 생성되는 바로 그 안전함은 그러한 적용에 적합하다. 내담자의 정신적 발달 수준을 존중하는 것이 여전히 중요하며, 내담자에게 통찰을 제공하고 변화를 촉진하기 위해 다양한 구조화된 치료 기법을 사용할 수 있다.

모래상자와 해결중심(SF) 개입과 같은 구조화된 기법을 결합하는 것은 어울리지 않는 것처럼 보일 수 있다. 하지만 우리는 이것이 자연스러운 조합이며 뛰어난 잠재력을 가지고 있다고 주장한다. 인지 및 SF 기법은 종종 인지 및 추상적 사고와 관련된 반응, 즉 기본적으로 언어적 반응을 요구한다. 이러한 개입은 언어적 반응을 요구하지 않는 표현적 개입과 결합하면 잠재적으로 더 폭넓게 적용될 수 있다. 인지·행동 이론과 SF 이론 모두 점점 더 정서적 요소를 내담자의 변화에 대한 믿음에 통합하고 있다. 이는 또한 모래상자치료의 효과적인 사용을 더욱 강조한다.

기존 및 개발 중인 기법만큼이나 많은 다양한 적용이 가능하다. 이 장에서는 독자들이 모래상자치료사로서 타고난 창의력을 발휘하여 더 많은 것을 개발하기를 바라며 몇 가지를 고려할 것이다. 독자들에게 새로운 기법과 사례개념화(이론) 및 치료 과정에 대한 이해와 내담자에게 유익했던 기존 연구와의 통합을 상기시키려고 한다. 물론 치료사는 모래상자치료에 대한교육과 감독·상담 외에도 다음과 같은 이론과 개입에 대한 교육을 받아야 한다.

합리적 정서 행동 치료(REBT)

REBT는 정서적, 행동적, 관계적 문제는 사건이 아니라 사건에 대한 내담자의 인식에서 비롯된다는 접근법을 취한다. 따라서 REBT의 초점은 내담자가 가지고 있는 비합리적인 신념에 있다(Ellis, 2008). 엘리스(Ellis)가 개발한 고전적인 모델은

A-B-C 모델이며, 나중에 A-B-C-D-E로 확장되었다. 본질적으로, 활성화 사건이 정서적 또는 행동적 결과를 유발하는 것이 아니라 그 사람이 가지고 있는 신념이 인과적 요인이라는 것이다.

따라서 개입은 비합리적인 신념에 이의를 제기하여 부정적인 결과를 줄이거나 없애는 효과를 얻는 것이다. 이것은 일반적으로 언어적 치료 과정이다. 그러나 이는 모래상자치료 과정에도 적용할 수 있다.

- A (이벤트 활성화): "당신을 화나게 했던 상황에 대해 모래상자를 만들어 보세요."
- B (신념): "이 상황에 대해 스스로에게 한 말에 대해 모래상자로 만들어 보세요."
- C (결과): "이 분노가 어떤 것인지 상자에서 보여 주세요."
- D (논쟁): "다른 대응 방법이 있을까요? 자신의 화난 생각을 살펴보세요. 그런 다음 상황을 바라보는 다른 방법을 모래상자로 만들어 보세요."
- E (효과): "당신이 선호하는 반응 방식은 무엇인가요? 어떤 모습일지 상자로 만들어 보세요. 만약 당신이 바꿀 수 있는 것이 있다면, 무엇을 기대하거나 받아들이시겠습니까? 어떤 모습일지 상자로 만들어 보세요."

모래상자는 여러 개의 개별 상자로 구성할 수도 있고, 하나의 상자에서 장면이 바뀌면서 계속 이어질 수도 있다. A-B-C-D-E 과정을 말로 설명하는 데 어려움을 겪는 내담자에게는 모래상자가 효과적인 대안이 될 수 있다.

표현적 개입과 함께 REBT를 사용하는 것이 파격적으로 보일 수 있지만, 전례가 없는 것은 아니다. 로간치 등(Roghanchi et al., 2013)은 소규모 연구에서 다음과 같이 보고했다.

> 이 연구의 결과는 집단상담을 통한 REBT 개입과 미술치료를 병행함으로써 자존감과 회복 탄력성을 높일 수 있음을 보여 주었다…… [그리고] REBT 개입과 미술치료를 병행하는 것이 대학생의 자존감과 회복 탄력성을 높이기 위한 개입 도구로 유용하다는 것을 보여 주었다. (pp. 182-183)

나르디(Nardi, 1986)는 드라마 치료와 합리적 정서치료의 조합에 대해 논의했다. 오스트(Aust, 1984)는 합리적 정서치료와 상호 스토리텔링 및 비지시적 놀이치료를 결합한 학교 기반 정신건강 치료에 대해 논의했다.

'고통에서 벗어나기' 기법

밀스와 크롤리(Mills & Crowley, 1986)는 '고통에서 벗어나기' 기법이라는 세 부분으로 구성된 미술 개입을 제안했다. 이들은 아동 내담자에게 세 가지 그림을 그리게 했다. 즉, (1) 고통의 그림, (2) 고통이 '모두 나아진' 그림, (3) 1번 그림이 2번 그림으로 바뀌는 데 도움이 되는 그림이다. 이 방법은 성인을 대상으로 하는 모래상자치료, 특히 미술적 능력에 자신이 없는 내담자를 위해 적절히 응용할 수 있다.

내담자는 미술 기법의 지침에 따라 세 개의 모래상자를 만들어야 한다. 내담자가 하나의 상자에서 세 가지 섹션을 할 수도 있지만, 개별 상자를 분리하여 제공하는 것이 더 도움이 된다는 것을 알게 되었다(다양한 상자에 대한 제3장 참조). 이렇게 하면 분리되어 안전성을 높일 수 있다. 스위니(Sweeney)는 10인치 크기의 정사각형 나무 상자를 사용한다. 모든 연령대의 내담자와 함께 사용할 수 있는 이 상자는 내담자가 고통을 투사하고 삶이 실제로 나아질 수 있다는 것을 고려하도록 돕는다. 밀스와 크롤리(1986)는 몇 가지 이점을 설명한다.

첫째, 아동으로 하여금 고통을 종이에 이미지로 변환하여 아이가 고통에서 분리되도록 도와준다⋯⋯. 둘째, 고통에 가시적인 이미지를 부여하면 아이는 자신이 무엇을 다루고 있는지, 즉 미지의 영역에서 알려진 영역으로 이동하고 있다는 느낌을 받게 된다⋯⋯. 그림의 세 번째 목적은 감각 체계의 전환을 촉진하는 데 도움이 된다⋯⋯. 고통이 어떻게 생겼는지 그리면 주의력을 분산시키고 유용한 자원을 풍부하게 제공하는 뇌의 다른 부분을 활성화하는 데 도움이 된다. 그림의 네 번째 목적은 강력한 암시이다. 치료자는 아동에게 고통이 '모두 나아진' 모

습을 그리도록 요구함으로써 '모두 나아진' 것이 실제로 존재한다는 것을 암시한다. (pp. 178-179)

해결중심 상담

해결중심(SF) 치료는 내담자 자신의 강점에 초점을 맞추는 구성주의 및 포스트구조주의적 접근법이다. 내담자가 스스로 목표를 설정하고 달성할 수 있으며 내담자의 희망을 기반으로 구축할 수 있을 것으로 기대한다(De Jong & Berg, 2013). 해결중심(SF) 기법은 모래상자치료 과정에도 잘 적용될 수 있다(Hartwig, 2021; Nims, 2007; Taylor, 2009; 2015).

테일러(Taylor, 2015)는 이렇게 주장한다.

해결중심(SF) 치료와 모래상자치료를 통합함으로써 내담자는 운동감각의 3차원 영역에서 자신의 우려를 표현하고, 가능성을 보고 놀이를 하고, 개인적 및 상황적 자원을 기록하고, 목표에 도달한 장소와 시간에 자신을 미래로 투사할 수 있는 역동적인 의사소통 장치를 제공받게 된다. (p. 150)

모래상자에서 사용할 수 있는 특정 해결중심(SF) 지시 기법은 내담자가 현재의 고통 너머의 세계뿐만 아니라 선택지를 개념화하는 데 도움이 되는 해결중심(SF) '기적 질문'(de Shazer, 1988)을 간단하게 적용하는 것이다.

일반적으로는 다음과 같이 생각할 수 있다. "내일 아침에 일어났는데 밤중에 기적이 일어나서 오늘 당신을 여기까지 오게 한 문제가 해결되었다면, 그런 일이 일어났다는 것을 어떻게 알 수 있을까요? 어떤 모습일까요?" 이 질문은 현재 직면한 문제의 부재뿐만 아니라 긍정적이고 이상적인 미래를 상상하는 데에도 초점을 맞춘 멋진 질문이다. 그러나 많은 구조화된 기법과 마찬가지로 기적 질문은 상당히 추상적인 사고를 요구하기 때문에 일부 내담자는 말로 표현하기 어려울 수 있다.

따라서 이렇게 간단하게 적용할 수 있다.

> 내일 아침에 일어났는데 밤새 기적이 일어나서 오늘 당신을 여기까지 오게 한 문제가 해결된다면 어떤 모습일까요? 이런 일이 일어났다는 사실을 안다면 모래 상자에서 당신의 모습은 어떨까요?

모래상자에 사용할 수 있는 몇 가지 다른 해결중심(SF) 질문도 있다(de Shazer & Dolan, 2007). 치료사는 내담자에게 말로 답을 요구하는 대신 모래상자를 만들어 답을 묘사하도록 요청할 수 있다. 그런 다음 프롬프트로 사용할 수 있는 몇 가지 가능성은 다음과 같다.

- "지난번에 문제가 되지 않았을 때의 상자를 만들어 볼까요?"
- "이 문제는 훨씬 더 큰 문제가 될 수도 있었어요. 문제가 더 커지지 않도록 어떻게 했는지 상자에 보여 주세요."
- "누군가 당신에 관한 영화를 만든다면, 이 문제를 해결한 후 이 영화에서 일시 정지 버튼을 누르면 어떤 모습이 될지 상자를 만들어 주세요."
- "이 문제가 해결되고 나면 어떤 미래가 펼쳐질 것 같나요? 어떤 모습일지 모래상자에서 보여 주세요."
- "이 문제가 해결되었는지 어떻게 알 수 있나요? 여러분이 만든 장면을 변경하여 어떻게 달라질 수 있는지 모래상자에서 보여 주세요."
- "지난 한 주 동안 [다투기, 우울해지기, 행동하지 않기]를 선택한 날은 어땠나요? 이에 대한 상자를 만들어 보세요."
- "지난 한 주 동안 [다투기, 우울해지기, 행동하기]를 선택한 날은 어땠나요? 어떻게 다르게 행동하고 싶은지 상자에 표현해 주세요."
- "아무 문제가 없는 것처럼 '행동'한다면 어떤 일을 할 수 있을지 상자에 표현해 보세요. 어떤 모습일까요?"
- "지금보다 조금 더 잘 대처했을 때는 어떤 모습이었나요? 그걸 상자로 만들어

주시겠어요? 그 때로 돌아가려면 어떻게 해야 할지에 대해서 상자를 만들어 주실 수 있나요?"

■ "이 여정을 마치고 누군가 당신에게 승리의 퍼레이드를 열어준다면, 그 퍼레이드가 어떤 모습일지 상자로 만들 수 있나요?"

■ "만약 당신의 파트너 · 친구 · 가족이 여기 와서 당신에 대한 상자를 만든다면 어떤 모습일까요?"

■ "내가 당신을 묘사하기 위해 모래상자를 만든다면 어떤 상자를 만들까요? 어떤 것을 만들 수 있는지 보여 주세요."

■ "자신을 상징하는 소품과 상담을 받게 된 어려움을 상징하는 소품을 각각 하나씩 고른다면 어떤 것일까요? 어려움을 표현하기 위해 선택한 소품을 극복하는데 필요한 것을 표현하기 위해 하나 이상의 소품을 선택한다면, 이것들은 무엇일까요?"

■ "일이 올바른 방향으로 나아가고 있다면 어떤 모습일까요? 누가 가장 먼저 알아차릴까요? 이 사람을 표현하기 위해 어떤 소품을 선택하시겠어요? 그것을 상자에 배치한 다음, 상자의 장면을 완성하세요."

■ "지금 일어나고 있는 일 중 계속 일어나기를 바라는 일을 상자로 만들어 보세요. 이 일이 더 많이 일어나도록 하기 위해 상자에 무엇을 추가할 수 있을까요?"

■ "나(치료사)를 대변할 소품을 고른다면, 그리고 내가 어떻게 도울 수 있는지, 또는 내가 하던 일을 바꿀 수 있는지, 어떤 소품을 선택하시겠어요?"

이 외에도 많은 질문이 있을 수 있으며, 이러한 질문은 내담자가 구두로 대답할 수 있는 질문이라는 것을 알고 있다. 하지만 모래상자치료의 시각적, 운동 감각적 효과는 이러한 내담자에게 더 깊은 수준에서 영향을 미칠 수 있다. 또한 구두로 답변하는 데 어려움을 겪는 내담자나 답변이 짧거나, 단순하거나, 피상적인 내담자에게는 모래상자치료가 반응과 과정을 위한 대안적인 장을 제공한다.

동기강화 상담

동기강화 상담(Motivation Interview: MI)은 변화에 대한 동기를 구축하고 강화하기 위한 내담자 중심의 치료 방법으로, 양가감정을 해결하는 데 중점을 둔다(Miller & Rollnick, 2013). 양가감정이란 모순되거나 상충되는 두 가지 활동에 동시에 몰두하려는 성향으로 인해 불확실하거나 결정을 내리지 못하는 상태를 말한다. MI 프로세스에는 (1) 공감 표현하기, (2) 불일치 개발하기, (3) 저항에 대처하기, (4) 자기 효능감 지원하기 등 네 가지 일반 원칙이 있다(Miller & Rollnick, 2002 참조). 치료 과정에서 언어적으로 참여하는 것이 어려운 내담자들에게 모래상자 소품을 가지고 공감을 표현하고, 불일치에 초점을 맞추고, 저항에 대처하고, 자기 효능감을 지원한 후에는 내담자에게 있어서 언어적 표현의 전환이 가능할 것인가? 보이드-프랭클린 등(Boyd-Franklin et al., 2013)은 많은 내담자가 자신의 행동에 수치심을 느끼지만 MI는 수치심을 주는 접근법을 피한다고 주장하며 다음과 같이 제안한다. "불일치를 개발하는 과정은 각 사람 안에는 변화를 원하는 부분과 그렇지 않은 부분이 있다는 것을 인식하는 것이다"(p. 119). 이러한 양면성을 존중하는 MI의 조합은 모래상자치료가 제공하는 치료적 효과와 잘 부합한다.

밀러와 롤닉(Miller & Rollnick, 2013)은 MI 적용에서 몇 가지 질문을 제안한다.

1. "왜 이런 변화를 원하시나요?"
2. "성공하려면 어떻게 해야 할까요?"
3. "일을 해야 하는 가장 좋은 이유 세 가지는 무엇인가요?"
4. "이러한 변화가 얼마나 중요하며, 그 이유는 무엇인가요?"
5. "그래서 어떻게 하실 건가요?" (p. 11)

이러한 질문은 모래상자 소품에게 던질 수 있다. 예를 들어, 내담자가 자신을 상징하는 소품을 선택한 후(또는 자신을 상징하는 것이 너무 위협적일 경우 다른 사람일 수도 있음) 모래상자치료사는 내담자에게 다음과 같이 질문할 수 있다. "왜 (이 소품은) 이런 변화를 원할까요?" "또는 (이 소품은) 어떻게 하면 이런 변화에 성공할 수 있을까요?"라고 질문한다.

표현치료와 MI의 사용은 이미 미술치료에서 실행되고 있다. 팔머(Palmer, 2014)는 미술치료를 통해 MI가 해결하고자 하는 양면성을 촉진할 수 있다고 제안한다.

> 미술치료에서는 은유와 미술 기반 기법을 통해 변화에 대한 준비성, 양면성, 저항을 평가하고 창의적으로 접근할 수 있다. 미술 제작은 저항을 극복하고 양면성을 이해하며 치료에 대한 준비성을 수용하기 위해 위협적이지 않은 방식으로 성찰할 수 있게 해 준다. 미술치료사는 궁극적으로 통찰력을 촉진하는 카타르시스적 경험을 촉진하는 것을 목표로 한다(Curl, 2008). 미술과 미술치료의 과정은 환자가 자신의 생각을 정리하고 신뢰를 쌓는 데 도움이 될 수 있으며, 갈등의 양면을 살펴보고 치료사 및 다른 미술치료 그룹 구성원들과 양가감정에 대해 논의할 수 있기 때문에 미술 작업을 통한 동기강화 상담은 입원 정신과 환자에게 특히 효과적인 접근법일 수 있다. 이는 양가감정에 직접적으로 직면하는 것보다 환자에게 더 안전할 수 있다. (p. 137)

역할극

많은 이론적 접근법과 함께 사용되는 기법 중 하나가 역할극이다. 모래놀이치료의 맥락에서 역할극과 드라마 치료 기법을 사용하는 것은 매우 자연스러운 일이다. 시뮬레이션은 기술을 배우고, 관계를 탐색하고, 자기 인식을 구축하는 데 효과적인 수단을 제공한다. 소품을 사용하는 투사 과정을 통해 도전적이거나 자극적인 소재에 접근할 때 더 큰 안전성을 확보할 수 있다. 시뮬레이션에는 자극이 있지만 상자에는 안전이 있다.

모래상자에서의 역할극의 한 예로 빈 의자 기법을 사용할 수 있다. 일반적으로 이 기법은 내담자가 빈 의자에 앉아 있는 상상 속의 부재자와 상호작용하는 것이다. 일반적으로 내담자는 반대편 의자에 앉아 역할극을 하는 동안 위치를 바꿀 수 있다. 치료사는 코치 역할을 맡거나, 내담자를 돕거나, 빈 의자에 목소리를 부여할 수 있다. 모래상자치료에서 내담자는 자신과 부재자를 표현할 수 있는 소품을 선택하기만 하면 된다. 많은 내담자가 빈 의자에 대고 말하는 것보다 상자에 있는 소품과 대화하는 것이 더 쉽다는 것을 발견했다. 원하는 경우 치료사가 대화에 세 번째 소품의 형태로 참여할 수 있다. 만약 이러한 역동이 작동된다면 내담자가 소품을 선택하도록 하는 것이 좋다.

내담자는 다양한 역할을 맡은 소품과 함께 적극적인 모래상자를 통해 자신의 이야기를 전달할 수 있다. 예를 들어, 내담자가 가정 폭력을 당하는 장면을 실제로 말로 표현하는 것보다 소품이 내레이션을 하는 것이 더 안전할 때가 많다. 이 시나리오를 유지하면서 치료사는 소품을 사용하여 안전을 계획하고 실행하는 것에 대해 내담자와 브레인스토밍을 하고 이를 연기할 수 있다.

모래상자에서 역할극의 이러한 심리 교육적 역동 관계는 매우 중요하다. 또래 관계 기술이 부족한 아동이나 청소년의 경우, 모래상자 역할극은 그룹 치료 개입이 필요하기 전에 시작하기에 좋은 방법이 될 수 있다. 내담자가 상자에 있는 소품의 행동을 통해 자신의 이야기를 들려주면 치료사는 다음과 같이 질문할 수 있다. "만약 이것이 당신이 원하는 대로 되었다면 어떤 모습이었을까요? 다른 상자를 만들어서 보여 주세요"라고 질문할 수 있다. 학교 폭력을 당한 내담자가 폭력적인 보복 장면을 연기하는 상황에서도 치료사는 모래상자를 통해 다른 해결책을 모색할 수 있다.

이 질문의 변형으로 다음과 같은 제안을 할 수도 있다. "만약 당신의 가장 친한 친구가 이 상황에서 당신을 도와줄 수 있다면 어떻게 할까요?" 내담자에게 그런 사람이 떠오르지 않거나 실제로 그런 사람이 존재하지 않는다면 다음과 같이 질문할 수 있다. "가장 친한 친구가 있다면 어떤 친구일까요? 그 친구를 표현하기 위해 어떤 소품을 선택하시겠습니까?"라고 물어보라. 치료사로서 우리는 사회적 지지가 얼마나 중요한지 잘 알고 있다. 이러한 개입이 내담자에게 외로움을 상기시킬 수 있는 것처럼 보일 수 있고 실제로 그럴 수도 있지만, 치료사에게는 내담자에게 필요한 것이 무엇인지 더 잘 파악하고 종합적인 치료 계획을 수립하는 데 도움이 된다.

역할극은 내담자 또는 치료사가 연출할 수 있다. 내담자가 이 과정의 감독과 안무가가 되는 것은 의심할 여지없이 큰 힘이 된다. 하지만 교육적이고 유익한 목적을 위해 또는 내담자의 불안이 그들에게는 압도적이기 때문에 치료사가 드라마나 역할극을 시작해야 할 수도 있다.

마음챙김

모래놀이치료사 및 상담사로서 우리는 단순히 증상을 완화하는 것에서 벗어나고자 한다. 마찬가지로, 히크와 비엔(Hick & Bien, 2010)이 "주의 집중, 인식, 의도성, 비판단적 태도, 수용, 연민"으로 설명한 마음챙김은 내담자가 현실을 인정하고, 상황을 받아들이고, 자신 및 타인과 더 건강하고 유연한 내적 및 대인관계를 발전시킬 수 있도록 돕는다(p. 5). 라파포트(Rappaport, 2014)는 표현 예술 과정에서 마음챙김을 사용하는 것에 대해 언급했다.

> 각 예술 형식은 내면의 목격자에 접근하고 현재의 순간 경험에 완전히 몰입할 수 있는 기회를 제공한다……. 그 과정에 몰입하는 느낌, 마음의 고요함, 현재 순간에 관여하는 예술적 경험과 하나가 되는 경험, 선형적인 시간(linear-time)의 부재 등이 있다. 어느 순간 예술가는 그림, 조각 또는 기타 예술 작품에서 한 발짝 물러나 그것을 관찰한다. 한 걸음 물러서면 예술 작품을 바라보며 미적 균형을 감지하고 색상, 형태 등 무엇이 필요한지 결정하는 내면의 목격자가 참여하게 된다. (p. 32)

이러한 역동성은 모래상자치료 과정에서 발생하다. 마음챙김 연습은 무수히 많으며, 그중 상당수는 모래상자치료에 적용할 수 있다. 모래상자에 대한 적용은 래 (Rae, 2013)에 의해 촉진되었다.

> 모래상자 과정을 통해 우리는 내면의 지혜를 활용하고 삶의 대안을 모색할 수 있는 기회를 갖게 된다. 모래상자는 우리 자신의 과정과 그 과정이 환경 속에서 우리가 내리는 선택에 어떤 영향을 미치는지에 대한 마음챙김을 가르치고 지원 한다. (p. 56)

마음챙김에 대한 많은 접근법은 명상 기법과 스트레스 감소에 중점을 둔다. 예를 들어, 카밧-진(Kabat-Zinn, 1990)은 마음챙김에 기반한 스트레스 감소를 개발하여 최초의 마음챙김 기반 중재 중 하나를 공식화했다. 모래상자치료에 적용할 수 있는 마음챙김 개입의 한 가지 예는 STOP 운동이다(Stahl & Goldstein, 2019). 이는 내담자에게 다음과 같은 요소를 가르치는 것으로 구성된다.

- S(Stop): '자동 조종 장치'를 멈추고 중단하기-현재 순간에 집중하는 것부터 시작한다.
- T(Take a breath): 숨을 들이쉬고, 숨을 내쉬는 경험에 집중한다.
- O(Openness to observation): 관찰에 대한 개방성-자신이 느끼고, 듣고, 감각하고, 보고, 심지어 생각하는 것을 고려하면서 순간순간의 경험에 연결한다.
- P(Proceed): 계속 진행하면서 주변 환경 및 현재 활동과 다시 연결한다.

모래상자치료에서 내담자는 모래를 손가락으로 만지며 감각과 조절을 경험하면서 이러한 것들을 배울 수 있다. 여기에는 젖은 모래를 사용할 수도 있다. 또한 내담자는 자신을 상징하는 소품을 들고 이 기술을 강화할 수 있다. 치료사는 내담자가 보는 앞에서 소품의 상호작용을 '코칭'하거나, 내담자가 상자에 있는 자신과 타인을 상징하는 소품을 코칭할 수 있다. 이는 어린이가 인형 교실을 차려 놓고 놀이의 일부로 선생님의 역할을 맡는 것과 비슷할 수 있다.

또한 내담자에게 STOP 방법을 사용하여 제시된 문제를 어떻게 해결할 수 있는 지에 대한 쟁점을 중심으로 상자를 만들도록 요청할 수 있다. STOP 방법을 사용하기 전의 삶의 장면과 이 방법을 사용한 후의 장면으로 구성된 7개의 상자를 만들 수 있다. 모래상자치료사는 상자를 만들기 전에 이 시각화 기법을 간단히 사용할 수도 있다.

전통적 게슈탈트 기법

게슈탈트 치료는 자신과 환경과의 접촉을 촉진하기 때문에 현재를 중심으로 자신과 환경에 대한 내담자의 인식을 높이는 데 중점을 둔다(Mann, 2021). 펄스(Perls, 1969)는 이렇게 말했다. "인식은 그 자체로 치료가 될 수 있다"(p. 26). 위에서 언급한 빈 의자 기법 외에도 여러 가지 다른 '고전적인' 게슈탈트 기법이 있으며, 그중 다수는 지금 여기 인식과 마음, 몸, 정서적 연결에 대한 인식에 중점을 둔다. 자각이 핵심이기는 하지만 핵심이 아닐 수도 있다. 이 관점은 창의적 과정의 은유를 통해 근본적인 문제를 자각하는 데 초점을 맞춘다는 점에서 모래상자치료의 관점을 공유한다. 게슈탈트 관점에서 모래상자 과정에 대해 구체적으로 논의한 팀과 가르자(Timm & Garza, 2017)도 참고할 만한 자료이다. 스티브 암스트롱(Steve Armstrong, 2008)의 인문학적 접근법은 게슈탈트 관점에서 많은 영향을 받았다. 이 접근법을 더 깊이 탐구하고 싶은 독자에게는 그의 연구도 추천한다.

모래상자를 만드는 과정에서는 특히 자각에 더 큰 초점을 맞출 수 있다. 치료사는 "당신은 지금 무엇을 인식하고 있나요?" 또는 "지금 (이 소품은) 무엇을 인식하고 있나요?"라고 간단히 물어볼 수 있다. 내담자에게 행동을 반복하거나 재연하도록 요청할 수도 있다. 예를 들어, 내담자가 소품을 꽉 안거나 사랑스럽게 쓰다듬거나 하는 경우, 이를 주목하고 이 행동을 계속하도록 요청할 수 있다. 공동 치료 또는 개별 치료의 맥락에서 다른 사람에게 주의를 집중할 수도 있다. 내담자, 또는 모래상자치료의 경우 소품이 다른 사람이 '되는' 것이 가능할까? 인식 개입에는 자기 대화(소품과 직접 또는 소품 간에), 실연 활동 (enactment activities) 또는 꿈 작업을 통한 것도 포함될 수 있다.

모래상자치료에서 사용할 수 있는 다른 게슈탈트 기법들은 다음과 같다.

- 뜨거운 의자(hot seat)는 소품을 집중할 수 있는 위치에 배치하는 것이다.
- 미러링(mirroring)은 치료사가 내담자 또는 내담자의 소품 역할을 맡아 내담자 및 소품을 모방하거나 대안적인 정서적 또는 행동적 반응을 제공하는 방식이 다.
- "문장을 하나 알려 드릴까요?(May I feed you a sentence)"는 내담자나 소품을 직 접 겨냥할 수도 있고, 치료사가 그 과정에 대한 관점이나 반응을 제안하고 내 담자가 지금 이 순간에 맞는지 시험해 보는 것, 그리고 내담자(그리고 소품)를 격려하는 것 등이 있다.
- 이 감정에 머무르기(stay with this feeling)는 내담자가 바람직하지 않은 기분을 언 급하면서 회피 또는 부정하는 상황에서 사용한다.

척도 질문

모래상자치료 과정에 대한 또 다른 적용은 척도 질문을 사용하는 것이다. 척도 질문은 여러 이론적 방향의 치료에서 일반적으로 사용되며, 가장 일반적으로 해 결중심(SF) 치료에서 언어적 반응을 요구한다. 이러한 질문은 내담자의 자기 인식 과 치료 진행 상황을 결정하는 데 중요한 영향을 미칠 수 있다. 스트롱 등(Strong et al., 2009)은 "척도 질문은 내담자의 실제 또는 상상된 경험의 지표가 될 수 있 다……" 이러한 종류의 척도 질문에 대한 답변은 상담 과정에서 두드러진 내담자 의 경험에 대한 평가를 제공할 수 있다"고 언급한다(p. 171). 나아가 그들은 다음 과 같이 말한다.

> 척도 질문은 내담자로 하여금 상담에서 특정 해결책과 자료의 중요성과 유용
> 성에 대해 이야기하도록 유도한다. 예를 들어, 어떤 문제를 6점으로 평가한 내담
> 자가 어떻게 그 문제를 4점 또는 5점으로 낮출 수 있는지 물어볼 수 있다. 이러한
> 질문은 문제 해결에 도움이 되는 내담자의 반응을 이끌어 내어 상담에서 성과를
> 이룰 수 있도록 한다. (p. 172)

척도 질문의 일반적인 언어적 특성으로 인해 일부 내담자는 자신의 내적 또는
대인관계 현실과 일치하지 않을 수 있는 평가 수치 또는 자신에 대한 인지적 관점
을 제시하는 데 어려움을 겪을 수 있다. 그러나 모래상자치료에서는 내담자가 다
음과 같은 질문을 받을 수 있다.

> 어떤 사람들은 1부터 10까지의 척도를 사용하여 자신의 우울증 정도를 평가
> 합니다. 여러분도 숫자를 생각해 낼 수 있겠지만, 오늘 자신이 얼마나 우울한지
> 모래상자로 표현할 수 있는지 궁금합니다.

또 다른 예는 내담자가 치료 여정에서 얼마나 멀리 왔다고 생각하는지 평가하
는 것이다.

> 상담이 얼마나 진전되었는지 평가해 주셨으면 합니다. 이를 평가하는 한 가지
> 방법은 10점을 여러분이 찾고 있던 해결책으로, 1점을 상담을 받으러 왔을 때의
> 위치로 설정하여 점수를 매기는 것입니다. 이렇게 하는 대신, 현재 자신의 모습
> 을 모래상자에 표현해 보는 건 어떨까요?

이를 다음과 같이 응용할 수 있다.

> 오늘은 모래상자를 두 개 만들어 보겠습니다. 첫 번째는 여러분이 처음 상담
> 을 받으러 왔을 때의 모습이고, 두 번째는 지금 자신의 모습입니다.

내담자에게 이전에 촬영한 모래상자 사진을 보여 줌으로써 이 방법을 더 적용할 수 있다.

> 이것은 처음 상담을 받으러 오셨을 때 하셨던 상자 중 하나의 사진입니다. 정말 먼 길을 오신 것 같네요. 이걸 보면서 현재 자신의 위치를 보여 주는 상자를 만들면 어떨까 싶어요.

치료에서 척도 질문을 사용하는 또 다른 방법은 내담자에게 다른 사람들이 자신의 현재 기능을 어떻게 인식할지 평가하도록 요청하는 것이다. 이 질문은 내담자에게 그들(다른 사람들)을 대신해서 모래상자를 만들도록 요청하여 모래상자에 매끄럽게 적용할 수 있다. 예를 들면 다음과 같다.

> 만약 당신의 파트너 · 고용주 · 친구가 여기 있는데, 내가 그들에게 당신에 대한 상자를 만들어 달라고 부탁한다면 어떤 모습일지 궁금합니다. 아마 어려울 수도 있겠죠. 그들이 만들 것 같은 상자를 당신이 만들 수 있을지 궁금하군요.

인지 왜곡 확인 및 처리하기

인지 치료(CT)는 다양한 문제들에 자주 사용된다. 기본적으로 CT는 행동, 정서, 인지 반응에 영향을 미치는 역기능적 해석을 수정하기 위해 인지 변화의 기초로서 정보 처리를 조정하고자 한다(Beck & Weishaar, 2019). 주요 전략은 인지 왜곡을 확인하고 수정하는 것이다. 이러한 왜곡은 모래상자치료 과정을 통해 식별하고 수정할 수 있다. 다음은 CT에서 주로 확인된 인지 왜곡에 대한 간략한 요약이다(Beck & Weishaar, 2019).

- **자의적 추론(Arbitrary inference)**은 내담자가 확정적인 증거가 없거나 모순되는

증거가 있음에도 불구하고 결론을 내리는 것을 말한다.

- **선택적 추상화**(Selective abstraction)란 내담자가 더 광범위한 상황을 무시하고 현재 존재하는 소수의 세부 정보에 집중하는 것을 말한다.
- **과잉 일반화**(Overgeneralization)란 내담자가 하나의 사건을 보고 일반화된 결론을 내리는 것을 말한다.
- **확대 및 최소화**(Magnification and minimization)는 내담자가 특정 사건에 너무 적거나 혹은 지나치게 많은 중요성을 부여하는 것을 의미한다.
- **개인화**(Personalization)는 내담자가 관계적 연관성에도 불구하고 관련 없는 사건에 대해 자신을 반영하는 것으로 간주하는 것을 말한다.
- **이분법적 사고**(Dichotomous thinking)는 내담자가 사건을 모두 긍정적이거나 모두 부정적으로 해석하는 것을 말한다.

모래상자에서 **자의적 추론**의 예시는 아버지가 야근을 해야 해서 아들의 축구 경기를 놓치고 부모로서 실패한 느낌을 받는 경우일 수 있다.

　이 경기에 참석하는 것은 당신에게 큰 의미가 있었고, 당신과 당신의 아들이 모두 실망했다는 것을 이해합니다. 하지만 아버지로서의 삶에 대해 모래상자를 만든다면 이 장면은 아주 작은 부분을 차지할 것으로 예상됩니다. 아버지로서 느끼는 감정과 아들과 함께 할 수 있었던 일들에 대해 모래상자를 만들 수 있을까요?

사무실 위치가 상사의 사무실과 가깝다는 이유로 승진한 동료를 의심하는 내담자에게서 **선택적 추상화**의 예가 모래상자에서 나올 수 있다.

　기대했던 승진을 하지 못했다면 실망스러울 수밖에 없겠죠. 사무실 위치가 결정에 얼마나 큰 영향을 미쳤는지 말하기는 어렵지만, 본인이 직접 제어할 수 있는 사항이 아니기 때문에 다음 승진 주기에 도움이 될 수 있도록 업무에서 바꿀 수 있는 몇 가지 사항을 상자에 표현해 보면 어떨까요?

　이를 통해 내담자는 자신이 통제할 수 있는 것에 집중하고 놓친 기회에 대한 다른 가능성을 모색할 수 있다.
　여성과 실망스러운 데이트를 하고 모든 여성을 부정적으로 묘사하는 남성이 과잉 일반화의 예가 될 수 있다.

　　데이트가 원하던 대로 진행되지 않은 것 같네요. 그 여자에 대해 나쁜 감정이 들었겠군요. 하지만 나는 모든 여성이 정말 다 그럴까 궁금합니다. 양면이 있는 모래상자를 만들어서 한 면에는 데이트한 여성에 대해 어떻게 느끼는지, 다른 면에는 정말 관계를 발전시키고 싶은 종류의 여성에 대한 장면을 만들어 보세요.

　콧물이 나서 프레젠테이션이 실패했다고 비관하는 여성에게 확대 및 최소화의 예가 나타날 수 있다.

　　나는 당신의 기분을 바꾸려고 하지는 않겠지만, 다른 것을 살펴보고 싶습니다. 이 프레젠테이션을 하도록 선택되었으니, 이 프레젠테이션이 어떻게 진행되었으면 좋았을지 모래상자를 만들어 보세요. 그리고 콧물 때문에 사람들이 놓친 것은 무엇인가요?

　개인화의 예로, 붐비고 시끄러운 강의실에서 교수에게 인사해도 응답이 없는 것을 경험한 대학원생은 교수가 자신에게 응답하지 않은 것은 교수가 불쾌감을 느꼈다는 의미이며, 이는 성적에 부정적인 영향을 미칠 수 있다고 생각한다.

　　교수가 여러분을 무시했을 수도 있고, 다른 여러 가지 이유가 있을 수도 있습니다. 모래상자를 8개의 작은 칸으로 나누고 각각 교수가 응답하지 않은 이유(그 중 하나는 여러분이 교수의 기분을 상하게 했다는 것)를 나타내면 다른 칸에는 다른 가능성을 채워 주세요.

이분법적 사고의 예는 조직의 선출직에 출마했다가 낙선하여 직업적으로 실패한 것처럼 느끼는 내담자에게 나타날 수 있다.

패배한 것은 실망스러운 일이며, 달리 설득하고 싶지도 않습니다. 원하신다면 왜 이런 일이 일어났는지에 대해 집중할 수 있지만 지금은 아닙니다. 지금은 자신의 직업과 그 직업의 장점에 대해 모래상자 작업을 해 보시겠어요?

선출직에 출마할 수 있는 사람은 이미 직장에서 확고하게 자리를 잡았고, 그 자리에 오르는 데 필요한 교육과 자격을 갖추고 있을 것으로 기대한다. 이 내담자가 부정적인 상황을 고려하기 전에 집중해야 할 부분은 바로 이 부분이다.

변증법적 행동 치료(DBT)

DBT는 원래 자살 충동과 경계성 인격 장애 진단을 받은 내담자를 치료하기 위해 개발된 행동 치료에 대한 경험적으로 검증된 접근법이다(Linehan, 1993). 근본적으로 DBT의 이론적 기반은 표면적으로 상반되는 두 가지 요소가 동시에 참일 수 있다는 변증법적 철학이다(Linehan, 1993). 이러한 요소들이 필요하거나 의도된 대로 존재한다는 것을 받아들이는 것과 동시에 그 상태가 변화해야 한다는 진리를 동시에 받아들이는 것은 변증법적 철학의 과정을 보여 준다.

모래상자와 DBT의 몇 가지 기본적인 유사점은 이 두 가지를 결합하는 것이 흥미로운 가능성이 있음을 시사한다. 몇 가지 예를 들어 보겠다. (1) 모래상자치료는 상자와 컨테이너를 만드는 과정에 초점을 맞추고, DBT는 테메노스(역자 주: 안전하고 특별한 의미를 가진 장소나 영역)의 맥락에서 도움을 받고 달성할 수 있는 고통에 대한 인내력에 중점을 둔다. (2) 표현치료로써 모래상자는 은유적이고 문자 그대로의 인식과 통찰력을 개발하는 데 중점을 두며, DBT는 마음챙김에 중점을 둔다. (3) 모래상자치료는 수용적인 환경을 조성하고자 하는데, 이는 평등주의적 관점을 유지하는 데 중점을 두는 DBT와 일치한다. (4) 모래상자치료는 창조 과정과 소품을 통해 상징화와 승화의 기회를 제공하며, DBT는 이러한 상징화와 승화의 역동을 통해 만들어진 치료적 거리에 의해 도움을 받는 정서 조절에 중점을 둔다.

리네한과 윌크스(Leinhan & Wilkes, 2015)는 DBT의 네 가지 기술 모듈을 요약한다.

1. 마음챙김
2. 대인관계 효율
3. 감정 조절
4. 고통 내성

그들은 다음과 같이 덧붙인다. "각 기술 모듈에는 대인관계 기술의 타인에 대한 마음챙김, 감정 조절의 현재 감정에 대한 마음챙김, 고통 내성의 현재 생각에 대한 마음챙김 등 적어도 하나의 마음챙김 기술이 있다"(pp. 103-104). 모래상자치료 과정은 앞의 마음챙김 부분에서 언급했듯이 이러한 기술에 도움이 될 수 있다.

또한 모래상자치료는 역할극을 통해 이러한 기술을 가르치는 데 도움이 될 수 있다. 소품은 다양한 모래상자 제작 시나리오를 통해 대인관계 효과를 연기할 수 있다. 내담자는 상자에 있는 소품을 코칭하는 연습을 하고 이러한 기술을 내담자의 개인적, 관계적 상황에 적용함으로써 감정 조절을 배울 수 있다. 예를 들어, 내담자는 하나 이상의 소품이 스트레스 상황을 어떻게 처리할지 생각해 봄으로써 고통 내성을 연습할 수도 있다. 모래상자치료사는 리네한(Linehan, 2015a)의 DBT 기술 훈련 매뉴얼에 있는 연습을 조정한 다음, 내담자에게 리네한(2015b)의 DBT 기술 훈련 유인물 및 워크시트에 있는 후속 숙제를 가지고 집으로 돌려보낼 수 있다.

다른 표현 기법도 DBT와 함께 사용되었다. 헥울프 등(Heckwolf et al., 2014)은 미술 치료와 DBT의 조율 원리를 설명했고, 츄왈렉 등(Chwalek et al., 2015)은 음악

치료에서 DBT의 사용을 장려했다. 분명한 것은 모래상자치료 과정에 DBT를 적용하는 치료사는 DBT 및 모래상자치료에 대한 적절한 훈련과 감독 경험이 있어야 한다는 것이다.

맺음말

모래상자치료는 인지 및 구조화된 기술을 경험하기에 이상적인 장소이다. 많은 내담자, 특히 아동에게 경험은 설명보다 더 큰 가치를 지니고 있다. 내담자는 사회적 기술, 인지적 재구성, 불안을 유발하는 자료에 대한 노출, 문제 해결 등을 연습할 수 있다. 고통을 겪은 모래상자 소품에 대한 치료사의 간단한 코멘트(내담자의 경험을 직접적으로 표현하거나 더 일반적인 것일 수도 있음)는 내담자에게 긍정적인 영향을 줄 수 있다. 몇 가지 예를 들면 다음과 같다. "사람(또는 동물)이 저렇게 다치면 안 되죠" 또는 "스스로를 보호할 수 없는 저 동물은 외롭거나 무섭겠군요"와 같은 말이다. 이러한 말은 내담자의 내적 고통을 건드리고 더 깊고 직접적인 치료의 문을 열어 줄 수 있다.

이 짧은 장의 범위를 넘어서는 여러 가지 문제와 기법을 사용할 수 있다. 모래상자치료는 재발 방지, 자살 평가 및 개입, 유도된 이미지, 슬픔 회복, 자기 주장 훈련과 같은 상황에서 사용할 수 있다. 또한 모래상자치료의 교차 이론적 특성은 정신역동적, 행동적, 인본주의적, 인지적, 구성주의적, 체계적 등 다양한 상담 접근법에 적용될 수 있다고 우리는 주장한다!

모래상자에서 구조화된 개입의 적절한 타이밍은 매우 중요한 고려 사항이다. 내담자가 적절한 치료적 안전과 내적 문제 처리를 경험하지 못할 경우, 너무 일찍 지나치게 지시적인 태도를 취하는 것은 내담자를 방해하고 위축시킬 수 있다. 길(Gil, 2006)은 치료사가 특히 외상 후 모래상자 작업에서 빠르게 관찰하거나 질문하려는 유혹을 피해야 한다고 경고한다. 반면에 모래상자치료사가 이미 형성된 치료적 관계를 활용하지 않고 모래상자 과정을 보다 직접적으로 적용하지 않으면 문제 해결의 기회를 잃을 수 있다.

모래상자 문헌에는 이론과 관련된 추가 자료가 있다. 여러 저자가 아들러 치료와 모래상자에 대해 논의했다. 즉, 코트만(Kottman, 2011)의 아들러 놀이치료, 바이넘 등(Bainum et al., 2006)의 아들러식 모래상자치료 모델 제안, 이븐과 암스트롱(Even & Armstrong, 2011)의 초기 회상 및 모래상자치료에 관한 글 등이 있다. 스위니 등(Sweeney et al., 2003)은 아들러식 라이프스타일 분석을 위해 모래상자치료를 사용할 것을 제안했다. 에버츠와 호메이어(Eberts & Homeyer, 2015)는 모래상자 처리에 대한 아들러와 게슈탈트 접근법을 비교했다. 위트만(Wittmann, 2017)은 융 이후의 모래상자치료에 대해 논의했다. 소리와 로베이(Sori & Robey, 2013)는 선택 이론, 현실 치료, 모래놀이에 대해 썼다.

앞서 언급했듯이 모래상자치료 과정에 구조화된 기법을 적용할 수 있는 방법은 무수히 많다. 독자들은 모든 가능성을 고려하여 모래상자치료사가 될 수 있는 상상력을 발휘해 보기 바란다.

참고문헌

Armstrong, S. (2008). *Sandtray therapy: A humanistic approach*. Ludic Press.

Aust, P. H. (1984). Rational-emotive therapy in the school. *Social Work in Education*, *6*(2), 106–117.

Bainum, C. R., Schneider, M. F., & Stone, M. H. (2006). An Adlerian model for sandtray therapy. *The Journal of Individual Psychology*, *62*(1), 36–46.

Beck, A., & Weishaar, M. (2019). Cognitive therapy. In R. Corsini & D. Wedding (Eds.), *Current psychotherapies* (11th ed.), (pp. 237–272). Cengage Learning.

Boyd-Franklin, N., Cleek, E., Wofsy, M., & Mundy, B. (2013). *Therapy in the real world: Effective treatments for challenging problems*. Guilford Press.

Chwalek, C. M., & McKinney, C. H. (2015). The use of dialectical behavior therapy (DBT) in music therapy: A sequential explanatory study. *Journal of Music Therapy*, *52*(2), 282–318.

De Jong, P., & Berg, I. K. (2013). *Interviewing for solutions* (4th ed.). Brooks/ Cole.

de Shazer, S. (1988). *Clues: Investigating solutions in brief therapy*. W.W. Norton.

de Shazer, S., & Dolan, Y. (2007). *More than miracles: The state of the art of solution-f ocused brief therapy*. Routledge/Taylor & Francis.

Eberts, S., & Homeyer, L. (2015). Processing sand trays from two theoretical perspectives: Gestalt and Adlerian. *International Journal of Play Therapy, 24*(3), 134–150.

Ellis, A. (2008). Rational emotive behavior therapy. In R. Corsini & D. Wedding (Eds.), *Current psychotherapies* (8th ed.), (pp. 187–222). Thomson Brooks/ Cole.

Even, T. A., & Armstrong, S. A. (2011). Sandtray for early recollections with children in Adlerian play therapy. *The Journal of Individual Psychology, 67*(4), 391–407.

Gil, E. (2006). *Helping abused and traumatized children: Integrating directive and nondirective approaches*. Guilford Press.

Hartwig, E. K. (2021). *Solution- focused play therapy: A strengths- based clinical approach to play therapy*. Routledge.

Heckwolf, J. I., Bergland, M. C., & Mouratidis, M. (2014). Coordinating principles of art therapy and DBT. *The Arts in Psychotherapy, 41*(4), 329–335.

Hick, S., & Bien, T. (Eds.). (2010). *Mindfulness and the therapeutic relationship*. Guilford Press.

Homeyer, L., & Sweeney, D. (2017). Sandtray therapy: A variety of approaches. In B. A. Turner (Ed.), *The Routledge international handbook of sandplay therapy* (pp. 328–338). Routledge/Taylor & Francis.

Jung, C. G. (1960). *Collected Works. Vol. 8. The structure and dynamics of the psyche*. Pantheon.

Kabat-Zinn, J. (1990). *Full catastrophe living: Using the wisdom of your body and mind to face stress, pain, and illness*. Bantam Books.

Kottman, T. (2011). *Play therapy basics and beyond* (2nd ed.). American Counseling Association.

Linehan, M. (1993). *Skills training manual for treating borderline personality disorder*. Guilford Press.

Linehan, M. (2015a). *DBT Skills Training Manual* (2nd ed.). Guilford Press.

Linehan, M. (2015b). *DBT Skills Training Handouts and Worksheets* (2nd ed.). Guilford Press.

Linehan, M., & Wilks, C. (2015). The course and evolution of Dialectical Behavior Therapy. *American Journal of Psychotherapy, 69*(2), 97-110.

Mann, D. (2021). *Gestalt therapy: 100 key points and techniques* (2nd ed.). Routledge/Taylor & Francis.

Miller, W., & Rollnick, S. (2002). *Motivational interviewing: Preparing people for change* (2nd ed.). Guilford Press.

Miller, W., & Rollnick, S. (2013). *Motivational interviewing: Preparing people for change* (3rd ed.). Guilford Press.

Mills, J., & Crowley, R. (1986). *Therapeutic metaphors for children and the child within*. Brunner/Mazel.

Nardi, T. J. (1986). The use of psychodrama in RET. In A. Ellis & R. M. Grieger (Eds.), *Handbook of rational-emotive therapy, Volume 2* (pp. 275-280). Springer Publishing Company.

Nims, D. (2007). Integrating play therapy techniques into solution- focused brief therapy. *International Journal of Play Therapy, 16*(1), 54-68.

Palmer, G. (2014). Motivational interviewing in art therapy. *Art Therapy, 31*(3), 137-138.

Perls, F. (1969). *Gestalt therapy verbatim*. Real People Press.

Porges, S. (2018). Foreword. In B. Badenoch (Ed.), *The heart of trauma: Healing the embodied brain in the context of relationships* (pp. ix-xii). W.W. Norton.

Rae, R. (2013). *Sandtray: Playing to heal, recover, and grow*. Rowman & Littlefi eld Publishing Group.

Rappaport, L. (2014). *Mindfulness and the arts therapies theory and practice*. Jessica Kingsley Publishers.

Roghanchi, M., Mohamad, A. R., Mey, S. C., Momeni, K. M., & Golmohamadian, M. (2013). The effect of integrating rational emotive behavior therapy and art therapy on self- esteem and resilience. *The Arts in Psychotherapy, 40*(2), 179-184.

Sori, C. F., & Robey, P. A. (2013). Finding reality in the sand: Transitions with children using choice theory, reality therapy and sandplay. *International Journal of Choice Theory and Reality Therapy, 33*(1), 63-77.

Stahl, B., & Goldstein, E. (2019). *A mindfulness- based stress reduction workbook* (2nd ed.). New Harbinger Publications.

Strong, T., Pyle, N. R., & Sutherland, O. (2009). Scaling questions: Asking and answering them in counselling. *Counselling Psychology Quarterly, 22*(2), 171–185.

Sweeney, D., Minnix, G., & Homeyer, L. (2003). Using the sandtray for lifestyle analysis. *Journal of Individual Psychology, 59*(4), 376–387.

Taylor, E. R. (2009). Sandtray and solution- focused therapy. *International Journal of Play Therapy, 18*(1), 56–68.

Taylor, E. R. (2015). Solution- focused sandtray therapy for children. In H. G. Kaduson & C. E. Schaefer (Eds.), *Short-term play therapy for children* (3rd ed.), (pp. 150–174). Guilford Press.

Timm, N., & Garza, Y. (2017). Beyond the miniatures: Using Gestalt theory in sandtray processing. *Gestalt Review, 21*(1), 44–55.

Wittmann, E. (2017). Post–Jungian directive sandtray in play therapy. In E. S. Leggett & J. N. Boswell (Eds.), *Directive play therapy: Theories and techniques* (pp. 17–57). Springer Publishing Company.

제8장

집단모래상자치료

집단 상담(치료)은 대단히 흥미롭다. 집단원들이 발산하는 에너지는 활기가 넘치고 역동적인 상승효과를 촉진한다. 집단은 관계를 구축하거나 의사소통 기술을 발달시키는 기회를 주며 공동체를 발달시킨다. 이들은 다양한 학습, 자아 인식 발달, 자기 공개에 대한 자발성, 집단원 서로의 세상으로 들어가는 능력 그리고 타인이 자기 세계로 들어오도록 하는 능력을 촉진한다. 헌터(Hunter, 2006)는 모래치료적인 관점에서 집단모래상자치료의 성공을 다음과 같이 정리하였다.

> 이 접근법은 자유롭고 보호받는 공간을 제공하는 내담자 중심적인 태도 및 기법과 융학파가 강조하는 집단상담의 역동성과 상징적 의미의 힘이 결합되어 있다. (p. 273)

집단모래상자치료에는 다양한 접근이 있다. 집단구조 안에서 작업하는 개인집단, 동일 연령 집단, 가족 집단, 부모−자녀집단, 형제자매 집단, 수퍼비전 집단, 개인 성장 집단, 전문가 역량 개발 집단 등이 있다.

집단은 학교나, 상담소, 또는 사설교육기관이나 공공 체험 학습관, 그 외에 기타 영역에서 실시된다. 집단모래상자치료의 배경으로 정의된 이론에서 채택된 내용은 다음과 같다.

> 모래상자치료와 집단치료 과정 양쪽 모두를 훈련한 치료사와 두 명 이상의 내담간의 역동적이며 대인관계적, 호혜적 관계를 의미한다. 여기에는 특정 모래상자치료 소재들(예: 모래상자, 모래, 소품)의 선택과 내담자가 자신들뿐 아니라 다른 사람들의 영향력, 인지, 경험, 행동들을 표현하고 탐색할 수 있는 안전한 관계의 촉진 및 개발이 포함된다. 이는 모든 연령대의 사람을 위한 치료적 과정과 의사소통의 매체인 모래상자치료 과정을 통해 나타난다. (p. 228)

집단모래상자치료에는 광범위하고 다양한 개입 방법이 있다. 제7장부터 제9장에서 다양한 집단 개입 방법들이 설명되어 있다. 모래상자치료의 장점 중 하나는 이것을 이론-교차적으로 활용할 수 있으며 다양한 기법에 적용할 수 있다는 점이다. 이 장에서 이러한 역동들을 살펴보면서, 독자들이 모래상자치료 과정에 다양한 집단 기법들을 적용해 보는 경험을 하도록 권한다. 우리의 다른 책『The Handbook of Group Play Therapy』(Sweeney & Homeyer, 1999) 그리고『Group Play Therapy: A Dynamic Approach』(Sweeny et al., 2014)을 읽어 보는 것에 덧붙여, 우리는 모래상자치료 과정에 전통적인 것과 새로운 기법들 모두를 적용하기 위하여 기본적인 집단치료 자원들을 조사, 연구할 것을 제안한다(예: Berg et al., 2017; Corey et al., 2018; Jacobs et al., 2016; Yalom & Leszcz, 2020 참조).

왜 집단모래상자치료를 하는가

스위니 등(Sweeney et al., 2014)에 따르면 집단모래상자치료를 활용하면 여러 가지 이점이 있다.

1. 집단은 내담자의 자발성을 촉진하여 모래상자치료 경험에 대한 참여 수준을 높이는 경향이 있다. 모래상자치료사의 허용적인 의사소통 시도는 집단 역동에 의해서 더 강화되기도 한다.

2. 집단 구성원의 정서적 생활상은 치료사와 내담자 사이, 또는 여러 내담자 사이 및 두 사람의 내담자 사이, 내담자 사이, 그리고 내담자의 정신 내적 문제와 대인관계 문제에서의 여러 수준에서 드러난다.

3. 집단모래상자치료는 간접학습의 기회를 제공한다. 내담자는 다른 집단원의 정서적·행동적 표현을 관찰하며 대처행동과 자기 표현의 대안적인 방법들을 배우게 된다.

4. 내담자는 집단모래상자치료에서 자기 성장을 꾀하고 자기 탐색의 경험을 한다. 이는 동료 피드백에 비추어서 자신을 평가하고 재평가하는 것을 배우면서 자기 성찰을 통해 촉진된다.

5. 모래상자치료 집단은 사회의 축소판 역할을 할 수 있으며 치료사는 내담자의 일상생활에 대한 실질적인 통찰력을 얻는 기회를 제공한다.

6. 모래상자치료 과정을 하면 반복적으로 한다거나 환상적인 모래상자놀이로 퇴행하려는 욕구나 경향성을 감소시킬 수 있다. 따라서 이러한 치료환경은 내담자들을 반복적이거나 판타지에 갇혀 있는 것을 지금-여기로 끌어낼 수 있다. 그렇다고 이것이 모래상자에서 상징과 은유의 유익성을 감소시키는 것은 아니다.

7. 내담자는 모래상자치료 과정에서 일상생활을 위한 연습 기회를 갖게 된다. 내담자는 대인관계 기술을 발전시키고 새로운 행동을 익히며 도움을 주기도 하고, 받기도 하면서 감정과 행동의 대체 표현을 경험할 수 있다.

8. 한 사람 이상, 몇몇 사람들이 모래상자 작업에 함께 참여함으로써 치료적 관계에 도움을 준다. 왜냐하면 모래상자치료를 꺼리는 내담자나 회피하려는 내담자들이 다른 참가자들의 모래 작업을 봄으로써 모래상자 작업에 이끌리기 시작한다.

9. 대부분의 집단치료와 마찬가지로 모래상자치료는 내담자들에게 시간과 비

용 면에서 보다 유용한 개입을 제공한다.

집단과 작업하기

모래상자치료 집단 과정을 전개할 때, 그 집단의 목적을 분명히 확인하는 것은 집단원들을 선택하는 데 도움이 될 것이다. 한 집단을 만들기 위해서 몇 가지 고려할 것들이 여기 있다. 발달 연령을 명심하라. 만약 아주 어린 아이들과 작업한다면, 아마도 2~3명이면 충분하다. 어린 아이들이 협동 놀이와 개별 놀이를 번갈아 하면서 하는 그 집단 경험은 동시에 진행하는 것과 비슷할 것이다. 그들은 이러한 형태의 놀이 사이를 왔다 갔다 할 것이다. 때로는 같은 시간에 진행하는 한 집단에서 개별적인 두 가지 형태의 모래상자치료 과정을 진행하고 있다는 기분이 들 것이다. 더 어린 아이들에게는, 부모나 보호자와 상의하여 성별을 섞는 것이 더 적절하다. 좀 큰 아이들로 이루어진 집단의 경우에는 집단에 대한 성별 식별이 중요한 고려 사항이 될 수 있다. 이는 과정 중에 상호작용을 복잡하게 하는 성 정체성과 성적 지향성 문제의 역동이 확대되는 것을 방지해 준다. 이러한 상담 및 집단 배치는 회기동안 복잡한 상호작용을 다루거나 피하는 데 도움이 된다. 가족모래상자치료 집단은 가족의 모든 구성원으로 하여금 다양한 발달 연령과 충분히 관계할 수 있는 기회를 제공한다.

집단 크기

모래상자치료 집단의 참여 인원을 설정하는 것은 중요한 문제가 된다. 그 결정을 결코 대수롭지 않게 정해서는 안 된다. 스위니(Sweeny, 2014)는 집단치료의 규모에 대해서 다음과 같이 논의하였다.

놀이치료 집단의 적절한 크기에 대해서 고려해야 할 여러 가지 사안이 있다.

　첫 번째로 치료집단은 두 명 이상 관련성이 없는 내담자로 구성될 때 합리적으로 고려할 필요가 있다는 것이다. 확실한 것은 최소 집단 크기는 없다는 점이다.

　합리적인 최대 집단 구성원 수는 이와 관련하여 두 번째로 중요한 점이다. 모든 치료집단은 치료적 역동을 촉진해야 한다. 치료사가 적절히 참석할 수 있는 능력에 근거한 가능한 내담자 수와 이 최대치는 빈번이 무시되고 있다.

　놀이치료 집단의 치료적 가치는 집단 구성원을 너무 많이 하려는 무지한 시도로 쉽게 훼손될 수 있다. 이는 임상적 접근의 결정이며 편의나 행정적 문제의 요인보다 상담이론과 계획적 개입에 의해 결정되어야 하기 때문이다. (pp. 54-55)

　실제로 방의 크기와 사용 가능한 모래상자 자료들은 집단 크기를 설정하는 것에 있어 중요 요소가 된다. 보조 치료사가 있을 경우에는 좀 더 많은 내담자를 확보하는 데 도움이 될 수 있다. 중요한 것은 치료사의 기술뿐 아니라 이론적이고 기술적인 접근법이다. 우리가 이것을 바라보는 한 가지 관점은 간단히 말해서 어떤 시점에서, 치료사가 몇 명의 구성원들과 치료적 일치감을 유지하고 공감할 수 있는 능력범주를 벗어나게 하는가에 있다.

당신이 소유하는 공간의 크기가 당신의 집단 크기를 확실하게 할 수 있다.

집단 공간 설정하기

　이상적으로는 집단모래상자치료를 위한 상담실은 별도로 두는 것이 가장 좋다 (Sweeny, 2014). 일반 상담 장비가 포함된 상담실일 경우 내담자가 상자에 추가하기 위한 소품을 선택하기 위해 소품장 너머를 바라볼 수 있기 때문이다. 이 적절한 환경의 상담실 구성이 어려울 경우에는 집단모래상자치료사는 모래상자와 소품을 중심으로 구성하되 모래상자치료 장비가 아닌 것들의 접근을 최소화하도록 하는 치료적 한계 설정을 염두에 두어야 할 것이다.

　당신이 집단모래상자치료를 하고 있는 공간의 크기가 집단의 크기를 정할 것이

만약 당신과 6명의 동료가 집단원들에게 제공하는 소품들을 가지고 일 년 동안 매주 한 번 놀이치료를 함께하면서 당신들이 자신들의 어려움을 표현할 수 있다면, 그들의 진단명에 상관없이 당신의 대학은 7명의 아이들이나 성인 집단을 위해 적합한 것이다.

Gisela De Domenico

다. 집단원들이 모래상자 주변에서 그리고 소품장으로 왔다 갔다 신체적으로 움직이기 위해서는 충분한 공간이 있어야 한다. 소품장은 이 책 앞에서 언급되었듯이 잘 정리되어 있어야 한다. 더 많은 사람들이 소품장을 이용할 것이기 때문에, 충분히 적합한 소품들이 있어야 한다. 그러나 소품들이, 가령 4명의 그룹을 위해서 일반적 소품들의 4배 크기가 될 필요는 없다. 소품들이 각 아이템을 4개씩 갖추어야 할 필요는 없다. 집단 과정의 장점은 제한된 자원을 공유하고 관리하는 것을 배우는 것이다. 그러나 우리가 소품이 내담자의 언어, 상징이며 그리고 비유를 발달하기 위해서 사용되는 것이라고 믿고 있기 때문에, 우리는 집단원들이 자신들을 표현하기 위해서 충분한 그리고 다양한 소품을 갖출 필요가 있다.

만약 학령기 이전 아이들과 작업을 한다면, 모두를 위해서 깊은 상자가 더 도움이 될 것이다. 어린 아이들은 상당히 활동적이어서, 마치 소품으로 놀이치료를 하듯이 모래상자의 구성물들을 계속 움직인다. 모래는 놀이의 일부로써 종종 여기저기 날릴 것이다. 모래를 흘리는 것은 정상적인 연령에 적합한 활동으로부터 나오는 것이기 때문에, 이 상황에서 한계를 설정하는 것은 적절하지 않다. 그래서 더 깊은 상자가 실수로 모래를 흘려서 산만해지는 것을 방지하면서, 이러한 활동을 견제하는 것을 돕는다.

집단 경험을 위해서 조정할 수 있으면서 다음에 다시 필요할 때까지 치워 놓을 수 있는 집단모래상자를 구성하는 것이 좋다. 모든 것은 가정용품 가게에서 찾을 수 있으며, 목수 기술은 필요하지 않다. 2개의 6피트 길이(약 1.8m), 1×4인치(약 2.5×15cm)의 나무를 반으로 잘라 달라고 하라. 이들은 모래상자의 4면이 될 것이다. [그림 8-1]에서처럼, 4개의 나무 조각을 단단히 유지하기 위해서, 코너 쬠쇠(상점의 목공 섹션에 있음)를 이용하라. 내부 벽면에는 파란 천을 드리우고 놀이 모래를 두 자루에 채우라. 어떤가! 당신은 3피트(약 0.9m)의 정사각형 집단모래상자를 갖게 되었다. [그림 8-2]에서처럼, 이 사이즈는 쉽게 5~7명의 사람들을 수용할 수 있을 것이다. 또한 5갤런(1갤런은 약 3.8리터) 양동이도 가정용품센터에서 살 수 있다. 필요할 때 쓰도록, 모래, 파란 천, 그리고 코너 쬠쇠를 이 양동이에 보관하라.

집단모래상자치료사들은 때때로 집단모래상자를 섹션으로 인위적이거나 일시적으로 나누기를 원할 수도 있다. 예를 들면, 곤경에 빠진 또는 해체된 가족들과 작업할 때 또는 개인 상자에서 집단모래상자로 전환할 때 이것은 소중하게 사용될 수 있다. 집단모래상자는 다월(dowel: 콘크리트 속의 철근)을 이용해서 쉽게 나눌 수 있다. 다월도 가정용품센터에서 구입 가능하다. 여기서 다월을 요구하는 길이로 잘라 줄 것이다. 18인치의 다월들을 이용해서 3×3피트(0.9m) 모래상자를 여러 방면으로 활용할 수 있다. 예를 들면, 우리는 4명의 가족을 위해서 상자를 4개로 나

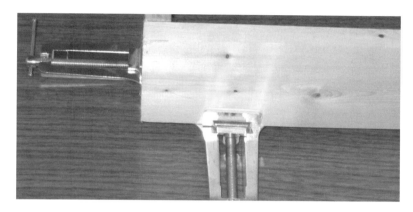

그림 8-1 모래상자코너

그림 8-2 사용중인 집단모래상자

눈다. 처음에 각 가족 구성원은 작업할 수 있는 자기 자신만의 섹션을 가지고 있지만, 여전히 더 큰 가족 상자 내에 참여하고 있는 것이다. 치료 과정의 적합한 시기에, 칸막이는 부모 하위영역을 위한 공간을 만들기 위해서, 그리고 아이들 하부 영역을 위한 또 다른 공간을 가지기 위해서 재구성될 수 있다. 가족은 이러한 하부 영역들을 재편성하는 작업을 할 수 있는데, 이는 종종 많은 시스템 이슈로 인해 혼란해진다. 마지막으로 모든 칸막이는 가족이 모래상자에서 전체적으로 창작할 수 있도록 제거될 수도 있다.

집단 설정에서 개인과 작업하기

집단모래상자는 안전, 소속감, 타인과의 관계 속에서의 자아 탐색을 독려하는 치료 환경 내에서 특히 병행 놀이와 공동 놀이 모두를 활용하기 위해서 고안된 중재다.

Therasa Kestly

집단 상담을 위한 구조는 개인들로 하여금 하나의 집단 설정에서 그들 자신의 개별 모래상자에서 작업하도록 하는 것이다. 이는 분명히 병행 놀이의 한 형태다. 이 계획은 전체 집단 경험을 위해 이 구조를 이용할 수 있다. 또한 과정의 적당한 시기에 집단 내의 개인들을 집단모래상자로 전환시키기 위하여서 이용할 수 있다. 테레사 케스틀리(Teresa Kestly, 2001, 2010)는 한 집단 내에서 개별 작업이 이루어지는 집단 과정에 대해서 저술하고 지도했었는데, 그녀는 이를 모래상자 우정(sandtray friendship) 집단이라고 불렀다. 케스틀리는 2명에서 6명 이상의 집단을 추천한다. 더 많은 아이의 수로 이루어진 집단들은 한 명 이상의 집단 조력자(group facilitator)가 필요하다. 개별 상자에서 큰 공동 상자로 이동할 준비가 되었을 때, 만약 큰 집단의 아이들과 작업한다면, 케스틀리는 4~5피트 정사각형의 또는 4~5피트(약 1.5m) 지름의 큰 집단 상자가 바닥에 놓여야 한다고 제안한다. 그녀는 한 시간 정도씩 매주 10~12번의 회기를 추천한다. 더 어린 아이들은(유치원과 1학년) 45분이 적합하다. 이 회기들은 만들기 시간으로 시작하며, 할당된 만들기 시간이 종료될 때쯤 5분 정도의 예고 시간이 주어진다. 나머지 15~20분은 자신들의 상자에 대한 이야기를 공유하는 데 사용된다. 그녀는 어린 아이들은 다른 아이들이 자신들의 상자 이야기를 할 때 조용히 있기가 어렵다는 것을 상기시켜 준다. 이러한 연령에 적합한 상황을 잘 고려해서, 치료사는 어린 아이들로 하여금 다른 아이들이 말할 때 자신들의 상자에서 조용히 놀도록 허락할 수 있다. 치료사는 아이들이 자신들의 이야기를 할 때 아이들을 돕기 위해서, 그리고 다른 아이들의 주의를 집중시키고 다른 아이들이 방해되지 않도록 유지하기 위해서 치료적 도구(prompt)를 이용할 필요가 있다. 연구의 장에서, 그녀의 프로토콜의 일부에 기초한 연구들을 읽을 수 있다.

지젤라 드 도메니코(Gisela De Domenico, 1999)는 집단모래상자 세팅에서 개별적으로 작업하는 아이들의 행동을 설명하였다. 그녀는 집단원들이 서로의 상자를 볼 때, 이들은 다른 집단원들의 '세상'에 존경을 보인다고 지적한다. 서로가 상자 만들기에서 보여 준 독창성에 대해서 이야기하면서, 아이들은 서로의 세상을 '방문'하기를 좋아한다. 아이들은 다른 사람들이 만들 때의 어려움을 해결하는 것을 돕는다. 아이들은 다른 아이들의 이야기를 경청한다. 집단 경험이 도움이 되면서, 아이들은 다른 이들과 상호작용하는 그들 자신들의 새로운 방법을 익혀 나갈 수 있다.

얄롬(Yalom, 2005)의 치료 요인들(therapeutic factors)을 적용하면서, 집단원들은 자신들의 상자에서 유사성들을 감지한다. 이 보편성은 소품과 의미 모두에 있어서 주요한 역동이다. 집단원들이 다른 이들의 상자를 방문할 때, 일정한 양의 모방 또는 '오염'이 한 사람에서 다른 한 사람으로 전해지기도 한다. 예를 들면, 5학년 아이들 집단에서, 한 소년이 작은 파란색 용기 또는 과일이 담겼던 상자를 모래에 놓고 물을 채웠다. 그 결과 이는 다른 모든 소년의 상자에서도 나타났다. 그러나 다른 집단 경험에서처럼, 일반적으로 우리는 혼자가 아니라는 학습이 집단모래상자치료에서도 나타난다. 이러한 역동은 비밀과 고립이라는 요소들을 물리친다. 이는 집단원들이 집단 경험에 가져오는 '다름'이라는 감정을 없애 준다. 자신의 것과 같을 수도 있고 또는 매우 다를 수도 있는 다른 이들의 경험에 대한 통찰력을 갖추는 능력 또한 일어난다. 이러한 다른 견해를 용인하는 것은 감정이입과 타인에 대한 존경심 발달에 중요하다.

상급 수준의 높은 개인적 작업에서 집단모래상자로 전환하는 것은 더 많은 신뢰, 인내, 신념, 타인에 대한 관심, 그리고 타인의 태도와 행동에 대한 인내를 요구한다(De Domenico, 1999). 자신의 행동이 다른 이들에게 미치는 영향에 대한 집단원들의 이해로 집단 자아가 발달된다.

집단구조에서 개인 상자를 수행하는 과정에서는 나무로 된 상자나 플라스틱으로 된 상자 둘 다 사용할 수 있다. 그리고 멋진 자원인 원형의 화분받침을 잊지 말기를 바란다. 또한 플라스틱 음식용기(약 8인치의 정사각형) 재료도 잊지 말아야 한다. 그 밖에 참고할 사항은 각 상자가 일반적으로 모래의 질감이나 색상에서 같아야 한다는 것이다.

집단 국면

드 도메니코(1999)는 집단모래상자치료의 국면들을 확인했다. 이 국면은 다른 집단 과정과 그 집단과정의 장에 대한 일반적 이해의 장과 유사하다. 시작과 초기 국면에서 집단원들은 긴장하고, 두려워하고, 불안해한다. 그들은 영역을 주장하고 소유욕이 강하다. 우리는 이 시기가 집단원들이 어떻게 적응할지, 공유하는 것이 안전할지, 어떠한 집단 규칙을 따라야 할지를 찾으려고 노력하는 시기라는 것을 알고 있다. 치료사의 역할은 목격자의 역할이고, 과정을 반영하는 것이지 해석하는 것이 아니다. 공유가 일어나면서, 더 진실한 대답을 이끌어 내고 안전감이 커진다. 감정이입과 호기심이 증가한다. 집단원들은 자기 자신의 공간을 주장하는 방법을 배우고 상자와 집단 과정에 기여하는 방법을 배운다. 개인적 그리고 사회적 책임에 대한 개념을 탐색하면서, 집단원들은 세상에 미치는 자신들의 독특한 영향에 대해서 배운다. 모든 구성원이 동일한 상자에서 작업하는 집단에서, 자기 자신의 공간에서 각자가 작업하는 것이 특징이다. 창작물 사이에는 어떠한 관계도 존재하지 않는다. 마치 각 집단원들이 다른 이들의 만들기에는 아무 관심도 갖지 않고 자기 자신의 만들기만 하는 것 같다. 과정이 진행되면서, 집단 응집의 형태를 취하게 된다.

두 번째 단계는 둘러싼 집단원들의 이슈들은 거부, 배제, 포함, 그리고 지원(도움)에 대한 필요성이 특징이다. 소속감이 증가함에 따라, 멤버는 창작되고 있는 '세상'에 대한 집단의 비전을 더 많이 인식하게 된다. 집단의 받아들임이 증가함에 따라, 집단 아이디어 전개에 참여하는 일이 증가한다. 개인들이 여전히 자기 자신의 영역에서 창작을 수행함에 따라, 이는 상자에서 나타날 것이다. 그러나 집단원들은 자기 스스로 만들고 있는 것을 토론하기 시작하면서 상자에 부차적인 아이템들을 추가하기 시작할 것이며, 인위적인 방식으로 개별 창작물들에 다리를 놓거나 창작물들을 서로 연결하기 시작한다. 만약 집단이 집단 상자의 스토리를 말한다면, 그 이야기는 어떤 면에서는 서로 연관되기도 하지만, 연결이 잘 안되고 일관성이 없을 것이다. 우리는 또한 집단원이 눈치채기 전에 또는 그것에 대해서 이야기하기 전에, 개별 이슈들이 모래상자에서 자신들을 스스로 드러내 놓고 있는 것을 발견할 것이다.

3단계는 개인들이 소품을 고르는 단계이며, 그다음에 이 소품을 모래상자에 배치하기 전에 또는 모래상자에 배치하면서 현장에서 드러나는 이야기를 토론하는 단계이다. 이야기가 전개됨에 따라, 더 많은 소품이 이야기의 통합을 위해서 추가된다. 이는 일반적으로 '작동 단계'로 불리는 것이다. 집단이 특정한 치료 이슈들에 초점을 맞추기 위해서는 이 단계에서 지시적인 촉구가 중요하다.

4단계는 집단원들이 자신이 창조한 공동체 의식을 갖는 시기로 확인된다. 이는 협동 발달과 관계 발달로 확인된다. 집단원들은 자신들 집단 세상의 상승효과에 대해서 흥분을 보인다. 멤버들이 자신들의 소품들을 고르면서, 집단원들의 만들기는 이제 토론을 특징으로 할 것이다. 소품과 이야기의 결합은 훨씬 증가한다.

마지막으로, 5단계는 통합된 이야기가 특징이다. 집단원들은 이제 소품을 고르기 전에 상자에 무엇을 만들 계획인지를 토론할 것이다. 상자는 이야기를 염두에 두고 만들어지며, 계속해서 이야기는 변화하고 수정될 수도 있다. 창작물은 분명히 공동체 중심이며 관계적이다.

집단모래상자치료의 이론적 접근법

놀이치료와 집단놀이치료에서 이론적 접근법들이 많은 것처럼 집단모래상자치료에도 접근법이 많이 있다. 이 중에서 네 가지 접근에 대해 간략히 설명하기로 한다.

랜드레스와 스위니(Landerth & Sweeny, 1999)는 인간중심 접근법안에서 아동중심 집단놀이치료를 주장한다.

> 긍정적이고 건설적인 방향으로 나아가 자신의 잠재력을 개발할 수 있는 집단 능력에 대한 절대적인 신뢰를 바탕으로 하고 있다. 이것은 자주 평가를 받고 선택권이 거의 주어지지 않는 아이들에게는 매우 중요한 의미를 갖는다. 아동집단 촉진자는 각 아동들이 충분히 성장하도록 또는 하지 않아도 되는 것에 대해 선택할 수 있게 의도적으로 도와야 한다.

인간중심적 모래상자치료 집단 과정에서 치료사는 집단 구성원들에게 자율성을 촉진하는 데 초점을 두고 최소한의 구조와 방향성을 제공한다. 로저스(Rogers, 1951)는 현상장면에서의 지속적인 상호작용으로 자아가 성장하고 변화한다는 가설을 세운다. 인간중심적 집단모래상자치료 과정에서 집단과 모래상자는 현상적인 장을 제공한다. 따라서 치료사의 역할은 이러한 역동에 초점을 맞추는 것이다.

아들리언 집단모래상자치료사는 개인심리학의 필수단계의 맥락에 맞추어 집단적 역동을 고려하고 있다. 코트만(Kottman, 1999)은 다음과 같이 제안한다. "어떤 면에서는 집단적 접근이 특히 두 번째(라이프 스타일 탐색), 세 번째(라이프 스타일에 대한 통찰력을 얻는 데 도움을 주는), 네 번째 재지향 단계 또는 재교육 단계 동안 아들리언 놀이치료접근을 사용하는 것이 아동들과 함께 작업하는 데 이상적이다"(pp. 166-167). 아들리언의 관점은 행동의 동기부여로서 소속감을 강조하고 숙달, 우월성, 그리고 사회적 관심과 같은 요소들(한 사람의 생활 방식, 인성 우선순위에 초점을 맞춘)을 찾기 때문에 집단모래상자치료는 모래상자 속의 창작물에서 나타나는 이 새로운 역동의 맥락 속에서 내담자를 도전하게 한다. 아들리언 치료의 네 가지 표준단계를 통해서 작업하는 동안에는 다양한 개입법이 사용된다. 손스테가드(Sonstegard, 1998)의 말처럼, 그것은 적극적인 과정이다. "아들리언 집단 작업에서 학습은 행동으로부터 집단참여는 치료효과를 위해 필요한 행동이다"(p. 221).

융학파 집단모래상자치료자들은 집단 구성원들과 그리고 집단 그 자체를 하나의 구조로 바라본다. 베르토이아(Bertoria, 1999)는 다음과 같이 요약한다.

> 모든 융학파 집단놀이치료사의 일반적인 형식은 지금 여기서 명확하고 합리적인 언어를 사용하면서 의식적인 단계에서 작업에 몰두한다. 회기 내에서 작업은 무의식의 비합리적이거나 은유적인 언어로 깊게 들어간다. 그리고 회기들은 아동들을 외부 현실의 현재로 돌아오도록 해서 고정시키는 것으로 마무리한다. (p. 93)

대부분의 융학파들의 작업은 모래상자에서 개인으로 이루어지지만, 집단과정에서 더 큰 힘을 발휘하게 된다. 집단은 더 깊은 수준의 마음을 활용할 수 있으며 이는 원형 에너지의 더 깊은 표현을 촉진할 수 있다. 융 자신은 집단을 다소 불신했지만 베르토이아는 집단 구성원 간의 매개체는 "상호 연결된 분야를 확립"하는 것이며 집단은 "집단적인 행동과 태도를 탐색할 수 있으므로 마음이 지시하는 대로 더 의식적이고 적응적이 될 수 있다"고 주장한다(p. 92). 집단모래상자 융학파들은 치료사가 지시적일 것을 요구하는데, 집단 구성원들과 집단 전체로서의 의식과 무의식 사이를 협상하게 한다.

게슈탈트 집단모래상자치료는 접촉과 알아차림을 강조한다. 오클랜드(Oaklander, 1999)는 다음과 같이 말한다.

> 집단은 아동들의 관계 기술을 향상시키기에 이상적인 환경이다······ 아동들

이 다른 아이들을 찾는 것은 당연한 주요 발달 과업이다…… 집단 안에서의 과정은 일대일로 하는 치료 환경과는 크게 다를 수 있다. 행동이 전경이 되면 모든 면을 살펴볼 수 있는데, 놀이를 하면서 변화 과정이 촉진되기도 한다. (pp. 166-167)

왜냐하면 게슈탈트 기법은 경험에 집중하기 때문이며 집단에서 이 경험을 하기 때문이다. 집단모래상자치료는 지금-여기에 대한 인식 수준이 촉진되는데, 모래상자 소품들에 의해 창작되는 작품들 때문이다. 집단원들과 더불어 모래상자 작품들은 드라마의 몰입도와 참여도를 높여 준다. 게슈탈트 치료에서 중요시하는 접촉은 처음에는 소품과 상자를 통해 이루어진 다음 집단원들에게 연결될 수 있다. 또한 집단모래상자치료 과정을 통해 게슈탈트의 우선순위인, '과거를 현재로' 가져오는 것을 쉽게 할 수 있다.

집단모래상자치료 기법

언급된 바와 같이, 매우 다양한 집단모래상자치료 기법 및 집단치료 기법은 집단모래상자치료에 사용할 수 있도록 활용된다. 이들은 선호하는 기술적 적용뿐만 아니라 이론적 접근법에 따라 달라질 수 있다. 또한 집단 설정에서의 개별 상자 또는 공동 집단상자의 사용에 따라 달라질 수도 있다.

이 책의 다른 장에서 나온 기법들을 응용한 것 외에도 몇몇 다른 집단모래상자 기법들은 다음과 같다.

- 소품을 활용한 인터뷰, 독백, 역할극, 미러링 등의 사이코드라마 개입
- 빈 의자, 대화 창작 및 재창작, 리허설 기법 등의 행동 개입
- 꿈 이야기, 소품을 이용한 저항 및 저항 탐색을 포함한 정신 역동적 개입
- CBT · REBT · SFT 개입은 소품을 사용하여 참여하는 것을 포함한다. 인지,

구조조정, 도전적인 인지왜곡, 잘못된 믿음에 대한 논쟁, 기적 질문, 규모 조정, 동기부여 인터뷰

- 인형극의 모래상자 각색을 포함한 창작예술 개입의 각색, 콜라주, 스토리텔링, 핑거페인팅(소품 유무와 상관없이), 자화상

집단모래상자치료 사례

상담교육자로서 우리 둘 다 집단모래상자치료를 즐기며 하는 일은 교실에서의 집단 작업이다. 우리는 학생들에게 "대학원에 온 느낌을 보여 주는 모래 속 장면을 만들어라"는 지시를 하였다. 학생들은 자신들이 그러한 작업 경험이 얼마나 즐

그림 8-3　대학원생 상자

겁고 강력한 경험인지에 대해 일반적으로 놀란다. 학생들은 장면을 처리하는 과정에서 자신의 문제에 빠르게 접근할 수 있으며 직접적으로 이 매체가 내담자들을 위해 갖고 있는 힘을 이해할 수 있다.

다음은 대학원생의 상자이며 학생이 작성한 요약본에 의한 것이다([그림 8-4] 참조).

나는 대학원 경험 내내 많은 역할을 해 왔기 때문에 언뜻 보고 나서 문어를 선택했다. 가끔 나는 각 문어 다리가 동시에 무엇을 하는지 확신할 수 없었다. 다양한 이유로 우선순위를 하나의 문어 다리에 모두 다 줄 수 없다는 답답한 무능감을 느꼈다. 그런 다음에 이 각각을 표현하는 소품들을 선택하였다.

나는 행복해 보이는 신랑 신부를 발견하였다. 아내로서의 역할은 내 삶의 열정이자 기쁨이다. 하지만 나는 신부를 신랑에게 기대게 하였으며 그가 내게 보여 준 것보다 내가 남편에게 더 기대어 있을 수도 있다는 사실을 보여 주었다. 나는 내가 학교에 다니는 동안 그가 많은 희생을 했다는 것을 알고 있고, 때때로 나는 남편과의 관계에서 어느 부분을 유지하기 위해서는 그만두어야 할 것 같다는 생각이 들었다. 나는 큰 검비(Gumby, 만화 캐릭터)를 선택했는데 내가 학습 경험에 흠뻑 도취된 상태에서 형태가 만들어지기도 하고 모양을 만들며 또 구부릴 수도 있고, 때로는 아주 유연한 느낌을 주었다. 또한 검비는 내가 경험할 때 하던 혼란스러운 얼굴표정을 하고 있다. 나는 대형 교회에서 정규직으로 일하는 모습을 그려 낼 여의사를 선택하였다. 그녀는 다른 사람들이 도움을 청하는 것 같은 확실한 모습이었다……

내 생각에는 검비와 의사가 같은 크기였던 것 같다. 나는 여성의 하이힐을 선택했으며 그것은 남자들 세계에서 평범하고 여성적인 모습을 유지하고 싶은 나의 면모를 드러낸 것이다. 학계에서는 이러한 일이 수년간 일어나기 아주 어려운 일이다. 앞으로 나가는 것을 두려워하는 나의 옆모습을 대변하는 듯한 치킨을 선택했다. 나는 하나님과 함께해 온 여정을 대표하는 배를 선택했다. 하나님은 지금까지 그리고 대학원 시절 내내 내가 겪었던 고난과 휴식의 장소다. 하나님과의

그림 8-4 　집단모래상자치료 수퍼비전

그림 8-5 　집단모래상자에서의 개인 수퍼비전

재결합으로 내가 내 정신이 되었다! 나는 나비를 선택하였는데, 나비는 변신하고
싶은 나의 가장 깊은 열망을 반영한다고 생각한다……. 나는 이 대학원 과정이
그 과정의 일부라고 생각한다.

특히 이 상자가 집단 상자의 일부로, 교실에서 이루어졌다는 점을 고려하면 상
당히 강력하고 통찰력 있는 경험이다. 비치료적 조건임에도 불구하고 모래상자기
법은 집단 환경에서 상당히 깊은 곳에 도달하게 하는 방법이 된다.

집단모래상자치료 수퍼비전

우리는 집단 수퍼비전 맥락에서 집단 속에서의 개인 상자 구조를 사용했다. 카
네스-홀트 등(Carnes-Holt et al., 2014)은 모래상자 수퍼비전은 사례를 분석하고
개념화 기술을 향상시키며 자기 인식을 높이고 관계 역동을 탐구하는 등의 목적
으로 의도적으로 활용될 수 있다고 언급하였다(pp. 502-503). 상담교육자이자 감
독자로서, 우리는 모래상자 기법이 수퍼비전 과정에서 귀중한 도구라는 것을 알
게 되었다.

아넥스트 등(Anekst et al., 2014)은 다음과 같은 집단모래상자 수퍼비전 모형을 제
안하였다.

1. 수퍼바이지에게 모래상자와 그 밖에 사용할 수 있는 도구들을 소개한다.
2. 수퍼바이지에게 호흡에 집중하면서 잠시 이완운동을 위해 눈을 감도록 권
   한다.
3. 버나드(Bernard)의 분석모델(1979)을 근거로 내담자를 성찰하도록 권하고
   수퍼비전하며 세 가지 초점(개입, 개념, 성격)을 성찰하도록 한다. 한두 가지
   혹은 세 가지 구성요소 모두를 사용하도록 권장한다. 수퍼바이지가 모래상
   자를 사용하여 내담자와 어떻게 작업해 왔는지를 설명하도록 한다.

4. 다음과 같은 단계에 따라 수퍼바이지의 모래상자들을 진행한다.

1) 수퍼바이지가 모래상자를 작업하는 동안 관찰하라.

2) 수퍼바이지에게 모래상자의 주제를 정하도록 요청한다.

3) 수퍼바이지에게 어떤 초점(개입, 개념,성격)을 설명할 수 있는지를 묻는다.

4) 수퍼바이지에게 모래상자 작품의 과정에 대해 전반적이고 일반적인 것부터 구체적인 특별한 것까지 논의할 것을 요청한다.

5) 수퍼바이지가 소품들이 이야기하는 것들을 말할 수 있도록 안내한다.

6) 수퍼바이지에게 버나드의 분석모델(1979)에 기초한 수퍼비전의 요점들(개입, 개념, 성격)에 대해 질문한다. 그 후 논의하고 나서 그 상자를 바라본다.

7) 수퍼바이지에게 모래상자의 주제를 재조정하는 기회를 제공한다.

5. 수퍼바이지에게 추가적인 피드백을 받을 것을 요청한다.

6. 수퍼바이지에게 사진을 찍도록 기회를 제공한다.

7. 세션을 문서화하고 자료를 정리한다.

집단모래상자에 대한 수퍼비전을 경험하는 수퍼바이지는 성장하는 치료사로서 임상적 통찰력과 개인적인 자신감 모두를 얻게 된다. 집단에서의 개인 상자들은 매우 유용한데, 집단 수퍼비전을 함으로써 더욱 큰 응집력으로 연결된다.

모래상자치료는 전형적인 상담 수퍼비전 과정으로 활용되며, 또한 놀이에 대한 지도 감독 및 모래상자치료사들의 놀이에 대한 수퍼비전으로 잘 활용될 수 있다. 해트윅과 베넷(Hatwig & Bennet, 2017)은 놀이치료 수퍼비전 과정에서 모래상자를 활용하는 네 가지 접근법을 제시하고 있다.

1. 개입으로써 모래상자 지도하기: 내담자에게 중재하기 위한 모래상자를 가르치는 것은 수퍼바이지가 모래상자에 대해 배울 수 있는 매우 유익한 방법이다(p. 232).

2. 사례 컨설팅: 이것은 '수퍼바이지의 사례개념화 기술향상과 어려운 사례에 대한 새로운 통찰력 증진, 치료적 관계에서 감독자의 역할에 대한 관점평가,

다문화 인식발달이 포함될 수 있다(p. 234).

3. 수퍼바이지의 자기 인식: "치료적인 수퍼비전은 수퍼바이지가 놀이치료사가 되기 위한 사안의 중요 여정인데, 수퍼바이지가 이 여정에서 진행 상황을 탐색하고 그것을 추적해 가게 되는 것은 매우 유익을 주는 여정이다"(p. 235).

4. 집단 수퍼비전: 놀이치료를 위한 집단 수퍼비전에서 모래상자를 활용하게 되면 동료들의 관점을 배울 수 있게 된다……. 사례 컨설팅 및 지시적 모래상자 제시어는 수퍼바이저가 집단 수퍼비전에서 모래상자를 원활하게 할 수 있도록 권장하는 두 가지 방법이다. 사례 컨설팅을 위해서 수퍼바이저는 집단으로 진행하는 매주 진행된 모래상자 사례를 수퍼바이지에게 제시할 것을 요청할 수 있다(p. 235).

이번 장에서 집단모래상자에 대한 모래상자치료 수퍼비전에 대해 간략히 논의하고 있지만, 그 과정에서 개인적 수퍼바이지의 진행에서도 모래상자를 활용하고 있다. 우리는 분석모델, 개발모델 및 시스템 접근법을 포함한 여러 가지 수퍼비전 모델을 경험해 가며 활용하는 것이 효과적임을 발견하였다.

집단모래상자치료사의 역할

마지막으로 집단모래상자치료사의 역할에 대한 코멘트이다. 다음은 집단 미술치료에 관한 장에서 잘 요약되어 있는데, 집단모래상자치료를 훌륭하게 대변한 것이다. 월러(Waller, 2011)는 다음과 같이 언급하고 있다.

집단미술치료치료사의 역할은 주로 집단의 치료적 임무를 진행하는 것이다. 개방적인 의사소통 방식과 상호작용을 장려하고 과정을 잘 살피고 집단이 너무 고착된 것처럼 보일 때나 구성원이 희생양이 될 위험에 처할 때 그 경계를 재설정 하는 것이다. 집단은 이미지를 만들 때 언제 정지하고 대화를 할지, 그리고 진행할지에 대해 집단 스스로 결정한다. 집단원들이 이를 꺼리는 경우, 치료사는 상호작용을 피하고 있는지, 아니면 아직 이미지 만들기 과정에 깊이 빠져 있어서 시간이 더 필요한지를 결정해야 한다. 치료사는 집단 간에 이미지와 자료를 안전하게 저장할 수 있도록 해야 한다(다른 집단이 방을 사용하는 경우에는 어렵다). 가능하다면, 공간의 한계나 작품들이 회기가 끝날 때 치워져야 하는지, 집단이 끝나면 어떻게 되는지에 대한 관심을 갖게 하는 것이 중요하다. (pp. 356-357)

　　모래상자치료사는 재료가 다르기는 하지만, 집단 간에 이미지를 안전하게 저장할 수 있을지는 거의 확신하기 어렵다(따라서, 모래상자 창작물의 사진을 찍을 필요가 있다). 언급된 이러한 미술치료 원리는 대부분 모래상자치료로 전용될 수 있다.

참고문헌

Anekstein, A., Hoskins, W., Astramovich, R., Garner, D., & Terry, J. (2014). 'Sandtray supervision': Integrating supervision models and sandtray therapy. *Journal of Creativity in Mental Health, 9*(1), 122-134.

Berg, R., Landreth, G., & Fall, K. (2017). Group counseling: *Concepts and procedures* (6th ed.). Routledge/Taylor & Francis.

Bernard, J. M. (1979). Supervision training: A discrimination model. *Counselor Education and Supervision, 19*, 60-68.

Bertoia, J. (1999). The invisible village: Jungian group play therapy. In D. Sweeney & L. Homeyer (Eds.), *The handbook of group play therapy: How to do it, how it works, whom it's best for* (pp. 86-104). Jossey-Bass.

Carnes- Holt, K., Meany-Walen, K., & Felton, A. (2014). Utilizing sandtray within the discrimination model of counselor supervision. *Journal of Creativity in Mental Health, 9*(4), 497-510.

Corey, M. S., Corey, G., & Corey, C. (2018). *Groups: Process and practice* (10th ed.). Cengage Learning.

De Domenico, G. (1999). Group sandtray- worldplay: New dimensions in sandplay therapy. In D. Sweeney & L. Homeyer (Eds.), *The handbook of group play therapy* (pp. 215-233). Jossey- Bass.

Hartwig, E. K., & Bennett, M. M. (2017). Four approaches to using sandtray in play therapy supervision. *International Journal of Play Therapy, 26*(4), 230-238. https://doi.org/10.1037/pla0000050

Hunter, L. B. (2006). Group sandtray play therapy. In H. G. Kaduson (Ed.), *Short-term play therapy for children* (2nd ed.), (pp. 273-303). Guilford Press.

Jacobs, E., Schimmel, C., Masson, R., & Harvill, R. (2016). *Group counseling: Strategies and skills* (8th ed.). Brooks/Cole.

Kestly, T. (2001). Group sandplay in elementary schools. In A. Drewes, L. Carey, & C. Schaefer (Eds.), *School- based play therapy* (pp. 329-349). John Wiley & Sons.

Kestly, T. (2010). Group sandplay in elementary schools. In A. Drewes, L. Carey, & C. Schaefer (Eds.), *School- based play therapy* (pp. 257-281). John Wiley & Sons.

Kottman, T. (1999). Group applications of Adlerian play therapy. In D. Sweeney & L. Homeyer (Eds.), *The handbook of group play therapy: How to do it, how it works, whom it's best for* (pp. 65-85). Jossey-Bass.

Landreth, G., & Sweeney, D. (1999). The freedom to be: Child- centered group play therapy. In D. Sweeney & L. Homeyer (Eds.), *The handbook of group play therapy: How to do it, how it works, whom it's best for* (pp. 39-64). Jossey- Bass.

Oaklander, V. (1999). Group play therapy from a Gestalt therapy perspective. In D. Sweeney & L. Homeyer (Eds.), *The handbook of group play therapy: How to do it, how it works, whom it's best for* (pp. 162-175). Jossey- Bass.

Rogers, C. (1951). *Client- centered therapy: Its current practice, implications and theory.* Houghton Miffl in.

Sonstegard, M. (1998). The theory and practice of Adlerian group counseling and psychotherapy. *The Journal of Individual Psychology, 54*(2), 217-250.

Sweeney, D. (2011). Group play therapy. In C. Schaefer (Ed.), *Foundations of play therapy* (2nd ed.), (pp. 227-252). John Wiley & Sons.

Sweeney, D., Baggerly, J., & Ray, D. (2014). *Group play therapy: A dynamic approach.* New York : Routledge/Taylor & Francis.

Sweeney, D., & Homeyer, L. (Eds.). (1999). *Handbook of group play therapy.* Jossey-

Bass, Inc. Publishers.

Waller, D. (2011). Group art therapy: An integrative approach. In C. Malchiodi (Ed.), *Handbook of art therapy* (2nd ed.), (pp. 353–367). Guilford Press.

Yalom, I. (2005). *The theory and practice of group psychotherapy* (5th ed.). Basic Books.

Yalom, I., & Leszcz, M. (2020). *The theory and practice of group psychotherapy* (6th ed.). Basic Books.

제9장

부부 및 가족 모래상자치료

大 부분의 모래상자치료사들은 개인 내담자가 주 대상이 된다. 집단 환경 속에서 개인과 집단에 대한 집단모래상자치료가 얼마나 역동적이고 흥미로운지에 대해서는 이미 언급해 왔다. 더구나 부부나 가족에게 적용하는 것은 효과적일 뿐 아니라 훨씬 더 역동적일 것이다! 우선적으로 고려해야 할 중요한 부분은, 모래상자치료가 훈련된 모래상자치료사에 의해 치료 과정이 진행되는 것과 같이, 부부, 가족을 대상으로 하는 모래상자치료사는 모래상자치료뿐만 아니라 부부, 가족치료역동 모두를 잘 훈련받아야만 한다.

따라서 관계의 역동성, 의사소통 기술, 가족관계, 인간발달을 비롯해 부부나 가족치료에 적용되는 여러 기법들을 수련하는 것이 매우 중요하다. 이는 역량을 향상시키기 위한 중요한 윤리적 문제다. 이러한 훈련은 아무리 강조해도 지나치지 않을 만큼 중요하다. 코머와 브라운(Komer & Brown, 1990)은 가족치료 과정에 아동을 포함하였거나 제외한 가족치료사들을 대상으로 한 연구에서 아동을 포함한 전문적인 훈련을 받았거나 아동을 포함하는 훈련이 적절하였다고 느끼는 가족치료사들이 있음을 알게 되었다. 그들은 치료 과정에 아동을 포함시킬 가능성이 매우 높은 사람들이었다. 놀랄 일이 아니다! 진정으로 포용적이고 체계적인 치료사가 되고자 하는 가족치료사들에게는 아동치료훈련이 분명히 필요하다. 같은 방식으로, 모래상자에 가족을 포함하려는 모래상자치료사들은 가족에 대한 훈련을 받았거나 반드시 받아야 한다는 논의를 해야 할 것이다! 사실, 가족치료에서 아동을 제외시킨다는 문제는 저명한 대부분의 가족치료사들의 주장과는 상반되는 것이다. 아커만(Ackerman, 1970), 미누친(Minuchin, 1974), 사티어(Satir, 1983), 헤일리(Haley, Montalvo, & Haley, 1973), 휘태커(Whitaker, Keith, & Whitaker,1981)와 같은 선구자들은 오랫동안 그들의 접근법에 아동의 참여를 주장해 왔다.

부부 및 가족을 대상으로 하는 모래상자치료는 흥미로운 전망을 갖고 있다. 모래상자치료를 적용하여 전통적이거나 새롭게 활용되고 있는 부부·가족치료 방법으로 다양하게 접근할 수 있으며, 또한 치료 과정에서 나타나는 내담자들 간의 의사소통방법을 관찰할 수 있어 치료자들에게 유용한 자료가 된다. 또한, 내담자들에게는 드러난 문제들을 치료자들에게 더욱 쉽게 표현할 수 있는 방법이 된다.

부부나 가족치료는 모래상자치료사들을 포함한 모든 정신건강 전문가에게 접근하기 어려운 분야이다. 부부나 가족 구성원 중 적어도 한 명이 치료에 응하지 않거나 참석할 필요성을 느끼지 못하는 경우가 흔하게 관찰되기 때문이다. 또한, 대부분의 부부나 가족들은 위기가 발생하기 전까지 해결 방안을 찾는 것을 미루다가 이미 많은 사례가 겹치며 문제에 커진, 매우 복잡한 상태로 발전되고 난 후에 전문가를 찾아가기 때문에 관계가 상당히 악화된 상태에서 나타나는 서로 간의 의사소통이나 반어법을 활용한 표현들은 접하기 힘들 뿐더러 해석하기 또한 쉽지 않다(Sweeney, 2002). 그래서 대화를 꺼려 하고 의사소통으로 문제를 서로에게 이해시키는 데 한계를 느낀 내담자들을 위해 모래상자치료법과 같은 비언어적 치료 방식은 유용하게 잘 사용될 수 있다.

개인의 모래상자로, 또는 공동 모래상자로 모두가 함께 치료에 참여함으로써 내담자들은 자신만의 '세계'를 표현할 기회를 갖게 된다. 이 활동을 통해 개개인의 내담자들은 다른 가족 구성원들과 치료사에게 자신의 의사소통 방법이나 가족 간의 관계를 관찰할 기회를 준다. 이 과정에서 생기는 가족 구성원들의 관여하는 반응이나 대응하지 않는 무관심은 각각의 개인들에게 가족 구성원들이 미치는 영향

세대에 걸친 교류의 주요 의미를 안고 있는 아동들을 포함시키지 않는다는 것은 가족치료라고 할 수 없다.

Nathan Ackerman

가족치료와 놀이치료 분야는 많은 공통점이 있다. 둘 다 창조적인 작업방식이며 상황을 흔들어서 새로운 해결책을 모색하고 정서적 공감과 연결이 심화되게 하여 가족관계를 재정립하도록 한다.

Eliana Gill

과 서로 간의 관계에 대한 가치관을 알려 주는 것이 된다. 치료 중 핵심 문제를 피하기 위한 내담자들의 몸부림은 어느 누구에게나 일어나며, 이로 인해 또 다른 문제가 시작되기도 한다. 이 기회를 통해 우리는 가해자나, 희생양으로서 느끼는 감정들이나 그들의 문제에 관련되어 있는 다른 구성원들이 느끼는 감정을 파악하여 문제를 해결해 나갈 수 있다.

가족치료에 있어서 스위니와 로샤(Sweeney & Rocha, 2000)는 "최저 발달 분모(lowest developmental denominator)"를 고려하여 그들이 동참할 수 있는 적합한 수준의 치료 방법을 사용해야 한다고 주장한다. 이들이 일컫는 최저 발달 분모(Sweeny, 2000)는 가족 구성원 중 정신적으로나 신체적으로 가장 발달하지 않은 구성원을 표현한다. 이 구성원은 어린 아이들뿐 아니라 청소년이나 어른일 수도 있다. 아이들이 가족관계에 긍정적으로, 혹은 부정적 영향으로 기여할 수 있는 요인임을 부인하는 사람은 거의 없다. 하지만 가족치료를 받는 대부분의 가족들은 아이들을 제외한 치료방식을 고려하고 있다. 모래상자치료법은 가족 구성원 모두가 참여할 수 있도록 "발달 단계가 다른 각 구성원도 동등한 방법으로 평등하게 표현할 기회"를 주며, 그들 사이의 동맹관계, 세대별 유형, 그리고 성격발달 단계를 엮은 한 가정의 설계도를 작성할 수 있게 도와준다(Sweeney & Rocha, 2000, p. 36).

원 가족 문제 또한 모래상자치료의 은유적 과정을 통해 드러난다. 원 가족 문제는 주로 가정의 어른으로부터 유발되는 문제로서, 그들이 살고 있는 가정에 엄청난 영향을 미친다. 내담자들은 간혹 원 가족 문제의 영향력을 모르고 있거나 인식하려 하지 않는 경우가 있어, 가족 구성원 각각의 원 가족을 고려하는 것은 치료사의 책임이다.

모래상자치료 과정은 원 가족 문제를 발견하고 변화를 위한 안전하고 효과적인 장을 만들어 준다. 더군다나 배우자와 가족 구성원들은 다양한 성격특성과 의사소통 형태를 일상적인 관계 역할에 적용한다. 부부 및 가족 치료의 일반적 목표는 협동과 협상을 포함하기 때문에 성격과 의사소통 기술을 서로 이해하는 데 상당한 도움이 된다.

전략, 체계, 경험 그리고 행동을 포함한 가족치료의 다양한 수업과정의 치료 과정에서 모든 연령대의 가족이 적극적으로 참여하도록 권장한다(Chasin,1989). 사티어(Satir, 1983)는 경험적 접근을 하였으며, 가족구조에서 자신의 주어진 역할을 하기 위한 놀이와 놀이적 기술을 사용하였다. 소리(Sori)와 길이 강조하기로는(Gil, 2015에서 인용된 바와 같이), 사티어의 목표는 "내담자의 문제를 넘어서는 가족들의 문제를 드러내도록 하여 가족들이 해결할 수 있도록 새로운 가능성을 여는 것"이라고 말했다(p. 14). 이러한 활동의 예로 가족 조각(Papp et al., 1973) 및 구조적 가족치료의 제정(Minuchin, 1974)이 있다. 보웬(Bowen, 1993)의 차별화된 관점은 모래상자에서 쉽게 확인될 수 있다.

또한 제1장에서 이야기한 모래상자치료의 스토리텔링 요소에 대한 후속으로 이야기 치료적 가족치료의 적용(White & Epston, 1990; White Morgan, 2006)은 가족들이 이야기를 통해 모래상자에서 가치관을 공유할 수 있는 좋은 기회가 된다. 맥루키와 로우모텀(McLuckie & Rowbotham, 2013)은, 예를 들어 가족들에게 다음과 같이 설명한다. "모래상자는 아동들이 가족들에게 영향 주는 문제에 대한 이야기를 공유할 수 있는 유용한 매개체다. 그렇지 않으면 그들의 발달 맥락상 필요한 '안전지대'를 벗어나게 되어 추상적 개념에 그칠 뿐이다"(p. 135).

가족치료에서 배우자나 가족 구성원 각자가 자신이 작성한 보고서로 추정하기보다 아이들을 포함한 모든 가족 구성원의 참여는 의사소통, 역할, 협동 그리고 삼각관계를 관찰할 수 있는 기회를 준다. 이는 치료사들이 가족형태 내에서의 상호작용의 복잡성을 조망하고 가족 역동성이 개인의 발전과 가족생활주기의 요구에 따라서 어떻게 영향을 받고 있는지 관찰하는 데 도움이 된다. 우리는 단순히 진실을 믿는다. 모든 가족이 치료를 받아야 하는 경우라면, 당연히 가족들이 포함되어야 하고 이것은 모래상자치료에서 더 쉽게 드러난다. 다음은 키스와 휘태커(Keith & Whitaker, 1981)의 강한 우려를 보여 주고 있다.

현대아동정신의학은 가족치료를 받는 아동들이 간과되고 배제되는 것에 대해 우려한다……. 가족들은 생기 있는 치료를 위해 아동들을 반드시 치료에 포함시켜야 한다. 우리는 아동들이 치료 과정에 참여하지 않을 때 가족이 아주 천천히

변화되는 것을 반복해서 발견하기 때문이다. (p. 244)

가족치료의 핵심개념은 항상성인데, 이는 가족기능의 많은 변화를 설명한다. 잭슨(Jacken, 1981)은 "항상성은 내부 환경의 상대적인 항상성을 의미하지만 이는 동적인 힘의 지속적인 상호작용에 의해서 유지된다"고 언급했다(P. 6). 언어로 하는 치료에서는 항상성의 균형을 식별해 가며 처리하기에는 아주 어렵다. 따라서 모래상자치료가 이 중요한 가족치료적 역동을 다룰 수 있는 훌륭한 방법이라고 주장한다.

길렌 등(Guerin et al., 1987)에 따르면, 상호작용의 흐름은 모래상자치료 과정에서 더욱 분명해진다고 한다. 갈등 상황에 놓여 있는 결혼은 일반적으로 밀고 당기는 식의 형태를 나타낸다. 이는 어느 정도 수준에서 부부나 상담자에게 명료할 수 있으며 모래상자에서 좀 더 확인할 수 있다. 상호 간 형태의 확인은 부부갈등의 해결에 매우 중요하며 새로운 관계 및 의사소통 기술을 가르치도록 안내한다. 따라서 모래상자치료는 치료의 평가척도 및 훈련도구로 사용될 수 있다.

부부 및 가족과 함께하는 모래상자치료의 또 다른 장점은 자연스럽게 그 어떤 배우자 또는 가족 구성원도 초점에서 벗어나지 않도록 한다. 가족치료사는 항상 지목된 희생양의 내담자를 알고 있어야 하고, 한 명에게 관심이 집중되지 않도록 해야 한다. 표현적이고 투사적인 특성이 있는 모래상자치료는 지목된 내담자를 덜 집중되도록 한다.

상담소에서 부부가 자발적으로 그들의 문제를 말로써 진행하고자 한다면 모래상자치료를 적용하지 않도록 해야 한다. 그러나 이런 부부는 의식적으로 혹은 무의식적으로 모래상자치료 과정에서 드러날 수 있는 중요한 문제를 부인할 수 있다.

현대아동의학은 가족치료를 받는 아동들이 간과되고 배제되는 것에 대해 우려한다. 가족들은 생생한 치료를 위해 아동을 치료에 포함시켜야 한다. 우리는 아동들이 치료 과정에 참여하지 않을 때 가족이 느리게 변화한다는 점을 발견한다.

David Keith & Carl Whitaker

부부를 위한 모래상자 개입

피쉬베인(Fishbane, 2013)은 부부치료를 할 때, 부부가 다양한 현실을 볼 수 있도록 격려하며 이야기한다. 이것은 도전이 될 수도 있다. 실제로 현실에서 인지적으로 인식하려고 시도하는 것이 아니라 모래상자에서 소품들로 서로의 현실을 탐색할 수 있다는 것이 가능할까? 피쉬베인은 부부치료 장면을 묘사하면서, "모래상자치료가 그들의 반응 행동들을 정상화하고 부부에 대한 수치심을 없앤다. 동시에 나는 그들이 자동적으로 반응 행동하던 것을 극복하는 가능성을 제시한다" (p. 131). 부부는 서로에게 반응하는 경우가 많기 때문에 자신들을 탐색하고 수치적으로 반복하는 주기를 의논하기 위한 도구로서 소품들을 사용함은 이러한 역동들을 감소시킬 수 있다고 제안한다.

모래상자치료사는 부부 및 가족들의 모래상자의 초기 단계에서 조언자, 문제해결사 혹은 심판자의 역할을 맡지 말아야 한다. 개인 모래상자치료에서와 같이 먼저 개인 내적 그리고 대인관계의 탐색에 초점을 둬야 한다. 이는 의사소통의 발전과 갈등을 해결하도록 하는 안전한 장소와 길을 만들어 주기 때문이다. 부부 및 가족들과 함께하는 모래상자 과정의 도입은 개인 내담자를 대상으로 한 치료 과정과 크게 다르지 않다. 치료자가 지시적이거나 비지시적으로 진행하는 것에 따라 방향이 결정된다.

이러한 선택은 치료자의 선호뿐만 아니라 내담자 문제에 달려 있지만 우리는 대체로 개인 모래상자를 만들면서 부부나 가족 모래상자가 시작된다. 시작점을 공동상자로 결정했다 하더라도 자주 나타나는 갈등이 명백하면서 쉽게 지각할 수 있으면 이것은 모래상자치료의 감각적 속성과 운동감각적 특성에 의해 초기 공동상자에 압도될 수 있기 때문이다.

그다음 단계는 부부나 가족 구성원에게 모래상자에 나란히 서서 꾸미도록 하는 것이다. 배우자나 가족 구성원 중 누군가는 공동 모래상자에서 자신을 표현하는 것을 내켜 하지 않거나 그럴 능력이 없는 것으로 보일 경우 이는 매우 중요한 시점이 된다. 공동 모래상자는 너무 위협적이어서 만들 수 없기 때문이다. 가족 구성원 중 누군가는 공동 모래상자를 꾸미는 데서 철수되기도 하지만, 개인 상자를 만들 때는 보다 더 충분히 표현하고 참여할 수가 있다. 배우자나 가족 구성원이 이런 개인 상자의 세계를 만들 때면, 상자를 꾸미는 동안 말하는 것을 삼가도록 한다. 그들이 상자를 완성한 뒤에 각 배우자나 가족 구성원에게 그 상자에 대해 이야기를 나누고 싶은지 여부를 물어보고, 다른 배우자는 그것을 경청하도록 격려하거나 코치한다. 중간에 말을 가로막는 것은 허락되지 않고 비록 그 시간을 사용하지 않더라도 말하는 데 동등한 시간을 준다.

부부나 가족들이 현재 관계의 갈등에 대해 말하지 못했거나 듣지 못했다고 느끼는 것은 드문 일이 아니다. 개인 상자는 모래상자 만들기를 통해 자신을 표현하고, 고통, 두려움, 희망에 대해 '말'할 기회를 준다. 부부나 가족 구성원이 모래상자에 대해 나눌 때 그들은 치료자뿐만 아니라 그들의 배우자나 가족들과도 이를 공유하는 것이다.

배우자나 가족 구성원이 원한다면 배우자나 다른 가족 구성원을 위해 '내면여행 안내'를 해 주도록 부탁할 수 있다. 내담자들에게 간섭받을 필요가 없는 투어가이드 전문가처럼 그들의 관점과 정서적 삶의 전문가라는 것과 그들에게 모래상자 안의 세계를 판단이나 편견 없이 나눌 기회가 주어질 것임을 각인시킨다. 필요하다면 치료자들은 방해를 막음으로써 '여행'을 촉진시켜야 한다. 만약 가족 구성원이 다른 구성원들의 모래상자나 설명에 대한 궁금한 점이 있다면 그들은 내면여행 안내의 설명이나 이야기가 끝난 후에 물어보도록 한다. 그러나 질문을 빙자한 방어나 비난은 피해야 한다. 모래상자치료사는 적절한 상호교류를 조정할 책임이 있다.

각 구성원들의 느낌을 느끼고 듣고 이해하는 경험은 중요하다. 이는 후속 모래상자 꾸미기 과정의 일부다. 우리는 개별 내담자들에게 사용된 동일한 질문들을 사용할 수 있다. 당연히 이 과정은 치료자의 이론적인 근거나 기법의 선호에 따라 다르다.

치료자가 그 과정이 적절하다고 판단하는 경우, 모래상자 안에서 공동 작업으로 시작할 수 있다. 부부의 개인 상자 과정을 내내 사용하지는 않는다. 개인 상자로 시작하는 것이 바람직하지만 공동 상자로 시작하고자 할 때는 치료자의 이론적인 적절한 치료 계획 방향이 있어야 한다.

공동 상자를 만드는 것은 배우자나 가족 구성원의 생활방식과 관계 맺는 방식을 관찰할 수 있게 한다. 공동 상자를 시작할 때, 일반적으로 개인 내담자에게 하듯이 과정을 비지시적으로 소개하면 된다. 그들이 사용하고 싶은 만큼의 소품을 사용해서 장면이나 세계를 모래상자에서 만들도록 하는 것이다. 상자를 시작하는 데 어려움을 겪는 부부 및 가족에게 좀 더 설명해 주고 보통 이보다 더 구체적일 필요는 없다. 일반적인 예로 간단히 그들에게 지난 주말이나 휴일을 반영하는 장면을 만들어 보라고 하는 것이 있다.

부부나 가족이 소품을 선택하고 모래에 배치할 때 치료사가 상자에 참여하고 과정에 반응하는 것은 내담자의 관계의 질에 따라 다를 수 있다. 부부 및 가족이 작업하는 동안 회기의 일반적인 지침을 사용하여 자주 반영적인 말을 하고 대화를 할 것이다. 우리는 본질적으로 정신 내적 및 대인관계 문제를 상자를 통해 만드는 것에 경이로움과 존경심으로 말없이 지켜본다. 이것이 융 심리학자들의 접근의 핵심적 요소다. 대부분의 상호작용은 모래상자를 완성하고 난 후 질문을 시작하면서 일어난다.

부부와 가족들이 모래상자를 만들 때, 치료자는 내담자들의 관계의 역동성을 통찰하도록 돕는 다음과 같은 질문들을 고려한다.

1. 모래상자 세계를 시작한 사람은 누구인가? 그 과정을 끝낸 사람은 누구인가?
2. 어떤 소품이 고려됐고, 선택됐고, 거부되었는가? 누구에 의해서? 다른 사람이나 다른 배우자가 다른 사람의 제안이나 구획을 거부했는가?
3. 어떤 사람의 소품이 다른 사람에 의해 만져지거나 옮겨졌는가?
4. 부부나 가족이 상자를 만드는 데 함께했는가? 하나의 상자에 분리된 다른 세계가 만들어졌는가?
5. 가족 구성원이나 다른 배우자가 호의적이거나 적대적인 메시지를 보낸 적이 있는가? 누군가 "너는 네 일을 해. 나는 내 일을 할 것이니까"와 같은 메시지를 보냈는가?
6. 누가 가장 많이 기여했나? 각 사람이 차지하는 공간의 비율은 얼마나 되는가?
7. 배우자나 가족 구성원들이 과정을 진행하는 동안 서로 이야기를 하였는가?

하나의 주제를 정하고 하는가? 그렇다면 두 사람 다 그 주제를 따랐는가?

8. 그 과정이 체계적이었는가? 아니면 혼란스러웠는가?

이 질문에 대한 답은 내담자들의 관계에 대한 중요한 정보를 줄 수 있다. 모래상자를 꾸미는 동안 보이는 참여 정도와 반응성, 분할성, 영역화, 순응도, 그리고 거부(더 많은 목록이 있을 수 있다)의 정도는 대체로 내담자들의 일반적인 상호작용의 직접적인 반영일 수 있다.

개인 내담자처럼 상자를 만든 후 세계의 제목을 물어봄으로써 시작할 수 있다. 부부나 가족(최소한 그 일원들 중 한 명이라도)이 제목을 생각해 내지 못하는 경우는 드물다. 제목을 물어본 후 부부에게 그 상자에 대해 이야기해 달라고 한다. 개인 모래상자치료에서 치료사를 내담자의 세계로 안내해 주기 위해 장면에 대해 말해 줄 것을 요청한다. 부부와 가족치료에서는 그들 서로의 상자의 세계로 안내해서 그에 대해 얘기하도록 한다. 이는 의사소통에 문제가 있는 부부에게는 어려움이 될 수 있어서 상담자는 그 과정에 도움을 줘야 할 것이다. 이 이후 단계에 따라 상자에 대해 말해 달라고 물어보고 치료자를 그들의 세계에 안내해 달라고 부탁한다. 양쪽 배우자와 모든 가족 구성원에게 이야기를 나눌 동등한 시간이 주어지는 것은 매우 중요하다.

이 과정은 이야기를 통해서 상당한 내적, 대인관계의 소재가 나타나는 것을 고려한다면 더 많은 질문을 하여 더 많은 정보를 이끌어 낼 수 있다.

"이 소품은 무엇인가요? 그녀는 뭘 하고 있는 거죠? 이 둘은 서로에게 뭔가를 말하고 있는 것 같네요. 뭘 얘기하는 걸까요? 당신은(배우자이거나 가족 구성원 일원) 이 그림 안에 있나요? 이 안에 당신이 아는 다른 사람이 있나요? (이것이 활동적인 장면이라면) 다음엔 무슨 일이 일어날까요? 여기서 가장 강한 것은 무엇(누구)인가요?"

과정을 거치는 동안 많은 다른 질문이 나올 수 있지만 간단하고 개방적인 것이 좋고, 강제적이거나 결론으로 넘어가 버리는 질문들은 피하는 것이 좋다. 우리는 직접적인 질문보다는 진술이나 숙고하는 것을 더 많이 하려고 노력하는 것에 주의한다. 또한 부부나 가족들에 있어서 세계를 만들고 나누는 경험을 갖도록 하는 것은 흥미롭다. "각자에게 이것은 무엇과 같은가요?"

부부 또는 가족 모래상자 과정은 앨런(Allan, 1988)의 표준단계를 자녀와의 모래상자치료 과정에 반영할 수 있으며, 이는 부부 및 가족과의 모래상자치료 진행상황을 평가하는 데 도움이 된다는 것을 발견하였다. 첫 번째 단계는 혼돈이다. 이는 부부나 가족이 분명하고 신중하게 선택하지 않고 소품을 모래 속에 '쏟아 놓는 것'이다. 모래에서 나타나는 혼란은 부부 혹은 가족의 삶 속에서의 혼란과 정서적 동요를 반영하는 것이다. 대부분의 부부, 가족 치료사들은 부부와 가족들이 치료실에서 행해지고 있는 '쏟아 놓는 것'에 관해 익숙하다. 모래상자를 사용하면 외부화하여 쓰레기를 그래픽으로 표현할 수 있다. 다음 단계의 투쟁은 드러난 혹은 숨겨진 갈등이 '전쟁' 장면으로 될 수 있다. 이 창조적인 단계의 초기에는 자주 싸움을 벌이고 있는 쌍방이(혹은 그 이상) 서로를 전멸시킨다. 장면이 한쪽의 승리를 반영한다고 할지라도(예: 내성적이고 순종적인 배우자를 누르는 지배적인 배우자, 또는 경직된 가족 체계에서 횡포적인 부모), 이는 이기거나 지는 상황이 아니라 패자—패자 상황으로 묘사된다. 종종 모래상자치료의 초기 단계에서 어느 누구도 이러한 전투나 사고에서 살아남지 못하는 것을 볼 수 있다. 긍정적인 방향의 진행 과정과 상호관계를 맺어 가는 과정을 거치면서 모래상자치료는 삶이 '정상적으로 회복되고 있는 것'처럼 보이는 세 번째 단계, 즉 해결 단계로 넘어간다. 이 단계에서는 모래상자에는 좀 더 질서와 균형이 잡혀 있다. 소품을 조심스럽게 선택하고 신중하게 배치한다. 모래상자 속에서 가끔은 유익하면서 평등한 역할을 맡고 있는 자신들을 발견한다. 이는 대개 치료가 거의 끝나 간다는 하나의 신호가 된다.

이전에 언급했듯이, 완성된 모래상자의 사진을 찍어 놓는 것은 도움이 된다. 이는 과정을 기록해 두는 것뿐 아니라 그들이 시작한 여행의 '슬라이드 쇼'로 치료 과정을 종결하는 것으로 도움이 된다. 또한, 한 회기동안 모래상자를 끝까지 진행하지 못했다면, 그 과정을 이어가는 데 시각적인 자극을 제공한다. 시설이 갖춰져 있다면 부부나 가족 모래상자 회기를 영상으로 찍는 것도 도움이 된다. 치료사들이 그들이 찍어 놓은 영상을 보고 수퍼비전을 받음으로써 많이 배우듯이 부부나 가족도 모래상자를 만드는 영상을 통해 봄으로써 의사소통 과정에 대해 많이 배울 수 있다. 치료사는 가족 구성원이 자신과 다른 구성원의 영상을 볼 때 교사와 코치의 역할을 할 수 있다

특정 부부를 위한 모래상자의 개입

여기에 제시한 것 외에도 부부에게 모래상자치료를 사용하는 여러 가지 방법이 있다.

다음은 부부에게 모래상자를 소개하는 몇 가지 방법이다.

> "당신들이 말한 문제들이 서로 이야기 나누기 쉽지 않다는 것을 알아요. 난 당신들로부터 뭔가를 캐내려는 것이 아니라 당신들 둘이서 의사소통할 수 있는 방법을 돕기 위해 있습니다. 부부 상담 방법 중 성공한 한 가지 방법은, 모래상자치료 유형의 부부 상담을 통해서입니다. 나는 당신들에게 퍼붓듯 질문하기보다는 쓰고 싶은 만큼의 소품을 이용해서 모래에 장면을 만들었으면 좋겠어요."

비지시적으로 머물러 있거나 초점이 맞춰질 수 있는 것이 이 시점이다. 보다 지향적인 과정의 예는 다음과 같을 수 있다.

> "지금 보기에 당신들 둘이 싸우고 다투는 것이 꽤 오래된 것 같네요. 지금 이렇게까지 오기 이전엔 어떻게 살았는지 기억이 잘 안 나겠죠. 난 당신들이 두 개의 모래상자를 가지고 하나에는 지금 당신들이 같이 살고 있는 삶을 어떻게 느끼는지 나타내고, 다른 하나에는 갈등이 시작되기 전에는 어땠는지를 만들어 봤으면 좋겠습니다."

각각의 개인 상자를 두 구획으로 나누거나 또는 하나의 큰 상자에 절반을 나누어 각자 파트의 두 장면으로 나누어 만든다.

부부 모래상자를 할 때 한 가지 중요한 장점은 전통적인 부부치료의 기술을 모래치료 과정에 적용시키는 것이다. 한편으로는 제7장에서 언급한 몇 개의 기술이 사용될 수도 있다. 예를 들면, 해결에 초점을 맞춘 기적 질문을 부부에게 사용하는 것이다. 기법만큼이나 이에 대한 적용 또한 다양하다.

특정 부부치료 방법에 적용하는 것의 예로 존 가트만(John Gottman, 1999)의 비판, 방어, 경멸 그리고 의사방해를 포함하는 재앙의 네 가지 징후(Four Horsemen of the Apocalyse)가 포함될 것이다. 가트만의 연구는 이러한 행동이 이혼의 전조를 보이는 역동성의 실제로 보았다. 네 가지 문제는 확실히 부부들과 말로 얘기를 나눌 수도 있다. 그러나 더 깊고 효과적인 과정은 모래상자에서 풀어내는 것이다. 치료사는 각 배우자에게 질문할 수 있다.

> "당신은 당신의 관계에서 최근에 비평받기 · 방어하기 · 경멸하기 · 의사방해를 경험한 것을 모래상자에 표현할 수 있나요? 당신은 당신의 배우자가 그것들을 어떻게 경험했을지 상자를 만들 수 있나요?"

또 다른 적용은 '부부간의 대화'의 이마고 관계 치료(Imago Relationship Therapy) 과정이 사용될 수 있다(Hendrix, 2010). 이마고 기법을 사용할 때는 필요한 훈련이 요청되는데, 부부간의 대화는 기본적으로 반영, 요약, 검증(예: "그랬을 것이다. 왜냐하면……") 그리고 공감(예: "당신이 어땠을지 상상이 간다.")으로 구성된다. 과정의 본질은 서로 동등하고 다른 상태에 있으면서 이해받는 것에서 상대의 경험을 이해하는 쪽으로 배우자 각각이 발전하도록 돕는 것이다. 이 과정은 각 배우자가 소품에 목소리를 부여함으로써 모래상자치료로 확장시킬 수 있다. 반영하는 것이 어색하고 피상적인 느낌이 많이 들 수 있지만, 이는 모래상자의 소품에 투사하기를 통해 실행할 수 있다. 가르침을 받을 수 없거나 불평이 많은 내담자에게 치료사가 코칭하면서 이끌기보다 직접 소품을 코칭함으로써 안정적으로 느낄 수 있다.

정서중심치료(Emotion-focused therapy: EFT)는 부부들과 함께 작업하기 위해 적용하는 또 다른 방법이다. 존슨(Johnson, 1996, 2004)은 EFT의 모델을 세 단계로 나누어 설명한다. 이를 요약한 세 단계는 다음과 같다.

1. 갈등 완화 주기: 애착 안전망을 중단시키거나 유지하려는 부정적인 순환 패턴을 식별하고 감소시킨다.
2. 상호작용의 재구성: 파트너가 상호작용 패턴을 전환하고 안전한 애착을 촉진할 수 있도록 지원한다.
3. 강화와 통합: 치료 과정을 권한 부여방식으로 요약하고 보다 강력한 관계 유대감을 촉진하는 새로운 대응 패턴으로 통합한다.

이는 모래상자에서 소품을 통해 입증되고 실습될 수 있다. 존슨(1996)은 치료사의 역할이 교사나 코치가 아닌 치료 과정의 상담자 중의 한 사람이라고 주장한다. 또 이러한 역할을 완전히 분리할 필요는 없다고 제안한다. 그러나 치료 과정의 상담자라는 용어는 모래상자치료적 접근을 하는 자를 의미한다.

우리가 가족모래상자에서 사용하는 특정한 EFT 개입은 기본적으로 부부치료 과정에서 이야기 전개를 하는 것이라고 할 수 있다. 밀킨과 존슨(Millikin & Johnson, 2000)은 다음과 같이 설명한다.

핵심적인 의미는 3인칭의 환상적인 서사, 우화 또는 이야기로, 표면적으로는 내담자가 아닌 다른 사람의 이야기다. 이 이야기는 부부의 상호작용 속에 함축된 애착 내용을 반영하며 명료화하기 위한 것이다. 핵심적 정의는 치료에서 문제와 과정을 나타내는 내담자의 논리와 구조를 따르는 것이다. 이는 내담자의 고착된 점과 특정 관련성을 갖지만, 치료사는 그 이야기를 잠정적으로 의미 부여한다. 핵심적인 이론에서 우화와 같은 특성은 일반적인 맥락에서 볼 때 부부의 반응에서 긴밀한 유대감에 대해 고군분투하는 모든 사람에게 적용 가능하다. 알게 된 핵심적 정의는 안전하고 검증된 방법으로 알려지는데, 이와 같이 우화는 부부간

의 반응을 정당화시키면서 검증된 것이다. (p. 76)

모래상자치료는 EFT의 의미 있는 이론을 활용하는 훌륭한 기법이다. 치료사는 이야기꾼이 될 수 있고, 이야기는 도형처럼 서술되며, 배경은 모래상자이고 등장인물은 소품들이다. 덧붙이면, 위튼본 등(Wittenborn et al., 2006)은 "인형의 집 놀이와 같은 직접놀이도 상호작용 주기를 이해하는 데 도움이 될 수 있다"(p. 338). 그리고 모래상자치료 과정에 쉽게 적용할 수 있다.

부부모래상자치료의 그 밖의 다른 개입에 있어서는, 킨타닐라(Qintanilla, 2020)의 불륜 회복에서 부부를 돕기 위한 모래상자치료의 활용에 관한 연구, 부부치료 수퍼비전에서의 모래상자에 대한 의견(Dean, 2001), 부부 상담 관점에서 모래상자 사용(Carmichael et al., 1997), 그리고 분석심리학 배경의 부부모래상자(Albert, 2015) 등이 있다.

특정 가족을 위한 모래상자 개입

부부에서와 같이, 가족의 모래상자치료에서도 우리가 제안한 것을 포함하여 사용할 수 있는 기법이 무수히 많다. 다시 강조하면 기법만큼 많은 적용된 모래상자치료의 응용이 있다.

보웬(1976)을 포함한 많은 가족 치료사가 동일시했던 코치로서의 치료사 행동에 대해 설명하였다. 전문가보다 코치의 역할을 맡음으로써 내담자들은 개인적인 책임감을 맡아 변화의 과정에 쉽게 참여할 수 있다. 살펴본 바와 같이, 내담자는 자기다움을 향한 점진적인 과정으로서 모래상자 소품을 통해 코칭받는 것이 더 편할 수 있다.

모래상자를 위한 가족치료 기법 중 하나는 조각의 사용이다(Papp, Silverstein, & Carter, 1973). 전통적으로 각 가족 구성원에게 실제적으로 각자가 보는 바에 따라 가족 구성원의 위치를 통해 가족 구조를 '조각'할 수 있는 기회를 제공하는 것이다. 이것은 치료실의 의자와 함께 하면서 치료사와 가족 모두에게 가족 역동성의 모습을 제공한다. 그러나 젊은 가족 구성원, 특히 아이들은, 이 과정에서 자동적으로 불리한 자리에 놓이게 된다. 다른 가족 구성원에게 조각을 수행하도록 요청하는 것은 종종 벅찬 요구일 수 있다. 가족 구성원들이 할 수 있다 하더라도 부모와 어른을 기쁘게 하는 일에 자주 초점을 맞추는 아이들의 일반적인 특성을 고려할 때 나이 든 가족 구성원은 종종 조각 구조에 영향을 미친다. 이것은 가족들에게 자신이 원하는 소품을 사용하여 모래상자치료에 가족을 '조각하기'를 지시함으로써 해결할 수 있다. 특정한 소품의 선택은 의미를 갖는다. 가족 구성원은 종종 가족의 위계질서를 투사적으로 나타내는 데 더 자유롭다.

또 다른 효과적인 가족모래상자의 개입은 모래상자 소품을 이용하여 가계도를 만드는 것이다. 가계도는 가족 구조와 역동성의 훌륭한 설명도이다(가계도에 대한 더욱 자세한 설명을 보고 싶으면 McGoldrick, Gerson, & Petty, 2008을 참조). 치료사는 가족들에게 그들 자신을 포함한 가족의 모든 구성원에 대한 생각이나 느낌을 하나 혹은 그 이상의 소품을 선택해서 표현하라고 단순하게 물어볼 수 있다 (Gil, 2003). 이는 모래상자를 사용하기보다는 종이 한 장에 행해진다. 치료사나 가족이 가계도의 개요를 가족 관계에 해당하는 선을 포함한 사각형(남성) 및 원형(여성)을 사용하여 그리도록 할 수 있다. 그런 다음 소품을 골라 사각형과 원형 위에 배치시킨다. 예를 들면, 한 내담자는 술병을 알코올 중독자 아버지를 나타내기 위해 사용했고 천사 모형을 그의 어머니를 나타내기 위해 사용하였다. 모든 소품은 가족 구성원을 상징하는 강력한 메시지가 될 수 있다.

과정의 진행은 치료사의 요청에 따라 전개될 수 있다. 만약 가족 구성원이 다른 구성원들이 보는 앞에서 소품을 고르도록 할 때 나타날 수 있는 자의식의 촉진을 막기 위해 가족들이 동시에 소품을 선택하도록 한다. 선택을 하고 난 후에는 치료사가 선택된 소품에 대해 토론하도록 돕는다. 명백한 것은 소품의 상징적이고 은유적인 의미 과정을 통해 엄청난 통찰력을 얻을 수 있다는 것이다.

이 모래상자 가계도는 다른 가계도 과정의 부분으로 이어질 수 있다. 전통적인 가계도에서는 다양한 선의 형태와 상징이 관계를 묘사하기 위해 사용됐다(예: 세 개의 평행선은 밀착을 의미하고, 들쭉날쭉한 선은 갈등을 나타낸다 등등). 이 적용으로, 가족 구성원은 소품을 선택해 그들의 가족 관계 성격에 대한 자신의 관점을 나타낼 수 있다. 소품의 칸막이의 선택은 한 가족 구성원이 서로의 관계를 어떻게 인식하는가에 대해 분명하게 말해 주는 것이다. 혹은 가족 구성원 간의 관계를 묘사하기 위하여 소중한 돌이나 대리석 선으로 된 다리 혹은 벽이나 울타리를 찾을 수도 있다.

또 다른 가족치료의 효과적인 적용은 재현을 이용한 구조적인 가족치료를 활용하는 것이다. 기본적으로, 치료의 설정에서 제정은 치료사가 가족 갈등을 외부에 드러내는 것이고 변화해 나가는 것을 평가하고 진행하기 위한 것이다(Colapinto, 2000). 모래상자치료의 사용을 통해서, 치료사와 가족은 모래상자에서 장면들이 제시되거나 소품을 가지고 연기하기 때문에 가족 갈등의 삼차원적이고 운동감각적인 면을 볼 수 있다.

가족치료 개입의 전형적인 예는 가족 구성원이 역설적인 역할을 맡게 하는 것이다. 웍스와 라바테(Weeks & L'Abate, 1982)는 다음과 같은 몇 가지 제안을 한다.

> 증상으로. 딸이 한부모 가정에서 행동하고 책임지는 것이라고 가정해 보자. 딸에게 엄마를 돌보며 과장을 하라고 지시한다. 동시에 어머니는 아이의 역설적인 역할을 맡도록 한다. 그녀에게 자신의 권위적 위치를 포기하고 무력한 아이가 되어 보라고 지시를 받는다. (p. 91)

이러한 장면들은 모래상자에 있는 소품으로 역할을 수행하며 그 밖에 언어로 처리가 어려운 활동들을 촉진한다. 인지행동 가족기법은 행동 훈련이 될 수도 있다.

인지행동 가족기법은 대부분 언어로 이루어지기 때문에, 모래상자치료의 실증적인 특성이 치료사가 수행하는 언어 코칭을 더욱 향상시킬 수 있다. 목표는 정상적인 가정환경으로 되는 것을 위한 치료를 수행하는 것이다. 소품들은 각 가족 구성원이 자신을 대표하며 또 행동 연습과정에서 가족 구성원의 역할을 수행하는 데 맞도록 선택될 수 있다. 이것은 앞서 언급한 미누친의 코칭 과정과 유사하다.

다틸리오(Dattillio, 2010)는 행동 연습이 "부부와 가족이 배운 것을 어느 정도 이해하였는지에 대해 치료사가 피드백을 주고 어떻게 구현해야 되는지 입증할 수 있기 때문에 치료 순서의 가장 필수적인 부분 중 하나"라고 제안한다(p. 141).

우리가 가장 좋아하는 가족모래상자치료법 중 하나는 우리의 친구인 엘리아나 길(Aliana Gil, 2015)의 **가족 수족관 개입**을 모래상자에 적용하는 것이다. 개입을 간단히 요약하면 다음과 같다(자세한 내용은 Gil, 2015; 제6장 참조). 가족 구성원들은 물고기(아무 물고기나)를 그려서 잘라 내도록 한다. 그리고 나서 제공된 예술품과 공예품 재료로 물고기를 장식하라고 요청받는다. 그다음에 그 가족은 물고기가 존재하는 데 필요한 모든 것을 포함하여 커다란 파란 판 위에 수족관을 만들도록 안내된다. 그 후에 가족은 수족관에 물고기를 추가한다. 여기서 가족 구성원이 자신, 다른 구성원, 가족관계 및 가정환경을 통찰하는 관점이 나타나게 된다. 가족들은 물고기 소품 또는 원하는 다른 모든 것을 사용할 수 있다. 모래상자는 수족관이 될 수 있다. 일반적인 모래일 수도 있고 파란색 모래를 사용할 수도 있으며 모래를 옆으로 밀어서 파란색 상자 바닥을 드러내게 할 수도 있다. 가족들이 이 수족관을 재배치하거나 '어류'가 살고 번성하는 데 필요한 모든 것에 대해 소품들을 추가할 수 있도록 안내된다. 그 밖에 적용이 가능한 가족치료기법은 마다네스(Mandanes, 1984)의 가장기법; 길렌의 변위이야기(displacement story, Nichols, 2013); 밀란(Milan)의 여러 가지 의식들(Boscol et al., 1987); 증상처방과 같은 역설적 기법(Week & LAbate, 1982), 그리고 이야기 가족치료의 정의적 의식들(White, 2007), 그 밖에 라일스와 호메이어(Lyles & Homeyer, 2015)와 프레이저(Fraser, 2013)의 입양가족과 모래상자치료에 대한 많은 논의가 포함된다.

이 모든 것은 치료의 역동성을 극화하는 소품을 사용하여 모래상자에서 규정되고 전개될 수 있다. 이러한 기법들은 수많은 개입의 적용법 중 부분에 불과하다.

부부 사례

부부치료 사례는 30대 중반에 결혼한 부부 이야기다. 그들은 의사소통에 있어서 상당한 어려움을 겪고 있었고 이혼을 고려하고 있지만, 아이들의 삶에 혼란을 주는 것을 원하지 않았다. 이는 우리에게 흔히 보는 내용으로 들릴 것이다. 그들의 불화가 이미 어떻게 혼란을 일으키고 있는지 알려고 하지 않고 알 수도 없다.

제시된 앞의 사례를 이용하여 이 부부는 결혼이 어떻게 되기를 원하는지와 이 결혼 생활에 대해 현재 어떻게 느끼는지 두 장면을 꾸미는 하나의 상자를 하도록 권유받았다. 한 상자에서 같이 하도록 하였고, 적정하다고 생각되는 대로 공간을 나누어서 하도록 했다.

초기 과정에 흥미로운 역동성이 나타났다. [그림 9-1]에서 보는 바와 같이 상자에는 모래를 이쪽저쪽으로 나누어서 중앙이 강처럼 보이도록 나눠진 두 구획이 있다. 남편이 주도권을 갖고 시작하였고, 좁은 '강'을 만들었다. 그리고 나서 아내가 그 사이의 틈을 상당하게 더 넓혔다. 이는 아내가 남편보다 문제를 더 심각하게 본다는 초기의 표현과 일치했다. 배우자 둘 다 장면을 연출하기 위해 많은 소품을 사용하지는 않았다. 그러나 선택한 소품과 짧은 설명은 그들 서로에게 꽤 영향력을 미쳤다.

상자의 오른쪽 상단에는 부인이 결혼생활이 어떠했으면 좋겠다는 장면이 그려져 있다. 그녀는 신부와 신랑의 소품을 배치하고 그들이 결혼을 했을 때 얼마나 행복했는지에 대해 이야기 했다. 그들의 옆에는 손을 잡고 있는 늙은 남녀를 배치했고 이에 대해 아내는 그들이 항상 같이 늙어 가기를 바랬고 여전히 그러하기를 바란다고 말했다. 부인은 이 이야기를 나누면서 눈물을 글썽거렸고 잇달아 남편도 눈물이 글썽거렸다.

그녀는 교통신호와 폭약 통을 포함한 경고 신호로 이 두 장면을 분리했다. 그들의 관계가 가끔 폭발적이며, 동시에, 아주 의미 있는 소품은 기찻길의 차단기였다. 그녀는 의도적으로 위로 올라가도록 해서 재결합의 희망을 의미했다. 이는 처음에 부인과 남편의 구획의 사이를 넓힌 초기의 행동과는 많이 대조되는 흥미로운 모습이었다.

　다른 한편에는, 부인이 현재의 관계에 대해서 어떻게 생각하는지를 나타낸 장면이 있다. 그녀는 〈곰돌이 푸우〉에 나오는 피그렛을 상자의 옆면을 마주 보게 하여 상자에 있는 다른 모든 소품으로부터 돌아서도록 배치하였다. 이것은 관계에서 그녀가 얼마나 사소하고 작게 느껴지는지를 나타낸 것이라고 했다. 그녀의 남편을 나타내기 위해서 내과 의사 인물을 사용했고 (그녀의 남편이 보건 산업에 종사하는 것을 나타내기 위해), 피그렛을 돌아선 채로 배치한 후 〈반지의 제왕〉에 나오는 전설적인 등장인물인 골룸을 배치했다. 이 영화를 본 독자들은 알다시피 골룸은 지속적으로 반지에 대해 '나의 귀중한'이라고 말한다. 아내는 계속 울면서, 남편은 자신과 다르게 그의 직업적인 삶을 '소중하게' 여기는 것으로 봤다고 말했다.

　남편 쪽의 상자는 그가 어떤 결혼 생활을 원하는지를 나타내기 위해 강하고 멋

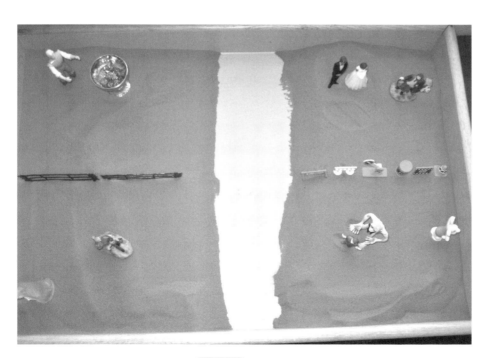

그림 9–1 　부부상자

있는 남자 모형을 금덩이로 가득 담긴 금 술잔을 향해 뻗고 있는 자세로 배치를 했다. 그들이 결혼했을 때, 그녀를 소중하고 귀하게 여겼고(금술잔과 금덩이들), 그녀를 찾았다(뻗고 있는 팔처럼). 그리고 그는 그 감정을 되찾고 싶어 했다. 그는 이미 '소중한'이라는 단어를 생각해 냈다고 말했고 그의 아내가 나눈 것에 대해 감성적으로 바로 반응을 한 것이었다. 더 말할 필요 없이, 아내는 이에 엄청난 감동을 받았다.

맞은편에는, 남편이 반투명한(거의 투명) 소품을 골라서 부부 사이의 관계가 얼마나 불투명한지를 나타냈다. 그리고 그는 인물을 상자의 다른 모든 것으로부터 돌아서게 배치했고, 엄마와 딸을 골라서 그의 아내와 딸이 그로부터 동떨어진 삶을 살아왔음을 느끼는 것을 표현했다.

이러한 관계의 역동성들은 치료사에게 명료하게 드러났으나, 각 배우자들은 생각해 보거나 탐색되지 않았었다. 이 모래상자치료 경험에서 가장 값진 측면은 각각의 배우자가 상대의 고통을 그리고 상대방의 변화를 듣고 보기를 바라는 것이었다. 이 역동성과 통찰력은 언어 수준에서 확인될 수 있었던 반면에, 정서적 깊이는 언어로만 한정된 회기에서는 도달하기 불가능하거나 어려운 일이다. 이는 언어적 과정이 좌뇌로 연결되어 있는 것 때문이 아니라 어느 정도는 시각적 입력이 좌뇌로 가는 것과 감정적인 부분은 우뇌로 직접 연결되는 것 때문이다. 그리고 언어적 과정이 선형적으로 순차적으로 또는 이성적인 사고 과정에 더 초점을 맞추고 있기 때문이다.

형제자매 사례

우리는 부모 이혼 문제로 어려움에 당면한 아이들의 대응 방법을 위한 모래상자치료 작업을 한 적이 있다. 치료사는 모래상자를 반으로 나누어 의뢰인에게 다음과 같은 의미로 요청할 수 있다. "상자 한쪽에서 이혼 전의 세상은 어떠했는지를 만들어 보세요. 반대쪽에는, 지금의 세상은 어떤지를 만들어 보세요." 다음 사진은 스위니(Sweeney)가 부모가 이혼하는 두 어린 소녀(6세, 8세)와 함께 모래상자를 작업한 것이다. 부모들은 아이들 대신 회기에 참여하는 것으로 되어 있었기에 놀이치료 자료는 사용되지 않았다. 두 소녀들이 도착하자, 앞의 의미대로 모래상자를 만들 기회가 주어졌다.

그림에는 분명하게 보이지 않을 수 있지만([그림 9-2] 참조), 큰 소녀는 묘비를 사용하여 모래상자를 반으로 나누었으며 확실히 부모의 결혼이 끝난 것에 대해 생생히 묘사한다. 상자 왼쪽에 한 쌍이 있는데, 여성 소품이 남성 소품 쪽으로 기울어져 있다. 그들은 이것이 그들의 부모가 어떻게 계속 말다툼을 하고 있는 것에 대해서 그리고 그들의 어머니가 특히 공격적인 말을 어떻게 하고 있는지를 묘사하였다. 그들은 두 명의 소녀 소품을 왼쪽 아래 절반에 놓고 얼굴을 쟁반의 측면에 기대고 어른으로부터 멀리서 바라보았다.

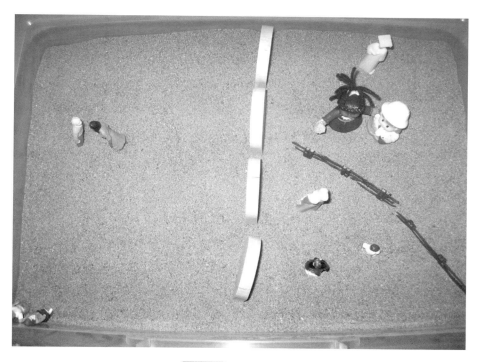

그림 9-2 이혼 자녀 상자

이것은 그들의 부모들이 싸울 때 그들이 숨어야만 했던 절실한 내용들을 묘사한 것이다.

상자 오른쪽에는 울타리를 이용해서 장면을 더 나누었다. 상위 절반은 어머니와 함께 사는 것(당시 공동체 양육)에 대한 설명이었다. 그들은 학교에 가기로 한 어머니의 결정을 묘사한 학구적인 여성인물을 선택하였다. 그들은 어머니가 학교에 다니고 있고 이미 데이트를 하고 있으며 그들을 위한 시간이 없다고 말했다. 모래상자의 이 부분에서 그들이 직접 고른 두 인물은 그들의 어머니를 외면하고 있었다. 아래쪽 절반에는 소녀들이 아버지(더 관계적인)를 마주하고 있다. 어쨌든 그들은 아버지를 위해 판사 소품을 선택하였고 이 선택에 대해서는 논쟁이 없었다. 양육권 문제가 해결되지 않은 상황에서 이 과정은 판사의 권한에 대한 그들의 인식을 대변하는 것으로 볼 수 있다.

맺음말

부부와 가족 간의 불화에서 겪는 갈등들은 모래상자치료를 통해서 표현하고 관찰하고 진행하는 것이 더 용이하다. 모래상자치료도 다른 치료적 접근이나 기법처럼 모든 해답을 제공해 주지는 않는다. 부부와 가족의 갈등(예: 의사소통, 금전, 섹스, 육아)에 관련된 주된 문제들이 비교적 안정되어 보여도 가족들이 위기에 직면한 문제들은 더 복잡하다. 정신내적 그리고 대인관계의 고통을 말로 표현하는 것은 절대 쉽지 않다. 그래서 모래상자치료는 부부와 가족들에게 보다 더 중대한 문제를 이야기할 안전한 장소를 제공해 주는 하나의 도구가 되는 것이다.

모래상자치료는 부부, 가족들에게 안전한 장소를 제공하는 도구다. 부부나 가족들에게 아주 중요한 이야기를 단계적으로 이야기해 나갈 수 있도록 돕는다. 모래상자치료는 인정받지 못하거나 실현되지 않는 가상의 세계에 닿도록 한다. 부부와 가족들은 흔히 갈등과 약점에 초점을 둔다. 모래상자치료는 강도에 기반을 둔 시스템적 접근법이기에 소품의 힘을 고려하는 모래상자치료사를 통해 그들의 저항이 가능하도록 협력된다. 상호보완성에 저항하는 시스템—역할의 혼합에서의 조화—은 모래상자와 소품이 묘사하는 것을 통해 인식할 수 있다. 또 다세대 패턴들도 모래상자과정을 통해 표현될 수 있다.

개인 모래상자치료에서도 이 표현적 기법의 사용이 기본적으로 정기적이거나 간헐적으로 사용될 수 있다. 그러나 의사소통과 가족 체계에 대한 더 많은 정보는 언어를 사용한 여러 회기의 상담보다 한 번의 모래상자치료에서 더 많이 나타나는 경험을 했다.

내적 그리고 대인관계의 많은 자료가 한 번의 모래상자치료 경험에서 나타나는 일은 흔한 일이다. 그 결과, 모래상자로 상담과정을 하는 데 중점을 둔 다수치료 회기가 발생된다. 참고로, 우리의 견해는 부부 및 가족 치료의 성공은 진행 과정에서 지도자가 되기보다 촉진자가 되는 것이다. 어떤 사람과 모래상자치료를 하든지 간에 결과물에 초점을 맞추는 것이 아니라 과정에 초점이 유지되도록 격려되어야 한다.

비난하기, 반의어, 주의 분산과 같은 구조적 가족치료 역할들은, 이러한 역할을 식별하기 위한 소품을 사용함으로써 치료적 거리를 통해 보기 쉽게 구분된다.

숨겨진 연합들과 하위 시스템들이 밝혀지고 해결될 수 있다.

모래상자치료는 시스템에서 강력한 힘을 발휘한다!

개인 모래상자차료와 마찬가지로 이러한 표현적인 중재는 정기적으로나 간헐적으로 사용되어도 좋다. 어찌 되든, 언어적인 상호작용에 국한된 여러 회기들보다 한 번의 모래상자에서의 경험에서 의사소통 및 시스템 문제에 대하여 더 많은 정보가 나올 수 있다는 것이 우리의 경험이었다.

한 번의 모래상자 경험에서 많은 내적 및 대인관계 자료가 나오는 것은 드문 일이 아니며, 그 결과 모래상자과정에 초점을 둔 여러 치료회기가 발생한다는 점이다.

상기시키자면, 부부와 가족이 함께하는 성공적인 치료는 치료사가 과정의 책임자가 아닌 조력자가 되어야 한다는 것이다. 모래상자는 자연스럽게 이러한 방향으로 안내한다. 모든 사람을 대상으로 하는 모래상자치료는 결과물보다 과정에 집중하도록 권하고 있다.

부부와 가족이 함께하는 모래상자치료는 효과적이며 강력한 힘을 발휘하며 중재를 한다. 우리는 아이솜 등(Isom et al., 2015)이 제공하는 요약에 동의한다.

> 모래상자치료는 가족적 접근방법으로써 통합적인 방법을 제시하며, 가족이 기반을 공고히 하기 위해 활용하고 구축할 수 있는 보다 근본적인 의사소통을 제시한다······.
>
> 가족 내에서 의사소통이 불가능할 수 있는 개인은 모래상자를 통해서 그들과 의사소통을 하도록 할 수 있다 모래상자치료 과정을 통해서 개인은 다른 사람과 소통할 수 있을 뿐 아니라 자신의 내부에서도 소통하게 한다. (p. 248)

참고문헌

Ackerman, N. (1970). Child participation in family therapy. *Family Process, 9*, 403–410.

Albert, S. C. (2015). Sandplay therapy with couples within the framework of analytical psychology. *The Journal of Analytical Psychology, 60*(1), 32–53.

Allan, J. (1988). *Inscapes of the child's world: Jungian counseling in schools and clinics.* Spring Publications, Inc.

Boscolo, L., Cecchin, G., Hoffman, L., & Penn, P. (1987). *Milan systemic family therapy.* Basic Books.

Bowen, M. (1976). Theory in the practice of psychotherapy. In P. Guerin (Ed.), *Family therapy: Theory and practice* (pp. 335–349). Gardner Press.

Bowen, M. (1993). *Family therapy in clinical practice.* Rowman & Littlefi eld Publishers.

Carmichael, K. D., Echols, K. L., & Warren, G. G. (1997). Using sandplay in couples counseling. *The Family Journal, 5*(1), 32–36.

Chasin, R. (1989). Interviewing families with children: Guidelines and suggestions. *Journal of Psychotherapy and the Family, 5*(3/4), 15–30.

Colapinto, J. (2000). Structural family therapy. In A. Horne (Ed.), *Family counseling and therapy* (3rd ed.), (pp. 140–169). Peacock.

Dattilio, F. (2010). *Cognitive-behavioral therapy with couples and families: A comprehensive guide for clinicians*. Guilford Press.

Dean, J. E. (2001). Sandtray consultation: A method of supervision applied to couple's therapy. *The Arts in Psychotherapy, 28*(3), 175–180.

Fishbane, M. (2013). *Loving with the brain in mind: Neurobiology and couple therapy*. W.W. Norton.

Fraser, T. (2013). Working with adoptive families using sand, water, miniatures, and a sandtray. In N. R. Bowers (Ed.), *Play therapy with families: A collaborative approach to healing* (pp. 161–172). Jason Aronson.

Gil, E. (2003). Play genograms. In C. Sori & L. Heckler (Eds.), *The therapist's notebook for children and adolescents: Homework, handouts, and activities for use in psychotherapy* (pp. 49–56). Haworth Press.

Gil, E. (2015). *Play in family therapy* (2nd ed.). Guilford Press.

Gottman, J. M. (1999). *The marriage clinic: A scientifi cally based marital therapy*. WW Norton.

Guerin, P., Fay, L., Burden, S., & Kautto, J. (1987). *The evaluation and treatment of marital conflict*. Basic Books.

Hendrix, H. (2010). *Doing imago relationship therapy: The defi nitive method*. John Wiley & Sons.

Isom, E., Groves-Radomski, J., & McConaha, M. (2015). Sandtray therapy: A familial approach to healing through imagination. *Journal of Creativity in Mental Health, 10*(3), 339–350.

Jackson, D. D. (1981). The question of family homeostasis. *International Journal of Family Therapy, 3*(1), 5–15. https://doi- org.georgefox.idm.oclc.org/10.1007/ BF00936266

Johnson, S. M. (1996). *The practice of emotionally focused marital therapy: Creating connections*. Brunner/Mazel.

Johnson, S. M. (2004). *The practice of emotionally focused couple therapy: Creating connection* (2nd ed.). Brunner-Routledge.

Keith, D. V., & Whitaker, C. A. (1981). Play therapy: A paradigm for work with families. *Journal of Marital and Family Therapy, 7*(3), 243–254.

Korner, S., & Brown, G. (1990). Exclusion of children from family psychotherapy: Family therapists' beliefs and practices. *Journal of Family Psychology, 3*(4), 420–430.

Liang, Y.-W. (Melissa), Hall, K. S., Fedynich, L., & Gonzalez, M. (2021). Sandtray therapy for cancer patients, survivors, and family members. *Journal of Asia Pacifi c Counseling, 11*(1), 15–34.

Lyles, M., & Homeyer, L. E. (2015). The use of sandtray therapy with adoptive families. *Adoption Quarterly, 18*(1), 67–80.

Madanes, C. (1984). *Behind the one- way mirror: Advances in the practice of strategic therapy*. Jossey- Bass.

McGoldrick, M., Gerson, R., & Petty, S. (2020). *Genograms: Assessment and intervention* (4th ed.). W.W. Norton.

McLuckie, A., & Rowbotham, M. (2013). Narrative play therapy with families. In N. R. Bowers (Ed.), *Play therapy with families: A collaborative approach to healing* (pp. 113–146). Jason Aronson.

Millikin, J., & Johnson, S. (2000). Telling tales: Disquisition in emotionally focused therapy. *Journal of Family Psychotherapy, 11*(1), 75–79.

Minuchin, S. (1974). *Families and family therapy*. Harvard University Press.

Montalvo, B., & Haley, J. (1973), In defense of child therapy. *Family Process, 12*, 227–244.

Nichols, M. (2013). *Family therapy: Concepts and methods* (10th ed.). Pearson.

Nims, D. R., & Duba, J. D. (2011). Using play therapy techniques in a Bowenian theoretical context. *The Family Journal, 19*(1), 83–89.

Papp, P., Silverstein, O., & Carter, E. (1973). Family sculpting in preventive work with well families. *Family Process, 12*(2), 197–212.

Quintanilla, S. D. (2020). Integrating sandtray therapy with the infidelity-specific treatment model to support couples in infidelity trauma recovery [ProQuest Information & Learning]. In *Dissertation Abstracts International Section A: Humanities and Social Sciences* (Vol. 81, Issue 4-A).

Satir, V. (1983). *Conjoint family therapy* (3rd ed.). Science and Behavior Books.

Sweeney, D. (2002). Sandplay with couples. In R. Watts (Ed.), *Techniques in marriage* and family counseling, Volume 2 (pp. 95–104). American Counseling Association.

Sweeney, D., & Rocha, S. (2000). Using play therapy to assess family dynamics. In R. Watts (Ed.), Techniques in marriage and family counseling, Volume 1 (pp. 33–47). American Counseling Association.

Turns, B., Springer, P., Eddy, B. P., & Sibley, D. S. (2020). "Your exile is showing": Integrating sandtray with internal family systems therapy. American Journal of Family Therapy. https://doi-org.georgefox.idm.oclc.org/10.1080/01926187.2020.1851617

Weeks, G., & L'Abate, L. (1982). Paradoxical psychotherapy: Theory and practice with individuals, couples, and families. Brunner/ Mazel.

White, M. (2007). Maps of narrative practice. W.W. Norton.

White, M., & Epston, D. (1990). Narrative means to therapeutic ends. W.W. Norton.

White, M., & Morgan, A. (2006). Narrative therapy with children and their families. Dulwich Centre Publications.

Wittenborn, A. K., Faber, A. J., Harvey, A. M., & Thomas, V. K. (2006). Emotionally focused family therapy and play therapy techniques. American Journal of Family Therapy, 34(4), 333–342.

제 **10** 장

모래상자치료와 트라우마

세상 속으로 들어가 트라우마에 시달리는 내담자의 증인이자 동료가 되는 일은 모래상자치료사에게 특히 어려울 수 있다. 내담자의 고통과 트라우마를 일으킨 세상의 어둠을 목격하는 것은 치료사에게도 감정적으로도 어려울 뿐만 아니라, 트라우마를 겪은 내담자 자신에게도 독특한 심리적 · 신경생물학적 영향이 있기 때문이다. 이 장은 이 매뉴얼의 범위를 벗어나는 자세한 내용을 제공하기 위한 것이 아니라, 모래상자치료사들이 내담자와 함께 이 어려운 여정에 동참하고자 할 때 더 많은 연구와 훈련을 받도록 동기를 부여하는 데 도움이 되기 위한 것이다.

트라우마에는 다양한 정의가 있다. 우리 동료인 보니 바데녹(Bonnie Badenoch, 2018)은 트라우마와 뇌에 대해 다음과 같이 간결하게 설명하고 있다.

> 우리가 직면하는 두려움이나 고통이 적절한 지지를 받지 못하고 내적으로 소화되어 발달 중인 뇌의 흐름에 통합되지 않는다면…… 우리는 외상이 내재된 경험을 우리의 지속적인 경험의 신경 통합 과정에서의 파열로 간주할 수 있다. (p. 23)

반 데르 콜크(Van der Kolk, 2014)는 더 나아가 다음과 같이 말한다.

> 트라우마는 정의상 참을 수도, 견딜 수도 없는 것이다. 대부분의 강간 피해자,
> 참전 용사, 성추행을 당한 아동은 자신이 겪은 일을 떠올리면 너무나 혼란스러워
> 서 아무 일도 없었던 것처럼 행동하고 잊으려고 노력한다. 공포의 기억, 나약함과
> 취약성에 대한 수치심을 안고 살아가는 데는 엄청난 에너지가 필요하다. (pp. 1-2)

모래상자치료의 맥락에서 트라우마를 논할 때, 말치오디(Malchiodi, 2020)는 트라우마 기반 문제를 다루는 데 있어 표현치료의 이점을 인정한다.

> 트라우마의 영향은 종종 많은 생존자가 보고하는 감각에 기반한 경험을 다루
> 는 접근법을 필요로 한다. 미술, 음악, 무용 · 움직임, 연극적 표현, 창의적 글쓰
> 기, 상상력 놀이 등을 의도적으로 적용하는 표현예술치료는 주로 비언어적인 방
> 법으로 감정과 인식을 스스로 표현하는 방법이다. 더 중요한 것은, 이들은 행동
> 지향적이며 말로 표현하거나 논리로 설명하기 어려운 외상의 암묵적이고 체화된
> 경험을 활용한다. (p. 1)

다른 표현 및 투사적 개입과 마찬가지로 모래상자치료는 트라우마를 처리할 수 있는 안전한 장소를 만들어 준다. 내담자가 고통과 혼란에 대한 내적 문제 및 대인관계 문제를 모래상자에 투사할 때 치료적 거리가 자동적으로 제공되며, 이는 트라우마 작업을 할 때 매우 유용한 도구이다. 트라우마의 여파를 겪고 있는 모든 연령대의 내담자를 위한 개입으로 모래상자치료를 사용하면 심리적 및 신경생물학적 이점이 있다. 이 장에서는 트라우마 개입에 대해 설명하지만, 트라우마를 겪은 내담자에게 모래상자치료를 사용하는 것에 대한 간략한 근거를 제시하고자 한다.

여기서 가장 먼저 고려해야 할 사항은 트라우마의 근본적인 감각적 특성이다. 만연한 감각 과부하까지는 아니더라도 모든 트라우마에는 감각적 요소가 있다. 교통사고 피해자부터 전쟁 트라우마, 신체적 또는 성적 학대에 대한 트라우마에 이르기까지 트라우마를 입은 내담자의 감각에는 상당한 영향이 있다. 또한

DSM-5-TR(미국 정신의학회, 2022)의 외상 후 스트레스 장애(PTSD) 진단 기준을 살펴보면 재경험, 회피, 부정적 인지, 부정적 기분, 각성 등 감각적 요소에 중점을 두고 있다. DSM-5-TR에는 6세 미만 아동을 위한 PTSD 카테고리가 포함되어 있지만, 이것은 이 장 혹은 이 책의 초점이 아니며 모래상자치료에 대한 접근법이 바뀌는 것은 아니다. 앞서 언급한 바와 같이 트라우마의 중요한 감각적 요소와 DSM-5-TR 기준 때문에 트라우마에 대한 치료적 반응에도 중요한 감각적 요소가 포함되어야 한다. 모래상자치료는 이에 매우 적합한 것으로 볼 수 있다.

브루스 페리(Bruce Perry, 2015)는 트라우마 개입을 실행할 때 중요한 시사점을 제공한다. 모래상자치료에는 그가 추천하는 많은 요소가 포함되어 있다.

> 현재 '증거 기반 진료'에 대한 압박이 거세지는 가운데, 가장 강력한 증거는 수천 세대에 걸친 수백 개의 개별 문화가 리듬, 감동, 스토리텔링, 공동체와의 재연결에 독립적으로 수렴하여 트라우마에 대처하고 치유하는 핵심 요소로 작용하는 것임을 우리는 상기해야 한다. (p. xii)

그녀는 내면의 균형을 잡기 위해 왼손을 모래 위에 올려놓거나 소품 중 하나를 집어들고 팔을 타고 가슴으로 올라오는 평온한 기운을 느낀다고 말한다.

Bonnie Badenoch

트라우마를 가진 내담자를 위한 모래상자치료의 이점

우리는 이미 다양한 문제를 보이는 내담자를 위한 모래상자치료의 이점과 근거에 대해 논의했다. 모래상자치료와 관련된 트라우마 문제는 제2장에서 논의한 이론적 근거에 부합한다. 찰스 쉐퍼(Charles Schaefer, 1994)는 트라우마가 있는 내담자들과 함께 작업할 때 내담자들이 모래상자치료에서 경험할 수 있는 치료적 거리감과 그에 따른 안전감을 제공하는 몇 가지 관련 속성을 제안했다.

1. **상징화(Symbolization)**: 내담자는 소품을 사용하여 학대자 또는 피해자의 상황을 표현할 수 있다. 예를 들어, 내담자가 학대자를 상징하는 동물로 포식동물을 선택하는 것이 훨씬 더 안전할 수 있다. 내담자는 실제 납치 또는 탈출

할 수 없다는 느낌을 표현하기 위해 창문이 막힌 감옥이나 건물을 선택하여 포로로 잡혀 있는 상황을 나타낼 수 있다.

2. **마치 ~~처럼**(As if quality): 내담자는 '마치 ~~처럼'을 사용하여 실제가 아닌 것처럼 사건을 연기할 수 있다. 예를 들어, 가정 폭력의 피해자나 목격자의 경우 이러한 트라우마를 말로 처리하는 것은 매우 어려운 일이다. 모래상자치료에서 내담자는 트라우마 상황 속에서도 통제할 수 없었던 것을 모래상자치료의 요소인 '마치 ~~처럼'을 통해 통제할 수 있게 된다.

3. **투사**(Projetion): 내담자는 소품에 강렬한 감정을 투사할 수 있으며, 소품은 이러한 감정을 안전하게 연기할 수 있다. 내담자는 어렵고 잠재적으로 두려운 감정을 소품 사람이나 동물에게 투사하는 것이 말로 표현하는 것보다 훨씬 더 안전하다고 느낄 수 있다. 이러한 치료적 거리는 더 큰 안전감을 만들어 낸다.

4. **치환**(Displacement): 내담자는 부정적인 감정을 가족에게 직접 표현하지 않고 소품에 옮겨 놓을 수 있다. 모래상자치료는 감정적 해소가 일어날 수 있는 기회를 제공할 뿐만 아니라 환경, 매체, 과정을 통해 그 과정을 촉진한다.

엘리아나 길(Eliana Gil, 2012)은 이러한 역동을 요약하여 모래상자치료가 다음과 같다고 제안한다.

> 모래상자치료는 정동, 인지, 지각, 시각화된 기억, 어려운 삶의 경험의 구획화된 측면으로 이루어진 내적 '세계'를 외현화하여 창조할 수 있게 해 준다. 이 치료법은 정신적, 육체적 동화, 상징 언어와 메타포에 대한 접근, 사건의 기록(내러티브 시나리오 작성), 통찰과 변화를 촉진할 수 있는 일종의 유도된 이미지 활용을 가능하게 한다. (p. 256)

트라우마가 있는 내담자는 이러한 '내면의 세계'를 탐색하고 표현하기 위해 모래상자의 안전감이 필요하다.

트라우마의 신경생물학적 영향

　　모래상자치료는 많은 표현 및 투사적 치료 개입과 마찬가지로 트라우마를 겪는 내담자의 심리 및 신경 생물학에 긍정적인 영향을 미칠 수 있는 상당한 잠재력을 가지고 있다. 언어 기반 개입이 트라우마를 치유하는 데 한계가 있는 대뇌 피질 영역의 실행 기능에 초점을 맞추는 것과 달리(Van der Kolk, 2014), 모래상자는 비언어적·경험적·감각적 경험을 통해 더 깊은 신경생물학적 문제를 처리할 수 있다.

　　외상은 상당한 신경생물학적 활동을 초래할 수 있다. 카테콜아민(예: 에피네프린 및 노르에피네프린)의 생산이 증가하여 교감신경계 활동(투쟁·도피·경직·비위 맞추기 반응)이 증가한다. 코르티코스테로이드와 세로토닌 수치가 감소하는 경우가 많은데, 가장 두드러진 효과는 아마도 카테콜아민이 유발하는 투쟁·도피·경직·비위 맞추기 반응을 조절하는 능력이 감소하는 것일 것이다. 또한 내인성 오피오이드 수치가 증가하여 통증 감소, 감정 둔화 및 기억력 장애를 초래할 수 있다. 외상성 스트레스에 만성적으로 노출되면 이러한 화학물질의 적응에 영향을 미친다는 사실을 인식하는 것이 중요하다. 즉, 사람들이 매일 환경을 대하는 방식을 인위적으로 변화시킬 수 있다.

　　트라우마가 신경 생물학적으로 미치는 영향의 구체적인 예는 변연계 활동에서 볼 수 있다. 변연계는 자기 보존에 필요한 감정, 기억, 행동을 유도하는 중추 신경계의 일부이다. 외상은 편도체와 해마에 변연계 이상을 일으킬 수 있다. 신체가 행동할 준비를 하는 편도체는 이러한 신경생물학적 변화에 의해 '납치(hyjacked)'될 수 있으며, 외상 피해자는 뇌의 '사고(thinking)' 부분(즉, 대뇌 피질)이 위협을 평가하기 전에 반응한다. 결과적으로 트라우마 피해자에게 나타나는 과잉 경계는 각성의 근원에 대한 중간 평가를 할 수 없이 자극에서 각성 반응으로 즉시 전환되게 할 수 있다. 이로 인해 과잉 반응하고 다른 사람을 위협하게 된다.

　　트라우마는 뇌의 다른 많은 부분에도 영향을 미친다. 시상하부－뇌하수체－부신(HPA) 축은 다양한 노르아드레날린계와 마찬가지로 스트레스에 매우 취약하

> 트라우마는 말 그대로 말로 표현할 수 없는 공포를 수반하며, 환자는 종종 자신이 느끼는 감정을 말로 표현할 수 없고, 무슨 일이 일어나고 있는지 설명하지 못한 채 강렬한 감정만 남게 된다.
>
> Bessel Van der Kolk

다. 학대받거나 방치된 아동의 MRI 스캔 결과 대뇌피질 위축 또는 심실 비대의 증거가 발견되었다. 예를 들어, 외상 후 스트레스 장애가 있는 아동을 대상으로 한 연구에서 광범위한 신경세포 위축과 발달 저하의 증거가 발견되었다(De Bellis & Zisk, 2014). 여기에는 두개 내의(intracranial), 대뇌, 전전두엽 피질, 전전두엽 백질, 우측 측두엽 부피, 뇌량 영역 및 그 하위 영역이 포함된다. 하지만 이런 어려운 용어들에 놀라지 말라! 중요한 결론은 연구에 따르면 위축(수축) 패턴이 뇌에 널리 퍼져 있을 수 있다는 것이다. 뇌 발달이 느려지고 기존 뇌 부피(크기)가 감소할 수 있다.

트라우마로 인한 과도한 신경생물학적 부작용으로 인해 외상 후 스트레스 장애 환자는 실행 기능을 담당하는 전전두엽 피질의 비활성화를 경험할 수 있다. 이것은 위협 상황을 측정하고 대응하는 능력을 방해한다. 이는 외상 후 삶을 탐색하는 것을 어렵게 만들고 치료 과정을 방해한다. 높은 수준의 정서적 · 생리적 각성이 발생하지만 이를 처리하는 능력은 방해를 받게 된다. 반 데르 콜크(2002)는 다음과 같이 말한다. "정의상 트라우마는 말로 표현할 수 없는 공포를 수반한다. 환자들은 종종 자신이 느끼는 것을 말로 표현할 수 없고, 무슨 일이 일어나고 있는지 표현하지 못한 채 강렬한 감정만 남게 된다"(p. 150).

이는 여러 신경 영상 연구에서 입증된 바 있다(Carrion et al., 2013; De Bellis & Zisk, 2014; Lanius et al., 2004). 예를 들어, 외상 후 스트레스 장애를 가진 사람들이 치료 과정에서 요청하는 외상 경험을 재연할 때 언어와 관련된 뇌의 브로카 영역의 활동이 감소하는 것으로 나타났다. 동시에 변연계 또는 정서적 반응의 활동은 증가한다(van der Kolk, 2014). 트라우마를 겪은 사람들이 트라우마를 되살릴 때 이러한 경험을 말로 표현하는 데 큰 어려움을 겪는다. 이것은 참으로 말 못할 공포이다.

페리(2009)는 내담자가 변화를 경험하고, 심지어 손상된 애착과 트라우마로 인해 누적된 신경 침식의 반전을 경험하기 위해서는 뇌의 저개발 및 손상된 영역을 대상으로 개입해야 한다고 주장한다. 이는 자기 조절, 실행 기능, 관계 연결, 감각 통합, 기억 등 트라우마의 영향을 가장 많이 받는 영역에서 특히 중요하다. 역기능적인 신경망을 해결하고 개혁하기 위해서는 이러한 시스템을 활성화하는 개입이 필요하다(Gaskill & Perry, 2012, 2014; Perry, 2009). 페리(2006)는 이를 이렇게 요약한다. "학대받거나 외상을 입은 아동의 특정 발달 단계와 생리적 요구에 맞는 올바른 치료 활동을 일치시키는 것이 성공의 열쇠이다"(p. 29). 우리는 모래상자치료가 이를 제공할 수 있다고 주장한다.

바데녹과 케스틀리(Badenoch & Kestly, 2015)는 트라우마 작업과 관련된 놀이와 모래상자 경험의 신경학적 이점에 대해 핵심적인 요약을 제공한다.

> 가장 변화가 필요한 것은 암묵적 기억 속에 구체화된 주관적 감각이다. 암묵적 기억은 현재로 계속 들어와 지각, 감정 및 행동을 가져 오기 때문이다…… 암묵적 기억을 유지하는 신경망은 두 가지 조건이 충족되면 새로운 정보에 개방되는 것으로 보인다. 암묵적 기억은 신체에 살아 있고 확인되지 않은 경험이라고 하는 것을 만난다. 즉, 암묵적 기억은 그 사건 당시 부족하고 필요했던 것에 대한 구체화된 경험을 만난다…… 현재 순간을 온전히 경험하려는 놀이치료 관계의 맥락에서, 이러한 불일치 경험이 내재적 기억이 떠오르는 순간마다 치료적 관계에서 교류되거나 펼쳐질 수 있다. (pp. 528-529)

제5장에서 언급했듯이, 치료사와 내담자의 상호작용과 토론을 위한 발판으로 모래상자 만들기는 자주 사용된다. 이는 그 자체로 신경학적 이점이 있다. 바데녹(2008)은 "뇌 통합의 관점에서 볼 때, 이 단계에서 모래상자에 대해 이야기하는 것은 비언어적으로 펼쳐진 풍부한 경험에 단어를 추가함으로써 반구 간의 연결을 촉진하는 데 도움이 될 수 있다"(p. 224)고 말하며 내담자와 모래상자의 의미에 대해 논의할 것을 권장한다. 이러한 반구적 관점은 시겔(Siegel, 2003)에 의해 반영되었다. "일관성 있는 이야기를 하려면 논리적인 이야기를 하려는 왼쪽의 추진력이 오른쪽의 정보에 의존해야 한다. 외상 후 스트레스 장애에서 발생하는 것처럼 막힌 부분이 있으면 내러티브가 일관성이 없을 수 있다"(p. 15).

바데녹(2008)은 또한 인지적 의미를 찾는 것이 아니라 상자의 느낌에 대해 질문하는 것이 도움이 된다고 제안한다. "우리는 우반구에서 좌반구로의 도약을 촉진하는 것이 아니라 우반구가 좌반구에게 자신을 제공할 수 있도록 고속도로를 열어 주는 것을 원한다"(p. 224). 이는 가스킬과 페리(Gaskil & Perry, 2012)에 의해 뒷받침된다. 이들은 "신경 활동이 더 높고 복잡한 영역(변연계와 피질)으로 전달됨에 따라 더 복잡한 인지적 연관성이 형성되어 경험에 대한 해석이 가능해진다"고 주장한다(p. 33). 이는 모래상자치료사에게 해석은 정서적·신경생물학적 목적을 위해 내담자에게 맡겨야 한다는 점을 상기시켜 준다.

동시에, 지나친 질문은 모래상자치료의 목적을 훼손할 수 있으므로 비언어적 개입을 제공하여 촉진적인 과정을 통해 안전감을 유지할 수 있도록 해야 한다는 점을 상기할 필요가 있다. 이는 일반적인 소크라테스식 언어 치료의 잠재적 방해 요소와 상반되는 것이다.

모래상자치료는 특히 뇌 발달의 변연계와 신피질 영역에 적합하다. 페리(2006)의 『순차적 신경 발달과 치료 활동』(p. 41)에 따르면, 모래상자치료의 기본 요소인 놀이치료와 스토리텔링은 변연계와 피질 뇌 영역의 주요 치료 및 강화 활동이라고 한다.

트라우마에 시달리는 내담자에게는 마음을 진정시키고 달래 줄 수 있는 개입이 필요하다. 앞에서 언급한 바와 같이 트라우마는 내담자의 뇌를 경보 상태에 빠뜨릴 수 있으며, 이때 경보 반응이 피질 처리보다 우선한다(Perry, 2006; van der Kolk, 2006, 2014). 뇌의 피질 영역은 뇌의 하부 영역에 의해 압도될 수 있다. 따라서 언어 처리 및 실행 기능에만 의존하지 않는 모래상자치료와 같은 개입은 치료 과정에서 경보 반응을 보일 수 있는 내담자를 진정시키는 데 도움이 된다. 페리와 햄브릭(Gaskill & Perry, 2012에서 인용)은 "뇌간 수준에서 상태 조절이나 건강한 항상성이 확립되기 전까지는 뇌를 매개로 한 치료의 효과는 떨어진다"고 강조한다(p. 40).

페리의 신경 순차적 치료 모델(Gaskill & Perry, 2012, 2014; Perry, 2006, 2009)에서는 외상을 입은 아동과 외상을 입은 청소년 및 성인에 대한 치료는 뇌의 하부 영역[뇌간과 변연계(중뇌)]에 초점을 맞춰 시작하여 위쪽으로 진행해야 한다고 제안한다. 여기에는 페리가 변연계와 대뇌피질 영역으로 규정한 상부 뇌 영역으로 이동하는 것이 포함된다. 페리(2009)는 다음과 같이 주장한다.

> 자기 조절 능력이 향상되면 치료는 보다 전통적인 놀이나 예술치료법을 사용하여 관계 관련 문제(변연계)로 넘어갈 수 있으며, 궁극적으로 근본적인 대인관계 기술이 향상되면 다양한 인지행동 또는 정신역동적 접근법을 사용하여 보다 언어적이고 통찰 지향적인 치료 기법(대뇌피질)으로 나아갈 수 있다. (p. 252)

우리는 모래상자치료가 이와 같은 과정을 따른다고 주장한다. 모래를 처음 만지는 순간부터 초기 치료 작업은 근본적으로 뇌간과 변연계와 관련이 있다. 바데녹(2008)은 모래를 배열하는 것이 "우반구의 신체, 변연계, 피질을 연결하는 수직적 통합을 촉진하는 경험"이라고 주장한다(p. 223). 모래놀이는 뇌간이 필요로 하는 촉각, 운동, 조율, 그리고 변연계에 필요한 리듬감, 단순한 이야기, 신체적 따뜻함을 제공한다(Perry, 2006). 그런 다음 모래상자는 변연계 영역에 필요한 놀이치료의 관계 및 내러티브 요소로 내담자를 데려와 피질에 필요한 내러티브 및 대화(통찰력)로 이동할 수 있다(Perry, 2006). 바데녹(2008)도 이에 대해 다음과 같이 말한다. "신체에 기반을 둔 모래놀이는 변연계와 피질을 통해 펼쳐지며 상징적 세계가 말로 펼쳐지면서 양쪽 반구에 걸쳐 펼쳐진다"(p. 220). 모래상자치료는 모래와 소품이라는 기본 재료로 시작하여 낮은 스트레스 반응 네트워크에 초점을 맞춘 후 모래놀이 창작물을 만드는 과정을 통해 인지적·관계적 상호작용으로 나아간다.

또한, 우리는 신경과학과 대인관계 신경생물학에 관한 여러 저술가 및 연구자들[예: 코졸리노(2014, 2020), 시겔(2020)]을 통해 트라우마가 관계에 미치는 영향이 상당하고 반복적이라는 것을 알고 있다. 또한 애착의 중요한 영향력을 상기시켜준다. 페리(2006)와 같은 맥락에서 코졸리노(Cozolino, 2014)는 다음과 같이 말한다. "정서적, 신체적 학대, 성적 학대, 방임의 형태로 나타나는 초기 대인관계 트라우마는 사회적, 정서적, 지적 발달의 모든 단계에 부정적인 영향을 미치는 방식으로 뇌의 구조와 기능을 형성한다"(p. 278). 시겔(2020)은 정신건강 전문가로서 인식하지 못하는 것이 치료 경험을 제한할 수 (어쩌면 해로울 수도?) 있다고 지적한다. "개인의 역사에 트라우마가 포함되어 있다면, 트라우마를 알지 못하는 친구, 배우자 또는 치료사와의 관계는 트라우마를 입은 개인이 종종 파편화되고 무서운 기억의 측면을 탐색할 수 있는 안전한 피난처를 제공하지 않을 것이다"(p. 156).

스티븐 포지스(Stephen Porges)가 개발한 다미주 이론의 중요성에 대해 간략히 언급하지 않을 수 없다(Porges, 2021, 2011; Porges & Dana, 2018 참조). 다미주 이론은 자율신경계, 특히 복부 미주신경계의 중요성을 고려한다. 포지스(2011)는 모든 사람 안에 존재하는 기본 신경계에 대해 설명한다. 바데녹(2018)은 포지스의 연구에 대해 중요한 점을 지적한다. "포지스(1995)는 "이 복부 상태가 우반구 과정에 편향되어 있다는 사실을 발견했으며, 따라서 우리의 언어가 우리의 시스템을 우반구 지각 세계로 향하도록 도울 수 있다면, 우리는 치료적 관계를 위해 더 깊은 안전한 장소를 제공할 수 있을 것이다"라고 말했다(p. 196). 우리는 모래상자치료가 우반구 지각 세계에 독특하게 적합하다고 주장할 수 있다.

치료 과정에 미치는 영향

언어적 개입에만 의존하는 치료사들은 트라우마의 근본적인 신경 생물학적 결과 중 많은 부분을 무시하고 있다. 반 데르 콜크(2004)는 이에 대해 이야기한다.

> 근본적으로 말은 트라우마의 핵심 각인을 형성하는 무질서한 감각과 행동 패턴을 통합할 수 없다…… . 효과적인 치료를 위해서는 사람들이 이러한 핵심 기능을 조절하는 방식을 바꾸는 일을 해야 하는데, 이는 아마도 말과 언어만으로는 할 수 없을 것이다. (p. 38)

우리는 모래상자치료가 이러한 목표를 달성할 수 있다고 가정한다.

트라우마 사연을 말로 표현하는 것의 어려움(또는 불가능함)에 대해 말치오디

(2015)는 모래상자와 같은 표현적 개입에 대한 중요한 통찰과 근거를 제시한다.

> 트라우마에 대한 반응을 말로 표현하지 못하는 것은 아마도 인간의 생존 반응
> 과 관련이 있을 것이다. 어떤 경험을 떠올리기에는 극도로 고통스러운 경우, 뇌
> 는 말 그대로 그 경험에 대해 이야기할 수 없게 함으로써 개인을 보호한다. 트라
> 우마는 신체적 감각과 이미지로 저장되기 때문에 언어를 통한 의사소통은 쉽지
> 않지만, 창의적 예술, 놀이, 기타 경험적 활동 및 접근법과 같은 감각적 수단을
> 통해서는 가능할 수 있다. (p. 11)

치료사가 주로 트라우마의 정서적 내용에 초점을 맞추면 내담자의 실제 생리
적 상태가 바뀔 수 있다. 페리(2006)는 이러한 변화로 인해 내담자와 치료가 "뇌간
중심"(p. 34)이 될 수 있다고 제안한다. 그로 인한 불안은 브로카 영역의 기능 저
하 가능성과 더불어 내담자가 원시적인 방식으로 행동하도록 유도한다. 이로 인
해 치료에서 언어적 개입은 접근성이 떨어지거나 무용지물이 될 수도 있다. "아무
리 많은 말을 해도 그 말이 중뇌나 뇌간의 변화로 쉽게 번역되지는 않는다"(Perry
& Pate, 1994).

치료에 대한 의미는 분명하다. 즉, 전통적인 언어 치료는 효과적이지 않고 오히
려 해로울 수 있다는 것이다. 그렇다고 인지 기반 개입을 피하자는 것은 아니다.
대신, 치료사는 내담자의 트라우마에 접근하기 위해 표현적(비언어적) 치료법에
대한 교차 훈련을 받아야 하며, 이는 종종 중추신경 영역이 아닌 중뇌에 기반을 두
고 있다. 모래상자치료는 특히 효과적인 표현 매체로, 모든 연령대의 트라우마 피
해자에게 사용된다.

페리와 샬라비츠(Perry & Szalavitz, 2006)는 트라우마로 인한 공포를 경험하는 사
람의 모습을 보여 준다.

> 두려움이 커지면 뇌의 위협 시스템은 들어오는 정보를 계속 통합하고 생명
> 을 유지하기 위한 전신 반응을 조율한다…… 뇌는 전두엽 피질의 잡담을 차단하

충격적인 경험이 한순
간에 인생을 바꿀 수 있
는 것처럼, 극적인 만남
도 마찬가지이다.

Bruce perry &
Maia Szalavitz

여 관련 없는 생각을 멈추게 한다…… 변연계의 '사회적 단서 읽기' 시스템을 대신하여 주변 사람들의 신호에 집중하여 누가 나를 보호하거나 위협할 수 있는지 판단하도록 돕는다…… 수천 가지 방법으로 뇌는 당신을 보호하기 위해 준비한다…… 우리가 침착할 때 우리는 피질에서 살기 쉽고, 뇌의 최고 용량을 사용하여 추상화를 생각하고, 계획을 세우고, 미래를 꿈꾸고, 읽는다. 그러나 무언가가 우리의 주의를 끌고 우리의 생각을 방해하면 우리는 더 경계하고 구체화하여 뇌 활동의 균형을 피질 하부 영역으로 옮겨 위협을 감지하기 위해 감각을 강화한다. (p. 48)

트라우마가 있는 내담자와 작업할 때, 내담자는 전두엽 피질에 접근할 수 없는 피질하 공간에 있을 수 있다. 대화 기반 치료는 치료사와 내담자 간의 피질 교환에 의존한다. 반면 모래상자치료와 같은 비언어적 개입은 피질하 공간과 두려움에 초점을 맞춘 자료가 처리될 수 있는 안전한 장소를 만들어 준다.

뇌 반구의 작동과 외상의 반구적 결과는 또한 모래상자치료와 같은 개입의 필요성을 지적한다. 길(2006)은 "트라우마 기억이 뇌의 우반구에 내재되어 있다는 증거는…… 따라서 뇌의 우측에 대한 접근과 활동을 촉진하는 개입이 필요할 수 있음을 시사한다"(p. 68)고 말한다. 모래상자치료도 그중 하나이다. 바데녹(2008)은 모래상자가 "우뇌 변연계 과정을 깨우고 조절하는 주목할 만한 능력을 가지고 있으며, 이는 고통스럽고 두려운 해리 경험을 해결하는 강력한 방법이 될 수 있다"(p. 220)고 말한다.

뇌 반구의 작동에 대한 인식은 치료적으로 의미가 있다. 우반구는 비언어적, 예술적, 은유적인 것에 더 집중한다. 반면 좌반구는 선형적(linear) 처리에 더 중점을 둔다. 반구의 통합은 정상적인 기능에 필수적이며 트라우마에 의해 부정적인 영향을 받는 것으로 보인다. 특히, 외상은 두 반구를 연결하는 섬유관인 뇌량에 이상을 초래한다(Teicher et al., 2006). 이는 학대받은 내담자가 때때로 경험하는 측면화(양쪽 반구에 접근하는 것)의 어려움을 설명할 수 있으며, 트라우마에 대한 서술에 확실히 영향을 미칠 수 있다.

모래상자치료는 내담자가 자신의 트라우마 경험에 대한 이야기를 말로 표현하기를 기대하는 전형적인 치료 방식을 피한다. 언어 치료는 본질적으로 선형적인 경향이 있다. 이전의 시겔(2003)의 인용을 되새겨 보면, 이에 내재된 도전에 부합하는 신경 통합을 달성하는 것이 중요하다.

> 선형적인 스토리텔링은 좌반구가 주도한다. 자서전적이 되려면 좌반구가 우반구에 저장된 주관적인 감정적 경험과 연결되어야 한다. 즉, 일관성 있는 스토리를 만들기 위해서는 논리적인 이야기를 전달하려는 왼쪽의 추진력이 오른쪽의 정보를 바탕으로 해야 한다는 것이다. 외상 후 스트레스 장애에서 발생하는 것처럼 막힘이 있으면 내러티브가 일관성이 없을 수 있다…… . 반구에 걸쳐 신경 통합을 달성하면 일관된 내러티브를 얻을 수 있다. (p. 15)

우리의 제안은 다음과 같다. 모래 상자와 같은 비언어적 표현 매체를 제공하면 은유적으로 집중된 우반구에 도달할 수 있다. 따라서 트라우마 내러티브에 접근하고 표현하는 능력이 향상된다. 우리는 트라우마 내러티브를 표현하는 이점을 지지하지만, 이는 본질적으로 언어적일 필요는 없다(때로는 실제로 언어적일 수 없다). 앞에서 언급했듯이, 인지적 의미보다는 느낌에 초점을 맞추는 것이 더 유리할 수 있으며, "오른쪽이 왼쪽에게 자신을 제공할 수 있는 고속도로"를 여는 것이다(Badenoch, 2008, p. 224).

전문 분야에서 잘 훈련된 많은 치료사가 신경 생물학적 효과를 고려할 필요성을 인식하지 못한다. 페리(2006)는 이렇게 지적한다.

> 간단히 말해, 외상 및 방임 경험은…… 뇌의 중요한 신경 시스템의 비정상적인 조직과 기능을 유발하여 이러한 시스템이 매개하는 기능적 능력을 손상시킨다…… . 학대받거나 외상을 입은 아동의 특정 발달 단계와 생리적 요구에 맞는 올바른 치료 활동을 일치시키는 것이 성공의 열쇠이다. (p. 29)

이는 성인에게도 마찬가지이다.

트라우마와 스트레스에 관한 문헌을 다시 살펴보고(CBT의 관점에서 작성되었다!) 몇 가지 이론적 교차점을 강조하고자 한다. 로스바움과 포아(Rothbaum & Foa, 1996)에 따르면, 두려움을 줄이기 위한 치료에는 두 가지 주요 조건이 필요하다. (1) 외상 기억을 활성화할 수 있는 방식으로 외상 관련 자료를 접해야 하고, (2) 맥락(치료 과정)이 외상의 중요한 요소와 직접적으로 모순되어야 하며, 주로 안전하다고 느껴야 한다는 것이다. 사실 안전은 트라우마에 시달리는 내담자를 치료하는 데 있어 가장 중요한 요소일 수 있다. 트라우마 피해자는 심리적으로 안전하지 않을 뿐만 아니라 신경생물학적으로도 안전하지 않다고 느낀다. 모래상자치료 과정은 이 두 가지 조건을 충족한다.

또한, 모래상자치료 과정에서의 관계적 안전은 트라우마 치료의 필수적인 요소를 제공한다. 치료적 성장은 개인 내적 및 대인관계적 안전의 범위를 벗어날 수 없다는 점을 인식하며, 모래상자의 표현적이고 투사적인 특성은 이러한 필수 요소를 촉진한다. 반 데르 콜크(2006)는 이러한 역동성의 핵심 측면에 대해 논의한다.

> 사람과의 접촉과 조율은 생리적 자기 조절의 핵심 요소이지만, 대인관계 트라우마는 종종 친밀감에 대한 두려움을 초래한다. 트라우마에 시달리는 많은 사람에게 친밀감과 조율에 대한 약속은 상처, 배신, 버림에 대한 암묵적인 기억을 자동적으로 불러일으킨다. 그 결과, 일반적으로 사람들이 더 큰 평온함과 통제감을 느끼는 데 도움이 되는 '보여지고 이해받는 느낌'은 트라우마의 재현을 촉발할 수 있다⋯⋯. 이것은 신뢰가 구축됨에 따라 물리적 경계를 설정하는 데 노력함으로써 물리적 통제감을 만드는 데 도움을 주는 것이 중요하다는 것을 의미한다. (p. 289)

앞서 언급했듯이 모래상자는 내담자의 정신을 담는 그릇이다. 모래상자치료사는 내담자가 현재 문제를 이야기하고 처리하는 데 있어 촉진자이자 증인이다. 이를 통해 반 데르 콜크가 주장하는 필요한 통제력을 개발할 수 있다. 또한 모래상자치료사는 다른 치료 방식에서 발생할 수 있는 전이 및 역전이 없이 모래상자의 생성 및 처리를 존중하기 때문에 모래상자치료를 통해 내담자의 '보여지고 이해받았다는 느낌'은 덜 위협적인 방식으로 전개된다. 프리들(Freedle, 2017)은 모래놀이치료에서 트라우마 내러티브는 "조율된 치료사의 면전에서…… 단어를 사용할 수도 있고 사용하지 않을 수도 있으며 시간이 지남에 따라 상징을 통해 표현되고 재처리된다"고 말한다(p. 202).

사례 연구

이 사례에 등장하는 사람은 스위니(Sweeney)의 내담자 중 한 명이다. 그녀는 대

그림 10-1 수치심과 트라우마 상자

출처: 저자가 내담자의 허가를 받아 사용됨

학원 정신건강학과 학생이기도 하지만 스위니의 학생은 아니다. 이 상자에서 그녀는 어린 시절의 충격적인 경험과 수치심의 연관성에 초점을 맞추었다. 트라우마와 수치심에 대한 추가 자료는 하머리히(Hammerich, 2021), 로페즈 등(Lopez et al., 2019) 그리고 트럼불(Trumbull, 2020)을 참고하라. 내담자에게 수치심 문제에 관한 상자를 만들라는 개방형 초대장을 보냈다. 내담자가 제시한 제목은 "수치심이 떠오를 때, 꿈은 분리된다"였다([그림 10-1] 참조). 자세한 내용은 내담자에게 내러티브를 작성하도록 요청했고, 그 내용은 아래와 같다. 길이를 줄이기 위해 편집되었지만 다음은 모두 내담자가 직접 말한 내용이다.

이 글의 제목을 "수치심이 드러나면 꿈은 멀어진다"라고 정한 이유는 수치심 문제가 현재 나의 꿈과 행복을 어떻게 침범하고 있는지를 보여 주기 위해서이다. 나는 내 인생의 좋은 일들에 집중하고 싶지만, 집안 내력이 너무 많은 문제가 계속 방해가 되고 수치심이 모든 것을 압도하고 방해하고 있다. 나는 나의 자매관계에서의 해로운 관계를 표현하고 싶었다.

중앙의 검비 그림은 많은 걱정거리에 시달리는 나를 상징한다. 우르술라 그림은 주요 스트레스 원인인 언니를 나타낸다. 우르술라는 아이들의 재능과 꿈을 훔쳐서 이용만 하려고 하면서도 훌륭한 조력자인 척한다. 마찬가지로 내 어린 시절의 순수함도 언니로 인해 타락했고, 언니로부터 평생 괴롭힘과 상처를 견뎌 내야 했다. 그녀는 나를 물어뜯는 포식성 장어 모양의 물건을 휘두르며 해를 끼치는 것을 상징한다. 나는 언니 주변에 정지 표지판을 설치해 언니가 내 삶에 끼어드는 것을 막으려는 노력을 표현했다. 내가 손에 들고 있는 가장 큰 정지 표지판은 바닥에 놓여 있는데, 이는 그녀를 막으려는 나의 시도가 그녀에게 무시당하는 것을 나타낸다.

쓰러진 묘비는 '도로 폐쇄' 및 '진입 금지 · 오도 가도 못함' 표지판을 통해 그녀를 '죽게' 하려는 나의 노력을 상징한다. 우르술라와 가장 가까이 있는 나의 일부가 모래에 파묻히고 내 미소도 이 상황에 대한 나의 불행과 무력감을 표현하고 있다. 우르술라 뒤에는 나와 나의 자매들을 상징하는 여우원숭이 네 마리가 웅크리고 있다. 커다란 탱크 한 대가 그들을 향해 대포를 겨누고 있다. 이 탱크는 이 세상에서 가장 강력한 힘을 가지고 있다. 불길한 위협이 느껴지는데, 그 순간 마음속에서 '펑'하는 큰 소리가 들리더니 이내 정적이 흘렀다.

탱크를 운전하는 것은 "악을 듣지 말고, 악을 보지 말고, 악을 말하지 말라"는 원숭이 트리오이다. 이 소품을 만지작거리자마자 나는 그것이 나의 원가족 안에 있는 수치심에 기반한 시스템을 상징한다는 것을 알았다. 가족에 대한 수치심은 문제에 대해 눈을 감고, 우려와 감정을 부정하며, 수치심과 관련된 문제에 대해 말하지 않는 것을 의미한다. 옆에 있는 주황색 원뿔은 수치심을 느낄 때 그 밑으로 숨고 싶은 '부끄러움의 원뿔'처럼 수치심 자체를 상징한다. 철길은 바로 나에게로 이어지며, 번개는 수치심을 약화시키는 힘을 전달한다!

나는 모래에 손가락으로 두 개의 경로를 그려서 상자의 빈 황무지를 달리는 미친 듯이 보이는 세 개의 머리를 가진 돼지 형상을 만들었는데, 이는 수치심과 언니와의 해로운 관계가 나를 얼마나 미치게 만드는지를 상징한다. 이를 극복하기 위해 나는 사회성과 책임감을 회피하는 등 부정적인 행동으로 물러서게 된다. 나는 스스로를 달래기 위해 강박적인 온라인 쇼핑과 폭식에 빠져들었다. 이로 인해 나는 좋은 꿈, 즐거운 꿈, 그리고 내가 집중하고 싶은 긍정적인 목표에서 점점 더 멀어지고 있다.

오른쪽 하단에는 책을 들고 있는 학생과 졸업하는 학생이 있다. 상담 프로그램에서 공부하고 성장하고 있는 현재의 현실과 커리어를 시작하려는 미래의 꿈을 상징하는 두 사람은 현재와 미래의 나를 나타낸다. 이 그림들은 부분적으로 묻혀 있는데, 이는 현재 내가 이 목표를 달성하기 위해 고군분투하고 있으며, 삶의 모든 혼란 속에서 이 목표를 달성할 수 있을지 확신할 수 없음을 나타낸다. 하지만 그림이 부분적으로만 묻혀 있기 때문에 아직 희망은 남아 있다. '검비인 나'에서 '학생인 나'로 이어지는 철로는 선로를 벗어나 교차되어 있는데, 이 꿈을 이루기 위해서는 다시 제자리로 돌아와 궤도를 유지해야 한다는 의미이다. 생명, 활력, 성장을 상징하기 위해 장미와 나무를 추가했다!

검비 위에 서 있는 천사는 또 다른 자매를 상징하며, 부러진 날개는 내가 어렸을 때 자살로 세상을 떠난 그녀의 삶과 희망에 대한 상실감을 상징한다. 나는 그녀와 매우 특별한 관계를 맺고 있으며, 그녀는 나의 보호자이자 사랑과 이해가 무엇인지 알려 주는 영혼의 수호자이다.

천사 옆에는 두 개의 열린 하트가 있는데, 이는 나의 가장 큰 지지자이자 가장 친한 친구인 파트너와 나누는 무조건적인 사랑을 상징한다. 천사와 하트는 건강을 지키고 꿈을 이루기 위한 싸움에서 혼자가 아니라는 것을, 그리고 이 싸움의 중심에는 사랑이 있다는 것을 상기시켜 준다!

평화와 물을 상징하는 파란색 보석이 검비의 왼손에서 오른쪽 상단 모서리와 결혼식 장면으로 이어진다. 첫 번째 파란색 보석과 손 사이에 틈이 생겼는데, 이는 곧 다가올 행복한 행사에 집중하지 못하고 어려움을 겪게 되는 것을 상징한다. 나와 내 파트너를 상징하는 두 신부는 물을 사랑하고 조화롭고 평화로운 연못에 함께 서 있다. 한쪽 구석에 빛나는 보석으로 가득 찬 정자는 우리의 소망과 행복, 밝은 미래를 상징하지만, 그곳에 도착하기까지 해결해야 할 일이 너무 많아서 아직은 멀게만 느껴진다. 샴페인 병이 축하의 건배를 기다리고 있다. 네 마리의 기러기는 내 파트너의 어린 딸들과 함께 우리 가족을 상징한다. 전반적으로 나의 세계의 오른쪽은 내 인생의 사랑스러운 관계, 특히 파트너와의 관계를 반영한다.

마지막으로 검비의 발 밑에는 두 개의 묘비로 이어지는 녹색 보석이 있다. 이것은 작년에 돌아가신 아버지와 최근 돌아가신 파트너의 아버지를 상징한다. 두 분의 죽음을 애도하는 것은 내가 꿈과 목표에 집중하는 데 영향을 미쳤다. 하지만 녹색 보석은 평화를 상징하며 두 분의 죽음을 받아들이는 데 시간이 필요했음을 인정하고 두 분의 아버지를 소중히 여긴다는 의미를 담고 있다!

정신건강의학과 대학원생인 이 내담자는 자신의 이야기를 분명히 명확하게 전달했다. 여기서 핵심은 이 내담자가 지속적인 괴롭힘과 학대를 당한 언니와 함께 자란 트라우마를 진정으로 경험하고 본능적으로 마주할 수 있었다는 것이다. 이는 언어적 수준에서 처리되었을 수도 있지만, 대뇌 피질 수준뿐만 아니라 중뇌(변연계)

수준까지 관여하는 깊이 있는 내용을 전달할 수 있었다고 생각한다. 비전문적인 용어를 사용하자면, 그녀는 머리뿐만 아니라 마음에도 접근할 수 있었던 것이다.

트라우마를 가진 내담자를 위한 모래상자의 목표

모래상자치료를 통해 트라우마 경험을 한 내담자를 치료하는 첫 번째 목표는 내담자에게 안전하고 회복적이며 관계적인 경험을 제공하는 것이다. 이는 통찰력 및/또는 인지적 구조 조정에 초점을 맞추는 것보다 우선시된다. 내담자에게 트라우마가 갖는 의미는 중요할 수 있지만, 이를 처리하여 견딜 수 있고 관리할 수 있도록 하는 것만큼 중요하지는 않다. 트라우마를 처리하여 견디고 관리한 후에 의미를 찾을 수 있다. 따라서 우리의 역할은 주로 여정의 동료이자 내담자의 이야기에 대한 증인이 되는 것이다.

내담자가 트라우마에 대해 이야기할 수 없다면 증상적인 반응만 있을 뿐 본질적으로 이야기가 없는 것이다. 트라우마를 표현할 수는 있지만 트라우마의 재현을 통해서만 표현할 수 있으며, 그 결과 내적·외적·관계적 장애가 발생한다. 치료적 개입의 임무는 내담자에게 통제권을 돌려주고 숙달감을 개발하도록 돕는 것이어야 한다. 모래상자치료는 이러한 과정을 돕기 위해 심리적·신경생물학적 장애물을 뚫고 들어가 내담자가 자신의 이야기를 개발하고 새로운 이야기를 시작하도록 하는 데 있다.

트라우마에 초점을 맞춘 전형적인 개입의 예로는 소크라테스식 대화법에 초점을 맞춘 인지적 재구조화 치료가 있다. 하나의 예시는 몬슨과 슈나이더(Monson & Shnaider, 2014)에 의해 제시되었는데, 그들은 다음과 같은 인지적 기법을 제안한다.

명확한 질문: 당시 그곳에 누가 있었나요? 그들은 무엇을 했나요? 바로 직전에 무슨 일이 있었나요? 이후에는? 당시 무슨 생각과 느낌이 들었나요?

도전적인 가정: 당신이 다른 행동을 했다면 어떤 일이 일어날 수 있었을까요? 좋

은 사람을 만났는데 그 사람에게 나쁜 일이 일어난 적이 있나요? 사건이 일어
났을 당시에는 어떤 정보를 가지고 있었으나 사건이 끝난 지금은 그렇지 않
은가요?

객관적인 증거 평가하기: 현재 상황에서 _____(안전 문제)가 발생할 확률은
얼마나 되나요? 현재 결론에 대한 예외를 하나 이상 알고 있나요?

근본 또는 핵심 신념에 도전하기: 일어난 일에 대해 자신을 탓하지 않는다는 것은
무엇을 의미할까요? (p. 55)

이러한 질문과 관련하여 상호작용할 수 있는 심리적·신경생물학적 자원이 있
다는 가정하에 일부 내담자에게는 이러한 방법이 효과적일 수 있다. 그렇지 않은
경우에는 위에서 설명한 몇 가지 역동으로 인해 모래상자치료를 도입하는 것이
좋다. 모래상자치료는 이러한 질문을 변형하여 소품을 사용하여 이러한 질문에
대한 입장을 취하거나 대답하게 하거나, 이러한 지시적이고 인지적인 접근법을
사용하기 위한 준비 과정에서 안전을 제공하는 수단으로 모래상자를 사용하는 등
의 방법으로 사용할 수 있다.

트라우마 내러티브는 언어적으로 처리될 필요가 있다. 이러한 트라우마 내러
티브는 모래상자치료와 같은 표현적이고 투사적인 개입의 맥락에서 발전할 수
있고, 또 유익하다고 주장한다. 이러한 관점은 여러 모래상자치료사들이 공유하
고 있다(Duffy, 2015; Kestly, 2015, 2017; Lacroix et al., 2007; McCarthy, 2006; Miller &
Boe, 1990; Raftopoulos, 2015). 놀이치료와 트라우마의 신경생물학에 대한 보다 일
반적인 출처는 휠러와 딜먼 테일러(Wheeler & Dillman Taylor, 2016)를 참고하기 바
란다. 이를 통해 트라우마 경험이 있는 내담자에게 안전하고 회복적이며 관계적
인 경험을 제공할 수 있다.

모래상자치료사가 이 장에 언급된 일부 연구자의 전문 지식을 보유해야 한다는
것은 불가능하며 권장하지도 않는다. 하지만 신경생물학이 트라우마와 트라우마
치료 모두에 미치는 영향을 인식해야 한다. 페리먼 등(Perryman et al., 2019)은 우
리에게 이것을 적절히 상기시켜 준다.

상담사는 내담자와 함께 일하는 데 가장 효과적인 방법을 선택하기 위해 뇌 기능과 트라우마의 영향을 이해해야 한다. 창의적 예술치료는 내담자가 자신의 트라우마에 접근하고 표현할 수 있는 위협적이지 않은 방법을 제공하여 뇌에 교정적인 경험을 선사한다. 신체 움직임을 포함하는 활동은 외상성 사건에 대해 고정된 반응을 보이는 내담자에게 교정적인 정서적 경험을 제공함으로써 특히 도움이 될 수 있다. (p. 80)

표현예술치료를 고려할 때, 길(2010)은 아동을 대상으로 하는 표현예술치료의 도전과제를 정리했는데, 이는 모든 연령대의 내담자를 대상으로 하는 모래상자치료에도 분명하게 적용된다.

문제의 핵심은 대인관계 복합 트라우마를 겪은 아동 피해자들은 종종 신뢰할 수 있고 돌봐 주는 사람과의 친밀하고 안전한 관계를 갈망하고 두려워한다는 것이다. 따라서 임상의는 인내심과 희망을 갖고 무엇보다도 자신을 밀어내는 아동, 더 나아가 매번 장애물을 발견하거나 만들어 내는 아동과 충분히 소통할 준비가 되어 있어야 한다. (p. 7)

프리들(2017)은 모래 작업에 대한 모든 접근법에 적용되는 모래놀이 관점에서 요약한다. "모래놀이치료의 비언어적 · 심층 지향적 · 다감각적 특성은 트라우마를 경험한 수준에서 안전하고 직접적으로 접근하고 이를 극복할 수 있는 경험적 수단을 제공한다"(p. 205). 이는 트라우마로 어려움을 겪는 내담자가 절실히 필요로 하는 안전한 장소이자 모래에서의 심리치료 작업의 이점을 강조한다.

참고문헌

American Psychiatric Association. (2022). *Diagnostic and statistical manual of mental disorders: DSM‒5‒TR*. American Psychiatric Association.

Badenoch, B. (2008). *Being a brain- wise therapist: A practical guide to interpersonal neurobiology*. W.W. Norton & Co.

Badenoch, B. (2018). *The heart of trauma: Healing the embodied brain in the context of relationships*. W.W. Norton & Co.

Badenoch, B., & Kestly, T. (2015). Exploring the neuroscience of healing play at every age. In D. Crenshaw & A. Stewart (Eds.), *Play therapy: A comprehensive guide to theory and practice* (pp. 524–538). Guilford Press.

Carrion, V., Wong, S., & Kletter, H. (2013). Update on neuroimaging and cognitive functioning in maltreatment- related pediatric PTSD: Treatment implications. *Journal of Family Violence, 28*(1), 53–61.

Cozolino, L. (2014). *The neuroscience of human relationships: Attachment and the developing social brain* (2nd ed.). W.W. Norton & Co.

Cozolino, L. (2020). *The pocket guide to neuroscience for clinicians*. W.W. Norton & Co.

De Bellis, M., & Zisk, A. (2014). The biological effects of childhood trauma. *Child and Adolescent Psychiatric Clinics of North America, 23*(2), 185–222.

Duffy, S. (2015). Therapeutic stories and play in the sandtray for traumatized children: The moving stories method. In C. Malchiodi (Ed.), *Creative interventions with traumatized children* (2nd ed.), (pp. 150–168). Guilford Press.

Freedle, L. R. (2017). Healing trauma through sandplay therapy: A neuropsychological perspective. In B. A. Turner (Ed.), *The Routledge international handbook of sand play therapy* (pp. 190–206). Routledge/Taylor & Francis.

Gaskill, R., & Perry, B. (2012). Child sexual abuse, traumatic experiences, and their impact on the developing brain. In P. Goodyear- Brown (Ed.), *Handbook of child sexual abuse: Identifi cation, assessment and treatment* (pp. 29–48). John Wiley & Sons.

Gaskill, R., & Perry, B. (2014). The neurobiological power of play: Using the neurosequential model of therapeutics to guide play to guide play in the healing process. In C. Malchiodi & D. Crenshaw (Eds.), *Creative arts and play therapy for attachment problems* (pp. 178–196). Guilford Press.

Gil, E. (2006). *Helping abused and traumatized children: Integrating directive and nondirective approaches*. Guilford Press.

Gil, E. (2010). *Working with children to heal interpersonal trauma: The power of play*.

Guilford Press.

Gil, E. (2012). Trauma-focused integrated play therapy (TF-IPT). In P. Goodyear-Brown (Ed.), *Handbook of child sexual abuse: Identifi cation, assessment, and treatment* (pp. 251-278). John Wiley & Sons.

Hammerich, B. (2021). The power of fear and shame: From hiding place to public space. In P. Gobodo-Madikizela (Ed.), *History, trauma and shame: Engaging the past through second generation dialogue* (pp. 38-62). Routledge/Taylor & Francis.

Kestly, T. (2015). Sandtray and storytelling in play therapy. In D. Crenshaw & A. Stewart (Eds.), *Play therapy: A comprehensive guide to theory and practice* (pp. 156-170). Guilford Press.

Kestly, T. (2017). The secret garden: Use of the sand tray and fi gurines from an interpersonal neurobiological framework. In B. A. Turner (Ed.), *The Routledge international handbook of sandplay therapy* (pp. 317-327). Routledge/Taylor & Francis Group.

Lacroix, L., Rousseau, C., Gauthier, M., Singh, A., Giguère, N., & Lemzoudi, Y. (2007). Immigrant and refugee preschoolers' sandplay representations of the tsunami. *The Arts in Psychotherapy, 34*(2), 99-113.

Lanius, R., Williamson, P., Densmore, M., Boksman, K., Neufeld, R., Gati, J., & Menon, R. (2004). The nature of traumatic memories: A 4-T fMRI functional connectivity analysis. *Archives of General Psychiatry, 161*(1), 36-44.

López, C. T., Saraiya, T., Zumberg, S. K., & Dambreville, N. (2019). Association between shame and posttraumatic stress disorder: A meta- analysis. *Journal of Traumatic Stress, 32*(4), 484-495.

Malchiodi, C. (2015). *Creative interventions with traumatized children* (2nd ed.). Guilford Press.

Malchiodi, C. A. (2020). *Trauma and expressive arts therapy: Brain, body, and imagination in the healing process.* Guilford Publications.

McCarthy, D. (2006). Sandplay therapy and the body in trauma recovery. In L. Carey (Ed.), *Expressive and creative arts methods for trauma survivors* (pp. 165-180). Jessica Kingsley Publishers.

Miller, C., & Boe, J. (1990). Tears into diamonds: Transformation of child psychic trauma through sandplay and storytelling. *The Arts in Psychotherapy, 17*(3), 247-257.

Monson, C., & Shnaider, P. (2014). Trauma-focused interventions: Cognitive techniques and treatment packages. In C. Monson & P. Shnaider (Eds.), *Treating PTSD with cognitive- behavioral therapies: Interventions that work* (pp. 51-79). American Psychological Association.

Perry, B. (2006). Applying principles of neurodevelopment to clinical work with maltreated and traumatized children: The neurosequential model therapeutics. In N. B. Webb (Ed.), *Working with Traumatized youth in child welfare* (pp. 27-52). Guilford Press.

Perry, B. (2009). Examining child maltreatment through a neurodevelopmental lens: Clinical applications of the neurosequential model of therapeutics. *Journal of Loss and Trauma, 14*(4), 240-255.

Perry, B. D. (2015). Foreword. In C. A. Malchiodi (Ed.), *Creative interventions with traumatized children* (2nd ed.). (pp. ix-xi). Guilford Press.

Perry, B., & Pate, J. (1994). Neurodevelopment and the psychobiological roots of post traumatic stress disorder. In L. Koziol & C. Stout (Eds.), *The neuropsychology of mental disorders: A practical guide* (pp. 129-146). Charles C. Thomas Publisher.

Perry, B., & Szalavitz, M. (2006). *The boy who was raised as a dog: And other stories from a child psychiatrist's notebook*. Basic Books.

Perry, B., & Szalavitz, M. (2017). *The boy who was raised as a dog: And other stories from a child psychiatrist's notebook: What traumatized children can teach us about loss, love, and healing* (Revised and updated edition). Basic Books.

Perryman, K., Blisard, P., & Moss, R. (2019). Using creative arts in trauma therapy: The neuroscience of healing. *Journal of Mental Health Counseling, 41*(1), 80-94.

Porges, S. (2011). *The polyvagal theory: Neurophysiological foundations of emotions, attachment, communication, and self-regulation*. W.W. Norton.

Porges, S. (2021). *Polyvagal safety: Attachment, communication, self-regulation*. W.W. Norton.

Porges, S., & Dana, D. (2018). *Clinical applications of the polyvagal theory: The emergence of polyvagal-informed therapies*. W.W. Norton.

Raftopoulos, M. (2015). *The use of jewels in the sandplay therapy of children with and without abuse histories. Journal of Sandplay Therapy, 24*(1), 47–68.

Rothbaum, B., & Foa, E. (1996). Cognitive- behavioral therapy for posttraumatic stress disorder. In B. van der Kolk, A. McFarlane, & L. Weisaeth (Eds.), *Traumatic stress* (pp. 491–509). Guilford Press

Schaefer, C. (1994). Play therapy for psychic trauma in children. In K. O'Connor & C. Schaefer (Eds.), *Handbook of play therapy, Volume 2* (pp. 297–318). John Wiley & Sons.

Siegel, D. (2003). An interpersonal neurobiology of psychotherapy: The developing mind and the resolution of trauma. In M. Solomon & D. Siegel (Eds.), *Healing trauma: Attachment, mind, body, and brain* (pp. 1–56). W.W. Norton & Company.

Siegel, D. (2020). *The developing mind: How relationships and the brain interact to shape who we are* (3rd ed.). Guilford Press.

Teicher, M., Tomoda, A., & Andersen, S. (2006). Neurobiological consequences of early stress and childhood maltreatment. In R. Yehuda (Ed.), *Psychobiology of posttraumatic stress disorder: A decade of progress* (pp. 313–323). Blackwell Publishing.

Trumbull, D. (2020). Shame: An acute stress response to interpersonal traumatization. *Psychiatry: Interpersonal and Biological Processes, 83*(1), 2–14.

van der Kolk, B. (2002). Assessment and treatment of complex PTSD. In R. Yehuda (Ed.), *Treating trauma survivors with PTSD* (pp. 127–156). American Psychiatric Publishing.

van der Kolk, B. (2006). Clinical implications of neuroscience research in PTSD. In R. Yehuda (Ed.), *Psychobiology of posttraumatic stress disorder: A decade of progress* (pp. 277–293). Blackwell Publishing.

van der Kolk, B. (2014). *The body keeps the score: Brain, mind, and body in the healing of trauma.* Penguin Group.

Wheeler, N., & Dillman Taylor, D. (2016). Integrating interpersonal neurobiology with play therapy. *International Journal of Play Therapy, 25*(1), 24–34.

Wylie, M. (2004). The limits of talk: Bessel van der Kolk wants to transform the treatment of trauma. *Psychotherapy Networker, 28*, 30–41.

제**11**장

신경형 발달 지표 및 진단 징후

우리가 사용하는 기술과 방법을 이해하는 것은 효과적이고 지속적인 세션 내 평가와 개입을 위한 기본이다. 마가렛 로웬펠드(Magaret Lowenfeld)는 아동을 대상으로 한 새로운 형태의 임상 작업을 연구했다(Lowenfeld, 1979). 로웬펠드는 모든 직원에게 아동의 세계에 대한 상세한 메모와 그림을 작성하게 했다. 그녀는 이것을 연구했다. 계속해서. 아동을 대상으로 한 임상 경험이 쌓이고 아동용 세계를 사용하는 아동의 수가 증가함에 따라 로웬펠드는 아동용 세계에서 공통적으로 나타나는 기본적인 증상을 발견했다. 로웬펠드는 이를 다음과 같이 정의했다.

a. 울타리는 아동의 세계의 대부분을 차지한다.
b. 야생 동물이 속하지 않는 곳에 놓여 있다.
c. 동일한 소품을 빈번하게 재사용한다.
d. 그리고 또 다른 소품들이 그들이 소속되지 않는 위치에 배치되는 것이다.

로웬펠드는 자신의 연구 결과를 통계적으로 분석하거나, 아동 내담자와 비임상 아동을 비교하거나, 규범적 데이터를 개발하기 위한 연구를 추구하지 않았다

(Bühler, 1951a, 1951b). 대신 로웬펠드는 아동이 자신의 내면과 소통할 수 있는 방법을 개발하는 데 중점을 두었다.

샬롯 뷜러(Charlotte Bühler)는 아동 심리학의 선구자로 오스트리아, 노르웨이, 미국에서 강의했다. 또한 로웬펠드와 동시대 연구자였던 그녀는 발달 규범을 확립하고 임상 증상을 평가하는 능력에 대한 로웬펠드의 세계기법 자료의 유용성에 대해 호기심을 갖게 되었다. 뷜러가 개발한 세계 검사에는 양적 연구를 위한 표준화된 160개의 소품들(그녀는 이를 요소들(elements)이라고 불렀다) 세트와 질적 연구 및 치료용으로 300개의 상자가 포함되어 있었다. 그녀는 소품을 상자 안의 별도 구획에 범주별로 정리했다. 연구 대상은 바닥의 6피트 정사각형 공간이나 모래가 없는 테이블에 만들어졌다. 뷜러는 이것이 "놀이치료에서 세계 자료를 사용할 수 있는 방법이며…… 세계 자료는 진단적으로 유익하고 아동을 위한 치료적 경험의 시작 역할을 한다"고 말했다(Bühler, 1951b, p. 75).

스웨덴의 교육자인 한나 브랫(Hanna Bratt)도 세계기법을 알게 되었고, 치료 및 아동과의 의사소통 기법으로 세계기법을 사용하는 것에 흥미를 느꼈다. 브랫은 1933년 로웬펠드와 함께 공부했고, 이후 세계기법의 스웨덴 버전인 모래상자를 개발했다(Nelson, 2011). 브랫은 임상 활동을 확장하여 1934년 에리카 재단을 설립하고 4~12세 아동을 대상으로 모래상자를 치료적으로 사용했다(p. 826). 1940년대 중반, 에리카 재단은 진단 목적으로 괴스타 하딩(Goesta Harding)의 지도 아래 모래상자를 사용하기 시작했다. 진단 목적으로 모래상자를 개발하면서 하딩은 뷜러의 연령별 발달 연구 결과를 통합하고 정신분석적 리비도 발달 관점을 추가했다(Nelson, 2011). 그러나 치료 작업에서 그는 "우리는 여기서 많은 이론을 세우지 않고 매일 아이와 함께 집중적으로 생활해야 하며, 정원사가 꽃을 보듯이 아이가 어떻게 성장하고 발달하고 있는지 살펴봐야 한다"고 말했다(Nelson, 2011, p. 831). 마지막으로 앨리스 다니엘슨(Allis Danielson)은 하딩에게 영감을 받아 모래상자를 진단 도구로 더욱 확장했다. 그의 동명의 매뉴얼인 "에리카 방법"에서 이 명칭은 현재 알려진 이름이 되었다(Nelson, 2011, pp. 831-832).

신경형 발달 지표

어린아이부터 노인에 이르기까지 신경학적, 비임상적 개인은 모래상자에 무엇을 만들까? 정신건강 임상의로서 우리는 상자에 담긴 비임상 및 연령대별 작품에서 임상적 요소나 단서를 어떻게 식별할 수 있을까? 이는 탐구해야 할 중요한 질문인 것 같다.

미술을 사용하는 임상의가 퇴행된 미술 작품이 어떻게 생겼는지 잘 알고 있거나 임상적 문제의 지표를 알고 있는 것처럼, 연령에 맞는 그림을 이해하면 이러한 결정의 근거가 될 수 있다. 아동 발달 전문가도 놀이를 통해 해당 연령의 전형적인 놀이를 바탕으로 아동을 평가한다. 모래놀이치료사도 마찬가지이다(대략적으로 말하자면!). 시간이 지남에 따라 여러 연구자들과 모래놀이치료사들은 다양한 연령대의 아동을 대상으로 기존의 비임상적인 모래놀이를 연구해 왔다. 위에서 언급한 바와 같이 샬롯 뷜러(Charlotte Bühler), 한나 브랫(Hanna Bratt), 괴스타 하딩(Goesta Harding), 앨리스 다니엘슨(Allis Danielson) 등은 마가렛 로웬펠드(Magaret Lowenfeld)의 연구에 기반한 발달 규범을 탐구했다(Nelson, 2011). 최근의 몇몇 연구자들도 발달 규범을 조사하거나 비임상 대조군과 함께 임상 그룹을 연구하는 등 동일한 연구를 수행했다. 이러한 연구들은 모래놀이에서의 신경학적 놀이에 대한 이해를 계속해서 높여 주고 있다. 이러한 연구를 수행한 연구자들도 보이어(Bowyer, 1970), 버크(Burke, 1996), 코클(Cockle, 1993), 그럽스(Grubbs, 1995), 하퍼(Harper, 1991), 존스(Jones, 1986), 맷슨과 벨도랄 브로건(Mattson & Veldorale Brogen, 2010), 미첼과 프리드먼(Mitchell & Friedman, 1994), 페트루크(Petruk, 1996), 베르너(Werner, 1956), 준니(Zunni, 1997) 등이 있다. 쉐리 글라스(Cherrie Glasse, 1995)는 한 학교 교사이자 임상 심리학자로, 모래상자 창작물의 특징을 피아제(Piaget, 1969)의 인지 단계와 연결시켰다. 대부분의 임상가들이 피아제의 작업에 익숙하기 때문에, 우리는 정상 결과를 조직화하기 위해 그의 단계를 사용할 것이다. 부록 C는 다음의 연구 기반 정보를 사용하여 모래상자 창작물을 평가하는 모래상자 평가 워크시트이다.

일반 지침

　다음은 앞에서 언급한 연구에서 발견된 모래상자 구조의 특징을 정리한 것이다. 임상의가 연령대별 신경학적 구성 요소를 쉽게 식별할 수 있도록 피아제(Piaget)의 인지 발달 단계에 따라 정리했다. (주의: 다음 정보에 대해 독자들에게 주의를 환기시킨다.) 이 정보는 여러 연구에서 축적된 것으로, 뷜러(Bühler)의 연구를 제외하고는 대규모 피험자 풀을 가진 연구는 없다. 많은 연구 결과가 서로를 뒷받침하고 있다. 그러나 이것은 우리가 찾아서 수집할 수 있는 최대한의 정보이다. 모든 것을 포함하거나 모든 지표를 포함하고 있는 것은 아니다. 그러나 이는 우리의 업무와 내담자를 평가할 수 있는 기반을 구축하는 시작이다. 또한, '정상'을 파악하고자 할 때 신경다양성이 이 정보를 적용하는 우리의 렌즈임을 이해해야 한다. 모든 발달 수준에는 다양한 행동이나 지표뿐만 아니라 이상치도 포함된다는 점을 기억하라.

피아제의 인지 발달 수준

전 조작기–직관적 인지 단계, 2~7세

　이 단계는 직관에 기반한 사고로 특징지어지며 아직 완전히 논리적이지 않다. 아이들은 단어, 기호, 이미지로 사물을 표현할 수 있고 나이가 들면서 문자와 숫자를 사용할 수 있다. 이 시기의 아이들은 가장놀이(pretend play)를 하고 자기중심적이며 언어 발달이 급격히 이루진다.

모래 사용

■ 밀고, 붓고

■ 묻기 · 파내기, 2~3세

■ 1~2개의 작은 물이 있는 곳, 작은 연못, 부분적인 강

■ 차량 트랙들

■ 목적지 또는 연결이 불분명한 도로

■ 모래더미

경계

■ 모래와 소품 집단을 사용하여 만든 것

　□ 불완전한 길, 연못, 호수, 흙더미 등 경계 감각, 원시적 성격, 명확성 부족

　□ 고의성 없이 나타날 수 있으며, 상자의 측면을 장벽으로 인식하지 못하고
　　상자 밖에서 놀 수 있음, 2~3세

　□ 매우 간단함: 병사 또는 기타 아이템의 줄 · 열, 5~8세까지 증가함

■ 전형적인 경계 소품에 의해 만들어짐

　□ 제한적 또는 원시적

■ 의외의 것들에 의해 방해받음

■ 흩어지는 효과를 만들거나 주제를 방해함

소품 사용

■ 0~1년, 상자 사용량의 25% 이하 및 상자 외부에 소품 배치

■ 2~3세, 대부분 상자를 사용하지만 일부만 사용하는 경우도 드물지 않음, 상
자 안에 소품을 놓음, 앞쪽 가로 가장자리와 왼쪽 모서리에 소품을 놓는 것이
일반적임, 바닥에 소품을 놓고 놀고, 상자 밖에 소품으로 작은 더미를 만들기
도 함, 모래를 던지거나 찌르기도 함, 사람 위에 모래를 붓기도 함, 통제력을
보이지 않으며 혼란된 세계, 소품이 엎드린 상태, 정글 동물들, 먹는 주제가
나타남 등

- 22개월 이상, 최소 한 명 이상의 사람 소품 사용
- 3~4년, 일관된 디테일이 강화된 장면 구축
- 4~5년, 한쪽 가로 가장자리와 한쪽 모서리를 따라 배치된 그림, 상자 영역 전체에 걸쳐 간격을 가지고 배치된 그림
- 4~6세, 연극적인 활동(비행기를 가지고 부웅하는 소리를 냄)을 하는 경우
- 4~8세, 상자 사용률 91~100%, 상자 내 모든 소품, 모든 사람 소품과 자동차 사용, 줄을 세우는 것 증가, 동물 소품과 자동차를 이용한 연극적인 놀이
- 5세 이상, 그룹으로 배열된 숫자, 상자의 네 면을 모두 사용, 소품의 평균 숫자 수는 50~70개
- 5~10년, 교통 수단의 빈번한 사용, 울타리 사용 증가, 종종 게이트가 없는 경우
- 7년, 나무가 나타나기 시작함

인물 소품의 방향과 관계
- 나란히, 서로 앞쪽, 뒤쪽에서
- 양자관계, 인간 또는 동물 가족
- 두 명 이상의 인물이 극적으로 그룹화되어 있는 경우, 인물이 등장하는 극적인 놀이
- 관계의 시작, 두 명 이상의 인물이 목적 지향적이고 상호 인격적, 기능적으로 관련되어 있음
- 5세까지, 작은 구조물(예: 사람과 나무로 울타리가 있는 집)

세계관: 주제가 얼마나 복잡하고 일관된지 관찰하기
- 차별화된 관점을 제안하지만, 하나의 미개발된 주제만 있거나 관련 없는 여러 주제들을 제안함.
- 4~5세는 사람과 동물을 위한 충분한 음식에 대한 집착을 보임.

구체적 조작 인지 단계, 7~11세

이 단계의 아이들은 구체적인 사건에 대해 논리적으로 사고하고 구체적인 비유에 대해 질문할 수 있다. 이제 사고는 보존, 가역성, 연속적인 순서, 인과관계에 대한 성숙한 이해로 특징지어진다. 규칙을 지키는 것이 중요하다. 이 시기는 소품의 규모와 사실적인 묘사를 위해 입체적인 모래를 조작하는 것에 점점 더 관심을 기울이고 있다. 이러한 역동은 이 발달 단계에 맞는 시각적 사실주의의 미술과 회화와 일치한다(Thomas & Silk, 1990).

모래 사용
- 강은 옆으로 흐름
- 중간 규모의 호수, 두 개 이상의 물의 형태
- 분명한 도로; 언덕과 산, 섬, 계곡, 도로, 파도, 고랑, 화산, 모래벽, 그리고 어린 아이들에게는 거의 보이지 않는 곳
- 인물과 얼굴 그리기

경계
- 모래와 소품 그룹 사용
  - 목표 라인, 고랑, 다이어그램, 섬이 있는 호수
  - 단순하고 적당히 명확한 경계 설정
  - 강이 완전히 묘사되지 않음
  - 잘 조율된 복잡한 그룹 전형적인 경계를 나타내는 소품들 생성
- 전형적인 경계 소품에 의해 만들어짐
  - 적절한 사용, 적당히 선명하고 원시적인 성격이 없음
  - 길, 도로, 표지판, 바위 및/또는 덤불로 된 울타리, 다리 등
  - 모래 세계 안의 분명한 연결고리
- 이상 현상에 의해 방해받음

■ 명확한 경계를 심각하게 침해하지는 않지만 방해가 되는 경우

소품 사용
■ 상자의 91~100%가 사용됨, 모든 소품이 상자의 범위 내에 있음, 빈 상자가 없음
■ 이 연령대의 47%가 물을 사용함
■ 연령이 높아질수록 사용하는 소품의 개수도 동시에 증가하여, 어린 아이들은 평균 64개의 소품을 사용함
■ 일부 나무 포함

인물 소품의 방향과 관계
■ 서로 겹쳐서, 안쪽, 앉은 자세, 누운 자세/평평하게 눕기
■ 커뮤니티의 일부(밴드, 이웃)
■ 카우보이와 인디언 주제가 펼쳐지고, 반대 세력이 분명하게 드러남
■ 배치를 통해 드러나는 인물 간의 극적인 동작과 인물 간의 동작 관계[연령대가 낮은 아동들에게서 보여지는 인물의 역동적인 움직임보다는 갈고리(역자 주: sky hook, 갈고리 모양의 도구로 모래상자 위에 세워서 소품을 매달아 걸 수 있음)와 같은 아이템을 사용하여 차원과 동작을 보여 줌]
  □ 소년: 역경과 투쟁, 해결된 위협과 갈등의 주제
  □ 소녀: 종교적, 영적 주제, 양자 관계에서의 상호작용, 가족 관계
  □ 나이가 들수록 연극적인 놀이가 감소함

세계관: 주제가 얼마나 복잡하고 일관된지 관찰하기
■ 구성은 기본 계획을 세운 다음 세부 사항을 채워 넣는다. 일반적으로 초기 레이아웃에는 집, 울타리 또는 다리가 포함됨
■ 단순하고 구체적인 대상 그룹 세트, 하나의 주제, 단순한 부분들의 결합
■ 부분적인 것이 복잡한 경우 분산되고 단계별 구성의 성격을 띰

■ 평화로운 농장 장면의 구성

형식적 조작 인지 단계, 11세 이상

이 단계에서는 가상의 시나리오에 대해 생각할 수 있는 능력과 추상적 사고, 즉 추상적 논리, 연역적 추론, 비교 및 분류를 처리할 수 있는 능력이 나타난다. 성숙한 도덕적 추론과 복잡한 감정에 대한 인식의 잠재력이 있다.

모래 사용
■ 호수나 샘에서 발원지가 묘사된 대각선의 구불구불한 강이 호수나 바다로 흘러들어 간다.
■ 목적지와 연결이 명확한 도로
■ 절벽, 구덩이, 굴, 터널, 육상 다리
■ 피라미드, 성(castles), 광산, 무덤

경계
■ 모래와 소품 그룹을 사용하여 만듦
　□ 바다 및/또는 명확하게 묘사된 강, 도로, 수역, 언덕, 구덩이, 산의 다양한 조합
　□ 세계를 하나로 묶는 명확한 경계를 만드는 특이한 지형도
　□ 통일된 관계의 복잡한 그룹이 경계를 형성하여 통합되기도 하고 분리되기도 하며, 복잡한 부분들이 전체의 일부가 될 수 있음
■ 전형적인 경계 소품에 의해 생성됨
　□ 복잡하고 명확한 관계로 복잡한 부분을 분리하고 통합하는 경계 감각을 만들어 냄
　□ 복잡한 세계와 관련이 있을 수 있는 잘 조율된 그룹에 의해 만들어짐
　□ 특이한 것들에 의해 방해받음

□ 모래 세계에는 어떤 것도 비정상적인 것이 없음

소품 사용
■ 상자 사용량의 91~100%, 모두 상자 범위 내에 있음
■ 극적인 놀이는 없지만, 창의적으로 배치하여 극적인 움직임을 보여 줄 수 있음
■ 종종 나무를 포함
■ 일반적으로 학교, 교회(또는 둘 다) 또는 풍경과 사람의 거주지가 포함된 도시 또는 마을의 장면을 구성함

인물 소품의 방향과 관계
■ 방향: 다른 소품(나무, 다리) 아래, 건물 안으로 들어가거나 건물에서 나오는 모습, 복잡한 구성(축구 경기, 전투로 파괴된 마을) 등
■ 관계: 명확하게 정의되고 통합된 전체 동물·인간 커뮤니티
■ 인간 공동체를 나타내는 그림은 명확하게 설정되거나 통합되어 있으며, 단독 소품이 사용될 수 있음

세계관: 주제가 얼마나 복잡하고 일관된지 관찰하기
■ 일관된, 상징적이거나 추상적이거나 차별화된 현실적 세계
■ '모국', 사회 정의, 종교 등의 개념
■ 유머나 영성 등 서로 관련이 없어 보이는 부분을 하나로 묶어 주는 일관된 단일 개요
■ 상호 의존적이고 통합된 복잡한 부분을 하나로 통합하는 명확하게 인식 가능한 단일 주제 개요
■ 상징적이고 사실적인 세계들은 완전히 통합되지 않을 수 있는 복잡한 부분을 아우르는 단일 주제에 의해 만들어지며 특징지어짐

성인을 대상으로 한 기타 연구: 21~65세

- 평균 10분 정도의 구성시간이 소요됨
- 도구를 사용하지 않고 모래를 느끼고 조각함
- 사용된 소품 수(연구결과는 일치하지 않음)
  - 15개 소품(Mattson & Veldorale-Brogan, 2010)
  - 100개 이상(Bowyer, 1970)
- 상자의 모든 영역에 배치됨
- 집과 나무의 빈번한 사용
- 과거의 장면, 퇴행으로 보일 수 있음

노인

- 신체 능력이 감소함에 따라 적은 수집품(시력 저하)과 더 큰 소품-사용(쥐기 및 잡기에 용이함)
- 마른 모래 선호
- 영성, 인간의 연약함, 죽음과 임종을 표현하는 소품
- 적절한 조명

앞에서와 같이 다양한 연구에서 수집한 규범적 정보를 정리한 것이 사실 모든 것을 포괄하는 것은 아니다. 지금까지 찾아보고 검토한 정보를 한 곳에 모은 이 자료집이 여러분의 모래상자 작업에 도움이 되기를 바란다.

모래상자에서의 진단 지표 및 징후

모래상자 작업에서 진단 지표나 징후를 평가하는 분야에 대한 경험적 연구는 미미하다. 1934년 뷜러의 선구적인 연구(Bradway et al., 1981에서 인용)로 시작된

발달 연구는 이후 진단 평가로 전환되었다. 뷜러는 자신의 진단 기법을 세계 검사로 명명했고, 이후 장난감 세계 검사(1951a)로 명명했다. 그녀는 임상 집단과 비임상 집단 간에 유의미한 차이를 발견했다. 하지만 그녀의 연구 결과는 임상 그룹 내에서 진단을 구분할 수 없었다. 이후 연구들은 모래상자 구성으로 정신장애(DSM) 또는 정신건강 진단을 식별할 수 없다는 사실을 뒷받침했다. 뷜러는 비엔나, 런던, 오슬로, 네덜란드, 미국에서 온 174명의 아동이 만든 세계를 비교했다. 뷜러는 사용된 소품의 수, 사용하거나 생략한 범주, 배치에 따라 만든 장면에 점수를 매겼다. 무질서 또는 질서, 도식적 또는 사실적, 흩어져 있거나 닫혀 있는 배치로 구분했다. 이후 뷜러는 임상 서비스가 필요한 환자를 식별하는 7가지 특성을 확인했다.

1. 50개 미만의 소품
2. 5개 카테고리 이하
3. 남성 또는 여성의 사용을 피함
4. 공격적인 소품(병사, 야생 동물 공격 등) 사용
5. 대부분의 구성물이 울타리로 둘러싸인 폐쇄적인 세계
6. 소품이 줄지어 있는 모래세계, 지나치게 과장된 균일성
7. 무질서한 세계, 혼란스러운 배치

뷜러는 정서적 장애의 징후로 상자를 식별하려면 두 가지 이상의 특징(식별자)이 발견되어야 한다고 말했다. 그녀는 비임상 대상자의 상자에서 한 가지 요소가 발견될 수 있다고 언급했다.

뷜러의 원래 연구를 따르는 다른 연구자들도 임상 그룹과 비임상 그룹을 구별할 수 있었다(Fujii, 1979; Harper, 1991; Lumry, 1951; Mitchell & Friedman, 1994; Petruk, 1996). 룸리(Lumry, 1951)는 "정상, 말더듬이, 위축된 또는 지체된"으로 분류된 아동의 모래상자 세계를 평가했다. 각 그룹에는 6.5세에서 9.5세 사이의 아동 25명이 참여했다. '정상' 그룹에 속한 25명의 아동 중 뷜러의 진단 특성 중 한 가지

이상을 보인 아동은 한 명도 없었으며, 이는 이전의 연구 결과를 뒷받침하는 결과였다. 나머지 75명의 아동 중 단 3명만이 모래놀이 세계에서 진단적 특성을 보이지 않았다. 룸리의 연구는 세 임상 그룹을 구분할 수 없었으며, 이 역시 뷜러의 연구 결과를 뒷받침한다.

후지(Fujii, 1979)는 10~14세의 '정상, 비행, 정서적 장애' 소년 20명을 대상으로 연구했다. 소년들은 2~3주 간격으로 두 개의 모래상자를 만들었다. 8~10명의 평가자가 비행 소년과 정서적으로 불안정한 소년이 만든 상자를 식별할 수 있었다(평가자 간 신뢰도, p = 0. 001).

코클(1993)은 6세 11개월에서 8세 7개월(초등학교 2, 3학년)까지 연령대가 다른 5명의 '대처형(coping)' 아동과 5명의 '난해형(difficulty-coping)' 아동을 비교했다. 대처형 아동은 교사 및 또래와 잘 어울리고 평균 수준의 학습 기술 숙달도를 보이는 아동으로 정의했다. 대처에 어려움을 보이는 아동은 교사 및 또래와 잘 어울리지 못하고 자신의 학년 수준에 필요한 작업 기술을 습득하지 못한 아동으로 정의했다. 아이들은 두 달에 걸쳐 각각 4개의 상자를 만들었다. 아이들은 마른 상자와 젖은 상자를 소품과 함께 사용할 수 있었다. 아이들은 30분 동안 "원하는 소품을 이용해 모래 위에 그림이나 장면을 만들도록" 초대받았다(Cockle, 1993, p. 3). 상자가 완성되면 아동은 자신이 만든 작품을 설명하도록 요청받았다. 마른 모래상자와 젖은 모래상자 사용의 차이는 거의 없었다. 그러나 대처 능력이 뛰어난 아동(Coping Children: CC)은 같은 세션에서 두 상자를 모두 사용한 적이 없었다. 대처가 어려운 아동(Difficult-Coping Children: DCC)은 같은 세션에서 두 상자를 모두 사용한 비율이 40%에 달했다. 주제별로 몇 가지 눈에 띄는 차이가 있었다. 대처능력이 뛰어난 아이들은 안전, 권한 부여, 의존성 주제를 각각 15%, 15%, 25% 사용했다. 반면 대처에 어려움을 보이는 아이들은 투쟁(40~5%), 사망·파괴(25~5%), 위험·위협(20~5%, p. 12-13)의 주제를 보였다.

페트루크(1996)의 서술적 연구는 비임상 아동과 아동보호 서비스에 의해 집에서 나와 아동보호시설에서 생활하는 아동을 비교했다. 또한 페트루크는 아동이 처음 모래상자를 만들었을 때 정신건강 서비스가 필요한 것으로 정확하게 식별할 수 있는지 알아보고자 했다. 페트루크는 피아제의 구체적 조작 단계에 부합하는 9~11세의 비임상 아동 20명과 임상 아동 8명을 대상으로 조사를 했다. 아이들에게 "이 소품을 사용하여 모래상자에 세상을 만들거나 만들 수 있고, 소품을 원하는 만큼 많이 또는 적게 선택할 수 있으며, …… 나는 여기 앉을게요"(p. 75)라고 초대했다. 아이들은 30분 동안 모래상자를 만들고 난 후 상자 만들기에 대한 이야기를 들려주는 시간을 가졌다. 블라인드 리뷰어들이 채점한 사진에 의해 임상과 비임상을 정확하게 구분할 수 있었다.

다음은 임상 대상자와 비임상 대상자의 차이를 살펴본 연구 사례이다. 진단 도구를 검증하기에는 충분한 연구나 충분한 표본 크기가 없었다. 아마도 가장 광범위하고 유용한 연구로는 뷜러의 연구(1951a; 1951b)가 있을 것이며, 그녀의 연구 결과는 이후 연구들에 의해 뒷받침되고 있다. 앞서 언급한 바와 같이, 뷜러는 두 가지 이상의 지표를 통해 임상 개입의 필요성을 파악할 수 있다고 말했다. 다음 임상 지표의 목록과 구성은 뷜러(1951b)의 세계 테스트 채점 양식을 수정한 것으로, 진단은 아니더라도 임상적으로 도움이 될 수 있다. 또한, 비임상 개인은 한 가지 지표만 가지고 있는 경우가 많았다.

Bühler의 임상 지표

공격적인 세계

1. 전투 중인 병사
2. 깨무는 동물, 싸우는 야생 동물
3. 사고(화재, 충돌, 살인, 암매장, 강도)

텅 빈 세계

4. 소품 50개 미만(8세 이상의 개인 상자)
5. 5개 미만 범주(7세 이상의 개인 상자)

6. 사람을 생략함

[참고: Bowyer(1970)의 연구에서는 소품과 범주가 거의 없는 텅 빈 세계와 사람이나 동물 소품이 없는 세계(동물은 종종 사람을 상징하는 데 사용됨)로 구분했다.]

왜곡된 세계

7. 폐쇄/펜스(5세 이상의 개인 상자)

　 작은 밀폐 공간이 다수를 차지함, 전체 또는 거의 전체가 밀폐 공간

8. 무질서(5세 이상의 개인 상자), 특이한 배치, 단절된 상태, 혼란스러운 상태

9. 경직된(6세 이상의 개인 상자), 도식, 줄지어 배치함

이러한 지표는 모래상자 평가 워크시트(부록 C)에도 있다. 저자(Homeyer)는 이러한 임상적 지표와 내담자에 대한 가능한 의미를 인식하는 것이 모래상자를 처음 사용하는 치료사에게 특히 유용하다는 것을 발견했다(제5장에서 설명). 이러한 가능성 있는 지표를 인식하면 초보자에게 도움이 될 수 있다. 모래상자치료사는 모래상자 회기의 마무리 부분에서 치료 중심의 질문을 구성하는 데 도움을 준다. 물론 모든 회기의 형식과 질문은 모래상자치료사의 특정 이론적 접근법에 맞게 조정된다.

맺음말

정상적인 두뇌를 가진 사람이 모래에서 어떻게 놀이를 하고, 창조하고, 만드는지에 대해 배우는 것은 매우 가치 있는 일이다. 이는 우리에게 기초적인 기준을 제공한다. 발달 변인, 삶의 경험, 고유한 성격에 따라 개인마다 차이가 있을 수 있다. 하지만 주목할 만한 내담자의 차이를 평가할 수 있는 '일반적인' 프로필이 있으면 통찰을 얻을 수 있다. 우리 안의 '탐색자'는 이러한 차이를 이해하고 이러한

차이가 치료 계획과 개입에 어떤 영향을 미치거나 미치지 않는지를 파악한다.

　이러한 기본 지식은 내담자 이해를 위한 정보 수집의 일부일 뿐이며 내담자에 대한 총체적인 관점이다. 보위어(1970)가 말했듯이 "울타리의 개수는 울타리가 어디에 어떻게 배치되어 있는지, 울타리를 둘러싸고 있는 것은 무엇인지, 대문이 있는지 여부보다 중요도가 떨어질 수 있다"(p. 24)고 했다. 따라서 이 장에서 제공하는 정보를 이해하되, 그것은 우리 앞에 있는 사람의 한 측면일 뿐이라는 점을 항상 기억해야 할 것이다.

참고문헌

Bowyer, L. R. (1970). *The Lowenfeld World Technique: Studies in personality.* Pergamon Press.

Bradway, K., Signell, K., Spare, G., Stewart, C., Stewart, L., & Thompson, C. (1981). *Sandplay studies: Origins, theory and practice.* C. G. Jung Institute.

Burke, V. (1996). *Sandtray characteristics of schoolchildren by gender, ages seven through eleven.* [Master thesis, University of Alaska Anchorage]. Dissertation Abstract International, AAT 1380971.

Bühler, C. (1951a). *The world test, a projective technique. Journal of Child Psychiatry, 2,* 4-23.

Bühler, C. (1951b). The world test, a projective technique. *Journal of Child Psychiatry, 2,* 69-81.

Cockle, S. (1993). Sandplay: A comparative study. *International Journal for Play Therapy, 2*(2), 1-17. http://doi.org/10.1037/h0089 349.

Fuji, S. (1979). Retest reliability of the sand play techniques (1st Report). *British Journal of Projective Psychology and Personality Study, 24,* 21-25.

Glasse, C. (1995). *Sandplay in the Classroom: Teacher's Guide* (Rev. ed.). Author.

Grubbs, G. (1995). A comparative analysis of the sandplay process of sexually abused and nonclinical children. *The Arts in Psychotherapy, 22,* 429-446.

Harper, J. (1991). Children's play: The differential effects of intrafamilial physical and sexual abuse. *Child Abuse & Neglect, 15*, 89–98.

Jones, L. E. (1986). *The development of structure in the world of expression: A cognitive developmental analysis of children's "sand worlds."* "[University of Michigan, Ann Arbor, MI]. ProQuest UMI Dissertations.

Lowenfeld, M. (1979). *Understanding children's sandplay: Lowenfeld's World Technique.* George Allen & Urwin.

Lumry, (1951). Study of world test characteristics as a basis for discrimination between various clinical categories. *Journal of Child Psychiatry, 2*(1), 24–25.

Mattson, D. C., & Veldorale- Brogan, A. (2010). Objectifying the sand tray: An initial example of three- dimensional art image analysis for assessment. *The Arts in Psychotherapy, 37*, 90–96.

Mitchell, R. R., & Friedman, H. S. (1994). *Sandplay: Past, present & future.* Routledge.

Nelson, K. Z. (2011). The sandtray technique for Swedish children 1945–1960: diagnostics, psychotherapy and processes of individuation. *Paedagogical Historica, 47*(6), 825–840. http://doi.org/10.1080/00309 230.2011.621 204.

Petruk, L. (1996). *Creating a world in the sand: A pilot study of normative data for employing the sand tray as a diagnostic tool with children.* [Master's thesis, Southwest Texas State University, San Marcos, TX].

Piaget, J. (1969). *The theory of stages in cognitive development.* McGraw- Hill.

Thomas, G., & Silk, A. (1990). *An introduction to the psychology of children's drawings.* New York University Press.

Wernar, C. (1956). The effects of motor handicap on personality. III. *Child Development, 27*, 1.

Zunni, V. R. (1997). Differential aspects of sandplay with 10-and 11-year-old children. *Child Abuse & Neglect, 21*(7), 657–668.

제 **12** 장

연구

연구를 통해 모래치료사는 다양한 용도와 응용 분야의 효과를 평가할 수 있는 객관적인 방법을 얻을 수 있다. 연구는 우리의 업무에 정보를 제공하고, 우리가 하는 일에 대한 자신감의 원천을 제공하며, 신뢰성을 구축한다.

최근 출간된 두 편의 논문은 모래놀이치료 연구에 대한 대규모의 관점을 제시한다. 하나는 모래놀이 연구에 대한 메타 분석이고 다른 하나는 리뷰이다. 위어스마 등(Wiersma et al., 2021)은 칼프/융학파 모래놀이치료에 대한 메타 분석을 완료했다. 1,700개가 넘는 연구를 검토한 결과, 메타 분석에 포함될 수 있는 기준을 충족한 연구는 40개에 불과했다. 이 메타 분석이 이 접근법에 특별히 초점을 맞출 수 있도록 칼프/융학파 모래놀이치료를 적절히 사용한 연구 논문이 포함되었다(J. Freedle, 개인 서신, 2021년 2월 3일). 메타 분석의 전체 효과 크기는 매우 컸는데, 헤지 효과 크기(Hedge's g)는 1.10이었다. 내재화 및 외현화 행동과 주의력결핍 과잉행동장애(ADHD) 증상의 치료 영역에 대한 다른 효과 크기도 매우 큰 것으로 보고되었다(Homeyer & Lyles, 2022; Wiersma et al., 2021). 이 획기적인 메타 분석은 이러한 형태의 모래치료의 효능에 대한 신뢰할 수 있는 근거를 제공한다.

로슬러(Roesler, 2019)의 모래놀이치료(Sandplay Therapy: SPT) 연구 검토에 따

르면 2017년 이전 15년간의 검색에서 16개의 무작위 대조군 연구(RCT)와 17개의 효과 연구가 선정되었다. 최종 검토 대상에 포함된 그의 연구 기준에는 최소 15명의 피험자, 최소 5회 이상의 회기, 개인 또는 그룹 설정, 정의된 정량적 연구 설계, 명확하게 보고된 결과가 포함되었다. 이 연구들은 아동, 청소년, 성인의 ADHD, 불안, 중독, 난민 및 이주와 관련된 트라우마, 회복탄력성 등 다양한 정신건강 문제를 연구했다. 로슬러는 "SPT의 효과를 조사한 모든 연구를 통한 치료 그룹에서 유의미한 개선이 발견되었다"며 "발견된 효과의 크기는 중간 정도에서 큰 범위"라고 보고했다(p. 93). 메타 분석과 이 리뷰는 모두 모래놀이치료, 즉 모래치료의 칼프/융학파 접근법을 명시적으로 살펴보았다. 로슬러는 모든 연구에서 SPT를 사용했다고 밝혔지만, '모래놀이'를 어떻게 정의하거나 선별했는지는 보고하지 않았다. 그가 포함시킨 연구 중 적어도 두 건은 모래상자치료(비-SPT) 접근법을 사용했다(Flahive & Ray, 2007; Shen & Arms trong, 2008). 따라서 그의 검토와 연구 결과는 다양한 모래놀이치료 접근법에 대해 더 광범위하게 적용될 수 있다.

역사적 · 시대적 관점에서 볼 때, 로웬펠드의 놀이치료 작업의 일부인 세계기법은 최초로 발표된 연구의 기초가 되었다(Dukes, 1938). 거의 100년 동안 다양한 상담과 장소에서 다양한 임상 문제와 활용에 관한 연구가 계속되었다. 잘 설계되고 실행된 연구는 이 확장하는 분야에서 매우 중요하다. 치료의 근거가 되는 결과 연구는 매우 중요하다. 무작위 대조군 연구(RCT) 및 경험적 연구가 증가하고 있는 것은 고무적이지만, 증거 기반 치료(evidence-based treatment: EBT)의 지위는 아직 확보되지 않은 상태이다.

이 장에서는 몇 가지 연구 결과를 간략하게 소개한다. 이러한 연구는 내담자와 함께 모래상자치료 과정을 사용할 수 있는 가능성을 알려 주고, 내담자, 아동 내담자의 부모, 기타 전문가에게 그 효과를 전달하는 데 도움을 주기 위해 포함되었다. 그리고 모래치료가 전 세계적으로 얼마나 광범위하게 사용되고 있는지 알고 있을 필요가 있다. EBT의 필요성으로 인해 연구자들이 이전 연구를 재현해서 증거 기반 지위를 획득하는 데 기초가 될 수 있기를 바란다. 레이(Ray, 2006)는 이를 위해 연구자들이 명확한 프로토콜을 갖춘 매뉴얼화된 치료법을 개발해야 한다고 주장한다. 발표된 연구 결과에는 정신건강 문제에 대한 구체적인 식별을 포함하여 표본 인구 통계에 대한 명확한 보고가 포함되어야 한다. '행동장애'와 같은 범주를 과도하게 일반화하여 사용하는 것은 더 이상 충분하지 않다.

호메이어와 모리슨(Homeyer & Morrison, 2008)은 실무자와 연구자들에게 치료 효과에 관한 철학적 질문이 여전히 존재한다는 점을 기억할 것을 당부했다. 왐폴드(Neill, 2006)는 내담자와 치료사 간의 치료 관계의 영향, 치료사의 역량과 개입에 대한 믿음, 내담자의 변화 희망에 대한 기대와 같은 공통적인 치료 요인의 중요성을 제시한다. 그렇다면 치료의 핵심은 이론과 매뉴얼화된 치료 프로토콜일까, 아니면 공통적인 요소일까, 아니면 둘 다일까? 우리는 두 가지 관점 모두에 대해 보다 실질적이고, 사려 깊고, 혁신적이며, 잘 설계되고, 복제 가능한 연구가 필요하다는 다른 많은 사람의 의견에 동의한다.

뇌 활동 식별을 위한 신경 영상

다음 연구들은 그 방법론이 흥미롭다. 모래놀이 중 두뇌 활동을 확인하는 신경 영상 기법을 사용한 연구들이기 때문이다! 여러 저자들은 모래와 소품을 만질 때 뇌가 자극을 받는다고 말한다(Badenoch, 2008; Homeyer & Lyles, 2022; Homeyer & Sweeney, 2017; Kestly, 2014). 신경 영상을 사용하면 이 과정에 대한 독특한 통찰력과 검증을 얻을 수 있다.

연구 프로젝트는 일반적으로 파일럿 연구로 시작하여 한 프로젝트를 기반으로 탐구하고 학습한 내용을 다른 프로젝트로 계속 확장해 나간다. 모래놀이의 효과를 살펴보기 위해 신경 영상을 사용하는 것은 2004년 뇌 손상 노인을 대상으로 한 아키모토(Akimoto) 등의 파일럿 연구에서 시작되었다. 이 연구는 모래놀이 세션 동안 뇌 메커니즘의 활동을 파악하기 위해 양측 전전두엽 피질의 산소화 헤모글로빈을 측정했다. 이 연구는 전전두엽 피질의 양측 활성화를 보여 주었다(Akimoto et al., 2018). 즉, 모래놀이를 하는 동안 내담자의 비언어적 작업에 양쪽 반구가 모두 관여한다는 뜻이다.

　아키모토 등(2018)은 파일럿 연구를 확장하여 근적외선 분광법(NIRS 또는 fNIRS)을 사용하여 가상의 모래놀이 회기 동안의 뇌 활동을 확인했다(p. 62). 10분 동안 반쯤 기대어 앉은 모래놀이를 하는 내담자가 모래를 움직이고 연못과 강이 있는 장면을 연출하는 동안 NIRS가 두뇌 활동을 기록했다. 모래놀이 참가자가 체험하는 동안 치료사는 참가자를 지켜보았고, 참가자와 5분간 후속 인터뷰를 진행했다. 이를 통해 양적(NIRS) 및 질적(모래놀이치료사의 관찰과 인터뷰) 데이터를 모두 수집할 수 있었다. 푸 등(Foo et al., 2020)은 2018년 연구에서 모래놀이치료가 다음과 같이 나타났다고 밝혔다.

> 모래놀이치료는 양쪽 반구의 여러 뇌 영역 간에 많은 상관관계를 유발했다. 가장 주목할 만한 발견은 모래놀이가 전전두엽과 측두엽 영역(전두측두엽 네트워크)의 역동적인 결합을 촉발하여 최적의 실행적 인지 제어를 통해 기억을 검색하고 재처리할 수 있게 한다는 것이다. (p. 193)

　이러한 결과는 "실시간 측정을 통해 양측(왼쪽>오른쪽) 전두엽과 측두엽 영역이 협력하여 기억을 검색하고 모래상자에서 재구성한다는 것을 시사한다"(p. 82)는 것을 나타낸다. 이것은 다음과 같은 흥미로운 확인이다. 모래상자에서 작업하는 사람이 어떻게 신중하고 의도적으로 기억을 떠올리고 상자를 의도적으로 만들 수 있는지 설명한다.

　푸 등(2020)은 양성자 자기공명분광법(MRS)을 사용하여 시상하부의 생리를 측정했다. 23세 여성이 이 A-B 단일 사례 디자인 연구에 참여했다. 이 여성은 범불안장애(Generalized Anxiety Disorder: GAD) 진단을 받았으며, 동반 질환이나 건강 문제가 없었다. 이 여성의 범불안장애 결과에 대한 논의는 이 장의 뒷부분에 있는 범불안장애 섹션에서 설명하고 여기서는 뇌 검사 결과에 대해 논의하겠다. 참가자의 치료는 18회기에 걸쳐 1시간 동안 진행된 모래놀이치료(SPT)로 이루어졌다. 치료사는 국제 모래놀이치료협회(ISST)에서 350시간의 교육을 이수한, 국제 놀이치료협회(Play Therapy International)의 인증을 받은 자격을 갖춘 모래놀이치료사였다. MRS는 신경 생존력의 척도인 NAA/Cr 비율을 측정한다. 18개월의 대기 기간 동안 시상에는 아무런 개선이 없었다. 모래놀이치료 후, 오른쪽과 왼쪽 시상에서 NAA/Cr 비율이 건강한 범위로 개선되었다. "이 결과는 또한 임상적 개선과 시상의 대사 물질 변화 사이의 연관성을 시사하며, 변화의 필수 메커니즘으로서 SPT의 다감각적 측면을 강조할 수 있다"(p. 191).

푸와 프라티위(Foo & Pratiwi, 2021)는 어린 시절 트라우마 병력이 있는 GAD 환자들을 대상으로 신경 영상을 이용한 또 다른 연구 프로젝트를 보고했다. 이 연구의 결과에 대한 논의는 이 장의 뒷부분에 있는 GAD 섹션에서 설명한다. 7명의 참가자는 21~40세의 여성 6명과 남성 1명이었다. 대조군은 21세와 26세의 여성 2명이었다. 배측 전전두엽 피질(DLPFC)과 반전두엽(CSO)에 위치한 뇌 대사물질인 콜린(Choline) 수치를 MRS를 사용하여 측정했다. 콜린은 "초기 뇌 발달, 학습 및 기억, 말초 신경계에서 필수적인 역할"을 한다(p. 181). DLPFC는 "사회적 반응 및 집중력과 작업 기억을 포함한 인지 능력과 상관관계가 있다"(p. 178). CSO는 대뇌 피질 아래의 백질에 있으며 수초화(Myelination)에 중요한 역할을 한다. 수초화는 학습, 정보 전달 및 신경 경로를 지원하는 역할을 한다(p. 183). 치료는 30회의 모래놀이치료(SPT)로 진행되었다. 연구 결과에 따르면 콜린 수치는 우반구에서 건강한 수준으로 이동하고 좌반구에서는 정상화되는 경향을 보였다. 불안 증상도 유의미하게 개선된 것으로 나타났다.

신경 영상은 모래놀이치료 중간에 일어나는 그리고 모래놀이치료로 인해 생기는 뇌의 기능을 살펴볼 수 있다. 이 연구들은 모두 칼프/융학파 모래놀이 기법을 사용했다. 이러한 형태의 모래치료는 다른 형태로의 전이 가능성을 고려해야 하므로 일반화 가능성은 제한적이다. 그러나 소품이 있는 상자에 모래를 사용하는 것의 효과는 높은 수준의 공통점을 가지고 있다.

개입 및 치료 주제

다음 연구는 독자의 편의를 위해 임상 분야별로 정리한 것이다. 각 연구에는 연구의 목적과 연구 설계, 인구통계학적 특성, 피험자 선정 과정, 실험 또는 절차, 결과의 주요 내용에 대한 간략한 설명이 포함되어 있다. 다양한 시기에 다양한 국가에 거주하는 연구자들이 편견 없는 용어를 사용하지 못할 수도 있음을 인정한다. 연구와 연구 결과를 보고하는 데 사용된 용어는 해당 연구자의 것이다. 어떤 용어는 연구가 작성된 시기에 고유한 용어이고, 어떤 용어는 현재 위치와 특정 기준에 따라 다르다. 연구에는 수많은 세부적인 결과가 있으며, 모든 결과를 보고하려는 시도는 이 장의 범위를 벗어난다. 따라서 주요 내용을 요약하여 독자들이 관련 연구를 읽어 보는 데 흥미를 느낄 수 있기를 바란다. 가능한 경우 효과 크기를 보고했다. 코헨(Cohen)의 d 효과 크기는 다음과 같다. 현재 선호하는 변경 사항 보고 방법이다. 따라서 사용 가능한 경우 효과 크기가 나열된다. 참고로 코헨(1988)에 따르면 $d = .2$는 작은 효과 크기, $d = .5$는 중간 효과 크기, $d = .8$은 큰 효과 크기를 나타낸다.

1. 중독

1) 스마트폰 중독

신지환과 장미경(Shin & Yang, 2016)은 스마트폰 중독 치료를 위해 14~16세 한국 중학생을 대상으로 연구했다. 실험군과 대조군 각각 16명씩 총 32명의 학생이 연구에 참여했다. 실험군은 남학생 7명, 여학생 9명이었고, 대조군은 남학생 10명, 여학생 6명이었다. 치료적 개입으로 그룹당 4명의 청소년이 10주 동안 매주 90분씩 모이는 집단모래상자치료가 실시되었다. 모래상자 그룹이 어떻게 진행되었는지에 대한 자세한 내용은 저널에서 논의되지 않았다. 사전-사후 데이터는 청소년 스마트폰 중독 자가보고 척도, 역동연구센터 우울증 척도(한국어판), 벡 불안

척도(한국형)를 통해 수집했다. 분석 결과 우울증, 불안, 불안정감이 감소한 것으로 나타났다. 연구진은 학생들이 "무기력증, 무기력한 상태, 감정 표현의 어려움"을 극복했다고 말한다(p. 49). 또한 참가자들은 그룹의 지원과 격려를 통해 긍정적인 자아상을 갖게 되었다고 한다.

2) 인터넷 중독

중국 청소년의 인터넷 중독에 대한 연구가 진행되었다. 게 등(Ge et al., 2018)은 중국에서 인터넷 및 게임 중독이 우려할 만한 수준으로 증가하고 있다고 보고했다. 이 연구에서는 인터넷 중독이 아닌 것으로 확인된 청소년 30명과 인터넷 중독 진단을 받은 청소년 30명이 만든 첫 번째 모래상자를 비교했다. 비교 결과, 인터넷 중독 그룹은 분단과 혼란을 주제로 한 군대 미니어처 소품을 선호한 것으로 나타났다. 인터넷 중독이 아닌 대조군 그룹은 통합과 침투를 주제로 한 일상과 자연의 소품을 선택했다.

게 등(2021)은 위의 연구를 바탕으로 중국 청소년 인터넷 중독자를 위한 표준화된 초기 모래놀이 그림 체계(Initial Sandplay Picture System for Chinese Young Internet Addicts: ISPSCYIA)를 개발했다. 54명의 정상 청소년이 인터넷 중독자와 비인터넷 중독자가 만든 초기 모래놀이 그림을 분류할 수 있었다. 검토된 22개 사진의 내적 일관성 신뢰도와 분할 신뢰도 계수는 모두 0.90 이상이었다. 상관관계 분석 결과 명확성, 즐거움, 각성 점수에서 양의 상관관계가 있는 것으로 나타났다. 연구 논문에는 이러한 용어에 대한 정의가 제시되어 있지 않지만, 초기 상자 사진에서 차별화가 가능하다는 점은 설득력이 있다.

2. 약물 남용

지난 몇 년 동안 약물 남용 환자를 위한 개인 모래상자치료에 대한 여러 연구가 발표되었다. 텍사스의 한 대규모 연구는 치료 표준의 변화에 대한 큰 가능성을 보여 준다. 말레이시아에서 이루어진 연구는 성공적인 약물 남용 치료의 다양한 측면과 역동을 탐구한다. 한 연구는 가족 구성요소를 보고한다. 또 다른 연구는 아들러 렌즈를 사용했다.

2019년, 맥코믹(McComick)의 연구 프로젝트에서는 텍사스의 한 주거 치료 센터에서 약물 남용 치료 프로그램에 모래상자치료를 포함시키는 방안을 연구했다. 거주자 전원이 DSM-5 약물 사용 장애 중증 진단을 받았으며, 이중 진단을 받은 사람도 많았다. 169명의 참가자는 모래상자치료 그룹(남성과 여성) 또는 인지행동치료 그룹(남성과 여성)에 무작위로 배정되었다. 그 결과 72개 그룹이 형성되었다. 평균 연령은 37세였고 참가자의 대부분은 백인, 히스패닉, 아프리카계 미국인이었으며, 일부는 인도인과 아시아인으로 확인되었다.

모래상자치료 집단의 리더들은 모래상자치료에 대한 훈련과 감독을 받았다. 집단은 매주 한 시간씩 만나 각 세션마다 필요한 치료 주제에 집중했다. 치료 요인 척도-19(Therapeutic Factors Inventory-19: TFI-19)와 그룹 분위기 설문지-단기(Group Climate Questionnaire-Short: GCQ-S)를 사용하여 사전-사후 데이터를 수집했다.

연구 결과에 따르면 TFI의 모든 수준에서 두 유형의 그룹 간에 유의미한 차이가 있는 것으로 나타났다. 성별과 그룹 간의 상호작용은 유의미하지 않았다. 모래상자치료 그룹은 희망의 고취, 안전한 감정 표현, 대인관계 영향에 대한 인식, 사회적 학습의 척도에서 유의미하게 높았다. GCQ-S로 측정한 집단 분위기와 관련해서는 모래상자치료 그룹이 참여도가 높고, 갈등이 낮으며, 회피가 낮은 것으로 나타나 유의미한 차이를 보였다. 맥코믹은 모래상자치료를 추가함으로써 비언어적이고 은유적인 표현이 치료 과정에 효과적 측면을 더할 수 있다는 점을 지적했다. 72개 그룹을 대상으로 한 이 연구는 인상적이다. 약물 남용 치료의 강력한 발전을 위한 좋은 징조이므로 재현할 가치가 매우 높다.

맥코믹 등(2020)은 또한 위 연구의 집단모래상자치료 프로토콜에 대해 구체적으로 보고했다. 이들은 그룹 모래상자치료를 통합하는 근거를 검토했는데, 그 중 하나는 "다른 사람의 상자를 목격함으로써 의미를 창출할 수 있는 기회"를 제공하기 때문이다(p. 3). 표준 치료 프로그램에는 특정 주제를 다루는 4주간의 수업과 집단이 포함되어 있다. 이러한 주제는 텍사스의 거주 치료 시설에 대한 인증과 여러 재정 지원 출처를 유지하기 위해 필요하다. 네 개의 그룹 세션은 각각 동일한 프로토콜을 따른다.

① 집단 리더가 모래상자를 소개하고 모래상자 진행과정과 언어적 진행과정의 차이점에 대해 토론한다.
② 집단 리더가 소품 수집과 은유의 개념을 소개한다.
③ 집단 리더가 치료 주제 중 하나에 기반한 프롬프트를 제공한다. 네 가지 주제는 문제 해결, 관계, 용서, 재발 방지이다.
④ 집단 구성원은 주제에 따라 개인 또는 집단 상자에서 작업한다. 각 회기에는 집단 리더가 작업에 집중하고 과정을 용이하게 하기 위해 안내하는 특정 구조가 있다. 각 회기에 대한 자세한 설명과 예시는 이 글과 논문(McCormick, 2019)을 참조하라.
⑤ 집단 구성원이 번갈아 가며 상자를 구성하고 서로에게 피드백을 제공한다.
⑥ 집단 회기는 집단 리더가 모래상자의 힘과 계속 진행할 수 있는 진행과정의 가능성에 대한 설명을 하는 것으로 마무리된다.
⑦ 추가적인 지원이 필요할 수 있는 집단 구성원을 위해 필요에 따라 안전 계획이 제공된다.

저자는 이러한 경험이 "약물 남용 치료, 그룹 작업 및 모래상자치료가 개인을 돕는 효과적인 전략으로…… 표준 치료 [필요한 주제]를 다층화함으로써…… 내담자의 성공 가능성을 높인다"고 보고한다(p. 13).

말레이시아에서 진행된 4건의 연구에서는 약물 중독 청소년을 성공적으로 치료하기 위한 다양한 측면을 살펴보았다. 부앙(Buang et al., 2019)은 32명의 청소년을 대상으로 집단모래상자치료를 사용했다. 이 치료는 호메이어와 스위니(Homeyer & Sweeney, 2016)의 프로토콜에 따라 각각 1시간 30분씩 총 6회의 세션으로 진행되었다. 그룹 인터뷰 방법을 통해 데이터를 수집하고 주제별 프로세스를 사용하여 분석했다. 집단은 모래놀이치료 교육을 받은 4명의 촉진자가 이끌었다. 90분 동안 진행된 세션에는 치료에서 종교의 중요성을 포함하도록 개발된 콘텐츠 모듈이 포함되었다. 연구진은 아래와 같은 사항들을 발견했다.

> 이 연구에서는 몇 가지 주제를 발표할 수 있다. 1) 중독 상담에서 모래상자치료를 사용할 때 상담자와 내담자의 관계, 2) 중독 상담에서 모래상자치료 접근법의 장점, 3) 중독 상담에서 모래상자치료 접근법을 사용한 상호작용 및 그룹 역동, 4) 모래상자치료 세션 동안 내담자의 진행 상황, 5) 중독 상담에서 모래상자치료 접근법을 사용하는 상담사가 직면한 과제이다. (p. 691)

"영성의 요소는 중독 상담과 중독자 회복에 중요한 역할을 한다"(Mahmud et al., 2019, p. 97). 말레이시아에서 회복 중인 중독자 32명이 6회에 걸친 집단모래상자치료 체험에 참여했다. 사전 사후 데이터 수집을 위해 일일 영적 경험 척도(The Daily Spiritual Experience Scale: DSES)를 사용하여 치료 전후의 영성 수준을 평가했다. 준실험적 반복 측정 설계를 사용하여 사전과 사후의 평균 점수에서 유의미한 차이가 발견되었다. (초록만 영어로 제공되었기 때문에 연구 프로젝트에 대한 자세한 내용은 여기에 보고되지 않았다.)

중독 회복에서 경력 개발의 중요성은 수롱 등(Sulong et al., 2020)에 의해 탐구되었다. 저자들은 대학생을 위한 경력개발 프로그램이 학생들의 참여를 증가시켰다고 말한다. 주거치료 센터에 있는 70명의 청소년을 무작위로 치료 그룹과 대조 그룹에 배정했다. 사전-사후 데이터는 진로 결정 자기 효능감 단답형(The Career Decision Self-Efficacy Short-Form: CDSE-SF)을 사용하여 수집했다. 일대일 표본 t-검정 분석 결과, 5개의 하위 척도 모두 긍정적인 개선을 보인 것으로 나타났다. 연구진은 모래상자치료가 참가자들의 진로결정 능력을 향상시켰다고 밝혔다.

쇼디 등(Shoodi et al., 2019)은 가족 지원의 중요성을 연구하기 위해 모래상자치료를 사용했다. 말레이시아에서 거주 치료를 받고 있는 4명의 청소년이 연구에 참여했다. 집단모래상자치료 세션에서 만든 모래상자와 소품 배치는 가족 문제,

가족 구조, 이상적인 가족 특성 등의 주제를 보여 주었다. 연구진은 "청소년 약물 중독자에게는 지지 체계로서 가족이 필요하지만, 중독 예방과 회복 과정에서 가족이 제 기능을 하지 못하고 있다"고 말했다(p. 104).

제임스와 마틴(James & Martin, 2002)은 청소년의 약물 남용·의존에 대한 부모의 대처 능력을 향상시키기 위한 다가족 집단모래상자 체험을 연구했다. 법원에서 명령한 이 그룹은 공개 형식으로 진행되며, 일반적으로 3~6개월 동안 참여한다. 각 그룹은 7~10명의 부모와 13~18세의 청소년기 자녀로 구성된다. 부모는 그룹이 없는 곳, 보통 상담사 사무실 밖에서 상자를 작성한다. 부모가 가족에 대해 어떻게 느끼는지 보여 주는 그림을 선택하고, 자신과 가족 구성원의 그림을 넣은 다음, 이를 사용하여 상자에 한 장면을 만드는 것이 지침이다. 이 작업이 완료되면 그룹 방으로 가져와서 함께 진행한다. 제임스와 마틴은 상징과 주제를 공유하면 부모가 청소년의 약물 관련 문제 패턴을 파악하고, 가족 관계에 대한 인식을 높이는 동시에 부정, 반응성 분노, 조장 행동을 멈추는 데 도움이 된다는 사실을 발견했다(p. 396).

한 입원 시설의 성인 남성 약물 남용 범죄자들이 질적 현상학적 연구에 참여했다. 이 연구는 인지행동 재활치료의 보조 치료로서 아들러식 모래상자치료에 대한 이들의 인식에 초점을 맞추었다(Monakes et al., 2011). 22세부터 40세까지 다양한 연령대의 참가자 4명이 5회의 개별 모래상자치료 세션에 참여했다. 각 세션은 아들러의 개념을 중심으로 진행되었다. (1) 정보의 파악, 이를 위한 프롬프트는 다음과 같다(p. 104). "가장 초기의 기억 중 하나를 상자에 표현해 보세요" (2) 정보의 제시, 프롬프트는 다음과 같다. "무엇이 당신을 이곳에 데려왔고 왜 지금 이곳에 왔습니까?" (3) 생활 과제에 대한 현재의 기능, 프롬프트는 다음과 같다. "제시된 문제가 이러한 영역에서 귀하에게 어떤 영향을 미쳤습니까?" 일, 사회 생활 및 사랑 (4) 치료 목표, 프롬프트는 다음과 같다. "만약 당신의 현재 이 특정 문제가 없다면 당신의 삶에서 무엇이 달라질까요? (5) 치료 기대치, 프롬프트는 다음과 같다. "목표를 달성하는 데 방해가 되는 것은 무엇이며, 이에 대해 어떻게 하고 싶으신가요?"(p. 99). 각 세션은 호메이어와 스위니(1998)의 지침에 따라 15분 동안 장면을 구성한 후 상자를 구성하는 시간으로 시작되었다. 여섯 번째 세션은 다섯 개의 모래상자와 각 참가자의 경험에 대한 인식을 검토하는 비구조적 상호관찰로 진행되었다.

모네케스 등(Monakes et al., 2011)은 콜라지(Colaizzi)의 현상학적 분석을 통해 다음과 같은 주제를 파악했다.

> (a) 긍정적(재미있음, 더 하고 싶음, 도움이 됨), (b) 통찰력 자극(반성적, 냉정함, 과거와 현재 경험의 관계), (c) 목표 설정(재평가, 계획 세우기, 자기 효능감 향상), (d) 자기 표현 형태(의미 만들기, 더 깊이 들어가기), (e) 처음에 불쾌함(판단받는 것에 대한 두려움, 과정과 결과에 대한 확신 없음)이었다. 마지막으로 모래놀이와 '센터'에서의 치료를 비교하는 참여자 식별 주제에 대해서는 (a) 모래놀이치료 분위기(신뢰, 수용, 개별화), (b) 센터 분위기(기본적, 충분히 진행되지 않음, 진정성 없음, 개별화되지 않음) 등의 주제가 나타났다. (p. 102)

연구진은 모래상자치료가 범죄자와 정신건강 전문가와의 연결을 촉진한다는 신념을 보고했다.

3. 주의력결핍 과잉행동장애 (Attention Deficit Hyperactive Disorder: ADHD)

노성훈과 김민경(No & Kim, 2013)의 연구에 ADHD 성향이 있는 한국의 대학생 8명이 참여했다. 학생들은 10주 동안 매주 개별 세션에 참여했다. 데이터는 윌콕슨 부호화 순위 검사(Wilcoxon Signed Rank Test)를 사용하여 분석했다. 연구 결과에 따르면 모래놀이치료는 불안, 대인관계 스트레스에 상당한 긍정적 효과가 있는 것으로 나타났다. 대학생활에서 압박감과 갈등을 겪고 있는 ADHD를 가진 학생들의 타액 코르티솔 수치도 유의미하게 감소한 것으로 나타났다.

4. 자폐스펙트럼장애(Autism Spectrum Disorder: ASD)

캐나다의 한 학교에서 7~12세 자폐성장애 아동 25명(남아 23명, 여아 2명)이 집단모래놀이치료에 참여했다(Lu et al., 2010). 아동들은 연령과 발달 수준에 따라 교실에 배정되었다. 60분간의 집단모래놀이치료는 각자의 교실에서 진행되었다. 두 명의 미술 치료사가 주도한 이 행동 연구는 관찰 기록지, 완성된 모래상자의 사진, 교사 관찰을 통해 데이터가 수집되었다. 세션은 10주 동안 매주 한 번씩 진행되었다. 자폐 아동에게 도움이 되는 구조화되고 예측 가능한 일과를 확립하기 위해 각 세션은 집단 시작 의식, 모래놀이(개별 상자로 제작), 스토리텔링(가능한 경우 집단으로 진행), 집단 마무리 의식으로 구성되었다. 각 세션은 행동 연구에 따라 특정 아동의 필요에 맞게 수정되었다. 콘텐츠 분석 결과 다음과 같은 결과가 나왔다. 10주간의 개입 기간 동안 부정적이거나 퇴행적인 행동을 보인 아동은 없었으며, 상징 사용과 이야기의 완성도에 긍정적인 변화가 있었고, 학생들의 전반적인 참여도와 주의력이 향상되었으며, 회피성이 강한 아동은 기능적 놀이에서 상징적 표현 놀이를 통합하는 단계로 발전했다. 일부 아이들의 경직된 놀이는 또래 친구들의 모래놀이에서 아이디어를 차용하는 등 유연성을 보이기 시작했다. 또 다른 아이들은 상자에 소품을 놓는 것을 모방하고, 다른 사람의 이야기를 주의 깊게 듣고, 서로의 아이디어를 바탕으로 구축하는 등 타인 인식이 향상되는 모습을 보였다. 루 등(Lu et al., 2010)은 구조화되지 않은 모래놀이가 "의사소통, 사회화, 상징적 정교함의 발달 기술을 지원하는 창의적인 공간"을 제공한다는 믿음을 가지고 있다(p. 64).

한국의 한 10세 자폐아 아동은 24회기의 모래놀이 세션을 받았다(Xu et al., 2008). 여기에는 13개월 동안 20회의 개인 세션과 4회의 가족 세션이 포함되었다. 연구자들은 모래놀이치료가 "ADHD 아동의 인성 발달을 촉진하고 재구성할 수 있었으며, 이후 ADHD 증상과 학교 적응 및 부모-자녀 관계에 유의미한 영향을 미쳤다"고 보고했다(p. 440).

모래놀이는 감각 자극이 강하기 때문에 자폐증을 앓고 있는 호주의 7세 남아를 위한 개입 방법으로 선택되었다(Parker & O'Brien, 2011). 파커(Parker)와 오브라이언(O'brian)은 추가 자극을 위해 배경에 부드러운 음악을 틀어 주었다. 사례 연구의 연구 설계를 사용하여 정보 지향적 샘플링을 통해 소년을 선정했다. 이 학생은 교실에서 떼를 많이 쓰고, 운동장에서 다른 아이들을 때리고 깨물며, 교실 활동 참여를 거부하는 등의 이유로 학교 생활지도 담당자에게 의뢰되었다. 이전 개입은 실패했었다. 45분씩 총 12회의 모래놀이치료가 진행되는 12주 동안 이러한 행동의 발생 횟수를 매일 기록했다. 개입이 완료된 후 문제 행동의 수가 급격히 감소했다. 주당 35회 이상 발생하던 행동이 5회 미만으로 감소했고, 다른 문제 행동 네 가지도 주당 5건 미만으로 감소했다. 수업에 참여하지 않거나 교실에서 짜증을 내는 일도 사라졌다. 파커와 오브라이언은 자폐 아동의 언어적, 사회적 상호작용 결핍을 고려할 때 모래놀이가 이러한 아동을 상담하는 데 추가적인 대안을 제공할 수 있다고 제안한다.

5. 학업 및 학교 주제

1) 대안 학교

스웽크와 레네스(Swank & Lenes, 2013)의 질적 연구에서는 대안학교에 다니는 12~17.6세 여성 청소년 20명을 대상으로 조사했다. 각 치료 그룹은 4명의 청소년으로 구성되어 매주 50분씩 5회에 걸쳐 개별 상자에서 작업했다. 연구진은 비지시적 접근법을 사용했으며, 모래 위에 자신의 세계 · 삶을 창조하도록 유도했다. 반구조화된 인터뷰와 포커스 그룹을 통해 수집된 데이터는 현상학적 방법으로 분석되었다. 그 결과 자기 표현, 통찰력 개발, 성장 기회, 희망, 그룹 역동을 통한 연결이라는 다섯 가지 주제가 나타났다. 또한 모래상자 실험을 통해 여자 청소년 "문제 해결과 건강한 대처 기술을 습득"하는 것을 발견했다고 밝혔다(p. 344).

드래퍼 등(Draper et al., 2003)도 중고등학생을 위한 대안 학교에서 청소년을 대상으로 모래놀이 집단상담을 연구했다. 이 학생들은 파괴적인 문제 행동과 규칙 위반으로 인해 대안 학교에 다녔다. 이 연구의 목적은 "참가자들이 개인 내적 문

제를 해결하고, 사회화의 중요한 기술을 배우며, 배려하는 공동체를 개발하도록
돕는 것"(p. 244)이었다. 대안 학교에 재학 중인 200명의 학생 모두에게 이 경험이
제공되었고, 26명의 학생만이 8주 동안 매주 모임을 갖는 집단 체험을 완료했다.
학생들은 중학생인지 고등학생인지, 성별에 따라 7개의 집단으로 나뉘었다. 1시
간 동안 진행된 세션 중, 25분은 장면을 만드는 데, 5분은 사진을 찍는 데, 나머지
30분은 이야기를 나누고 상자를 처리하는 데 사용되었다. 학생들은 자신의 상자
에 대해 이야기하지 않기로 선택하면 '패스'할 수 있었다. 치료사는 요약적인 반영
과 함께 공감적이고 적극적인 경청의 모범을 보였다.

　연구진은 이러한 모래상자 집단의 역동에 대해 다음과 같이 설명했다. 연구진
은 이 학생들이 취약성을 표현하고, 경계심을 늦추고, 더 솔직해지려는 의지가 더
강하다는 사실을 발견했다. 집단 구성원들은 소품 무화과를 고를 때 상당히 협조
적이었는데, 이는 일반적인 경쟁적이고 공격적인 상호작용과는 다른 모습이었
다. 다양한 집단 구축 단계의 상호작용을 살펴보았다. 어떤 집단은 중요한 이슈
에 대해 이야기하는 동안 조용히 있는 반면, 어떤 집단은 피상적인 주제만 논의했
다. 공유 단계에서는 구성원들이 서로를 매우 지지하는 것으로 나타났으며, 서로
를 배려하는 커뮤니티가 형성되었다. 데이터는 한국의 고등학생을 대상으로 하는
학교 기반 정신건강 선별검사, 청소년 정신건강 및 문제행동 설문지(AMPQ), 미네
소타 다면적 인성검사-2(MMPI)를 사용하여 수집했다. 유의수준 $p<0.05$의 짝을
이룬 t-검정에서 다음과 같은 결과가 나왔다.

　우울증 척도 점수에서 통계적으로 유의미한 차이가 있었는데, 우울감(t=2.05,
p=.044), 남성성/여성성(t=-2.50, p=.015), 사회적 내향성(t=2.20, p=.031),
부정적 정서성(t=2.92, p=.005), 분노(t=2.06, p=.043), 주관적 우울(t=2.46,
p=.017), 애정 욕구(t=2.24, p=.028), 신체적 불만(t=2.07, p=.042), 자기 및 타인
소외(t=2.05, p=.045) 등이 모래놀이 후 처음과 비교하여 차이를 보였다. (p. 3)

불안이나 분리불안 증상에는 큰 변화가 없었다. 저자들은 이 연구가 이전 연구

에서 연구하거나 보여 주지 않았던 신체적 증상의 통계적 개선을 보여 줬다고 보고한다. 또한 저자들은 애정 욕구의 개선이 모래와의 신체적 접촉과 관련이 있을 수 있다는 결론을 내리고 있다.

본즈(Bonds, 1995)는 학업에 실패하거나 학교를 중퇴할 위험에 처한 미국 도심의 라틴계 및 아프리카계 미국인 청소년(16~20세)을 대상으로 연구했다. 이 학생들 역시 대안 고등학교에 재학 중이었으며 이전에 학교를 중퇴한 적이 있었다. 본즈는 모래상자치료가 이 어려운 학생들을 효과적으로 도울 수 있는지 알아보고자 했다. 15명의 흑인 청소년과 15명의 라틴계 청소년이 처음 모래상자를 만들고 인터뷰를 통해 데이터를 수집했다. 각 학생은 약 600개의 소품을 사용하여 마른 직사각형 상자 또는 젖은 직사각형 상자 중 하나를 선택해 만들었다. 지시는 일반적인 것이었다. "원하는 것은 무엇이든 만들어 보세요…… 원하는 만큼 시간을 내세요. 다 만들면 사진을 두 장 찍을게요"라는 일반적인 메시지였다(p. 38).

두 인종 집단 간의 유사점과 차이점을 파악하기 위해 콘텐츠 분석을 실시했다. 공변량 분석(ANOVA)을 통해 사용된 소품의 수와 종류, 상자를 만드는 데 걸린 시간, 조립 과정의 개인적 즐거움 등을 분석했다. 여학생과 라틴계가 훨씬 더 많은 동물을 사용했다. 남학생은 공격적인 사람 소품이나 물건을 많이 사용했지만 라틴계는 공격적인 소품을 사용하지 않는 것으로 나타났다. 두 집단 모두 이 경험이 매우 즐거웠다고 답했다. 여학생의 100%와 남학생의 90%가 놀이를 한 번 더 하고 싶다고 답했다. 두 집단 모두 같은 인종의 인물 소품을 많이 사용했지만, 통계적으로 유의미한 차이가 없는 다른 인종의 소품도 사용했다.

2) 행동-학교 및 교실

한국의 2개 도시의 고등학생 70명이 '학교 내 모래놀이 집단상담 프로그램'에 참여했다(Ahn et al., 2020, p. 20). 이들은 남학생 34명, 여학생 36명, 평균 연령은 16.3세로 다양한 정서적, 심리적 문제로 학교 적응에 어려움을 겪고 있는 것으로 파악되었다. 국제 모래놀이치료협회의 승인을 소지한 회원인 주 치료사가 모든 학생을 인터뷰하고 선별하여 연구에 포함시켰다. 세 집단으로 나뉜 각 집단은 한 학기 동안 10주에 걸쳐 8회의 학교 모래놀이 집단치료 세션을 받았다. 각 집단은 50분 동안 장면을 만들기 위해 모였다. 각자의 모래상자에 장면을 만든 후, 집단은 보조 치료사와 함께 3~4명의 학생으로 구성된 소규모 집단으로 세분화되어 50분 동안 장면을 발표하고 토론을 진행한 후 정리하는 시간을 가졌다.

　　사전-사후 데이터는 MMPI를 사용하여 수집되었다. 연구진은 "우울증, 남성성-여성성, 사회적 내향성, 분노, 주관적 우울감, 애정 욕구, 신체적 불만, 내적·외적 소외감의 임상 척도"에서 통계적으로 유의미한 개선을 발견했다(p. 1).

　　유치원부터 초등학교 4학년까지의 아동의 교실 내 행동 개선이 자르자우르(Zarzaur, 2004)에 의해 연구되었다. 이 연구는 사전 테스트-사후 테스트 대조군 설계였다. 아동은 교사, 교직원, 학교 상담사의 추천을 받거나 스스로 지원했다. 이들은 무작위로 모래놀이치료(n=13) 또는 교실 행동 관리(n=13)를 받도록 배정되었다. 데이터는 담임 교사가 작성한 아동 행동 체크리스트(CBCL, Achenbach, 1991)를 사용하여 수집했다.

　　두 치료 집단에 속한 학생들은 매주 30분씩 5회에 걸쳐 개별 세션을 가졌다. 첫 번째 상담 세션에서 상담사와 학생은 작업할 문제를 결정했다. 나머지 네 번의 세션은 호메이어와 스위니(1998)의 6단계 모래상자치료 프로토콜을 따랐다. "모래로 자신의 세계를 만들어 보세요"라는 비지시적 안내가 주어졌다. 구성 단계에서 상담사는 놀이치료에서 하는 것처럼 학생을 구두로 따라갔다. 15~20분은 상자를 만드는 데 할당되었고, 나머지 10~15분은 모래상자 상담시간으로 사용되었다. 교실 행동 관리 집단 학생들도 상담사와 4번의 개별 면담 세션을 가졌으며, 탐슨과 루돌프(Thompson & Rudolph, 2000)가 설명한 대로 우발적 계약 방식을 사용했다. 여기에는 상호 수용 가능한 목표 개발, 목표 달성을 위한 행동 계약, 목표에 대한 진행 상황에 대한 논의가 포함되었다. 목표를 달성하면 학생은 보상을 받았고, 목표를 달성하지 못하면 특권을 잃게 되었다.

　　데이터는 반복측정 분산 분석을 사용하여 분석했다. 그 결과 적응 행동 점수에서 집단 간 또는 집단 내에서 통계적으로 유의미한 차이가 없는 것으로 나타났다. 모래놀이치료와 학급 관리 그룹은 담임 교사가 CBCL에서 평가한 적응 행동이 치료 전(각각 3.05점, 3.67점)과 치료 후(3.46점, 3.96점)에 정상 범위에 속한다는 것을 의미한다. 이는 담임 교사가 학생의 문제 행동을 발견하여 의뢰했지만 적응 행동은 검사 전과 후 모두 정상 범위에서 평가되었음을 나타낸다.

그러나 CBCL의 총점에서는 사전·사후 데이터에서 특정 문제 행동이 현저하게 개선된 것으로 나타났다. 교사들은 두 집단 모두에서 행동 증상이 감소했다고 답했다. 모래놀이치료 집단과 교실 관리 집단의 총점 평균은 치료 전 임상 범위(64.15점, 61.23점)에 속했다. 치료 후 집단 평균은 모래상자치료 집단이 경계선 범위(61.92점)에, 교실 관리 집단이 정상 범위(59.00점)에 있는 것으로 나타났다. 이는 성별에 관계없이 동일한 결과이다.

자르자우르(2004)는 이 연구를 요약하여 모래상자치료 집단이 행동 관리 기법과 동등하게 효과적일 수 있다고 제안했다. 또한 모래상자치료 개입은 학교 상담사 및 담임 교사의 시간을 덜 사용한다는 점을 고려할 때 선택 가능한 개입이 될 수 있다.

3) 사회성 기술

심각한 사회적 어려움을 겪고 있는 중국의 대학생 9명이 모래놀이치료에 참여했다(Wen et al., 2011). 참가자는 개입 전 사회적 회피 및 고통 척도(SAD)의 점수에 따라 선정되었다. 9명으로 이루어진 큰 집단의 구성원들이 22.5×28.5×2.75인치(57×72×7cm)의 크기의 모래상자를 구성할 수 있는 공간이 제공되었다. 리성(Risheng)이 개발한 제한적 집단모래놀이치료법이 이 연구에서 사용된 접근법이었다. 집단 구성원들은 돌아가면서 소품을 가져가거나 추가하거나 이동·재배치했다. 이어서 집단 토론 시간이 이어졌다. 그룹이 여덟 차례의 회의 세션을 완료한 후, SAD로 수집한 사후 데이터는 다음과 같다. 9명의 학생 모두 사전·사후 평균 점수가 60% 긍정적으로 변화하여 눈에 띄게 개선된 것으로 나타났다.

맥카운(McCown, 2008)은 포용적인 모래상자 우정 집단에 속한 2, 3학년 학생들을 대상으로 연구를 완료했다. 그녀의 설명적 연구는 다양한 지적 및 학업적 기능, 내향적 및 외향적, 특수교육 서비스를 받는 학생, 그리고 두 성별 모두 포함하는 등 포용성에 초점을 맞췄다. 맥카운은 점점 더 다양해지는 학생들에게 서비스를 제공해야 하는 학교의 과제가 증가하고 있음을 인식했다. 이에 대한 치료법으로 케스틀리(Kestly, 2001, 2010)가 개발한 모래상자 우정 집단을 도입했다. 케스틀리도 이 연구의 컨설턴트로 활동했다.

이 연구에는 남학생 3명과 여학생 3명이 참여했다. 학교 교직원의 추천을 받은 학생들은 자살, 심한 우울증, 현재 정신건강 진단을 받고 있거나 이전에 모래상자 집단에 참여한 적이 있는지를 선별했다. 이는 가능한 한 다양성을 포용할 수 있도록 의도적으로 구성한 관대한 기준 기반의 표본이었다. 6명의 학생으로 구성된 이 집단은 매주 두 번씩 총 10번의 모래상자 세션을 가졌다. 학생들은 서로 가깝게 배치된 각자의 직사각형 상자에서 작업했다. 각 세션은 케스틀리(2001)가 제시한 네 가지 단계로 구성되었으며, 학교 일정에 따라 약간의 수정이 있었다. (1) 소품 선택, (2) 상자 만들기, (3) 각 학생이 상자에 얽힌 이야기 나누기, (4) 인사하기 활동으로 마무리하는 순서로 진행되었다. 마지막 집단 세션에서는 학생들이 모래상자 사진을 앨범으로 만들었다.

데이터는 관찰 프로토콜, 가이드 인터뷰 프로토콜, 교사의 서면 피드백, 세션 프로토콜, 완성된 모래상자의 사진을 사용하여 수집했다. 질적 분석에는 데이터의 코딩, 주제, 삼각 측량 등이 포함되었다. 분석 결과 학생들은 모래상자 우정 집단이 재미있는 경험이었다고 답했다. 학생 개개인에게도 특별한 경험이었고 사회성이 향상되는 결과를 가져왔다. 교사들은 언어와 사회성이 향상되었다고 보고했다. 교사들은 특히 참가자들이 새로운 친구를 사귀고 더 외향적으로 변했다고 언급했다.

호메이어 등(2004)은 초등학교 5학년 남학생 집단과 여학생 집단을 대상으로 한 시험 연구를 완료한 결과 중간 정도의 효과 크기가 발견되었다. 이 집단에는 특수교육을 받는 학생과 상담 서비스를 기다리는 학생이 포함되었다. 집단모래상자치료 세션의 구조는 개별적으로 모래상자를 만든 다음 집단 구성원에게 모래상자에 대한 이야기를 들려 달라고 요청하는 케스틀리(2001, 2010)의 형식을 따랐다.

6. 불안 및 우울증

11~14세 청소년의 우울증은 도슨(Dawson, 2011)에 의해 연구되었다. 도슨은 다중 기저선–참가자 간 단일 사례 설계를 사용했다. 4명의 청소년과 그들의 어머니가 기저선부터 시작하여 치료가 진행되는 동안 설문지를 작성했다. 청소년들은 기저선 데이터를 수집하는 동안과 매주 모래상자치료 세션 전에 매일 4가지 항목의 우울증 증상 설문지를 작성했다. 치료는 12~14주 동안 일주일에 한 번씩 진행되었다. 세션은 개인 진료실에서 진행되었으며, 모래상자 1개와 카테고리별로 정리된 소품 선반이 여러 개 놓여 있었다. 첫 번째 과제는 "모래로 세상을 만들어 보세요"였다. 두 명의 참가자가 추가 설명을 요청했다. 모래상자 구성이 완성된 후 연구원이 물었다. "여러분이 만든 세상에 대해 원하는 만큼 이야기할 수 있나요?" "이 세계에서 당신은 어디에 있을까요?" 그리고 "당신의 세계에 제목을 붙일 수 있나요?"라고 물었다(p. 66). 도슨은 참가자 4명 중 3명이 우울증 증상이 호전되어 "젊은이들의 우울증 치료에 모래상자치료가 효과적"이라는 사실을 발견했다(p. 126). 또한, 그녀는 "모래상자를 사용함으로써 신뢰 구축과 협력 관계를 발전시키는 데 도움이 되었으며, 치료 과정을 더 깊고 풍부하게 만들 수 있었다"고 말했다.

7. 사별

호웰(Howell, 1999)은 아동의 인지 능력과 사별의 정도가 죽음과 위험에 대한 인식에 미치는 영향을 조사했다. 5~12세 아동 60명(평균 연령 8세 4개월)이 연구에 참여했다. 30명의 아동을 유가족 집단과 비유가족 집단에 배치했다. 유가족 집단의 아동들은 지난 5년 동안 가까운 사람의 죽음을 경험했다. 모래상자 체험은 이 연구를 위한 여러 측정 방법 중 하나였다. 이 연구를 위해 특별히 설계되고 검증된 모래상자 측정법이 사용되었다. 여기에는 위험과 죽음, 죽음에 대한 집착, 방어성 지수가 포함되었다. 참가 아동에게는 단순히 "모래에 그림을 그리라"는 비지시적 지시가 주어졌다. 카이제곱 분석 결과, 두 집단 간에 죽음에 대한 집착 지수(p=.043) 또는 방어성 지수(p=.050)에서 유의미한 차이가 발견되지 않았다. 위험과 죽음 지수에서는 유의미한 차이(p=0.03)가 발견되었다. 유가족 집단은 64%의 아동이 위험 및 죽음 지수를 보인 반면, 비유가족 집단은 37%만이 위험 및 죽음 지수를 보였다. 흥미롭게도 두 집단 모두 모래상자에 자발적으로 상징을 배치하고 죽음에 대한 놀이 주제를 가지고 있었다(비유족 집단 53%, 유족 집단 43%). 모든 아동을 비교했을 때, 남자아이들이 여자아이들보다 죽음과 위험에 대한 집착을 나타내는 지표가 훨씬 더 많이 나타났다. 이는 남자아이들이 죽음과 위험에 대한 지표의 점수 항목 중 하나인 공격적인 주제를 더 많이 보였기 때문일 수 있다.

다음의 문화 섹션에서 루벤자데(Roubenzadeh)와 아베딘(Abedin)의 연구도 참조하라. 이들은 이란 문화권 아동들의 슬픔에 대해 연구했다.

8. 이혼

말레이시아의 이혼은 빠르게 증가하고 있다(Lee et al., 2018). 연구자들은 "상담 세션에서 모래상자치료 전후의 이혼한 부모 자녀의 감정과 행동"(p. 1227)을 연구했다. 질적 사례 연구 방법론이 사용되었으며, N-Vivo(역자 주: 사회과학 연구에서 자주 사용되는 소프트웨어로, 텍스트 데이터를 분석하고 관계를 시각화하는 데 도움을 준다. 연구자들은 복잡한 데이터를 더 잘 이해하고 패턴을 발견할 수 있다.)는 부모와 교사의 데이터를 정리하고 분석했다. 11세 아동 3명이 학교에서 모래상자치료 상담 세션에 참여했다. 세션 횟수는 저널 논문에서 확인되지 않았다. 모래상자치료 전에는 슬픔, 분노, 걱정, 거부가 정서적 주제였다. 치료 후에는 행복, 인내, 평온, 안도감이라는 감정적 주제가 나타났다. 행동 변화도 나타났는데, 치료 전에는 공격적이고, 손톱을 물어뜯고, 집중력이 부족하고, 다툼이 많았지만 치료 후에는 도움이 되고, 관용적이며, 집중력이 높아지고, 쾌활한 모습을 보였다. 연구진은 다음과 같이 보고한다.

모래상자치료에 대한 참가자들의 반응에 관한 중요한 주제들이 보고되고 논
의되었다. 연구 결과에 따르면 참가자들은 모래상자치료를 통해 다양한 감정을
탐색하고 표현하고, 자신의 문제를 직시하고, 자신과 더 잘 소통하고, 상담 세션
에서 의미 있는 과정을 만들 수 있었다는 것을 알 수 있었다. (p. 1225)

플롯킨(Plotkin, 2011)은 부모의 이혼이 자녀에게 미치는 영향을 연구했다. 그
녀의 실험적 사전 검사-사후 검사 집단 설계는 지난 2년 이내에 이혼을 경험한
6~10세 아동 32명을 대상으로 연구했다. 16명의 아동으로 구성된 체험 집단은
플롯킨이 정의한 모래상자 놀이치료의 8회기에 참여했다. "모래로 부분적으로 채
워진 상자와 다양한 소품을 활용하는 다차원적 형태의 놀이치료"(p. 11)이다. 나
머지 16명의 아동은 대기자 명단에 있는 대조군에 속했다. 아동 행동 체크리스
트는 내재화 및 외현화 행동에 대한 사전-사후 데이터를 수집하는 데 사용되었
다. 8회의 30분 개별 모래놀이치료 세션을 진행한 연구자는 36시간의 모래놀이
치료 추가 교육과 4년간의 모래놀이치료 경력을 가진 정신건강 전문가였다. 아
이들에게는 원하는 만큼의 소품을 사용할 수 있다고 알려 주었다. 모래상자 구성
이 완성된 후 모래상자에 대해 논의했다. 연구 결과, 내재화($p = 0.021$) 및 외재화
($p = 0.043$) 행동 모두에서 체험 집단과 통제 집단 간에 통계적으로 유의미한 차이
가(0.05로 설정) 나타났다. 성별 간에는 차이가 없었다.

9. 범불안장애(GAD)

푸 등(2020)은 A-B 단일 사례 디자인 연구를 사용하여 GAD를 연구했다. 해밀
턴 불안 평가 척도(HAM-A)와 범불안장애-7(GAD-7)을 사용하여 23세 여성 참가
자로부터 사전 및 사후 데이터를 수집했다. 또한 신경 영상 사전 및 사후 데이터도
수집했다. 앞의 해당 섹션을 참조하라. 두 번의 치료 전 평가에서 참가자는 모든
평가에서 임상적으로 심각한 범위에 속하는 점수를 받았다. 18회의 칼프/융학파
모래놀이치료(SPT) 세션 후, 참가자는 HAM-A와 GAD-7의 정상 범위에서 점수

를 받았고 불안 증상이 상당히 감소했다. 푸 등은 다음과 같이 요약했다.

> 모래놀이 감각 피드백 루프(Freedle, 2007)를 통해 불안장애를 가진 사람들은 안전한 치료 관계와 감각적으로 풍부한 SPT 치료실 환경에서 감각 정보를 처리하는 교정 경험을 반복적으로 제공받는다. 이러한 방식으로 SPT는 신경 통합 과정을 촉진하여(Badenoch, 2008; Freedle, 2017, 2019) GAD 진단을 받은 사람들이 불안 증상을 줄이고 삶의 의미 있는 변화를 경험할 수 있는 기회를 제공한다. (p. 196-197)

푸와 프라티위(2021)는 GAD 진단을 받고 어린 시절 트라우마가 있는 참가자 7명을 연구했다. 이 체험 사전 사후 설계는 여성 6명과 남성 1명으로 구성된 체험 집단과 여성 2명으로 구성된 대조 집단을 비교했다. 모든 체험 집단 참가자는 조기 트라우마 인벤토리 자가보고 약식 양식(ETISR-SF)을 사용하여 조기 트라우마 기준을 충족했다. 아동기 트라우마 확인을 위한 ETISR-SR의 커트라인 점수는 4점 이상이다. 7명의 참가자의 평균 점수는 12.5점이었다. 이전 연구(Foo et al., 2020)의 신경 영상 데이터(앞의 논의 참조)와 일관되게 해밀턴 불안 평가 척도(HAM-A)와 GAD-7을 사용하여 사전-사후 데이터를 수집했다. 모든 체험 집단 참가자는 두 척도 모두에서 불안에 대한 임상적 범위의 점수를 받았다. 체험 집단이 매주 30회의 모래놀이치료 세션에 참여한 후 참가자들은 두 척도 모두에서 정상 범위의 점수를 받았다. 연구진은 "이 연구는 모래놀이치료가 범불안장애 증상을 치료하는 데 효과적이며…… 또한 뇌 대사물질을 향상시킬 수 있다는 결론에 도달했다"(p. 177)고 진술했다.

10. 분리불안

테헤란에 거주하는 5~7세 아동의 분리불안은 준실험적 사전검사-사후검사 대조군 설계를 사용하여 나삽과 알리푸르(Nasab & Alipour, 2015)에 의해 연구되었다. 분리불안 진단을 받은 아동 30명(남아 15명, 여아 15명)을 무작위로 체험 집단과 대조 집단에 배정했다. 체험 집단은 로웬펠드 모래상자 모델에 따라 1시간 동안 10회기에 걸쳐 치료를 받았다. 로웬펠드의 모델은 나삽과 알리푸르가 보고한 바와 같이 10회기에 걸쳐 진행되는 동안 회기마다 목표가 있었다. 이러한 목표가 어떻게 구현되는지에 대한 세부 사항은 제공되지 않았고, 모래상자 세션의 절차에 대한 세부 사항도 제공되지 않았다. 아동 증상 인벤토리-4로 수집한 데이터를 분석한 결과, 집단 간 요인 분석은 0.01 수준에서 유의미한 것으로 나타났다 [p=0.01, F(1.26)=(63.7)]. 연구진은 이번 연구 결과를 바탕으로 각국의 모든 유치원이 정신건강센터와 협력하여 분리불안 아동을 치료할 것을 권고했다.

11. 사회적 어려움과 자존감

이란의 연구자 케이바니(Keivani)와 알로세이니(Alhosseini)에 따르면 5~6세 미취학 아동의 정서-행동 문제는 아동뿐만 아니라 다른 사람에게도 치명적인 영향을 미칠 수 있다(2018). 이 RCT 연구 프로젝트는 이러한 문제를 해결하기 위한 모래상자치료의 유용성을 조사했다. 미취학 아동 24명의 부모가 CBCL을 작성했으며, 모든 아동이 정서적 행동 문제가 있는 것으로 나타났다. 아이들은 모래상자치료 집단과 대조 집단에 무작위로 배정되었다. 모래상자치료 집단에 배정된 아동은 30~40분씩 10회(주 2회)의 개별 세션을 받았고, 대조군은 아무런 개입을 받지 않았다. 프롬프트는 다음과 같았다.

> 여기 모래상자와 여러 가지 장난감이 있는데, 잘 살펴보고 그 장난감으로 상자에 그림을 만들어 보세요. 원하는 그림을 만들고 좋아하는 장난감을 모두 사용해도 됩니다. 모래를 치우면 상자가 파란색으로 보이는데, 이것은 물, 바다, 호수로 사용할 수 있고(치료사가 손으로 모래를 치워 줍니다), 마음에 들지 않으면 그렇게 하지 않아도 됩니다(치료사가 모래를 원래대로 놓아줍니다). (p. 31)

모래상자가 완성된 후, 아동에게 상자에 제목을 붙이고, 자유롭게 또는 질문을 하면서 설명하도록 하고, 소품에 목소리를 내도록 하면서, 각각의 소품을 정의하도록 했다.

　독립 표본 t−검정 결과, 실험군과 대조군 간에 유의미한 차이가 없는 것으로 나타났다. 데이터에 대한 공분산 분석(ANCOVA) 통계 분석 결과, 불안·우울증($p<0.01$), 사회적 문제($p<0.01$), 공격성($p<0.05$)이 유의미하게 개선된 것으로 나타났다. 고립감·우울증, 신체적 문제, 사고력 문제, 주의력 문제, 불복종 행동에는 유의미한 영향을 미치지 않는 것으로 나타났다. 연구진은 모래상자치료의 이점을 통해 어린 아이들의 일부 행동에 대해 정서적 문제를 예방하거나 줄이는 데 모래상자치료를 활용할 수 있을 것이라고 진술했다.

　플래하이브(Flahive, 2005)는 행동장애가 있는 청소년기 아동 56명을 대상으로 연구했다. 초등학교 4학년 또는 5학년에 재학 중인 9∼12세의 학생들은 수업 중 파괴적인 행동, 다른 사람과 어울리는 문제, 불안 또는 슬픔 증상, 사회적 철수 때문에 교사의 상담을 받았다. 사전 테스트−사후 테스트 대조군 설계를 통해 학생들은 무작위로 실험군 또는 대조군에 배정되었으며, 성별과 인종에 따라 집단이 나뉘어졌다. 다시 세 개의 치료 집단으로 나뉜 실험 집단은 10주 동안 모래상자치료를 받았고, 대조군 참가자는 아무런 치료 개입을 받지 않았다. 사전 사후 측정으로 아동 행동 평가 시스템(BASC)이 사용되었다. 부모는 아동−부모 평가 버전(BASC-PRS)을, 교사는 아동−교사 척도(BASC-TRS)를, 아동은 자기 보고(BASC-SRP)를 작성했다.

　모래놀이치료사 집단은 6단계 세션 프로토콜을 포함한 호메이어와 스위니(1998)의 지침을 따랐다. 그룹 참가자들에게는 소품을 보고, 원하는 만큼 사용하며, 관심 있는 소품 몇 개를 선택하는 등의 지침을 제공했다. 소품을 상자에 넣은 후 원하는 만큼 추가하여 '모래 속 세상'을 만들 수 있었다. 모래상자치료사 자신은 아동들이 모래놀이가 끝날 때까지 조용히 앉아 있을 것이라고 알려 주었다. 45분 세션 중 30분은 상자를 만드는 데 할당되었다. 마지막 15분은 치료사가 몇 가지 촉진적인 질문을 하는 동안 상자에 대한 이야기를 나눌 수 있는 시간이었다. 그룹 세션이 끝났을 때 모래상자는 그대로 두었다. 치료사는 모래상자를 사진으로 찍어 문서화했고, 세션 중 집단 간의 중요한 상호작용에 대한 메모를 추가했다.

교사의 보고에 따르면 총 문제 행동 점수에서 실험군과 대조군 간에 유의미한 차이가 있는 것으로 나타났다(효과 크기 d=.52). 이 차이는 모래놀이치료 집단이 약간 개선된 반면, 대조 집단은 행동이 악화되었음을 반영하는 결과였다. 같은 영역에서 학부모의 행동에 대한 보고는 유의미한 차이를 보이지 않았다. 교사의 보고에 따르면 그룹 간 내재화 행동에 유의미한 변화가 있는 것으로 나타났지만(d=.59), 부모는 그렇지 않았다. 부모와 교사 모두 외현화 행동에서 집단 간 유의미한 변화가 있다고 보고했다(각각 d=.54 및 d=.63). 이 연구에 따르면 위에서 언급한 영역에서 중간 정도의 효과 크기가 발견되었다. 이는 모래놀이치료 집단이 약간만 개선되었을 수 있음을 시사하는 반면, 대조군 청소년의 행동은 계속 악화되었다는 것을 의미한다. 이 결과는 개입하지 않으면 치료되지 않은 문제 행동과 정신건강 문제가 시간이 지남에 따라 계속 악화된다는 견해를 뒷받침한다.

쉔(Shen, 2006)은 중학교 3학년 여자 청소년 37명의 자존감 변화를 연구하기 위해 집단모래상자치료를 사용했다. 사전 검사-사후 검사 대조군 설계를 사용하여 참가자들은 사전 검사 점수 평균에 따라 집단에 배정되었다. 이는 집단 평균이 동일하도록 하기 위한 것이다. 사전-사후 데이터를 수집하기 위해 아동용 자기 인식 프로파일(Harter, 1985)을 사용했다.

체험 집단은 다시 여학생 4명씩 총 5개의 집단으로 나뉘었다. 각 집단은 4주 반 동안 일주일에 두 번씩 50분씩 9번의 세션을 가졌다. 각 여학생은 내부가 파란색으로 칠해진 21인치 원형 모래상자를 만들었다. 소녀들은 한 장면을 만드는 데 15분, 만든 장면을 상담하는 데 35분을 할당받았다. 집단모래상자치료사는 질문을 통해 과정을 촉진하고 집단 기술을 사용하여 정상화하며 보편성을 증진했다. 집단은 또한 젊은 여자 청소년에게 중요한 특정 주제인 관계, 사회적 수용성, 외모에 초점을 맞추었다. 데이터 분석(분할구 분산 분석, SPANOVA) 결과, 모래상자치료 집단 참가자들은 자아존중감 영역인 학업 성취도(d=.68), 외모(d=.52), 전반적 자아존중감(d=.83), 행동 태도(d=.64)에서 개선되었고 사회적 수용(d=.46)에서도 효과의 가능성을 보여 주었다.

이민 및 이주

이민자 및 난민 가족은 이주 전 박해와 조직적 폭력의 트라우마로 인해 심각한 정신건강 문제를 겪을 수 있다. 이러한 트라우마는 출신 국가의 재난이나 자연재해에 대한 미디어 노출로 인해 더욱 악화될 수 있다. 이러한 학생들을 대상으로 하는 학교에서는 다양한 문화 및 기타 경험을 통해 트라우마를 치유할 수 있는 행사를 제공한다.

루소 등(Rousseau et al., 2009)은 캐나다의 다민족 거주 지역에 거주하는 주로 남아시아계 유치원생 105명을 대상으로 평가했다. 아이들은 무작위로 배정되어 격주로 진행되는 60분짜리 모래놀이 세션 10회기에 참여했다. 모래놀이 시간은 정규 수업 시간에 포함되었으며 미술치료사가 지도했다. 탈착식 칸막이가 있는 하나의 상자에 두 명의 아동이 함께 모래를 만들고 각 아동에게 개인 공간을 제공했다. 소품 수집에는 여러 종교의 신, 여러 나라의 국기, 각 나라의 의상을 입은 다양한 인물 소품 등 문화적으로 다양한 아이템이 추가됐다. 각 세션은 세 부분으로 구성되었다. 서클 타임의 시작 의식과 액션송 부르기, (2) 모래상자에서 만들기(만드는 시간 후 자신의 이야기를 들려주기), (3) 폐회 의식과 기타 서클 타임 및 액션송 부르기 등이 그것이다. 교사와 학부모가 작성한 강점 및 차이점 설문지를 통해 사전 테스트와 사후 테스트 데이터를 수집했다.

데이터 분석 결과 통계적으로 유의미한 것으로 나타났다(p=0.001). 루소 등은 모래놀이 세션이 아이들이 자연재해와 인간이 만든 충격적인 사건에 노출된 후 느끼는 두려움과 걱정을 극복할 수 있는 기회를 제공하는 동시에 트라우마 반응을 다시 유발하는 것을 예방할 수 있다고 결론지었다.

아르티코(Artico, 2000)는 단편적인 이민으로 인해 어린 시절 헤어졌다가 나중에 부모와 재회한 라틴계 청소년의 인식과 기억에 대해 연구했다.

이 연구는 라틴계 및 기타 이민자 가족과 함께 일하는 전문가들에게 이러한 경험을 통합하고 깨어진 관계를 회복하는 데 도움을 줄 수 있는 통찰력을 제공할 수 있다. 15세에서 19세 사이의 라틴계 남자 청소년 3명과 여자 청소년 4명이 심층 인터뷰와 모래상자 활동에 참여했다.

아르티코는 부모와의 분리와 그것이 자신 및 타인과의 관계에 미치는 영향에 초점을 맞추기 위해 주제별 연구 디자인을 사용했다(p. 194). 인터뷰 내용을 코딩하는 데 N-Vivo를 사용하여 30개의 범주를 만들었다. 모래상자는 라이스 메뉴힌(Ryce-Menuhin, 1992)이 개발한 8가지 기본 구성을 사용하여 매핑되어 치료사에게 모래상자와 그 제작자의 의미에 대한 가능한 통찰력을 제공했다. 또한 에리카 평가법(Erica Method of Assessment)에 따라 모래상자의 관련 구성 및 내용 분석 요소도 평가했다(Sjolund & Schaefer, 1994). 모래상자는 미국으로 이주한 것에 대한 불안, 우울, 후회 등을 드러냈다. 삶과 보호자 및 부모와의 관계에 대한 고민이 적은 모래상자와 정서가 불안하고 적응에 어려움을 겪는 모래상자 간에 차이가 발견됐다. 인터뷰 결과 버림받음, 희생, 충성심 분열, 역할 역전, 상실감, 죄책감, 수치심, 피해, 영웅 등의 범주로 분류됐다. 정신건강 전문가에게 주는 시사점으로는 보다 개방적이고 빈번하며 수용적이고 공감적인 의사소통을 촉진하고, 이전 양육자와의 경쟁과 비판을 피하며, 양육의 연속성과 불연속성의 영향을 인식하고, 무조건적인 사랑의 행동을 파악하고, 마지막으로 이러한 역동에 대한 교육과 애착 장애로 인해 고위험에 처한 아동에 대한 개입 의뢰 기회를 제공해야 한다는 점 등이 있다.

문화적 고려 사항

한 회기의 집단모래상자 연구 프로젝트는 참가자들이 만든 모래상자에서 드러나는 문화적 영향을 확인할 수 있도록 지원한다. 카츠(Katz, 2010)는 이스라엘에서 기존의 이스라엘-유대인 및 팔레스타인-이스라엘-아랍인 만남 그룹과 함께 대규모 집단모래상자를 사용했다. 이 집단은 "모래상자가 상징하는 분쟁 지역에 대한 이스라엘의 기본적인 갈등을 요약"했다(p. 116). 모래상자는 "소품을 사용하여 '공유'하는 세계를 만들 수 있는 '포함된' 땅을 반영하는 것"이었다(p. 113). 이 체험의 목적은 바로 이 구체적인 작업이 문화적, 국가적 갈등에 영향을 미칠 수 있는지 살펴보는 것이었다. 두 명씩 활동하는 참가자들은 공유 세계를 만들었다. 회기는 집단이 소품을 카테고리별로 분류하는 것으로 시작되었다. 이를 통해 집단 구성원들이 소품을 다루고 익숙해질 수 있는 기회를 제공했다. "당신의 세계를 만들어 보세요."라는 프롬프트가 주어졌다. 모래상자 구성이 시작되면 원하는 만큼 소품을 사용하고, 아이템을 추가하거나 제거하며, 20분 안에 과제를 완료하라는 추가 지침이 주어졌다. 모래상자를 최종 분석한 결과 세 가지 패턴이 발견되었다. 자신을 주장하기 위한 투쟁(은밀한 갈등), 지배와 복종, 공존이 그것이다. 카츠는 이 경험을 통해 "각 개인이 자신과 상대방의 갈등에 대해 더 큰 공감과 연민을 키울 수 있는 안전한 포럼을 통해 공유 공간에서 생활하는 문제를 성찰할 수 있었다"고 말했다(p. 126).

이란(Iran) 고유의 애도 과정은 루벤자데 등(2012)에 의해 연구되었다. 그들은 애도 해결에 있어 뚜렷한 문화적 차이를 인식하고 있으며, 이란 문화에서 애도 과정을 지원하는 모델이 많지 않다는 것을 알고 있다. 이들은 지난 2년 이내에 가족의 사망을 경험한 16~22세의 애도하는 청소년 20명을 대상으로 단기 집단모래상자치료 모델의 사용을 연구했다. 이 연구는 대조군과 함께 사전 사후 검사 설계로 진행되었다. 애도 경험 인벤토리(Bart와 Scott 저술, 참고문헌 없음)가 데이터를 제공했다. 그 결과 신체적 반응, 죄책감, 거부감이 유의미하게 감소한 것으로 나타났다(p. 2131). 이 논문에서는 집단 간 분석은 보고되지 않았다.

회복탄력성

모래상자 만들기는 전쟁으로 피해를 입은 아동의 회복력을 파악하기 위한 여러 평가 방법 중 하나로 사용되었다. 페르난도(Fernando, 2006)는 스리랑카 전쟁 피해 아동의 적응 또는 부적응 발달을 촉진하는 요인을 연구했다. 이 연구에는 62명의 고아 아동과 15명의 보호자가 참여했다. 참가자들은 5세에서 18세 사이의 아동 및 청소년과 25세에서 80세 사이의 보호자였다. 페르난도는 주로 내재화된 어려움과 정서적 반응을 평가하기 위해 모래상자를 사용했다.

존스(Jones, 1986)가 개발한 모래상자 세계관 척도(The Sandtray World View Scale: SWVS)는 인지 발달을 살펴볼 수 있는 척도이다. SWVS는 두 아동의 인지 발달이 또래보다 낮은 것으로 나타났다. 이 두 아동은 전쟁 고아로 살아온 경험을 고려할 때 가장 위험도가 높은 것으로 인식됐다. 이들은 마을에서 습격, 살인, 가족과의 이별을 목격했다. 모래상자에서 확인된 인지 수준은 굿이너프-해리스 그림(Goodenough-Harris Drawings)결과와 대체로 일치했다. 모래상자의 구조와 내러티브는 커트 피셔(Kurt Fischer)의 구조 분석(Fischer & Bidell, 2006)에 따라 분석됐다. 그 결과, 이야기와 내러티브의 개념적 복잡성이 연령이 높아질수록 증가한다는 사실이 밝혀졌다. 모래상자 이야기의 임상적 관점에서는 문제가 없는 경우와 문제가 있는 경우, 그리고 전쟁과 관련된 잠재적 임상적 문제가 있는 경우 간에 유의미한 차이가 나타났다. 세 집단 간의 차이에 대한 카이제곱 분석은 $p < 0.002$로 유의미했다. 전쟁 고아들의 모래그림 세계 중 50%는 "전쟁 경험, 죽음, 가난, 상실, 유기"(p. 115) 등의 주제를 가지고 있었으며, 이 모래그림들은 임상적으로 우려되는 이야기를 담고 있는 것으로 확인됐다. 그러나 임상적 문제가 있는 것으로 확인된 아동은 학업 동기, 또래 관계, 사회적 행동에서도 유능한 것으로 확인됐다.

대학원 프로그램에서의 활용

1. 임상 감독

석사 과정 상담전공 학생의 수퍼비전에서 모래상자의 사용은 스타크 등(Stark

et al., 2015)에 의해 연구되었다. 대학의 지역사회 클리닉에서 임상 실습 경험을 위해 이미 함께한 5명의 학생으로 구성된 편의 표본을 사용했다. 이 여학생들 (32~50세 연령대)은 한 학기 동안 감독하에 임상 실습을 하는 동안 세 번의 모래상 자 체험에 참여했다. 이 학생 수퍼바이저들은 모두 학교상담 전공자였고, 학교 현 장에서 해결중심 접근법이 자주 사용된다는 점을 고려하여 수퍼바이저는 해결중 심 수퍼비전 접근법을 사용했다. 수퍼바이저는 등록된 놀이치료사이며 모래놀이 치료와 해결중심 접근법 모두에 대한 고급 교육을 받은 상담 교육자였다. 첫 번째 모래상자는 '상담에서 무엇이 개선되었는지'에 대한 장면을 연출하는 것이었다. 두 번째 세션에서는 빨리 감기 질문(예: 앞으로 3주 후에 어떤 일이 일어날 것인가), 관 계 질문(예: 반 친구들이 상담에서 무엇을 관찰할 것인가), 목표 설정이 포함됐다. 마 지막 세션에서는 수퍼바이저에게 소품을 사용하여 다양한 성공 수준을 상징하는 방식으로 평가를 확정하도록 요청했다. 각 모래상자 경험에 대한 참가자의 성찰 일지와 마지막 세션 후 인터뷰를 통해 질적 데이터를 수집했다. 인터뷰에 대한 구 성주의적 연구 분석 결과, 두 가지 주요 주제가 발견됐다. (a) 혼합 접근법을 경험 함으로써 참가자의 학습에 도움이 됐다는 점과 (b) 모래상자를 사용한 수퍼비전 접근법이 개인적 차원에서 도움이 됐다는 점이었다. 저널을 분석한 결과, 감정적 성향(예: 공존하는 스트레스 사건에 대한 자신의 감정 처리)과 집단 응집력(예: 정서적 스트레스 공개에 대한 동료 지원 및 긍정적 피드백)이라는 주요 주제가 발견됐다. 스 타크 등은 모래상자 체험을 추가한 것이 임상 개발의 필수 요소인 수련생의 개인 개발에 도움이 됐다고 믿는다.

　파일럿 연구 조사에서는 교육적인 자기 보고와 사례 발표라는 기존의 감독 방 식에 모래상자 체험을 추가했을 때의 효과를 비교했다(Markos et al., 2008). 6명의 여성 참가자의 나이는 24세에서 50세 사이였다. 두 개의 편리한 샘플 집단(한 집단 은 결혼 및 가족, 다른 집단은 학교 상담)으로 구성됐다. 데이터는 두 그룹의 참가자 들이 매주 수퍼비전 세션이 끝난 후 작성한 수퍼비전 협력 인벤토리(Supervisory Working Alliance Inventory)를 사용하여 수집했다(Efstation et al., 1990). 두 그룹 모 두 학기 전반에는 전통적인 수퍼비전 방법을 사용했고, 그 후 4주 동안 모래상자

체험을 추가했다.

모래상자 체험 집단에서 연구자들은 다음과 같은 프롬프트를 사용했다. "이 내담자에게 집중하세요. 이제 내담자의 상황을 모래 위에 올려놓으세요"라고 말했다. 그런 다음 "그 사례와 관련된 상담자 자신을 모래 속에 넣어 보세요"라고 덧붙였다. 학생들이 모래상자를 활용한 수퍼비전 세션에서 사전 사후 분석 점수의 라포와 내담자 집중 하위 척도 모두에서 더 높은(더 긍정적인) 반응을 보였지만, 통계적 유의성은 발견되지 않았다. 연구자들은 수퍼바이저가 내담자의 관심사와 맥락을 촉각적, 시각적으로 보여 주고 변화 가능성을 개념화할 수 있는 능력이 향상되었음을 관찰했다(Markos et al., 2008).

2. 다문화 상담사 교육

파오네 등(Paone et al., 2015)은 모래놀이가 자기 인식과 무의식적 문제를 촉진한다는 이해를 바탕으로 인종에 기반한 다문화 상담 과정에서 모래놀이를 사용하는 것이 학생들에게 어떤 도움이 될 수 있는지 탐구했다. 파오네 등은 질적 현상학적 탐구 접근법을 사용하여 21~37세의 상담학 석사 과정 학생 43명을 대상으로 연구를 진행했다. 학생들의 인종 구성은 백인(88%), 라틴계(7%), 다인종(5%)이었으며, 86%가 여성, 14%가 남성이었다. 4명의 저자는 백인(2명), 흑인(1명), 아시아인(1명)이었다. 수석 연구자는 상담교육가이자 등록된 놀이치료 수퍼바이저였다. 참가자들은 5개의 다문화 과정 중 하나에 등록하여 참석했다. 이 과정에서 참가자들은 일반적인 15주 학기의 시작, 중간, 마지막에 세 개의 모래상자를 만들었다. 각 학생은 가로 12인치, 세로 9.75인치, 높이 3인치의 작은 상자에 1.5인치의 모래를 채웠다. 학생들은 200개의 소품 세트(다양한 인종과 연령대의 소품이 추가됨)를 모아 집단 중앙의 바닥에 놓았다. 지금까지의 여정, 발달 단계, 그리고 코스에 대한 느낌과 인식을 표현하도록 유도했다. 모래상자 만들기가 완료된 후 학생들은 자신의 상자를 동료들과 공유했다. 데이터는 학습 일지(각 모래상자 체험 후 작성), 상자 사진, 모래놀이 관련 질문에 대한 서면 답변, 최종 포커스 집단(분석을 위해 기록하게 함)을 통해 수집되었다. 연구 결과 다음과 같은 1차 주제가 발견됐다.

① 긍정적인 경험으로서의 모래상자, 즐겁고 유익한 경험
② 모래상자는 새로운 학습을 촉진하고, 무의식을 의식화하며, 자기 이해도를
　높였다.
③ 모래상자는 집단 상황에서 의미가 있으며, 다른 사람의 모래상자를 보며 소
　통을 촉진하고 자신의 부정적인 영향을 줄였다.
④ 모래상자는 감정 표현, 시각적 표현 등 표현을 용이하게 한다.
⑤ 모래상자의 어려움은 초기 어려움, 학습 스타일의 불일치 등이 있다(p. 204).

　연구진은 모래상자 체험을 통해 학생들이 인종적 정체성 성장에 대한 통찰력을
키울 수 있었다고 결론지었다.

모래상자치료의 집단 과정

　집단모래상자치료는 널리 사용되고 있으며, 이 장에서 이미 언급했듯이 다양
한 연구 프로젝트에서 사용되고 있다. 휴즈(Hughes, 2004)와 맥카운(2008)은 집단
모래상자치료의 과정에 대한 통찰력을 제공하기 위해 각각 탐색적 연구와 설명적
연구를 완료했다. 두 연구자 모두 집단 환경에서 경험한 자아의 내부 작업 모델을
조정하는데 있어 우뇌의 역할에 대한 생각을 포함했다. 뇌 연구(Badenoch, 2008;
Schore, 2009; Siegel, 1999)는 이러한 가설을 뒷받침한다.
　휴즈(2004)는 집단모래상자의 단일 세션에 대해 연구했다. 그녀가 언급했듯이,
연구 당시에는 집단모래상자 과정에 대한 기존 연구가 없었기 때문에 그녀의 연
구는 가설을 검증하는 것이 아니라 가설을 생성하는 것이었다. 탐구적 연구 질문
은 "심리치료사와 다른 사람들이 모래상자 세션에 참여하는 집단의 투사적 역동
을 어떻게 이해할 수 있는가?"였다. 그녀는 집단 체험 중 참가자의 언어화, 체험

후 참가자와의 인터뷰, 자신의 개인적인 성찰에 대한 질적 연구 분석에 삼각화 측량을 사용했다. 삼각화 측량은 질적 연구 데이터 분석 시 공감적 중립성을 보장하고 실천하기 위해 사용됐다.

참가자는 30세에서 65세 사이의 남성 3명, 여성 11명으로 구성된 편의 표본이었다. 참가자들은 과학과 창의성에 관한 학술 회의에 참석하는 박사급 교수 또는 박사과정 학생들로, 이들은 이 모래상자 세션에 참여했다. 참가자들은 원형 테이블 위에 약 2.5피트 정사각형의 모래상자를 놓고 다른 테이블 위에 소품을 놓았다. 녹화된 세션은 약 2시간 동안 진행되었다. 세션은 "소품 선택해서 상자 만들기, 개별 설명, 아이디어 교환, 언어적 표현과 함께 상자를 조정하는 것, 토론, 침묵 속에서 조정, 토론, 언어적 표현을 통한 추가 조정, 마무리"로 크게 나뉘어 진행됐다 (Hughes, 2004, p. 81). 연구 보고서에는 모래상자를 만들거나 구성하는 것과 관련하여 참가자들에게 제공된 구체적인 안내나 지침에 대한 언급이 없었다.

연구 결과에 따르면 우뇌 반구를 의식적, 무의식적으로 (고유 수용적으로) 참여시키면 발전하는 문화 역동에 대한 "새로운 공유 의미"가 생겨난다. 휴즈(2004)는 "집단모래상자 자체가 그 문화의 지배적인 정신에 대한 소우주적 설명"이라고 말했다(p. 76). 휴즈는 이 연구 결과가 집단 경험이 참가자들의 통찰력 공유를 증가시키고 관련된 사람들의 일반적인 문화에서 관계적 역동을 개선할 수 있음을 시사한다고 언급했다.

요약하면, 휴즈(2004)는 집단모래상자치료 과정의 효과에 대해 다음과 같이 설명한다.

> 자신의 생각과 생각에 영향을 미치는 요인에 대한 지식인 메타인지적 인식은 집단모래상자를 중심으로 다양하게 발생하며, 각 사람은 다른 사람의 관점에 비추어 자신의 가정을 고려한다. 이 활동은 개방성을 연습하고, 서로의 말을 경청함으로써 이해를 높이고, 태도를 조정하고, 긍정적인 특성을 개발하고, 서로에 대한 행동을 개선하고, 잘 기능하는 전체가 될 수 있는 기회를 제공한다. (p. 8)

맺음말

　전 세계적으로 모래상자치료에 대한 연구가 증가하고 있는 것은 매우 고무적인 일이다. 특히 모래상자치료의 효능에 대한 정량적 연구가 증가하고 있다. 연구자들은 연구 대상, 구체적인 치료 및 방법론, 연구자의 자격을 명확히 파악하기 위해 부지런히 노력할 것을 권장한다. 모래상자치료의 활용에 대한 이론적 접근법을 파악하는 것은 필수적이다. 놀이치료와 마찬가지로 모래상자치료는 다양한 응용 분야와 접근법을 총칭하는 용어이다. 다음과 같은 경우에 도움이 될 것이다. 연구자가 연구에 아들러, 아동 중심, 게슈탈트, 인지 행동, 인본주의, 해결중심 등 어떤 접근법을 사용했는지 알기 위해 연구를 읽어야 한다. 이러한 접근법은 모두 매우 다양하며, 연구에 사용된 프로토콜에 대한 자세한 정보가 있으면 독자가 연구 결과를 자신의 임상 업무에 적용하는 데 도움이 될 것이다.

　또한 아직 전문 학술지에 게재되지 않은 논문도 몇 편 있다. 우리는 졸업생들에게 그들의 논문을 전문 학술지에 게재할 것을 권장한다. 우리는 박사논문을 완성한 후의 피로감을 잘 알고 있다. 그러나 많은 논문이 보다 쉽게 평가할 수 있는 방식으로 해당 분야에 도움이 될 수 있는 가치 있는 연구 결과를 가지고 있다.

　마지막으로, 현재와 미래의 연구자들이 모래상자치료를 EBT로 확립하기 위해 지속적으로 연구를 재현할 것을 권장한다. 우리는 경험에 기반한 탄탄한 연구의 수집을 구축하고 있다. 이는 중요한 초기 단계이며, 모래상자치료 문헌의 증가에 기여해 주신 모든 연구자분께 감사드린다.

참고문헌

Achenbach, T. M. (1991). *Manual for the teacher's report. Department of Psychiatry*, University of Vermont.

Ahn, U. K., Kwak, H. J., & Lim, M. H. (2020). Minnesota multiphasic personality inventory of school sandplay group therapy with maladjustment behavior in Korean adolescent. *Medicine, 99*(50). https://doi.org/10.1097/MD.0000000000023272

Akimoto, M., Furukawa, K., & Ito, J. (2018). Exploring the sandplayer's brain: A single case study. *Archives of Sandplay Therapy, 30*(3), 73-84.

Akimoto, M., Hoshi, Y., & Taki-Reece, S. (2004). Hakoniwaryoho ni kansuru kisokenlgu (1): Kenjosha ni okeru hakoniwa sakuseichu no noketsuryro no henka. [in Japanese]. Tolq.oto rojin iryo senta kenlg.ukaihatsu hokokusho.

Artico, C. I. (2000). *Perceptions and memories of Latino adolescents separated in childhood due to piecemeal patterns of immigration.* (Doctoral dissertation, George Mason University). Dissertation Abstract International, AAT 9985096.

Badenoch, B. (2008). *Being a brain-wise therapist: A practical guide to interpersonal neurobiology.* W.W. Norton & Company.

Bonds, M. S. (1995). *Sandplay with inner-city Latino and African-American adolescents.* (Doctoral dissertation, California School of Professional Psychology, Berkeley/Alameda). Dissertation Abstract International, AAT 9533887.

Buang, A. Z., Johari, K. S. K, Mahmud, Z., Puad, D. N., Kari, M., & Amat, S. (2019). Counselors' experience using sandtray therapy for recovery adolescents. *Advances in Social Sciences, Education and Humanities Research, 464*, 689-693.

Cohen, J. (1988). *Statistical power analysis for the behavioral sciences* (2nd ed.). Erlbaum.

Dawson, L. S. (2011). Single- case analysis of sand tray therapy of depressive symptoms in early adolescence. Retrieved from ProQuest. (UMI Number: 3438887)

Draper, K., Ritter, K., & Willingham, E. (2003). Sand tray group counseling with adolescents. *Journal for Specialists in Group Work, 28*(3), 244-260. http://doi.org/10.1177/0193392203252030.

Dukes, E. (1938). Play-therapy for "problem" children. *The British Medical Journal, 2*(4047), 213-215.

Efstation, J. F., Patton, M. J., & Kardash, C. M. (1990). Measuring the working alliance in counselor supervision. *Journal of Counseling Psychology, 37*, 322-329.

Fernando, C. (2006). Children of war in Sri Lanka: Promoting resilience through faith development. (Doctoral dissertation, University of Toronto, 2006). *Dissertation Abstract International*, AAT NR21881.

Fischer, K., & Bidell, T. (2006). Dynamic development of action, thought and emotion. In R. M. Lerner (Ed.), *Handbook of Child Psychology: Vol. 1. Theoretical models of human development* (6th ed.), (pp. 313–399). Wiley.

Flahive, M. W. (2005). *Group sandtray therapy at school with preadolescents identifi ed with behavioral diffi culties*. (Doctoral dissertation, University of North Texas, 2005). *Dissertation Abstract International*, AAT 3196148.

Flahive, M. W., & Ray, D. (2007). The effect of group sandtray therapy with preadolescents. *Journal for Specialist in Group Work, 32*(4), 362–282.

Foo, M., Freedle, L., Sani, R., & Fonda, G. (2020). The effect of sandplay therapy on the thalamus in the treatment of Generalized Anxiety Disorder: A case report. International *Journal of Play Therapy, 29*(4), 191–200. http://dio.org/10.1037/pla0000137

Foo, M., & Pratiwi, A. (2021). The effectiveness of sandplay therapy in treating Generalized Anxiety Disorder with childhood trauma using magnetic resonance spectroscopy to examine choline level in the dorsolateral prefrontal cortex and centrum semiovale. *Journal of Play Therapy, 30*(3), 177–186. http://dio.org/10.1037/pla00 0016 2

Ge, Y., Huo, I.- Y., & Wang, X.- Q. (2018). Sandplay therapy among adolescents with internet addiction. *Chinese Journal of School Health, 39*, 383–386.

Ge, Y., Huo, J., Yuan, J., & Fan, H. (2021) Establishment of the initial sandplay picture system for Chinese young internet addicts: Based on valence assessment of normal adolescents. *Health, 13*, 273–282. https://doi.org/104236/health.2021.133022

Harter, S. (1985). *Manual for the self–perception profile for children*. University of Denver.

Homeyer, L., & Lyles, M. (2022). *Advanced sandtray therapy: Digging deeper into clinical practice*. Routledge.

Homeyer, L., & Morrison, M. (2008). Play as therapy. *American Journal of Play, 1*(2), 210–228.

Homeyer, L., Poe, S. & DeFrance, E. (2004). *Group sandtray for at-risk children*. Unpublished manuscript.

Homeyer, L., & Sweeney, D. (1998). *Sandtray: A practical manual*. Self-Esteem Shop.

Homeyer, L., & Sweeney, D. (2016/2017). *Sandtray therapy: A practical manual*. Routledge [some authors use 2016 publication date; 2017 is the correct date]

Howell, R. L. (1999). *Children's concerns about danger and death: The infl uence of cognitive ability and bereavement*. (Doctoral dissertation, California School of Professional Psychology, Berkeley/ Alameda). *Dissertation Abstract International*, AAT 9907440.

Hughes, S. C. (2004). *The group sand tray: A case study*. (Doctoral dissertation, Union Institute and University). *Dissertation Abstract International*, AAT 3207605.

James, L., & Martin, D. (2002). Sand tray and group therapy: Helping parents cope. *The Journal of Specialist in Group Work, 27*(4), 390–405. http://doi.org/ 10.180/ 714860201

Jones, L. E. (1986). *The development of structure in the world of expression: A cognitivedevelopmental analysis of children's "sand worlds."* ProQuest UMI Dissertations.

Katz, A. (2010). Israeli Arab- Jewish sandtray group work: Creating a world together. *Psychotherapy and Politics International, 2*(8), 113–127. http://doi.org/10.1002/ ppi

Keivani, S. N. A., & Alhosseini, K. A. (2018) Effectiveness of sand tray therapy on emotionalbehavioral problems in preschool children. *Iranian Journal of Learning and Memory, 1*(2), 29–36.

Kestly, T. (2001). Group Sandplay in elementary schools. In A. Drewes, L. Carey, & C. Schaefer (Eds.), *School-based play therapy* (pp. 329–349). Wiley.

Kestly, T. (2010). Group sandplay in elementary schools. In A. Drewes, L. Carey, & C. Schaefer (Eds.), *School-based play therapy* (2nd ed.), (pp. 257–281). Wiley.

Kestly, T. (2014). *The interpersonal neurobiology of play. Brain-building interventions for emotional well-being*. W.W. Norton & Company.

Lu, L., Peterson, F., Lacroix, L., & Rousseau, C. (2010). Stimulating creative play in children with Autism through sandplay. *The Arts in Psychotherapy 37*(1), 55–64.

Lee, G. M., Johari, K. S. K., Mahmud, Z., & Abdullah, M. N. (2018). Sandtray for children of divorced parents. *International Journal of Academic Research in Business and Social Sciences, 8*(4), 1224-1234. http://dx.doi.org/10.6007/IJARBSS/v8- i4/4155

Mahmud, M. F., Amat, S., Johari, K. S. K., & Amat, M. I. (2019). Measuring the spirituality in group addiction counselling using sandtray therapy. *Social Sciences, Education and Humanities, 1*, 97-103. https://doi.org/10.32698/2151

Markos, P., Coker, J. K., & Jones, W. P. (2008). Play in supervision. *Journal of Creativity in Mental Health, 2*(3), 3-15. http://doi.org/10.1300/J456v02n03_02

McCormick, R. (2019). *The impact of sandtray therapy on group climate and therapeutic factors in a residential substance abuse treatment facility*(Order No. 13864315). Available from ProQuest Dissertations & Theses Global. (2219354245).

McCormick, R., Rosenblad, S. R., & Newmeyer, M. (2020). Untapped therapeutic potential: Using sandtray in substance abuse treatment groups. *Journal of Creativity in Mental Health*. https://doi-org.libproxy.txstate.edu/10.1080/15401383.2020.1789016

McCown, S. (2008). *An inclusive sandtray friendship group in an elementary setting: A descriptive study*. (Doctoral dissertation, Capella University). Available from ProQuest Dissertations and Theses database (UMI No. 3304142).

Monakes, S., Garza, Y., Wiesner, V. III., & Watts, R. (2011). Implementing Adlerian sand tray therapy with adult male substance abuse offenders: A phenomenological inquiry. *Journal of Addictions & Offender Counseling, 31*(2), 94-107. https://doi.org/ 10.1002/j.2161-1874.2011.tb00070.x

Nasab, H. M., & Alipor, Z. M. (2015). The effectiveness of sandplay therapy in reducing symptoms of separation anxiety in children 5 to 7 years old. *Journal UMP Social Sciences and Technology Management, 3*(2), 5-10.

Neill, T. (2006). *Helping others help children: Clinical supervision of child psychotherapy*. American Psychological Association.

No, S. H., & Kim, M. K. (2013). The effects of sandplay therapy on anxiety, interpersonal stress, and salivary cortisol levels of university students with ADHD tendencies. *Journal of Symbols & Sandplay Therapy, 4*(1), 9-15. http:// dx.doi.

org/10.12964/jsst.130002

Paone, T., Malott, J., Gao, J., & Kinda, G. (2015). Using sandplay to address students' reactions to multicultural counselor training. *International Journal of Play Therapy, 24*(4), 190-204. http://doi.org/10.1037/a0039813

Parker, N., & O'Brien, P. (2011). Play therapy- reaching the child with Autism. *International Journal of Special Education, 26*(1), 80-87.

Plotkin, L. (2011). *Children's adjustment following parental divorce: How effective is sandtray play therapy?* (Unpublished doctoral dissertation.) Retrieved from ProQuest. (UMI Number: 3466536)

Ray, D. (2006). Evidenced-based play therapy. In C. Schaefer & H. Kaduson (Eds.), *Contemporary play therapy: Theory, research and practice* (pp. 136-157). Guilford Press.

Roesler, C. (2019) Sandplay therapy: An overview of theory, applications and evidence base. *The Arts in Psychotherapy, 64*, 84-94. https://doi.org/10.1016/j.aip.2019.04.001

Roubenzadeh, Sh., Abedin, A., & Heidari, M. (2012). Effectiveness of sand tray short term group therapy with grieving youth. *Procedia-Social and Behavioral Sciences, 69*, 2131-2136. http://doi.org/10.1016/j.sbspro.2012.12.177

Rousseau, C., Benoit, M., Lacroix, L., & Gauthier, M. (2009). Evaluation of a sandplay program for preschoolers in a multi-ethnic neighborhood. *Journal of Child Psychology and Psychiatry, 50*(6), 743-750. doi: 10.1111/j.1469-7610.2008.02003.x

Ryce-Menuhin, J. (1992). *Jungian Sandplay: The wonderful therapy*. Routledge.

Schore, D. J. (2009). Right-brain affect regulation: An essential mechanism of development, trauma, dissociation, and psychotherapy. In D. Fosha, M. Solomon, & D. Siegel (Eds.), *The healing power of emotion: Integrating relationships, body and mind: A dialogue among scientists and clinicians* (pp. 112-144). W. W. Norton.

Shen, Y. (2006). The impact of school-based group sandtray counseling on the self-esteem of young adolescent girls. (Doctoral dissertation, Texas A&M University, Commerce). *Dissertation Abstracts International*, AAT 3245238.

Shen, Y., & Armstrong, S. A. (2008). Impact of group sandtray therapy on the self-esteem of young adolescent girls. *Journal for Specialists in Group Work, 33*, 118–137.

Shin, J.‐H., & Jang, M. (2016). Effect of group sandplay therapy to be addicted youth's addiction levels and anxiety. *Journal of Symbols & Sandplay Therapy, 7*(1), 39–55.

Shoodi, M., Bakar, A., Johari, K., Nissa, D., Kari, P., & Ismail, N. (2019). Family support system among recovering adolescent drug addicts: A case study. *Social Sciences, Education and Humanities, 1*, 104–112. https://doi.org/10.32698/2152 (Abstract only in English; article in Malay)

Siegel, D. J. (1999). *The developing mind: How relationship and the brain interact to shape who we are.* Guilford Press.

Sjolund, M., & Schaefer, C. (1994). The Erica method of sand play diagnosis and assessment. In K. K. O'Connor & C. E. Schaefer (Eds.), *Handbook of play therapy: Advances and innovations.* Volume 2 (pp. 231–252). Wiley.

Stark, M., Garza, Y., Bruhn, R., & Ane, P. (2015). Student perception of sandtray in solutionfocused supervision. *Journal of Creativity and Mental Health, 10*(1), 2–17. http://doi.org/10.1080/15401383.2014.917063

Sulong, K. K. K., Mahmud, M. I., Johari, K. S. K., & Amat, M. I. (2020). The effects of career activity using sandtray on career self‐effi cacy among substance abuse clients. *Advances in Social Sciences, Education and Humanities Research, 464*, 698–702.

Swank, J., & Lenes, E. (2013). An exploratory inquiry of sandtray group experiences with adolescent females in an alternative school. *Journal for Specialists in Group Work, 38*(4), 330–348. http://doi.org/10.1080/ 09133922.2013.835013

Thompson, C. L., & Rudolph, L. B. (2000). *Counseling children.* Wadsworth/ Thompson Learning.

Wen, Z., Risheng, Z., Haslam, D., & Zhiling, J. (2011). The effects of restricted group sandplay on interpersonal issues of college students in China. *The Arts in Psychotherapy, 38*, 281–289. http://doi.org/10.1016/j.aip.2011.08.008

Wiersma, J. K., Freedle, L. R., McRoberts, R., & Solberg, K. (Submitted for publication). Metaanalysis of sandplay therapy outcomes research.

Xu, J., Zhang, R., & Zhang, W. (2008). Process and effect of an ADHD boy's Sandplay Therapy. *Chinese Journal of Clinical Psychology, 16*(4), 440–442.

Zarzaur, M. (2004). The effectiveness of sandtray therapy versus classroom behavior management on the improvement of school behavior of kindergarten through fourthgrade students. (Master's thesis, The University of Memphis). *Dissertation Abstract International*, AAT 3153961.

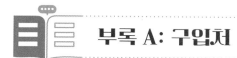 **부록 A: 구입처**

소품

Bell Pine Art Farm

Phone: 541-895-2132
Email: see email link on their website
www.bellpineartfarm.com

Child Therapy Toys

Phone: 1-866-324-PLAY (7529)
Fax: 1-800-262-1886
E-mail: support@childtherapytoys.com
www.childtherapytoys.com

Constructive Playthings

Phone: 1-800-448-4115
Fax: 1-816-761-9295
Email: cp@constructiveplaythings.com
www.constructiveplaythings.com

Georgie Mann Archetypal Sculptures

Phone: 1-406-360-8003
www.georgiamann.com

Kennedy's Sandplay Mini's

Phone: none noted
www.kennedysminis.etsy.com

Marshall's Miniatures

Phone: None noted
Email: marshallnlyles@gmail.com
www.marshalllyles.com

Momma Owls Minis

Email: mommaowlsminis@gmail.com
www.mommaowlsminis.com

Play Therapy Supply Company

Phone: 1-866-590-3991
Fax: 1-866-697-9994
Email: info@playtherapysupply.com
www.playtherapysupply.com

Self-Esteem Shop

Phone: 1-248-549-9900
Fax: 1-248-549-0442
Email: see email link on their website
www.selfesteemshop.com

Stones for Therapy from Ukraine

www.facebook.com/groups/812311415643268;
or search Facebook group "Stones for Therapy from Ukraine"

Toys of the Trade

Phone: 1-866-461-2929
Fax: 1-866-803-3781
Email: see email link on their website
www.toysofthetrade.com

모래상자

Aspen Sand Trays

George Ridgeway and Jan Pacifi co
Phone: 1-505-866-0582 orders
E-mail: potluck55@aol.com
www.aspensandtrays.com

Ron's Trays

Phone: 1-707-894-4856
E-mail: sandtraysman@gmail.com
www.sandtrays.com

자신의 구입처를 추가하라:

모래

Jurassic Sand

Phone: 1-877-531-8600
www.jurassicsand.com
sandman@jurassicsand.com

Play Therapy Supply Company

Phone: 1-866-590-3991
Fax: 1-866-697-9994
Email: info@playtherapysupply.com
www.playtherapysupply.com

부록 B: 사용 가능한 모래상자 프롬프트

몇 가지 주의 사항이다. (1) 프롬프트 중 상당수는 아래 카테고리에 국한되지 않으니 자유롭게 바꾸어 사용해도 좋다! (2) 동시에 발달상으로 적절한 것이 중요하다는 점을 항상 염두에 두고, (3) 상자를 무엇으로 어떻게 지칭할지 (필요에 따라) 표현을 자유롭게 바꾸라(예: 창작물을 세상, 상자, 장면, 그림 등으로 지칭할 수 있다).

또한, 프롬프트는 모래놀이치료사가 신중하고 의도적으로 선택해야 한다는 점을 기억하라. 아래의 프롬프트는 가능성을 생각하기 시작하는 데 도움이 된다. 내담자의 고유한 필요에 맞고 임상 치료와 일관성을 유지할 수 있도록 자유롭게 조정하라.

일반 프롬프트

1. 나만의 세상 만들기
1. 가족 구성원의 상자 만들기(본인 및 가족 모두가 무언가를 하는 모습 포함)
2. 상담에 참여하게 된 계기 만들기
3. 코로나19가 나에게 어떤 영향을 미쳤는지 세상에 알리기
4. 가계도(게놈) 만들기
5. 화가 났을 때 나를 진정시킬 수 있는 어떤 것에 대한 세계를 만들기
6. 가장 소중한 것 다섯 가지 또는 친구에 관한 세상을 만들기
7. 지난 한 해 동안 가장 가슴 아팠던 일에 대한 세상 만들기
9. 제한이 없다면 이상적인 세상을 만들기
10. 전적으로 힘을 실어 주는 세상 만들기

아동 내담자를 위한 프롬프트

11. 나만의 세상 만들기

12. 부모님(또는 양부모/입양 부모)에 관한 세상 만들기

13. 형제/자매에 관한 세상 만들기

14. 완벽한 가족의 모습에 대한 세상 만들기

15. 학교에서 가장 좋았던 날/나빴던 날에 대한 세상 만들기

16. 친구를 위한 세상 만들기

17. 무서운 것에 관한 세상을 만들기

18. 좋아하는 사물/애완동물/사람에 관한 세상을 만들기

19. 나를 행복하게/슬프게 하는 것에 대한 세상 만들기

20. 커서 무엇이 되고 싶은지에 대한 세상 만들기

청소년 내담자를 위한 프롬프트

21. 친구를 위한 세상 만들기

22. 학교에 관한 세상 만들기

23. 아침에 일어나서 가장 먼저 생각하는 것에 대한 세상을 만들기

24. 집/학교에서 가장 큰 장애물/장애물에 대한 세상을 만들기

25. 졸업 후 하고 싶은 일에 대한 세상 만들기

26. 10년 후 자신이 하고 있는 일과 모습에 대한 세상을 만들기

27. 마지막으로 외로웠거나 화가 났던 순간에 대한 세상을 만들기

28. 괴롭힘을 당하지 않는 세상 만들기

29. 내 인생에서 가장 중요한 사람에 관한 세상을 만들기

30. 거울에 비친 자신을 보는 세상을 만들기

성인 내담자를 위한 프롬프트

31. 이 상담 경험에 대한 자신의 희망을 나타내는 세계를 만들기

32. 세 가지 최고의 특성(캐릭터 특성)에 대한 세계를 만들기

33. 최악의 세 가지 특성(캐릭터 특성)에 대한 세계를 만들기

34. 인생의 사명이나 좌우명을 담은 상자 만들기

35. 소중한 사람이 있는/없는 삶에 대한 세상 만들기

36. 내일이 당신이 살 수 있는 마지막 날이라면 무엇을 할 것인지에 대한 상자를 만들기

37. 잠들기 전 침대에서 마지막으로 경험한 생각/감정에 대한 세상을 만들기

38. 내일이 완벽한 날이라면 세상은 어떤 모습일지 상상해 보기

39. 상담을 받게 된 원인이 갑자기 사라진다면 삶이 어떻게 달라질지에 대한 상자를 만들기

40. 성취감이나 활력을 주는 것에 대한 세상을 만들기

노년층을 위한 프롬프트

41. 나이를 먹는다는 느낌에 대한 세상을 만들기

42. 자신이 경험하고 있는 상실감의 세계 또는 독립성을 잃는 것에 대한 세계를 만들기

43. '빈 둥지'가 어떻게 변했는지에 대한 세상 만들기

44. 여러분이 겪고 있는 신체적 어려움에 대한 세상을 만들기

45. 조부모가 되는(또는 조부모가 되지 않는) 세상에 대한 이야기 만들기

46. 배우자/자녀/친구와 함께 살아남는 세상 만들기

47. 나이 듦에 대한 최악의 두려움에 대한 세상 만들기

48. 원하는 장례식을 위한 세상 만들기

49. 현재 또는 희망하는 지원 시스템에 대한 상자를 만들기

50. 나이 듦의 기쁨과 슬픔을 담은 상자 만들기

커플을 위한 프롬프트(각 파트너가 작은 상자에서 자신의 상자를 만든 다음 공동 상자로 이동하는 것을 추천한다)

51. 파트너에 대한 세상 만들기
52. 관계에 대한 세계 만들기(지난 주/월/년)
53. 파트너에게 실망감을 안겨준 것 같은 느낌에 대한 이야기 만들기
54. 파트너에게 실망감을 느꼈던 경험에 대한 이야기 만들기
55. 파트너의 가장 큰 특징에 관한 세상 만들기
56. 관계의 시작에 관한 세상 만들기
57. 첫 데이트에 관한 세상 만들기
58. 파트너에게 필요한 것을 중심으로 세상을 만들기
59. 파트너가 어떻게 변화해야 하는지, 그리고 당신은 어떻게 변화해야 하는지에 대한 세상을 만들기
60. 이상적인 데이트에 대한 상자 만들기

가족을 위한 프롬프트(가족 구성원 각자가 작은 상자에서 자신의 상자를 만드는 것으로 시작한 다음 모든 가족이 함께 큰 상자로 이동하는 것을 선호한다)

61. 각 가족 구성원을 위한 소품이 포함된 세상 만들기
62. 당신이 자랐던 가족에 대한 가장 소중한 추억의 장면을 만들기
63. 현재 가족에 대한 가장 소중한 추억의 장면을 만들기
64. 당신이 자랐던 가족에 대한 최악의 기억의 장면을 만들기
65. 현재 가족에 대한 최악의 기억의 장면을 만들기
66. 부모님이 나를 어떻게 묘사할지(또는 부모님이 여기 계셨다면 나를 묘사하기 위해 어떤 종류의 상자를 만들었을지) 상자를 만들기
67. 가족이 다툼에서 어떻게 회복되었는지에 대한 장면을 상자로 만들기

68. 마법처럼 과거로 돌아갈 수 있다면 가족을 어떻게 바꾸고 싶은지에 대한 상자를 만들기
69. 형제자매가 어떻게 잘 지냈는지 또는 어떻게 잘 지내지 않았는지에 대한 상자를 만들기
70. 가족이 돈 문제를 어떻게 처리했는지에 대한 상자를 만들기

트라우마/수치심 이슈가 있는 내담자를 위한 프롬프트

71. 트라우마 또는 수치스러운 사건에 대한 세계를 만들기(방해가 되거나 트라우마를 유발하지 않고 필요한 만큼 일반적이거나 구체적이어야 함)
72. 트라우마와 관련된 공포를 탐구하는 세상 만들기
73. 과거의 공포와 현재의 안전한 장소를 탐구하는 세상을 만들기
74. 트라우마나 수치심이 어떻게 자신의 정체성의 일부가 되었는지에 대한 상자를 만들기
75. 트라우마 이후 가족/친구가 어떻게 나를 지원했는지(또는 지원하지 않았는지)에 대한 이야기를 만들기
76. 이 트라우마가 내 인생에 어떤 수치심을 가져왔는지에 대한 세상을 만들기
77. 트라우마 또는 수치스러운 사건에 수반된 굴욕감에 대한 세계를 만들기
78. 이런 굴욕이 없는 삶이 어떤 것인지 보여 주는 세상을 만들기
79. 트라우마나 수치심보다 더 큰 힘(모든 힘!)을 보여 주는 세상을 만들기
80. 용서/자기 용서와 신뢰의 차이를 탐구하는 세상 만들기

위기/슬픔에 대한 프롬프트

81. 허리케인/토네이도/홍수/화재에 관한 세상 만들기
82. 위기 상황에서 잃은 것에 대한 세상을 만들기
83. 사망한 사람에 대한 세계 만들기
84. 고인과 함께 보낸 특별한 시간에 대한 세상을 만들기
85. 잃어버린 반려동물과 그 상실로 인해 어떤 영향을 받았는지에 대한 상자를 만들기

86. 강도/강도를 당했을 때의 세계 만들기

87. 슬픔을 삶에 통합하는 세상 만들기

88. 실직에 대한 세상 만들기

89. 슬픔과 기쁨이 공존하는 세상 만들기

90. 슬픔이 결국 변화를 촉구할 수 있는 세상 만들기

애착 문제에 대한 프롬프트

91. 아주 어렸을 때 부모님으로부터 얼마나 수용(보살핌)을 받았는지에 대한 세상을 만들기

92. 버려졌다고 느꼈던 시절의 세계 만들기

93. 관계를 피하거나 다른 사람으로부터 회피당했다고 느낀 경험에 대한 세계 만들기

94. 나와 다른 사람(또는 세상) 사이에 느껴졌던 벽에 대한 세상을 만들기

95. 어린 시절 또는 어른이 되어 의지하던 누군가에게 배신감을 느꼈던 시기에 대한 세계를 만들기

96. 이전 치료사나 도우미에게 배신감을 느꼈던 시기에 대한 세계를 만들기

97. 부모(계부모, 양부모, 입양부모)에 대해 설명할 수 없는 분노를 느꼈을 때를 상자에 표현하기

98. 사랑받지 못하거나 주목받지 못한다는 느낌 때문에 자신의 생존을 의심하기 시작했을 때의 상자를 만들기

99. '완벽한 가족'에 대한 세상을 만들기─어떤 모습이고 어떻게 작동할까?

100. 안전한 가족의 모습에 대한 상자 만들기

모래상자치료사 자신에 대한 프롬프트(치료 후)

101. 모래상자치료 과정에서 역전이를 느꼈거나 전이를 인식했을 때의 세계를 만들기

102. 치료 중 자신의 안전감이 도전받았던 시기에 대한 세상을 만들기

103. 내담자를 위한 '안전하고 보호받는' 공간을 만드는 방법에 대한 세상 만들기

104. 생활 속에서 '안전하고 보호받는' 나만의 공간 만들기

105. 자신의 삶과 내담자의 삶에서의 균형에 대한 세상을 만들기

106. 나만의 지혜의 원천을 보여 주는 세상을 만들고, 이것이 내담자를 위한 모래상자 공간으로 어떻게 변환되는지 보여 주기

107. 치료사로서 자신의 강점과 성장에 대한 세상을 만들기

108. 한 사람으로서, 그리고 치료사로서 성장하는 모습을 담은 세계를 만들기

109. 도움의 필요성에 대한 세상을 만들고 도우미가 되어 보기

100. 자신에 대한 믿음과 이것이 치료사로서의 업무에 어떤 영향을 미치는지에 대한 세계를 만들기

문화 및 다양성 문제에 대한 프롬프트

111. 소외감을 느꼈던 시절의 세계 만들기

112. 자신의 특권으로 인식하는 세상을 만들기

113. 마지막으로 소외감을 느꼈을 때의 세상을 만들기

114. 성 정체성과 관련된 고통/어려움/외로움의 세계를 만들기

115. 성적 지향과 관련된 고통/어려움/외로움의 세계를 만들기

116. 종교적/영적 소속과 관련된 고통/어려움/외로움의 세계를 만들기

117. 인종/민족과 관련된 고통/어려움/외로움의 세계를 만들기

118. 문화 및/또는 다양성에 대한 이해를 바탕으로 세상을 만들기

119. 마지막으로 평등하지 않다고 느꼈던 순간에 대한 세상을 만들기

120. 정치적 관점이 나에게 강한 부정적 감정을 불러일으켰을 때의 장면을 만들기

부록 C: 회기 노트 및 기타 양식

모래놀이치료 회기의 내용과 세부 사항을 구성하는 것은 독특하다. 놀이/모래상자치료와 대화치료는 내용 영역은 비슷하지만 세부적인 부분에서는 차이가 있다. 우리는 두 가지 모두 회기를 문서화할 수 있는 양식을 개발했다. 독자 여러분께서는 이 두 가지 양식 중 하나를 자유롭게 복사하여 사용하시기 바란다. 또는 양식에 있는 아이디어 중 일부를 자유롭게 사용하여 자신의 용도에 맞게 수정해 보라.

또한 임상 이론에 맞게 조정할 수도 있다. 예를 들어 아들러의 단계를 나열하고 특정 회기에 적합한 단계에 동그라미를 치기만 하면 된다. 해결중심에서는 척도를 사용하여 회기에서 사용되는 표준 척도 질문에 대한 내담자의 반응을 쉽게 표시할 수 있는 양식에 넣을 수도 있다.

두 양식 모두 항목에 빠르게 동그라미를 치거나 밑줄을 긋거나 체크할 수 있는 형식이다. 회기 사이의 시간이 짧다는 점을 염두에 두고 빠르게 문서화한 다음 나중에 다시 돌아와 설명을 제공하는 데 유용하다.

이 버전에서는 이전 버전의 책에서 볼 수 있었던 모래상자를 그릴 수 있는 '상자'가 더 이상 없다. 상자를 그리고 싶다면 양식의 뒷면을 사용하거나 두 번째 페이지를 추가할 수 있다. 거의 모든 사람이 디지털 사진을 인쇄하여 두 번째 페이지로 첨부하는 것을 발견했다. 오른쪽 상단에는 사진을 찍은 경우 예 또는 아니요에 동그라미를 쳐서 표시할 수 있는 공간이 있다. 이는 사진을 인쇄하여 첨부하라는 알림이 될 수 있다.

전자의료기록(EMR)은 내담자 기록을 보관하기 위한 일반적인 플랫폼이다. 호메이어 (Homeyer)는 모래상자치료를 위한 맞춤형 양식을 만들었다. 작성하는 데는 다소 지루할 수 있지만, 일단 작성하고 나면 빠르고 효율적으로 사용할 수 있다. 그런 다음 디지털 사진을 각 내담자의 전자 기록에 업로드할 수 있다.

모래상자치료 사전 동의서 및 교육 및/또는 출판 동의서

또한 상담사, 놀이치료사, 모래놀이치료사에 대한 교육 및 감독 과정에서 적절한 사전 동의서 또는 구체적인 동의서를 사용하여 훈련 및 교육 목적으로 모래놀이 그림을 사용하는 경우가 너무 적다는 사실을 알게 되었다. 모래놀이치료사가 임상에 사용할 수 있도록 각 동의서 샘플을 첨부했다.

모래상자치료 회기 노트

이 독특한 내담자와의 작업 방식에 맞는 양식을 사용하면 모래상자치료 세션을 더 쉽게 문서화할 수 있다. 문서화에 대해서는 제5장에서 자세히 설명했다. 여기에는 두 가지 샘플 양식이 포함되어 있다. 양식 작성에 대한 자세한 내용은 제5장 프로토콜의 5단계를 참조하라.

모래상자치료 기술 체크리스트 및/또는 감독 양식

자가 평가 양식은 모래상자치료사가 회기를 평가하고 스킬을 개발하는 데 유용하다. 또한 수퍼바이저가 수퍼바이지에게 피드백을 제공하는 데 사용할 수도 있다. 이 양식은 텍사스 주립 대학교 놀이치료연구소의 모래놀이치료사 자격증 프로그램을 위해 린다 호메이어와 동료들(Linda Homeyer, Elizabeth Kjellstrand Hartwig, Marshall Lyles)이 개발했다. 허가를 받아 사용되었다.

이 자료는 복사하거나 자신의 용도에 맞게 수정할 수도 있다.

모래상자치료 회기 요약

날짜: _____   회기 # _____

내담자 이름: _____   상담사: _____

I. 내담자에게 소개 및 내담자의 접근:

표준 상자/모래/재료에 대한 모든 적용: _____

프롬프트: _____

시작하기 쉬움/어려움   완전히 참여 가능/참여 불가   언어적/비언어적   시간: _____

정함/주저함   내부/외부 주도   상자 내 공간: _____

물: _____

소품들: 배치, 이후 제거: _____   피함: _____

II: 목표:

A. 모래상자 구성: 비어 있는–지나치게 많은   열린–닫힌/장벽행동–고정된

테마: 한 개–여러 개   경직된–현실적인   정돈된–무질서한/혼란한   비인간–사람/동물

B. 상자를 만드는 동안의 중요한 언어적 표현: _____

_____

_____

_____

C. 관찰/상호작용: _____

D. 제목: _____

E. 상자에 대한 토론: _____

_____

_____

III. 평가:

A. 테마: 주제: 소품 및 배열을 통해 주제를 어떻게 표현했는지 설명하세요.

　　갈등/폭력:

　　양육: 회복/치유:

　　죽음/상실/애도/포기:

　　반대되는 것의 연결:

　　힘/통제:

　　무력함/부적절함:

　　비어 있음/우울함:

　　안전/보안/보호:

　　공격성/분노/복수:

　　보물: 획득/보호:

　　비밀/매장:

　　관계:

　　영적:

　　기타:

B. 내담자와 내담자의 진행 상황에 대한 이론적 개념화:

IV. 계획 / 권장 사항:

_____

_____

상담사 서명　　　　　　　　　　　　　　　　　날짜:

모래상자 스케치 또는 사진 첨부

모래상자치료 회기 양식

날짜: _____   회기 # _____   사진: 예 아니요

내담자 이름: _____

프롬프트: _____

상자의 제목: _____   젖은: 예 아니요

상자에 대한 설명: _____ 정리된 _____ 혼란스러운 _____ 평화로운 _____ 공격적 _____ 폭력적

_____ 우울한 _____ 치유/도움 _____ 열린 _____ 닫힌 _____ 비밀/매장

_____ 기타(설명: _____)

소품 선택:

사람: _____

동물: _____

식물: _____

건축물: _____

울타리/간판: _____

만화/영화: _____

판타지/영적: _____

가정용품: _____

조경/자연: _____

기타: _____

상자를 만드는 동안 내담자의 언어적, 정서적 표현에 대한 설명:

내담자가 제공한 상자에 대한 이야기(은유/주제) 묘사:

상자에 대한 토론 내용 요약:

프로세스 개념화:

계획/의뢰:

상담사: _____　　날짜: _____

모래상자치료를 위한 동의서 샘플

본인은 내담자가 되기 전에 상담 및 모래상자치료의 특성을 이해하기에 충분한 정보를 제공받았음을 확인합니다. 이러한 정보에는 상담 업무 또는 기관의 성격, 상담사의 직업적 정체성 및 자격, 상담의 가능한 위험과 혜택, 법적 및 윤리적 한계를 포함한 비밀 유지의 성격, 이용 가능한 대체 치료법 등이 포함되지만 이에 국한되지 않습니다. 모든 질문에 대한 답변을 충분히 들었습니다.

본인은 아래에 명시된 상담사로부터 모래상자치료에 참여하는 데 동의합니다. 본인은 치료 계획 개발의 중요성과 치료 목표를 정기적으로 검토해야 할 필요성을 이해합니다. 본인은 이 과정에서 적극적인 역할을 하는 데 동의합니다. 또한 본인은 상담 및 모래상자 과정의 결과에 대해 어떠한 보장도 하지 않음을 이해합니다.

본인은 모래상자치료에 대한 사진 기록이 보관되며, 이 사진은 모든 관련 법적 및 윤리적 비밀 유지 규칙에 따라 영구적인 내담자 기록의 일부가 될 것임을 이해합니다.

예약 취소는 예약 시간 최소 24시간 전에 해야 한다는 것을 이해합니다. 예약을 취소하지 않거나 나타나지 않을 경우 해당 예약에 대한 요금이 부과됨을 이해합니다.

아래에 서명함으로써 본인은 위의 내용을 읽고 이해했으며, 상담 및 모래상자치료에 자발적으로 동의함을 확인합니다.

_____

내담자 서명   날짜

_____

내담자 서명   날짜

미성년 내담자: 본인은 ＿＿＿＿＿＿＿＿＿＿＿＿＿＿＿의 법적 보호자임을 확인합니다. 아래 서명은 위의 내용을 읽고 이해했으며, 위에 명시된 아동을 위한 상담 및 모래상자 치료에 자발적으로 동의함을 확인합니다.

_____

보호자/부모의 서명　　　　　　　　　　　　날짜

_____

보호자/부모의 서명　　　　　　　　　　　　날짜

교육 목적으로 모래상자를 비디오 녹화 및/또는 사진 촬영할 수 있도록 공개 및 허가

교육, 감독, 다른 치료사와의 상담 또는 출판을 목적으로 귀하(또는 귀하의 자녀)의 치료 세션이나 촬영한 자료를 기록하고 싶습니다. 이러한 전문적인 목적으로 자료를 제작하고 사용할 수 있도록 귀하의 서면 허가를 받고자 합니다. 다음 내용을 주의 깊게 읽은 후 서명을 통해 동의해 주시기 바랍니다.

- 회기의 오디오 또는 비디오 녹화
- 모래상자, 그림 또는 기타 예술 작품의 사진들

치료 작업의 자료를 사용할 때, 저는 그 자료를 듣거나 읽거나 보는 사람이 제 의뢰인을 식별할 수 있기를 원하지 않습니다. 따라서 저는 귀하 또는 관련된 다른 사람을 식별할 수 있는 모든 이름, 날짜, 장소, 설명 또는 기타 정보를 제거(또는 의미 있게 변경)하여 귀하(또는 귀하의 자녀)의 신원을 숨길 것입니다.

이러한 자료는 다른 정신건강 전문가 및/또는 학생에게만 공개됩니다. 이 모든 사람은 내담자의 개인정보 보호에 관한 주 법률 및 전문 규칙에 구속됩니다. 저는 이러한 모든 자료를 안전한 장소에 보관하고 더 이상 필요하지 않은 경우 즉시 파기할 것입니다.

따라서 다음 내용을 읽고 서명해 주시기 바랍니다.

본인(또는 부모 또는 보호자)은 위에 설명된 오디오 또는 비디오 녹음 또는 사진 촬영에 동의합니다. 녹음의 목적과 가치에 대해 충분히 설명을 들었으며, 본인은 이 녹음에 자유롭게 그리고 기꺼이 동의합니다.

이 동의는 아래에 명시된 치료사에 대해서만 제공됩니다. 본인은 특정 세션이나 프로젝트가 녹화되거나 촬영되는 것을 원하지 않는다고 해도 어떠한 부정적인 결과가 발생하지 않는다는 것을 이해합니다.

　본인은 아래에 명시된 치료사에게 연구, 교육 및 기타 전문적인 목적으로 녹음/사진을 사용할 수 있는 권한을 부여합니다. 본인은 정신건강 업무를 개선하거나 정신건강 종사자를 교육하는 과정에서 보조 자료로만 사용된다는 것을 이해합니다. 이러한 전문가와 그 학생들은 주법(state laws)과 내담자의 개인정보 보호에 관한 전문 규칙에 구속됩니다.

　본인은 위에 설명된 모든 목적을 위해 치료사가 이러한 녹음에 대한 모든 권리의 유일한 소유자가 되는 것에 동의합니다.

_____

내담자의 인쇄된 이름

_____

내담자(또는 부모/보호자) 서명　　　　　　　　날짜

_____

치료사의 인쇄된 이름

_____

치료사 서명　　　　　　　　날짜

모래상자치료 기술 체크리스트

모래상자치료사: _____   내담자: _____

관찰자: _____   날짜: _____

등급: N-해당 없음/관찰할 기회 없음; 0-이 기술을 보여 주지 않음; 1-이 기술을 최소한으로 보여 줌; 2-이 기술을 다양하게 보여 줌; 3-이 기술을 일관되게 보여 줌

모래상자치료 기술	기술 설명	평가	논평
회기 구조화	모래상자 회기를 시작, 계획, 진행 및 종료하는 능력을 보여 준다. 공간을 준비하고 시간 제한을 유지한다.		
프롬프트 구성 및 제공	임상 목표와 실무자 이론을 기반으로 내담자에게 명확하고 계획적인 프롬프트를 제공한다.		
구성 단계 관찰	치료사가 공감적인 존재임을 보여 주고 모래상자 프롬프트에 대한 내담자의 접근과 상자를 구성하는 동안의 경험을 관찰한다.		
구성에서 처리과정으로의 전환 관리	내담자의 상태 및 처리과정의 의도를 인식하여 상자의 구성에서 처리까지의 전환을 관리한다.		
상자의 처리과정	모래상자 생성에 대한 전체 내용을 탐색한다.		
-구성 단계 사용	모래상자에서 구성을 관찰하고 모래상자 만들기를 탐색하면서 얻은 정보를 통합한다.		
-은유 존중하기	상자에 제시된 은유를 탐색한다.		

−은유 확장하기	내담자로 하여금 상자에 표현된 은유를 상자 외부의 삶의 경험에 연결할 수 있도록 허용한다(이론과 일치).		
−소품 이동	내담자로 하여금 회기 및 처리과정이 진행됨에 따라 소품을 추가, 이동 또는 제거할 수 있도록 한다(상징 작업).		
−소품의 목소리	소품이 다른 소품에게 목소리를 낼 수 있도록 한다(상징 작업).		
−의미 유연성	내담자의 의미가 변하고 진화하는 것을 경청하고 허용한다.		
−이론의 적용	상담 이론에 대한 이해와 적절한 적용을 보여 준다.		
회기 마무리	내담자의 조절 상태를 인식하고 이론을 통합하여 회기를 마무리할 수 있다.		
의도성	상담 이론에 근거하여 치료적 반응과 처리에 대한 질문을 명확하게 설명할 수 있다.		
외상 감각적 치료	모래상자 상에서 보이는 외상 경험과 외상에 대한 반응을 인식하고 보여 준다. 내담자의 치료적 진행과 웰빙을 지원하기 위해 규제 전략과 같은 외상 정보를 고려한 치료를 활용한다.		
내담자 고유의 치료적 주제 촉진하기	내담자의 특정한 주제가 드러날 때 치료적 변화를 촉진하는 이해와 능력을 보여 준다.		
문화적 인식	문화적 겸허함을 보여 주며 모래상자를 사용하여 내담자에게 문화적 영향을 적절하게 탐구한다.		

기본 상담 기술	기술 설명	평가	논평
적절한 구조 만들기	도움의 경계를 설정하고 모임 시간 및 장소의 매개변수를 설정하며, 시간 제한을 유지하는 등 작업 전반에 걸쳐 경계를 유지한다.		
내용 이해	내용을 반영하여 내담자 이야기의 주요 요소를 이해한다.		
맥락 이해	이야기 요소의 독특성과 그들의 근본적인 의미를 반영한다.		
감정에 반응하기	정서를 식별하고 그러한 감정을 치료적으로 다루며, 조절을 인식하고 관리한다.		
일치	진정성; 내적 감정과 일치하는 외적 행동		
공감대 형성 및 소통	개인의 관점을 이해하지만 과도하게 동화되지 않고, 이 경험을 개인에게 전달한다.		
비언어적 소통	머리, 눈, 손, 발, 자세, 목소리, 복장 등을 효과적으로 사용하는 모습을 보여 준다.		
즉시성	지금-여기에 머무르며 소통한다.		
타이밍	최적의 순간에 반응하기		
의도성	치료사의 치료적 의도를 명확히 이해하여 대응한다.		
피드백 받기	동료 및 상사로부터의 피드백을 받고, 통합하고, 활용하는 능력을 보여 준다.		
자신감	적절한 수준의 자기 확신, 자신감, 자신의 능력에 대한 신뢰를 보여 준다.		

추가 참고 사항:

부록 D: 모래상자 평가 워크시트

   이 워크시트는 사용자에게 모래상자에 대한 평가를 검토하고 기록할 수 있는 단일 공간을 제공한다. 제11장에 설명된 대로 표준 데이터 정보와 뷜러(Bühler)의 임상 지표를 결합하고 있다.

모래상자 평가 워크시트

내담자: _____

인지 발달 단계

☐ 직관적: 4~7   ☐ 구체적: 8~12   ☐ 형식적: 12~성인

모래 사용: _____

경계

  모래 사용: _____

  소품 그룹화: _____

  경계 소품들 _____

  이례적인 장애물 및 특이한 배치: _____

부품 구성

소품의 범주: _____

소품의 방향: _____

소품 간의 관계: _____

세계관: _____

참고:

임상 지표
(원) 비어 있음
  <50개 미만 소품 /8세 이상
  <5개 미만 카테고리/7세 이상+
  사람 소품 없음
공격적
  싸우는 군인들
  물어뜯는 동물들
  야생 동물들의 싸움
왜곡된/ 5세 이상
  닫힌/담장이 쳐진
  무질서한
    특이한 배치
    연결이 끊긴
    혼돈된

  경직성
    도식적
    줄을 세움

테마

부록 E: 선정된 참고문헌

다음의 책들은 모래놀이치료 과정에 대해 배우는 데 도움이 됩니다. 다양한 이론적, 기술적 접근이 포함되어 있으니, 관심 있는 독자는 개인적, 전문적으로 공감할 수 있는 자료를 선택하시기를 권장합니다.

Allan, J. (1988). *Inscapes of the child's world: Jungian counselling in schools and clinics.* Spring Publications, Inc.

Armstrong, S. (2009). *Sandtray therapy: A humanistic approach.* Lubic Press.

Boik, B. L., & Goodwin, E. A. (2000). *Sandplay therapy: A step-b-step manual for psychotherapists for diverse orientations.* Norton & Company.

DeDomenico, G. S. (1995). *Sandtray world play: A comprehensive guide to the use of the sandtray in psychotherapeutic and transformational settings.* Vision Quest Images.

Gil, E. (2015). *Play in family therapy* (2nd ed.). Guilford Press.

Grayson, R., & Fraser, T. (2022). *The embodied brain and sandtray therapy: Stories of healing and transformation.* Routledge. [A variety of approaches.]

Homeyer, L., & Lyles, M. (2022). *Advanced sandtray therapy: Digging deeper into clinical practice.* Routledge/Taylor & Francis.

Hunter, L. (1998). *Images of resiliency: Troubled children create healing stories in the language of the sandplay.* Behavioral Communications Institute.

Lowenfeld, M. (1967). *Play in childhood.* John Wiley & Sons.

Lowenfeld, M. (1979). *The world technique*. Allen & Unwin.

Oaklander, V. (1978). *Windows to our children*. Real People Press. [Gestalt]

Pearson, M., & Wilson, H. (2001). *Sandplay & symbol work: Emotional healing & personal development with children, adolescents and adults*. Australian Council for Education Research Ltd. [Emotional Release Counselling (ERC) based in Jungian, Kalffi an, transpersonal, and Gestalt-Perls.]

Smith, S. D. (2012). *Sandtray play and storymaking: A hands-on approach to build academic, social, and emotional skills in mainstream and special education*. Jessica Kingsley Publishers.

Unnsteinsdottir, K., & Turner, B. (2015). *Sandtray play in education: A teacher's guide*. Temenos Press. [Non-therapeutic approach to working with children in schools.]

칼프/융학파의 모래놀이치료 관련 서적

Ammann, R. (1991). *Healing and transformation in sandplay: Creative processes become visible*. Open Court Publishing Company.

Bradway, K. (1997). *Sandplay: Silent workshop of the psyche*. Routledge.

Bradway, K., Signell, K. A., Spare, G. H., Stewart, C. T., Stewart, L. H., & Thompson, C. (1988). *Sandplay studies: Origins, theory and practice* (2nd ed.). Sigo Press.

Carey, L. J. (1999). *Sandplay therapy with children and families*. Jason Aronson, Inc.

Kalff, D. (1980). *Sandplay: A psychotherapeutic approach to the psyche*. Sigo Press.

Mitchell, R. R., & Friedman, H. S. (1994). *Sandplay: Past, present and future*. London: Routledge.

Mitchell, R. R., & Friedman, H. S. (2021). *Sandplay wisdom: Understanding sandplay therapy*. Routledge/Taylor & Francis.

Turner, B. (2005). *The handbook of sandplay therapy*. Temenos Press.

Turner, B. (2017). *The Routledge international handbook of sandplay therapy*. Routledge.

찾아보기

Linda E. Homeyer(린다 E. 호메이어) PhD, LPC-S, RPT-S. 텍사스 주립 대학의 상담, 리더십, 성인 교육 및 학교 심리학과의 석좌 교수이다. 텍사스 주립 대학에서 20년 이상을 보낸 Homeyer는 대학원 과정에서 놀이치료와 모래상자치료 과정을 시작했다. 그녀는 2018년에 텍사스 주립 대학에서 은퇴했고, 텍사스 놀이치료협회(TXAPT)의 첫 번째 주 지부를 조직하는 것을 도우면서 수년 동안 이사회에서 일했다. 그녀는 또한 6년 동안 APT 이사회에서 일했다. 또한 APT 평생공로상(2013)을 받았고 명예교수(2014)로 지정되었다. 비록 대학에서 은퇴했지만, 여전히 활발한 직장 생활을 하고 있다. 호메이어는 컨퍼런스 및 기타 전문 행사에서 계속해서 공동 발표를 하고 있다. 그 밖에 상담 및 모래놀이치료에 대한 상담과 수퍼비전을 제공한다. 하지만 그녀의 주된 활동은 글쓰기이다. 최근에는 고급 모래상자치료를 공동 집필했다. 마샬 라일스(Marshall Lyles)와 『함께 임상 실습 깊이 파고들기』와 『놀이치료 실습을 위한 가이드』를 저술했다. 메리 모리슨 베넷(Mary Morrison Bennett)과 함께 문서화 및 부모 상담을 진행했다. 호메이어는 「세계 모래놀이치료 실제 저널」의 창립 편집자이다. 호메이어는 여러 나라에서 강의했으며 여러 언어로 번역된 저서를 보유하고 있다. 호메이어는 텍사스주 캐니언 레이크 근처에 거주하며, 그곳에서 그림을 그리고 점토놀이를 즐기고 있다.

Daniel S. Sweeney(다니엘 S. 스위니) PhD, LMFT, LPC, ACS, RPT-S. 오리건주 포틀랜드에 위치한 조지 폭스 대학교의 상담학 교수이자 상담 및 결혼/가족 프로그램의 임상 책임자이며 놀이치료 연구를 위한 노스웨스트 센터의 디렉터이다. 놀이치료협회의 전 이사 겸 회장을 역임했다. 면허를 소지한 결혼 및 가족치료사, 면허를 소지한 전문 상담사, 등록된 놀이치료사 및 감독자로서 소규모 개인 클리닉을 운영하고 있으며, 다양한 환경에서 아동, 커플, 가족과 함께 일한 광범위한 임상 및 수퍼비전 경험을 보유하고 있다. 그는 모래놀이치료, 놀이치료, 부모놀이치료, 트라우마 개입을 주제로 6개 대륙에서 열린 수많은 국내 및 국제 컨퍼런스에서 발표했다. 다수의 저서를 출간했으며, 『아동 문제에 대한 놀이치료 개입』(2005), 『놀이의 세계를 통한 아동 상담』(1997), 『집단놀이 핸드북』(1999), 『집단 놀이치료』(1999), 『집단 놀이치료: 역동적 접근법』(2014) 등 그의 저서는 중국어, 한국어, 터키어, 러시아어로 번역되었다. 스위니와 그의 아내는 오리건주 포틀랜드에서 네 명의 성인 자녀와 손자들과 함께 살고 있다.

역자 소개

정경숙(Kyoung Sook Chung)
명지대학교 대학원 아동학 박사(아동·가족치료 전공)
상담심리사1급
모래상자상담전문가 및 교육분석가
동작·관악교육지원청 Wee센터장
원광디지털대학교 초빙교수 및 상담심리 전공 운영위원
한국모래상치료학회장 역임
일본 Sand Play Therapy 연수
현) 둥근마음상담연구센터장
　　한국모래상자치료학회 고문

〈주요 저서 및 역서〉
『모래상자치료입문』(공저, 박영사, 2018)
『모래상자치료 임상지침서』(공역, 학지사, 2014)
『행복한 부모·자녀를 위한 특별부모교육』(동작교육지원청, 2013)

우주영(Juyoung Woo)
가톨릭대학교 대학원 심리학과 박사(상담심리학 전공)
상담심리사 1급
청소년상담사 1급
놀이치료임상수퍼바이저
모래상자치료전문가
한국학교심리학회 부회장
미국 Play Therapy 연수
현) 나사렛대학교 상담심리학과 교수(학과장)
　　나사렛대학교 재활복지대학원 상담심리 전공 주임교수
　　한국모래상자치료학회 부회장

〈주요 저서 및 역서〉

『생명존중과 마음건강』(공저, 양서원, 2023)

『모래상자치료 임상지침서』(공역, 학지사, 2014)

『집단놀이치료 핸드북』(공역, 시그마프레스, 2009)

『ADHD의 재능찾기』(공역, 시그마프레스, 2008)

정영선(Young-Seon Jeong)

독일 괴팅엔대학교 교육학 박사(가족치료 전공)

상담심리사 1급

부부 및 가족상담사 1급

독일 정신분석적 부부 및 가족치료전문가 과정 이수

독일 체계적 상담자 과정 이수

모래상자상담전문가 및 1급 수퍼바이저

한국상담심리학회 자격관리위원장

한국외국어대학교 학생상담센터 상담교수

한국외국어대학교 교육대학원 상담심리 전공 겸임교수

아주대학교 교육대학원 상담심리 전공 겸임교수

현) 큰솔심리상담연구소 소장

　　원광디지털대학교 상담심리학과 초빙교수

　　한국모래상자치료학회 이사

　　법무부 산하 법무행정처 전문심리위원모래상자상담전문가 및 1급 수퍼바이저

〈주요 저서 및 논문〉

『Familienbeziehungen und Essstörungen(가족관계와 섭식장애)』(Tectum, 2004)

「청소년의 섭식장애와 가족기능과의 관계연구」(2005)

모래상자치료 임상지침서 (원서 4판)

SANDTRAY THERAPY

A Practical Manual Fourth Edition

2024년 9월 10일 1판 1쇄 인쇄
2024년 9월 20일 1판 1쇄 발행

지은이 • Linda E. Homeryer · Daniel S. Sweeney
옮긴이 • 정경숙 · 우주영 · 정영선
펴낸이 • 김진환
펴낸곳 • ㈜**학지사**

　　　　　04031 서울특별시 마포구 양화로 15길 20 마인드월드빌딩
대표전화 • 02-330-5114　　팩스 • 02-324-2345
등록번호 • 제313-2006-000265호

홈페이지 • http://www.hakjisa.co.kr
인스타그램 • https://www.instagram.com/hakjisabook

ISBN 978-89-997-3208-9　93180

정가 23,000원

출판미디어기업 학지사

간호보건의학출판 **학지사메디컬** www.hakjisamd.co.kr
심리검사연구소 **인싸이트** www.inpsyt.co.kr
학술논문서비스 **뉴논문** www.newnonmun.com
교육연수원 **카운피아** www.counpia.com
대학교재전자책플랫폼 **캠퍼스북** www.campusbook.co.kr